板書で見る 国語

全単元の授業のすべて

中学校 **1**年

髙木まさき 監修
萩中奈穂美・三浦登志一 編著

東洋館
出版社

まえがき

　令和3年1月の中央教育審議会答申「『令和の日本型学校教育』の構築を目指して ～全ての子供たちの可能性を引き出す、個別最適な学びと、協働的な学びの実現～（答申）」では、日本の学校が学習指導のみならず生徒指導の面でも主要な役割を担って大きな成果を挙げてきたことを諸外国が高く評価しているとしつつ、今後の課題として以下のような点を指摘しています。
- 学校や教師の負担の増大
- 子どもたちの多様化（特別支援教育、外国につながる児童生徒、貧困、いじめ、不登校など）
- 生徒の学習意欲の低下
- 教師の長時間労働
- 学習場面でのデジタルデバイス活用の低調さ　など

日本の学校の先生方の多忙さ、困難さがよく分かります。

　そして、そうした中にあっても、あるいはだからこそ、学習指導要領の「着実な実施」が改めて求められています。言語活動を工夫した主体的・対話的な学びのプロセスにおいて、言葉による見方・考え方を働かせ、深い学びを実現すること。それらを通して資質・能力を育成し、予測困難な時代を生きる子どもたちの成長を支えること。課題の山積する教育現場ですが、教師の仕事はますます重要性を増しています。

　そこで本書では、日々の授業づくり、板書計画に苦労されている若手の先生、教科指導だけでなく生徒指導などでも多忙な先生、自分なりの確立した方法はあっても新しい学習指導要領の目指すところを具体的に確認したい先生など、多くの先生方の参考にしていただけるよう、教科書の全単元の時間ごとの板書例を中核にして、学習指導要領の考え方を教科書教材に沿って具体化し、見開きごとに簡潔に提示することで先生方を応援したいと考えました。

　具体的には、「中学校学習指導要領国語」（平成29年告示）でのキーワードとなる、資質・能力、言葉による見方・考え方、主体的・対話的で深い学び、言語活動の工夫、評価規準などを記載し、板書例によって授業の全体像を把握しやすく提示しました。また上記中教審答申では「個別最適な学びと、協働的な学びを実現するためには、ICTは必要不可欠」とされていることから、詳細は専門書籍に委ねるとして、本書として可能な範囲で、効果的な場面におけるICT活用のアイデアなどを提示しております。

　この板書シリーズは、すでに小学校版が刊行されており、高い評価をいただいております。多忙を極める中学校の先生方にも本シリーズを参考にしていただき、学習指導要領のキーワードの意味、その具体化などへの理解を深めていただく一助となれば幸いです。

令和4年3月

編者を代表して　髙木まさき

本書活用のポイント―単元構想ページ―

本書は、各学年の全単元について、単元全体の構想と各時間の板書のイメージを中心とした本時案を紹介しています。各単元の冒頭にある単元構想ページの活用のポイントは次の通りです。

教材名と指導事項、関連する言語活動例

本書で扱う教材は全て令和3年発行の光村図書出版の国語教科書『国語』を参考にしています。まずは、各単元で扱う教材とその時数、さらにその下段に示した学習指導要領に即した指導事項や関連する言語活動例を確かめましょう。

単元の目標

単元の目標を資質・能力の三つの柱に沿って示しています。各単元で身に付けさせたい資質・能力の全体像を押さえましょう。

単元の構想

ここでは、単元を構想する際に押さえておきたいポイントを取り上げています。

全ての単元において以下の3点を解説しています。

まずは〈単元で育てたい資質・能力／働かせたい見方・考え方〉として、単元で育てたい資質・能力を確実に身に付けさせるために気を付けたいポイントや留意点にふれています。指導のねらいを明確にした上で、単元構想を練りましょう。

〈教材・題材の特徴〉〈主体的・対話的で深い学びの視点からの授業改善ポイント／言語活動の工夫〉では、ねらいを達成するために必要な視点をより具体的に述べています。教材・題材の特性を把握した上での授業構想や言語活動の設定が欠かせません。

これらの解説を参考にして、指導に当たる各先生の考えや学級の実態を生

Ⅰ 広がる学びへ
アイスプラネット（4時間扱い／読むこと）

指導事項：（知技）(1)エ　（思判表）C(1)ア
言語活動例：登場人物の考え方や生き方を捉え、考えたことを話し合ったり書いたりする。

単元の目標

(1)抽象的な概念を表す語句の量を増すとともに、類義語と対義語、同音異義語や多義的な意味を表す語句などについて理解し、話や文章の中で使うことを通して、語感を磨き語彙を豊かにすることができる。　　　　　　　　　　　　　　　　　　　　　　　　　　　　（知識及び技能）(1)エ

(2)文章全体と部分との関係に注意しながら、主張と例示との関係や登場人物の設定の仕方などを捉えることができる。　　　　　　　　　　　　　　　　　〔思考力、判断力、表現力等〕C(1)ア

(3)言葉がもつ価値を認識するとともに、読書を生活に役立て、我が国の言語文化を大切にして、思いや考えを伝え合おうとする。　　　　　　　　　　　　　　　　「学びに向かう力、人間性等」

単元の構想

〈単元で育てたい資質・能力／働かせたい見方・考え方〉

本単元では、人柄や心情が抽象的に表現されている語句や言い回しの具体的な内容を理解し、人物像を思い描き、情景を想像しながら読む力を身に付けさせたい。また、人物設定や語句の選択等の工夫に注目し、作品をより深くまた多角的に捉えることの重要性を学ぶ機会としたい。社会で自分らしく生きていくために大切にしたいことについて、自問したり、他の生徒との対話を通じて考えたりしていく過程で、自身の日常生活に照らして文学的文章を読む姿勢を育てていきたい。

〈教材・題材の特徴〉

「僕」と「ぐうちゃん」を中心とする登場人物の心情を、言動から丁寧にたどることで「読み」が深まっていく教材である。生徒たちは「僕」の視点に寄り添って読み進めながら、自分自身の生き方について考えることになるだろう。平易な文章で内容がつかみやすい分、何が書かれているかだけでなく、自分は何を受け取ったかを見つめさせることが重要である。手紙を読んだ後の「僕」の心情をはじめ、読者の想像を必要とする部分が多く、「読み」を交流する意義が大きい。

〈主体的・対話的で深い学びの視点からの授業改善ポイント／言語活動の工夫〉

「僕」の視点で語られた作品だが、「僕」の心情のすべては明らかでない。文章に根拠が存在する「読み」と、生徒一人一人が想像すべき「読み」の区別を意識させ、「心情曲線」作成のための対話（話し合い）を意義深いものにしたい。いわゆる「書き換え」学習では、「視点」に対する意識付けや語彙の定着、想像力の発揮とともに、自分と異なる多様な「読み」との出会いを通じて、他の生徒と「読み」深める喜びを実感させることをねらっている。明るく知的な雰囲気をつくり、まとめの活動において、生徒一人一人が伸び伸びと感想を書き、伝え合いたいと思えるように促したい。

かした工夫を図ることが大切です。各項目の記述を参考に、単元計画を練っていきましょう。

時	学習活動	学習内容	評価
1	1．学習を見通し、通読する。 2．登場人物を確認し、それぞれの特徴を整理する。	○登場人物を書き出しながら通読する。 ○それぞれの人物について、「学習の窓」を参照しながら、相関図を用いて整理する。 ○「僕」「母」「父」それぞれが、「ぐうちゃん」とどのように関わっているかが分かる部分に線を引きながら、読み直す。	❷
2	3．登場人物の言動から、その心情を読み取る。 ・「心情曲線」は、グループで1枚作成する。	○前時の作業内容を確認する。まず「母」「父」について、全体で簡単にまとめる。 ○「僕」の「ぐうちゃん」に対する関わり方の変化について、「心情曲線」を用いてまとめる。	❶ ❷
3	4．「心情曲線」を基に話し合う。 5．「視点」を確認する。	○各グループの「心情曲線」を比べ、意見交換する。 ○人柄や心情が読み取れる部分について、語句や言い回しも含めて理解する。 ○書かれていない内容を意識する。	❶ ❸
4	6．これまでの学習内容を踏まえ、登場人物の心情について、書かれていない部分を想像して書く。 7．自分の考えや感想をまとめる。	○グループ内で分担し、いずれかに取り組む。 ・手紙を書いているときの「ぐうちゃん」の心情。 ・手紙を読み終わったときの「僕」の心情。 ○グループ内で交換し、読み合う。 ○「ぐうちゃん」の言葉や生き方について、考えたことを書く。	❶ ❸

知識・技能	思考・判断・表現	主体的に学習に取り組む態度
❶抽象的な概念を表す語句が表している心情に注意しながら読んだり、実際に書く中で用いるなどして、語感を磨き語彙の豊かさを増している。　　　　(1)エ	❷「読むこと」において、文章全体と部分との関係に注意しながら、登場人物の設定の仕方などを捉えている。 　　　　　　　　C (1)ア	❸登場人物の心情について、文章中の語句や表現を手がかりに読みとっていく過程で積極的に話し合ったり、想像しようとするとともに、自分自身についても振り返ろうとしている。

〈指導と評価の一体化を図る見取りのポイント〉

　まず、用いられている語句や言い回しを丁寧に押さえ、人物同士の関係などを正しく理解した上で、根拠に基づく「読み」をつくらせることが重要である。その上で、自問や対話を通じてその「読み」を深め、書かれていない部分も主体的に想像させていくように導く必要がある。

単元計画

　単元の目標やポイントを押さえた上で、授業をどのように展開していくのかの大枠を計画します。各展開例は学習活動ごとに構成し、それぞれに対応する評価をその右側の欄に示しています。

　単元によっては、一つの学習活動に複数の評価規準の観点が示されている場合があります。これは決して全ての観点を評価しなければならないということではなく、学級の実態等を踏まえた、教師による取捨選択を想定した上で示しています。年間の指導計画を基に評価の観点を吟味してください。

評価規準

　単元の目標で押さえた指導事項を基に、「知識・技能」「思考・判断・表現」「主体的に学習に取り組む態度」の3観点で評価規準を設定しています。❶❷などの丸数字で示された観点は、「単元計画」の数字に対応しています。また、本時案の「評価のポイント」に示される丸数字も、この「評価規準」の数字を基にしています。

　〈指導と評価の一体化を図る見取りのポイント〉では、詳細かつ具体的な評価の見取りのポイントを示しています。指導と評価の一体化のために意識しておきたい事柄を押さえましょう。

本書活用のポイント―本時案ページ―

単元の各時間の授業案は、板書のイメージを中心に、目標や評価、学習の進め方などを合わせて見開きで構成しています。各単元の本時案ページの活用のポイントは次の通りです。

主発問

本時の中心となる発問を示しています。主発問には、本時のねらいの達成のために、生徒に効果的に働きかける工夫がされています。

目標

本時の目標を総括目標として示しています。単元構想ページとは異なり、より各時間の内容に即した目標を示していますので、授業の流れと併せてご確認ください。

評価のポイント

より具体的な見取りのポイントとともに評価規準を示しています。各時間での評価の観点を押さえましょう。

準備物

ここでは、板書をつくる際に準備するとよいと思われる絵やカード等について、箇条書きで示しています。なお、⬇マークの付いているものは、本書付録のダウンロードデータに収録されています（巻末に案内がございます）。

ワークシート・ICT 等の活用や授業づくりのアイデア

ICT 端末や電子教科書を活用する場面や、対話を効果的に取り入れるポイントなど、本時の活動でのアイデアを紹介しています。実際の学級での生徒の実態や機器の状況などを鑑み、アイデアを取り入れてみてください。

熟語の構成／漢字に親しもう1

 主発問 二字熟語、三字熟語、四字以上の熟語はどのように漢字が組み合わさってできているのでしょう。

目標
熟語の構成を意識しながら漢字を読んだり書いたりして、四字熟語を用いて日常生活の様子を伝える短文を書くことができる。

評価のポイント
❶練習問題に取り組んで、熟語の構成を意識しながら漢字を読んだり書いたりている。　　　(1)ウ
❷日常生活の様子を伝えるために、適切な四字熟語を用いようとしている。

準備物　・ワークシート⬇01　・ホワイトボード　・ICT 端末

ワークシート・ICT 等の活用や授業づくりのアイデア
〇グループで二字熟語を挙げる際には、協働的な学びが展開できるように、ホワイトボードを用意する。
〇好きな四字熟語を挙げる際には、Jamboard で共有する。
〇日常生活の様子を伝える短文を書く際には、即時的に交流できるように、Classroom のコメント機能を活用する。

1 導入（学習の見通しをもつ）
〈本時の言語活動を知る〉
T：漢字は一字一字が意味をもつ表意文字です。組み合わせることでいろいろな意味の語ができ、二字以上の漢字の組み合わせでできた語を熟語と言います。今回は、熟語の構成を確認して練習問題を解き、四字熟語を使って短い文を書いて交流しましょう。

3 終末（学習を振り返る）
〈四字熟語を使って短文を書く〉
T：四字熟語を使って日常生活の様子を伝える短い文を書きましょう。種類や数は問いません。Classroom のコメント欄に書き込みましょう。
・Classroom で交流する。
T：熟語の構成を意識して、普段から使えるようにしていきましょう。

2 展開
〈教材文を読む〉
T：熟語の構成のイメージをもちましょう。それぞれのイラストの様子を表す「強大」「強弱」「強敵」という熟語で考えます。「強」と「大」、「強」と「弱」、「強」と「敵」はどんな関係・つながりがあると言えるでしょうか。
〇デジタル教科書を用いて、イラストをスクリーン等に示す。
・似た意味の言葉です。
・対になる漢字を重ねています。
・「強」がどんな「敵」かを表しています。
〈熟語の構成を確認する〉
T：教科書に二字熟語、三字熟語、四字以上の熟語の主な熟語がまとめられています。教科書を見ながら、ワークシートの空欄に言葉を入れて、熟語の

用語の表記について

本書内において、アプリケーション等の名称を以下のように表記します。

正式名称	→	本書内での略称
ウェブブラウザ		
Safari	→	Safari
Google Chrome	→	Chrome
Microsoft Edge	→	Edge
文書作成ソフト		
Pages	→	Pages
Google ドキュメント	→	ドキュメント

Microsoft Word
表計算ソフト
Numbers
Google スプレッドシート
Microsoft Excel
プレゼンテーションソフト
Keynote
Google スライド

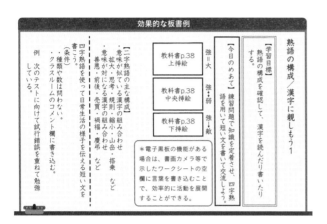

構成を確認しましょう。
○ワークシートを配付する。
○書画カメラ等を活用して、ワークシートをスクリーン等に示す。

〈二字熟語を挙げる〉
T：二字熟語の主な構成をより身近に感じられるように、教科書に示されたもの以外の熟語をグループで考えて、ホワイトボードに書き出しましょう。各自で考えやすい構成に絞ってもよいです。辞書やICT端末を利用してもよいです。
○ホワイトボードを配付する。
＊グループごとに考える熟語の構成を指定したり、熟語の数を三つ以上と条件を出したりして、協働的な学びが展開されるようにする。
・全体で確認・共有する。

〈練習問題に取り組む〉
T：教科書の練習問題に取り組みましょう。辞書やICT端末を利用してよいです。友達と相談してもよいです。
○デジタル教科書を用いて、練習問題をスクリーン等に示す。
・答えを確認する。

〈四字熟語を挙げる〉
T：練習問題❸にあるように、四字熟語の中には古くから言いならわされてきたものが多くあり、目にしたり耳にしたりすることが多いです。好きな四字熟語を一つ挙げて、ICT端末からJamboardに書き込みましょう。
○Jamboardの画面をスクリーン等に示す。
＊ICT端末が利用できない場合は、付せん紙に書いて模造紙に貼り付ける。
＊挙げられた四字熟語の意味を確認したり、その四字熟語が好きな理由を問いかけたりして、四字熟語に親しめるようにする。
＊カウントしてランキングを付けるのもよい。

効果的な板書例

生徒の学びを活性化させ、授業の成果を視覚的に確認するための板書例を示しています。学習活動に関する項立てだけでなく、生徒の発言例なども示すことで、板書全体の構成をつかみやすくなっています。

色付きの囲みは、板書をする際の留意点です。実際の板書では、テンポよくまとめる必要がある部分があったり、反対に生徒の発言を丁寧に記していく必要がある部分があったりします。留意点を参考にすることで、メリハリをつけて板書をつくることができるようになります。

そのほか、色付きの文字で示された部分は実際の板書には反映されない部分です。黒板に貼る掲示物などが当たります。

これらの要素をしっかりと把握することで、生徒の学びを支援する板書とすることができます。

授業の流れ

1時間の授業をどのように展開していくのかについて示しています。

「導入（学習の見通しをもつ）」「展開」「終末（学習を振り返る）」の3段階に分かれています。各展開例について、主な学習活動とともに具体的な発問、指示、説明や生徒の受け応えの例を示しています。

各展開は、T：教師の発問や指示等、・：予想される生徒の反応例、○：学習活動、＊：留意点等の四つの内容で構成されています。この展開例を参考に、各学級の実態に合わせてアレンジを加え、より効果的な授業展開を図ることが大切です。

なお、略称で表記した場合に他の用語と混同してしまう可能性のある場合はこの限りではありません。

	→	Word
	→	Numbers
	→	スプレッドシート
	→	Excel
	→	Keynote
	→	スライド

Microsoft PowerPoint	→	PowerPoint
学習支援ソフト		
クラスルーム	→	クラスルーム
Google Classroom	→	Classroom
Microsoft Teams	→	Teams
ロイロノート・スクール	→	ロイロノート
その他		
Google Jamboard	→	Jamboard
Google ドライブ	→	ドライブ
Google Forms	→	Forms
surface、iPad、Chromebook	→	ICT端末

板書で見る全単元の授業のすべて
国語　中学校1年
もくじ

1　第1学年における授業づくりのポイント

2　第1学年の授業展開

＊本書の編集に当たっては、光村図書出版株式会社の教科書「国語１」を参考にしております。

1

第1学年における
授業づくりのポイント

1　第1学年の学習指導内容

〔知識及び技能〕

　〔知識及び技能〕に示されている内容は、個別の知識や技能、一定の手順のみを学習するものではなく、国語で理解したり表現したりする実際の場面で生きて働くものであり、〔思考力、判断力、表現力等〕の内容と相互に関連させて育成することが大切である。

　〔知識及び技能〕の内容は、⑴言葉の特徴や使い方に関する事項、⑵情報の扱い方に関する事項、⑶我が国の言語文化に関する事項の三つの枠組みで構成されている。

　「言葉の特徴や使い方に関する事項」は、第1学年においては、「話し言葉と書き言葉」「漢字」「語彙」「文や文章」「表現の技法」の五つの指導事項に整理されている。国語科の目標に「言葉による見方・考え方を働かせ」とあるように、「言葉」は国語科のあらゆる学習のベースになる。自分の語彙を質と量の両面から充実させるように指導を工夫したい。「漢字」と「表現の技法」については、「〜理解し、使うこと」となっている。漢字や表現の技法について理解することにとどまらず、それらを実際に使うことができるようにすることが求められている。なお、「表現の技法」については、第1学年にのみ指導事項が示されているので、第2学年以降の学習に生きるよう指導することが大切である。

　「情報の扱い方に関する事項」は、話や文章に含まれている情報を取り出して整理したり、その関係を捉えたりすることに関する事項として新設されたものであり、「情報と情報との関係」と「情報の整理」の二つの系統に整理して示されている。情報化が進展する社会においては、情報を分かりやすく整理したり、情報に基づいて発信したりする機会が今後ますます増えていくと考えられる。しかし、全国学力・学習状況調査等でも、資料から根拠となる情報を取り出したり、情報を整理したりすることに課題があると指摘されており、国語科において育成する重要な資質・能力として位置付ける必要がある。「情報と情報の関係」にある「原因と結果」については小学校（第5学年及び第6学年）の指導事項でもある。また、「情報の整理」の指導事項も小学校（第3学年及び第4学年）と同様のものになっている。ここでは小学校で学習したことを生かして理解が深まるように指導することが大切である。

　「我が国の言語文化に関する事項」は、「伝統的な言語文化」「言葉の由来や変化」「書写」「読書」の四つの指導事項で整理されている。「伝統的な言語文化」では「音読に必要な文語のきまりや訓読の仕方を知り」、「言葉の由来や変化」では「共通語と方言の果たす役割について理解する」と示されている。小学校で学習したことを土台として、新たな知識を得ながらさらに深く学習するようになっている。

〔思考力、判断力、表現力等〕

A　話すこと・聞くこと

　「話すこと・聞くこと」に関する指導事項は、「話すこと」「聞くこと」「話し合うこと」に大別され、それぞれが学習過程を明確にして構成されている。例えば、「話すこと」の指導事項は、「話題の設定・情報の収集・内容の検討」「構成の検討・考えの形成」「表現・共有」の三つになっている。これらの学習過程に沿って、紹介や報告などをしたり、それらを聞いて質問・意見を述べたりする活動、少人数で話し合うなどの言語活動を行うことが求められている。中学校の国語科の目標では、「社会生活」を対象として学習することが基本であるが、「話すこと」「聞くこと」「話し合うこと」で取り上げる話題は、「日常生活の中から」求めるようになっている。小学校との接続が円滑になされ

るように、話題の範囲を社会生活にまで広げないように配慮していると考えることができる。「話すこと」「聞くこと」「話し合うこと」に共通する「話題の設定・情報の収集・内容の検討」では、「目的や場面に応じ」ることが大切にされている。話したり聞いたり、話し合ったりする内容について、どのような目的をもっているのか、どのような場面で行われるものであるのかを踏まえて検討していくことが大切である。

「話すこと」では、自分の考えや根拠が明確で、聞き手にとって分かりやすいものであるかどうかを考えさせていく。その際に、中心的な部分と付加的な部分、事実と意見との関係など、〔知識及び技能〕の学習と関連させるようになっている。また、「表現・共有」では、一方的に話すのではなく、「相手の反応を踏まえながら」話すことが求められている。自分の話が聞き手に伝わっていないと感じた場面では、言葉を言い換えたり説明を付け加えたりするなどの手立てを講じることになる。そうした場面を想定して、使う言葉や取り上げる具体例について検討する学習などが考えられる。話したり聞いたり、話し合ったりする言語活動は、国語科のみならず他教科の学習の基盤になるものである。生徒が魅力を感じ、コミュニケーションを楽しむことができるように工夫することが大切である。

B 書くこと

「書くこと」に関する指導事項は、学習過程に沿って、「題材の設定、情報の収集、内容の検討」「構成の検討」「考えの形成・記述」「推敲」「共有」の五つで構成されている。言語活動としては、文章や図表などを引用して説明・記録する活動（説明的な文章を書く）、行事の案内や報告を書く活動（実用的な文章を書く）、詩を創作したり随筆を書いたりする活動（文学的な文章を書く）などが挙げられている。生徒の書く能力を向上させるために、１年間の学習を通して、「説明的な文書を書く・実用的な文章を書く・文学的な文章を書く」の三つのタイプの言語活動に取り組ませることが求められている。なお、「書くこと」においても「話すこと・聞くこと」と同様に、小学校での学習との接続に配慮し、題材を「日常生活の中」に求めて書くことになっている。自分の身の回りをよく見つめて題材を決めることができるように指導することが大切である。

「推敲」の指導事項では、「読み手の立場に立って」文章を見直すこととなっている。自分の文章を客観的に読み、表記などをよりよいものに練り直すことであり、表現力を高める上で重要な学習過程である。誤字・脱字や表記の誤りを訂正するだけでなく、言葉の選び方や文章の書き方などについて粘り強く考えさせるようにし、自己評価したり相互評価したりするなどの工夫も取り入れていきたい。その際には、改善すべき点だけに目を向けるのではなく、よい点を積極的に見いだすよう指導することが大切である。

C 読むこと

「読むこと」に関する指導事項は、「構造と内容の把握」「精査・解釈」「考えの形成、共有」で構成されている。学習指導要領の改訂に当たっては、自分の考えを形成する学習過程を重視して、「考えの形成」に関する指導事項が位置付けられている。文章を読んで内容を理解するだけでなく、読み取ったことについて自分はどう考えるのかを追究させることが大切である。言語活動として、読む文章の種類ごとに、音声言語を用いる言語活動と、文字言語を用いる言語活動の二つのタイプが挙げられている。説明や記録を読んで報告する・文章にまとめる活動（説明的な文章を読む）、小説や随筆を読んで記録する・伝え合う活動（文学的な文章を読む）、学校図書館などを利用して情報を得て報告する・資料にまとめる活動（情報を得て活用する）などである。「書く活動」と「話す活動」の一方に偏ることがないように配慮する必要がある。

「構造と内容の把握」は叙述や描写を基に客観性の高い理解を図るものである。読み手が違っても同じ理解になるように、文章の内容などを的確に把握することを求めている。一方、「精査・解釈」は、根拠を明確にしながら自分の考えを作り上げているために、考えを広げたり深めたりする過程として位置付けられている。第１学年では、自分の考えを「確かなものにする」ために、文章をしっかり読み返したり、何度も考え直したりできるよう工夫することが大切である。

2 第1学年における学習指導の工夫

まずは、小学校国語からの円滑な移行を図りたい。教科担任制になるため、国語教師は国語を教えるプロとして生徒の眼に映ることになる。こうした環境の変化は、それまで国語を得意としてきた生徒にはステップアップのチャンスであり、苦手意識のあった生徒には仕切り直しのチャンスとなる。同時に、第2、3学年での国語の学習を充実させる基盤をつくる重要な時期でもある。そこで、第1学年では、国語の学習の魅力や大切さを改めて味わわせつつ、主体的に学んでいく学び方も身に付けさせたい。様々に分かりやすい例を示しながら実際に学ばせて評価で返すというサイクルを地道に繰り返すことが肝要である。将来「国語が伸びたのは第1学年での指導がよかったから」と胸を張れたら最高である。

1 〔知識及び技能〕習得における工夫
【日々の授業における積極的使用による定着】

中学校では、文法、表現の技法、歴史的仮名遣いなど、覚えることだらけといった印象をもつかもしれない。だからこそ「定期テストに出ますからね」式の指導にならないように、授業で取り組む言語活動の中に習得すべき知識や技能を取り込み、それらが役立つことを実感させることが大切である。「根拠」「意図」「出典」「要旨」等の学習用語についても教師自身が授業において積極的に使い、かつ生徒にも使わせるようにして定着を図りたい。

【語彙や読書に関する記録の蓄積】

日々の言語生活や学習の軌跡を残したり振り返ったりする方法として、語彙ノートや読書記録データベース等の作成がある。第1学年の早い時期から取り組み始めたい。その際、何のために、何を、いつ、何に、どのように記録するのか具体的に指導する。大切なのは継続である。あれもこれも求めずにルーズさを認めることや時々確認したり交流の場を設けたりすることがポイントである。時には「作文に使いたい言葉を探す」「心に残った本を紹介する」など、授業でこれらの記録を活用させるとよい。なお、記録には1人1台端末を生かし、気軽に貯めては引き出すような仕組みをつくることも考えられる。

2 〔思考力、判断力、表現力等〕育成に向けての工夫
【思考、判断、表現を促す学習課題の設定】

生徒が言葉による見方・考え方を発揮しながら真剣に取り組むのは、我が事として言葉に関する課題が立ち上がったときである。最善の結果に至ろうとすれば、生徒には確かな知識や情報等を基にした粘り強い思考と最適の判断が求められる。これが言語活動の過程で繰り返されながら力を付けていくのである。つまり、思考力、判断力、表現力等の育成は、どの領域であれ、学習課題にかかっている。方法としては、生徒による設定（適切な課題がもてるように助言が必要）や教師からの提示（生徒が解決したくなる工夫が必要）がある。教材の特性を生かし、ねらいとする指導事項に関係する課題が設定できると指導と評価の一体化も図りやすい。課題は、活動のゴールが明確な Let's 型（〜しよう）だけでなく、why 型（なぜ〜か）や How 型（どのように〜か）にして追究することも有効であろう。

A 話すこと・聞くこと
【実態に合わせた話題や形態】

この領域では、実の話題で他の生徒を相手にした言語活動を設定したり、自身の音声言語活動の記録を教材にしたりすることがある。音声言語活動は開放的で互いを理解しながら学べるよさがあると同時に、新しい環境で自己開示に慎重になりがちな1年生には抵抗のある場合も考えられる。その

ため、話題や場の設定、形態については実態をよく見極めて配慮や工夫をする必要がある。

【聞くことの重視】

話し手を育てるには聞き手を育てることが重要である。聞くことの指導を大切にし、聞き手を単なる対象者とせず、能動的に受け入れつつ問い掛けるような存在にしていきたい。そのためにも、教師自身が生徒の語りに耳を傾け「君の言いたいことを分かりたい」という聞き手の在り方の模範を示すことが大切である。聞き合いができる国語教室では、話す能力も話し合う能力も育ちやすいはずである。

B　書くこと

【表現の目的（なぜ書くか）、相手（誰に書くか）、内容（何を書くか）、形式（どのように書くか）の往還】

何をどう書くかだけでなく、どんな目的のためにどんな相手に向けて書くのかを強く意識させて取り組ませることが大切である。記述前には、シンキングツール等を活用して情報を整理することも有効であろう。ただ、構成まで目途がたったところで記述が放任にならないよう、例えば第1学年では原因と結果の関係を表すための接続表現や文末表現等を事前に資料として提示しておくなどの手引きが必要である。

【個別学習に有効な交流活動を挿入する】

書くことは原則「個」の言語行為である。だからこそ読み手を想定した他者との交流と、考えを共有する活動を大切にしたい。書き手の意図を理解し合うこと、よい点を先に示すこと、改善すべき点については読んだ印象で終わらずできれば代案まで伝えることなどを実行し、建設的な交流にしたい。

C　読むこと

【音声で確かめ味わう活動】

小学校のようにはいかないが、中学校でも適宜音読を取り入れたい。声に出して耳で受け取る音読は「読み」を可視化し、叙述を確認したり味わったりする上で有効である。文章の推敲にも取り入れるとよい。また、言語文化に親しむために、始業時のルーティーンとして、古典や近代小説の一節、俳句や短歌を唱えることを継続することなども考えられる。

【読みに求めるレベルの明確化】

主体性や個性の尊重を理由に授業中には認めた意見を、定期テストでは誤答とすることのないようにしたい。国語嫌いの要因になってしまう。例えば、発問を次の三つのレベルで捉えてはどうだろうか。

a　正しい理解を問う（言葉の決まりや慣習を踏まえれば正誤が判定できる）。

b　妥当な解釈を問う（根拠との整合性に基づいて一定の幅があるが、正誤は判定できる）。

c　鑑賞や評価を問う（読み手の感性や価値観や体験などに依拠するため判定は難しい）。

発問では「何が分かるか」「どのように解釈できるか、その根拠は何か」「あなたはどう受け止めるか」など用いる言葉によって、どの段階の問いかが明瞭に伝わるようにすることが大切である。

3　「学びに向かう力、人間性等」の涵養を促す工夫

言葉を通して、人との関わり方、自己認識、社会認識等を深めていけるように、また、学習に対する粘り強さや自己調整力を高めていくために、全ての単元において一人一人に明確な学習目標をもたせたい。そのためには導入で、これまでの学習や言語生活を想起して願いを明確にしたり、教材との出合いを機に学習課題を設定したりできるようにする。また、単元の振り返りでは、自分が学んだ内容や高まった力を書き出したり、学んだことの価値やそれらを活用する場面を想定したりしてまとめをするとよい。学習を通して気付いた自身の今後の課題について書くことも次へとつながる。

言葉の価値に関わって重要なのが言語環境である。掲示物や配布物なども大切であるが、教師がその場その場で発する言葉の全てを、生徒は聞いていること、見ていることを忘れないようにしたい。特に国語教師は、プロとして、学校、学年の先頭を切って「歩く言語環境」でありたいものである。

1 教科の本質に触れる国語科の「主体的・対話的で深い学び」の必要性

　平成29年告示の学習指導要領では、これからの時代を主体的に生き、未来を創造していく子供たちに必要となる資質・能力を育成する必要性が唱えられた。ここでいう資質・能力とは、生きて働く「知識及び技能」、未知の状況にも対応できる「思考力、判断力、表現力等」、学びを人生や社会に生かそうとする「学びに向かう力、人間性等」の三つの柱からなる。そしてこの資質・能力育成のために「主体的・対話的で深い学び」の視点からの授業改善が必要とされる。『中学校学習指導要領（平成29年告示）解説　国語編』（以下、「解説」とする）には次のように記されている。

> 　子供たちが、学習内容を人生や社会の在り方と結び付けて深く理解し、これからの時代に求められる資質・能力を身に付け、生涯にわたって能動的に学び続けることができるようにするためには、これまでの学校教育の蓄積を生かし、学習の質を一層高める授業改善の取組を活性化していくことが必要であり、我が国の優れた教育実践に見られる普遍的な視点である「主体的・対話的で深い学び」の実現に向けた授業改善（略）を推進することが求められる。

　ここに述べられているように、「主体的・対話的で深い学び」とは決して新しい方法ではなく、これまでの「我が国の優れた教育実践」においてすでに実現されていたことと言ってよい。
　そして、こうした実践が優れたものであるならば、それらは、当然、教科の本質に深く触れる学びであったはずだ。上記、解説には次のような記述がある。

> 　深い学びの鍵として「見方・考え方」を働かせることが重要になること。各教科等の「見方・考え方」は、「どのような視点で物事を捉え、どのような考え方で思考していくのか」というその教科等ならではの物事を捉える視点や考え方である。各教科等を学ぶ本質的な意義の中核をなすものであり、教科等の学習と社会をつなぐものである（略）。

2 「深い学び」とは

　では国語科における「主体的・対話的で深い学び」とはどのようなものだろうか。学びの質が問われる「深い学び」、より方法的な側面である「対話的な学び」、知的な判断を伴う「主体的な学び」の順に、物語等の読みの授業における登場人物の心情や言動の意味を考える学習を例に考えてみよう。
　多くの場合、まずはその場面の前後の言葉を手がかりに、登場人物の心情や言動の意味を解釈する。だが、仮に解釈は同じでも、深いと感ぜられるのは、前後の言葉だけでなく、人物の設定や境遇、他の人物・場面との関係、場所や時刻、遭遇してきた出来事、視点、語り口、文体など、テキスト内の諸要素との多様な関係性を発見したり、創造したりして言語化された読みであろう。
　このことは説明的な文章の学習にも当てはまる。説明的な文章では、一般的にテキスト内の諸要素の関係性は物語等よりも明示的である。だが、筆者の主張は、どの根拠とより密接に結び付いているか、全体的な問いと部分的な問いとはどのような関係にあるかなど、必ずしも関係性が明示的でない場合もある。それらは読み手が発見したり創造したりして言語化するしかない。さらに読みの学習では、文種を問わず、テキストと現実世界、テキストと読み手、読み手相互などの関係性なども大切である。こうしたテキスト内外の諸要素の多様な関係性を、「言葉による見方・考え方」を働かせて発

見・創造していくプロセスが「深い学び」となっていく。

③ 「対話的な学び」とは

　前述のように読みが深まっていくプロセスでは、テキスト内外の多様な関係性への気付きが必要である。個々の生徒は、それぞれの知識や経験に基づく読み方しかできない。だが、教室には異なる知識や経験をもち異なる読み方をする多様な生徒がおり、その対話には互いの読み方（関係性の発見・創造）を知り、読みを深める契機が潜んでいる。授業のつくり方によっては、対話する相手は、教師、保護者、地域の大人などにも広がる。そもそもテキスト自体或いはその筆者が読み手とは異質な考えをもつ対話すべき相手だ。生徒はそれらとの多様な出会いの中から自己内対話を生み出す。そこに「対話的な学び」の意義がある。多様な対話をすることで、自分だけでは発見できなかった考え方を知る。「対話的な学び」は学びを深めるための選択肢を得る場となる。

④ 「主体的な学び」とは

　こうして得た読みの選択肢の中から（自らの読みも含む）、生徒は知的に自らの読み方を選び、作り上げていく。解釈の内容が同じでも読み方が違う場合や解釈の内容が違っても読み方は同じ場合など、読み方と解釈に関する選択肢が目の前に提示される。必ずしも一つに絞りきれない場合もある。だが自分なりに、何らかの根拠に基づき、より妥当性が高いと判断できる選択肢を選び言語化しようとする。この知的に考え、判断・選択し、言語化しようとする営みが「主体的な学び」となる。中央教育審議会答申（平成28年12月）に「主体的な学びの視点」として「子供自身が自分の学びや変容を見取り自分の学びを自覚することができ、説明したり評価したりすることができるようになる」とあるのは、こうした知的なプロセスがあるから可能になる。

⑤ 「主体的・対話的で深い学び」を目指す授業づくりのポイント

　同様のことは、「話すこと・聞くこと」「書くこと」の学習に関しても言える。そこには、「読むこと」と同じく、情報の発信者と受信者、目的、内容、テキスト（情報）、乗せるメディア（方法）などがある。それらには様々な関係性が隠されており、発信者や受信者が、相手の目的などを考え、「言葉による見方・考え方」を働かせて、より適切な関係性を発見したり創造したりして効果的なコミュニケーションの在り方を選択する。そのプロセスで「深い学び」が実現していく。

　このように考えたとき、国語科における「主体的・対話的で深い学び」の授業づくりのポイントは以下のように整理できる。

① 単元の目標、育てたい資質・能力を明確にするとともに、評価規準を設定し、どのような「言葉による見方・考え方」を働かせるかを検討する。

② 教材・題材の特徴を踏まえ、テキスト（情報）内外の諸要素の関係性を教師自ら分析する。

③ 様々な関係性が発見・創造され、学習が深まる手立て（学習課題、言語活動、発問、ワークシート、ICT活用など）や板書計画（目標、見通し、意見の整理や関係の図式化など）を準備する。

④ 個、グループ、全体など学習活動の単位を意図的に組む。安心して話し合える環境を保障する。

⑤ 多様な考え方の中から、選択し、自らの考えをつくるプロセスでは、根拠や理由を明確にさせる。

⑥ 生徒自身が自らの学びを自覚し、説明したり評価したりする振り返りの場を設ける。

　以上を踏まえて、より自覚的な言葉の学び手・使い手へと個々の生徒の成長を促したい。

「言葉による見方・考え方」を 働かせる授業づくりのポイント

1 中学校学習指導要領（国語）における「言葉による見方・考え方」

平成29年告示の学習指導要領では、国語科の目標を次のように示している。

　　言葉による見方・考え方を働かせ、言語活動を通して、国語で正確に理解し適切に表現する資質・能力を次のとおり育成することを目指す。（以下略　傍線引用者）

　この冒頭に示された「言葉による見方・考え方を働かせ」という文言は、平成20年告示の学習指導要領の目標にはなかった新たな文言である。また、「見方・考え方を働かせ」ることは、今回の学習指導要領において授業の質的改善の視点として示された「主体的・対話的で深い学び」のうち「深い学び」を支える要素として位置付けられている。このように、「言葉による見方・考え方を働かせ」ることは、国語科にとって今回の学習指導要領における重要な概念である。

2 「言葉による見方・考え方」とは

　一般に、「ものの見方・考え方」という表現はよく知られている。その一方、「言葉による見方・考え方」という表現は普段使うことのない表現である。では、この「言葉による見方・考え方」とはどのような意味をもつのだろうか。そして、これを働かせるとはどういうことなのだろうか。

　たとえば、目の前に「りんご」があったとしよう。この「りんご」を言葉にするなら「リ・ン・ゴ」と声に出せばよい。また、文字に書くとすれば「りんご」「リンゴ」「林檎」などと書くことができる。音声だと一通りの表現だが、文字だといくつかの表現が可能となる。では、これらの文字はどのように書き分けるのが適切だろうか。こう考えるとき、じつは私たちはもう「言葉による見方」を働かせ始めている。さらに、たとえば「りんごのほっぺ」と言葉にすれば、比喩的なイメージとして言葉を用いていることになり、さらに高度なレベルで「言葉による見方」を働かせていることになる。

　一方、この同じ「りんご」を取り上げて、真上から見ると円の形をしているとか、個数に注目して１個のりんごなどと捉えたとき、私たちは「数学的な見方」を働かせている。さらに、「りんご」の名産地やその収穫量に注目するとき、私たちは「社会科的な見方」を働かせたことになり、植物の部位（果実）としての「りんご」に注目するときには「理科的な見方」を働かせている。このように、「見方」というのは各教科等に応じた固有の特性をもったものである。その意味で、国語科の「言葉による見方・考え方」を働かせるとは、音声や文字、さらには語彙や語句、文や文章などの言葉の面から、その意味、働き、使い方等に注目して言葉を捉えたり意味付けたりすることと言える。

　ところで、こうした「言葉による見方」には、日本語そのものの中にもともと内在し、私たちの「ものの見方」を規定しているという特性がある。たとえば、日本語では「きょうだい」を「兄」と「弟」、「姉」と「妹」といった言葉で表現するが、英語では「brother」、「sister」だけであることはよく知られている。これは、そもそも日本語には「きょうだい」を、男性であれ女性であれ、年長か年少かを区別して捉えるという「見方」が内在していることに起因する。また、英語では「rice」一語で表現する一方で、日本語では「稲」「米」「ご飯」などと区別して言葉にしているのも、日本語には「rice」を細かく分けて捉える「見方」が内在していることに起因する。このような言語と認識方法との関係を「言葉による見方」と呼んでいるのである。

　同様に、「言葉による考え方」の方も日本語の言葉の中に「ものの考え方」が内在し、私たちの「ものの考え方」を規定していると捉えられる。たとえば、「気持ちを伝えるには手紙がよいか電話がよいか」などといった課題を考えるときには、手紙のよさと電話のよさとを比較することになる。そ

して、このとき「手紙と電話とをくらべてみると…」と心のなかで言葉にする。こうした「くらべてみると…」という言葉の中に比較という「ものの考え方」が内在し、私たちの「ものの考え方」を規定している。このような言葉と思考方法との関係を「言葉による考え方」と呼んでいるのである。

3 国語科の授業で「言葉による見方・考え方」を働かせる

「言葉による見方・考え方」を国語科の授業のなかで働かせようとするときには、今述べたような日本語そのものに内在する「ものの見方・考え方」を意図的に取り上げて指導することになる。しかし、教科書を用いた実際の授業場面ではそれだけでなく、「言葉による見方・考え方」を働かせながら、話し手・書き手などが独自に用いた言葉の使い方を理解することも必要になってくる。

たとえば、読み教材を取り上げた授業において、生徒が「言葉による見方・考え方」を働かせながら文章を理解する場面を考えてみよう。第1学年の小説教材である「少年の日の思い出」の本文には、主人公の「僕」が「エーミール」を次のように言う場面がある。

「この少年は、非の打ちどころがないという悪徳をもっていた。」

これは登場人物であり語り手でもある「僕」の「エーミール」に対する評価である。「エーミール」に対してもっている「僕」の劣等感や嫉妬心などの屈折した思いが「非の打ちどころのないという悪徳」という「エーミール」への評価として表現されている。もともと「非の打ちどころのない」というのは優れたものへの評価の言葉であるが、それが「悪徳」という否定的な意味の言葉と結び付けられることによって、登場人物（語り手）の「僕」の屈折した独特の内面が読者の中で浮き彫りになってくる。こうした言葉と言葉との意味関係や前後の文脈等を踏まえて「僕」の内面を理解し意味付けようとするとき、読者は「言葉による見方・考え方」を働かせて「僕」の内面を解釈している。

また、中学2年の説明文教材に「モアイは語る―地球の未来」がある。この説明文で、筆者はたんなる石像にすぎないモアイ像に注目して、文章のタイトルを「モアイは語る」としている。語るはずのない石像がまるで人間のように語るという言葉の使い方をあえてすることによって、筆者は読者に対して地球の未来についての警鐘を鳴らしている。つまり、読者がこのタイトルの意味を理解しようとするとき、「言葉による見方・考え方」を働かせて筆者独自の言葉の使い方を捉えることになる。

このように、個々の読み教材には、日本語そのものに内在する「ものの見方・考え方」、すなわち日本語にとって基本となる「言葉による見方・考え方」をベースとした、語り手、登場人物、筆者などによる独自の言葉の使い方が示されている。一方、読者である生徒は、日本語に内在する「言葉による見方・考え方」をベースに、個々の教材文ではどのような言葉の使い方がなされているかを理解することになる。そのことで生徒自身の言葉への自覚は高まっていく。

さらに、たとえば、教科書には巻末資料として「語彙を豊かに」と題するページが各学年に収録され、第1学年には次のような教材が示されている。

□　自信　　関 自信・自負・うぬぼれ・自尊心・プライド

「□」は基本となる言葉、「関」はこの基本となる言葉に関連する言葉である。生徒は自分が伝えたいことを話したり文章に書いたりする場面で、これらの語彙群に内在する「言葉による見方」を吟味しながら、どの言葉を選べば自分の意図や与えられた場面などにふさわしいのかを考える。

以上のことを踏まえ、「言葉による見方・考え方を働かせる」ことの定義を改めて見てみよう。

　　言葉による見方・考え方を働かせるとは、生徒が学習の中で、対象と言葉、言葉と言葉との関係を、言葉の意味、働き、使い方等に着目して捉えたり問い直したりして、言葉への自覚を高めることであると考えられる。　　　　　　　　『中学校学習指導要領（平成29年告示）解説　国語編』

1 板書の特性と役割

　板書は、発問、説明、指示、聴き取り、観察、資料提示などと並んで、教師の授業における重要な仕事である。授業のデジタル化は加速的に進み、板書のツールが黒板とチョークから別のものに代わることは十分考えられる。それでも「黒板一面」を用いた板書が一切不要になるとは考えにくい。ここでは、不易としての板書の特性と役割を今一度確認する。まずは、板書の特性を三つにまとめて示す。事前に作成された画面が次々にめくられていくプレゼンテーションと比べると分かりやすいかもしれない。

○　視覚的にそこに残ること。
○　全体と部分が同時に示されること。
○　リアルタイムに仕上がっていくこと。

　そして、これらの特性を強みにして、板書は授業において次のような機能を発揮することになる。
❶　学習目標を明確に意識させたり、本時に見通しをもたせたりする。
❷　集団思考を「見える化」して方向付ける。
❸　重要な学習内容を強調して定着を図る。
❹　生徒の学習の仕方・書字の模範となる。
　❶〜❸は他教科等の板書にも共通するが、国語教師としては❹も自覚しておきたい。板書は、国語科で育てたい力の一つである「言葉による情報の整理」の仕方の実例ともなるからである。

2 板書計画における板書の構成

　単元に入る前、また本時の前に、授業のねらいと計画、展開予想に合わせて板書計画を立てておきたい。例えば次ページ図のように、方向付けたい思考に応じて、構図を工夫するとよいだろう。これらの組み合わせも考えられる。構図の中には位置付ける重要語句やセンテンスも想定しておく。
　全体と部分を同時に示す上で様々な構成があり得るが、縦書きの場合の標準的な方法を示してみる。
　まず板書の右端である。主に❶に関わる。単元名だけでなく、全○時間単元の△時間目に当たる授業かを「△／○」で書くと本時の位置や残り時間が分かり、学習の自己調整に役に立つ。必要なら単元を通した学習目標も書く。必須は「今日のめあて」を明記することである。読み上げるなどして意識させ、さらに途中や終末で立ち戻るとよい。学習プロセスを示して見通しをもたせることもできる。
　次に中央部分である。主に❷や❹に関わって、ぜひ工夫したい重要な部分である。生徒の集団思考のステージとして機能させながら、時間経過とともにリアルタイムに思考の跡を残していくことは、自分たちが授業の創り手だという手ごたえに繋がる。ある生徒の発言をきっかけにある言葉からある言葉に向かって引かれた一本の矢印が、見方をがらりと変え、深い思考や認識に誘うというドラマも起こり得るのである。こうした板書は、生徒が個人の学習ノートやグループ討議のホワイトボード等を使って、考えを広めたり深めたり、重要な内容をまとめたり強調したりする際の参考になるはずである。
　最後に左端である。主に❸に関わる。学習の成果や次回への繰り越し課題等を書く。教師がまとめる場合もあるが、例えばキーワードだけを示して生徒各自にまとめさせる方法もある。板書によって生徒自身も「何を」だけでなく「どのように」学んだかも振り返ることができる。最終的な板書を見ればど

んな授業だったか想像がつくと言われるゆえんである。生徒には視覚的にも学びの充実感を味わわせたい。なお小学校では、教室に話型や重要語句等を常時掲示できるが、中学校では難しいため、この左端のスペースにはその単元で身に付けるべき表現や学習用語等を貼り付け、授業中に活用させてもよい。

　青写真があってこそ臨機応変な対応もできるのであり、板書計画の立案は教師自身と生徒たち双方の安心につながる。なお、板書計画は実際の板書と合わせて記録を残しておくと次に役立てることができる。

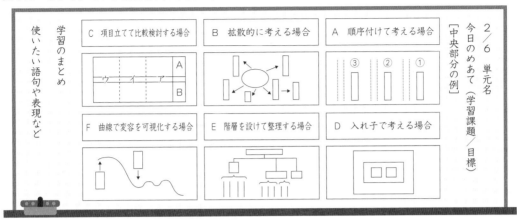

3 授業中の板書の実際

　板書では「言葉による情報の整理」をリアルタイムで行わなくてはならない。そのため、いつ、どこに、何を、どんな言葉にして、どんな文字で書くか、それとも書かないかは、板書計画をベースにしつつ臨機応変に判断することになる。予定調和的に進むプレゼンテーションと比べてもスリリングである。そのため、多少整わなくても生徒は集中して板書を見るし、共に試行錯誤しようとするのである。

　とはいえ、どの発言を取り上げて書くかについては実に悩ましい。概ね合意が得られた内容を端的な表現で書くことを原則としながら、考えさせるためにあえて対立的な発言や似て非なる発言を位置付けることもあるだろう。その際に、どんな言葉にして書くかについては慎重でありたい。発言者自身や他の生徒に尋ねたり、教師が言葉を提案するなら確認をとったりするとよい。また、板書上ではルールを決めておくこと（例えば、学習目標は青で囲む、叙述は白、解釈は黄色で文字を書く、時間的順序は一本線の矢印、作用や影響は太い矢印で表す、人物は丸で、習得したい語句は四角で囲むなど）も、❹に関わって有効である。

　さらに板書をするのは教師だけではない、という発想も必要である。生徒が板書を使いながら自分の考えを説明したり、板書上に直接線を引いたりキーワードを貼ったりすることがあってもよい。

4 様々な ICT との効果的な併用

　授業において ICT の活用が進むことは望ましいことである。前時の授業を振り返る、図や写真や個人のノートやタブレット上の成果物を提示しながら説明する、音声言語活動や書写の学習で動画を見るなど、これまでの板書ではかなわなかったことが可能になる。主体的・対話的で深い学びには、一面の板書も各種 ICT もどちらも必要で、それぞれ独自の強みを生かして補完的に活用することが重要である。その際にポイントとなるのが空間と時間である。スクリーンを黒板に投影してある局面で使うのか、黒板の横に設置して同時進行で使うのかなど、ねらいと照らして生徒の視点から工夫したい。なお ICT に関しては生徒の方が進歩的なこともあるため、全てを教師が背負わずに生徒が「それならこれをこう使ったらどうでしょう」と自由に提案し合える教室づくりをすることも大切である。

1 国語科における評価の観点

　平成29年告示の中学校学習指導要領における国語科の評価は、観点別学習状況について目標に準拠した評価を行うことを基本としている。これまでの学習評価の考え方と同様に、学習指導要領に示される国語科で育成する資質・能力に照らして、生徒の学習の到達状況を評価することになる。この評価の基本的な考え方はこれまで行われてきたものと同様であるが、学習評価の観点は、5観点から3観点に変更された。学習指導要領に示されている資質・能力を育成する三つの柱（「知識及び技能」「思考力、判断力、表現力等」「学びに向かう力、人間性等」）に対応する形で、他教科等と同様に、「知識・技能」「思考・判断・表現」「主体的に学習に取り組む態度」の3観点の構成になっている。それぞれの観点について、学習の状況が「十分に満足できるもの」をA、「概ね満足できるもの」をB、「努力を要するもの」をCとして3段階で評価する。

〈平成20年学習指導要領の評価の観点〉
言語についての知識・理解・技能
話す・聞く能力
書く能力
読む能力
国語への関心・意欲・態度

→

〈平成29年学習指導要領の評価の観点〉
知識・技能
思考・判断・表現
主体的に学習に取り組む態度

　これまでの観点別学習状況と比較すると、「言語についての知識・理解・技能」が「知識・技能」に変更されている。「話すこと・聞くこと」等の3領域に対応した観点であった「話す・聞く能力」「書く能力」「読む能力」は、「思考・判断・表現」に集約され、三つの領域の学習状況を総合して評価することになる。「国語への関心・意欲・態度」は、「主体的に学習に取り組む態度」に基本的には対応する形になっている。

2 「知識・技能」「思考・判断・表現」の評価規準

　「知識・技能」と「思考・判断・表現」の二つの観点は、学習指導要領に示されている〔知識及び技能〕と〔思考力、判断力、表現力等〕とにそれぞれ対応している。学習指導要領の指導事項と、学習状況を評価するために設定する評価規準は、明確に対応する形になる。

　「知識・技能」は、〔知識及び技能〕の「言葉の特徴や使い方に関する事項」「情報の扱い方に関する事項」「我が国の言語文化に関する事項」を合わせて評価する。「思考・判断・表現」は、〔思考力、判断力、表現力等〕の「話すこと・聞くこと」「書くこと」「読むこと」の3領域を合わせて評価する。

　例えば、中学1年のある単元の〔知識及び技能〕と〔思考力、判断力、表現力等〕の目標を、次のように設定したとする。

⑴ 原因と結果、意見と根拠など情報と情報との関係について理解することができる。
〔知識及び技能〕⑵ア
⑵ 根拠を明確にしながら、自分の考えが伝わる文章になるように工夫することができる。
〔思考力、判断力、表現力等〕B⑴ウ

目標は指導事項と対応するように設定する。この単元の学習を通して、単元の目標が達成されたか（指導事項が身に付いているかどうか）を評価するので、評価規準は次のようにものになる。

評価の観点	評価規準
知識・技能	原因と結果、意見と根拠など情報と情報の関係について理解している。
思考・判断・表現	「書くこと」において、根拠を明確にしながら、自分の考えが伝わる文章になるように工夫している。

このように、「知識・技能」と「思考・判断・表現」の観点については、指導事項の文末を「～している」と書き換えて評価規準を作成する。指導事項の文言をアレンジする場合も、育成する資質・能力が同じものになるよう留意しなければならない。「思考・判断・表現」の観点は、3領域の学習状況を総合的に評価するため、どの領域の学習についての評価であるのかを明確にする必要がある。そのため、評価規準の最初に「『書くこと』において」のように領域名を明記することになっている。これまでの授業改善への取組において、どの領域のどの指導事項について指導するのか、身に付けさせる力を明確にした学習指導が進められ、一定の成果を挙げている。その成果を引き継ぐためにも、「思考・判断・表現」の学習評価を、指導する領域を明らかにして行うことが大切である。

3 「主体的に学習に取り組む態度」の評価規準

「主体的に学習に取り組む態度」については、国語科の「学びに向かう力、人間性等」に関する目標から、感性や思いやりなど観点別学習状況の評価になじまない部分を除いて評価する。「主体的に学習に取り組む態度」の評価規準は、「知識・技能」、「思考・判断・表現」の観点と異なり、対応する形で内容（指導事項）が示されておらず、次の側面について評価するようになっている。
① 知識及び技能を獲得したり、思考力、判断力、表現力等を身に付けたりすることに向けた粘り強い取組を行おうとしている側面、
② ①の粘り強い取組を行う中で、自らの学習を調整しようとする側面

この二つの側面を基に、国語科の「主体的に学習に取り組む態度」の評価規準は、次の①～④の内容を含むように作成することになっている。

① 粘り強さ（積極的に、進んで、粘り強く等）
② 自らの学習の調整（学習の見通しをもって、学習課題に沿って、今までの学習を生かして等）
③ 他の2観点において重点とする内容（特に、粘り強さを発揮してほしい内容）
④ その単元（題材）で取り組む具体的な言語活動（自らの学習の調整が必要となる言語活動）

先に挙げた「書くこと」の単元を例にすると、次のようになる。「自分が経験したことを報告する文章を書くこと」を言語活動とし、書いた文章が読み手に伝わるのかどうかについてじっくり考えるような学習活動にしようとする場合は、①を「粘り強く」、②を「学習課題に沿って」、③を「伝わる文章になるように工夫して」のようにすることが考えられる。④は「自分の体験の報告を書く」ことである。これらをまとめると、この単元の「主体的に学習に取り組む態度」の評価規準は、例えば以下のように設定することができる。

主体的に学習に取り組む態度	学習課題に沿って、読み手に伝わる文章になるように工夫して、粘り強く自分の体験の報告を書こうとしている。

4 評価を行う際の留意点

　実際に評価を行う際には、学習評価が一人一人の学習の充実につながるように、以下の点に留意することが大切である。

⑴ 生徒の学習状況の把握

　評価規準による評価を行う際に、学習の到達状況をしっかり把握する必要がある。評価を学期末や学年末のテストのみでしていては、「学習の到達状況」を十分に捉えた評価をしたことにはならない。目標に到達しているのか、授業での学習の様子（発言、話合い、ワークシートへの記入など）をよく観察して評価するようにしたい。

⑵ 「記録に残す評価」と「学習改善に生かす評価」

　評価規準を設定して行う単元の学習評価は、「全員」を対象として「記録」に残すことを基本としている。全ての授業時間について、全員の学習状況を評価することは現実的ではないので、単元の学習を通して、全員を評価することができるよう計画性をもって取り組んでいく必要がある。一方、単元の中の学習活動は、全てが単元の評価規準に関連するものになるわけではない。そのような学習活動の場面では、個々の学習の状況に応じて、一人一人の「学習改善に生かす評価」を行っていくことが考えられる。個別的な課題についてアドバイスしたり、学習の伸びを具体的に認めたりするなど、指導の工夫につなげていきたいものである。

⑶ 「自らの学習の調整」を促す学習活動

　「主体的に学習に取り組む態度」の評価規準には、「自らの学習の調整」という内容が含まれていることに注意する必要がある。これまでの評価の問題点として、例えば、関心・意欲・態度を評価するのに、授業中の挙手や発言、ノートの取り方や提出物など生徒の行動のある限られた側面のみに注目して評価してきたことなどが挙げられている。評価は学習の場面で指導したことに対して行うものである。生徒が自分の学習を調整する機会を用意した上で、どのように調整するのかについて指導することが大切である。学習の見通しをもったり、学習したことについて振り返ったりする活動はその一環である。さらには、目標を達成するための計画を立てたり、学習のゴールに至るまでの進捗状況を考えて必要な調整を加えたりするなど、学習を俯瞰的に見る機会を設けるようにしたい。

⑷ 学習過程を大切にした評価

　学習過程を意識して単元を構成し、学習の“プロセス”を生徒自身が獲得できるようにすることが大切である。その際に、どの指導事項を目標とするのか教材や言語活動などに即して明確にし、焦点化した指導と対応させて丁寧に評価することが、指導と評価を一体化させることになる。また、単元の目標としていない指導事項については、それまでの学習を生かしながら、自分の力で取り組むことができるようにすることも、国語科に求められている資質・能力の育成に必要なことだと考えられる。学習を「結果」だけで評価するのではなく、「過程」にも注目して評価するようにしたいものである。

⑸ 評価の前提としての計画的な指導

　学習指導要領に示された国語科の指導事項を、１年間の学習を通して確実に指導することが、「評価」の前提として大切である。まずは年間指導計画をしっかりと作成するようにしたい。〔知識及び技能〕については、「情報の扱い方に関する事項」を新設するなど指導事項が量的に拡充されている点に留意する必要がある。〔知識及び技能〕の指導事項と〔思考力、判断力、表現力等〕の指導事項は、〔知識及び技能〕が土台となり、〔思考力、判断力、表現力等〕を支えるものであり、相互に関連し合って学習を深めていくものである。国語科の学習に必要な指導事項がもれなく指導されるよう、計画的に指導することが大切である。

2

第1学年の授業展開

朝のリレー（1時間扱い／読むこと）

指導事項：〔知技〕(1)ア　〔思判表〕C(1)エ
言語活動例：詩に描かれた情景を想像しながら読み、感じたことを伝え合う。

単元の目標

(1)音声の働きや仕組みについて、理解を深めることができる。　　　　　〔知識及び技能〕(1)ア
(2)文章を読んで理解したことに基づいて、自分の考えを確かなものにすることができる。
　　　　　　　　　　　　　　　　　　　　　　　　　　　　〔思考力、判断力、表現力等〕C(1)オ
(3)言葉が持つ価値に気付くとともに、進んで読書をし、我が国の言語文化を大切にして、思いや考
　えを伝え合おうとする。　　　　　　　　　　　　　　　　　　　「学びに向かう力、人間性等」

単元の構想

〈単元で育てたい資質・能力／働かせたい見方・考え方〉

　「朝のリレー」では、比喩や反復、対比的表現などの表現技法が効果的に用いられ、健やかな朝
のイメージを言葉巧みに表現している。詩を音読する際に、音声についての働きや仕組みを理解
し、表現技法が用いられている部分に注目しながら、読み方の工夫を考えることで、聞き手に多様
で豊かな印象を与えることができることを考えさせたい。また、言葉を手掛かりに、詩の中の時間
的・空間的な展開を捉え、情景を具体的に想像する読みの力を育成することで、言葉についての理
解を深めていきたい。

〈教材・題材の特徴〉

　本教材は、中学校の国語の学習で初めて生徒が出会うものである。詩の内容は明るく希望に満ち
たものであり、詩の中の言葉からイメージを広げ、新たな世界を感じることができる。また、中学
校生活という新たな世界へと踏み出す生徒へのメッセージも込められている。言葉を手掛かりにし
て、詩の中の情景について想像を広げながら、言葉のもつ可能性を感じ取らせたい。「朝をリレー
する」という表現から、「朝が来る」という日常を新しい視点で捉え、新たなものの見方に出会う
ことで、これから始まる国語の学習への期待感を広げていける教材である。

〈主体的・対話的で深い学びの視点からの授業改善ポイント／言語活動の工夫〉

　詩の中で用いられている表現技法などを確認することを大切にしつつも、表現技法の解説や詩の分析・解釈にとどまる授業展開ではなく、生徒が言葉からどのようなことを感じたか、なぜそのように感じたか、生徒が言葉に向き合い受け取った感覚を大切に鑑賞させ、自分の考えを形成させたい。個人で詩を鑑賞した後に、ペアやグループでの交流活動を行い、気に入った表現や想像した情景、どのように音読することでそれらを表現できるか語り合う。交流活動を通して共感や相違、疑問など他者の考え方や感じ方を知り、そこから言葉のもつ可能性や言葉の広がりに気付かせ、学びの深まりを引き出していきたい。

単元計画

時	学習活動	学習内容	評価
1	表現に着目しながら、詩を鑑賞する。	○比喩や反復などの表現技法を確認しつつ、詩に描かれた情景を想像しながら音読する。 ○詩を読んで感じたこと、想像したこと、考えたことをペアやグループで交流する。	❶ ❷ ❸

評価規準

知識・技能	思考・判断・表現	主体的に学習に取り組む態度
❶音声の働きや仕組みについて、理解を深めている。 　　　　　　　　(1)ア	❷「読むこと」において、文章を読んで理解したことに基づいて、自分の考えを確かなものにしている。　　C(1)オ	❸音声の働きや仕組みについて進んで理解を深め、情景を想像しながら音読したり鑑賞したりしている。

〈指導と評価の一体化を図る見取りのポイント〉

　生徒が詩を音読する際に、どの部分を強調するか、読む速度や音量をどのように調整するかなどの、音声に関わる工夫と詩の内容理解とをどのように関連させているかを見取ることが重要である。また、詩を鑑賞する際には特徴的な表現を中心に生徒がどのように言葉を受け止めたのか、言葉からどのような気付きや新たな考えに触れたかを見取ることも大切である。

朝のリレー

主発問 作者はなぜ「朝のリレー」という表現を用いたのでしょうか。

目標

　詩に描かれた情景を想像しながら読み、感じたこと、考えたことを伝えることができる。

評価のポイント

❶音声の働きや仕組みを理解し、詩を音読している。　　　　　　　　　　　　　　　　　(1)ア

❷詩を読んで感じたことをもとに、自分の考えを確かなものにしている。　　　　　　C(1)オ

❸詩の中で用いられている表現の技法に着目しつつ、情景を想像して音読しようとしたり、鑑賞しようとしたりしている。

準備物　・全文プリント⬇01

ワークシート・ICT 等の活用や授業づくりのアイデア

○主発問についてグループで考えた意見をフリップにまとめて発表資料にする。

＊ICT 端末を活用し、共同編集できるアプリケーションを活用し、発表資料を作成してもよい。

＊インターネットを活用し、想像した情景に合うものを探し、ペア学習時に提示しながら音読してもよい。

1　導入（学習の見通しをもつ）

〈本時の授業展開とゴールの確認〉

Ｔ：「朝のリレー」を題材にして、言葉を手掛かりに情景を想像しながら詩を読みます。授業を終えるときに、言葉からイメージを膨らませ想像することの楽しさを感じることを目標にします。

2　展開

〈全文を読む〉

Ｔ：「朝のリレー」を読みます。はじめに全文を黙読します。読みながら、気になった言葉や表現をノートに書き出し、その言葉から感じたことや想像したことをノートに書いてください。読み終わったら、ノートに書き出した言葉を中心に詩の情景を想像しながらどのように音読するか考えてみましょう。

・朝もや　→　白い（色）、朝早く
　　　　　　　　　　ぼんやりしている

・リレー　→　走っている、つなぐ

・カムチャッカ、メキシコ、ニューヨーク　→世界中、世界をめぐる

＊生徒の意見は、「心情を表す言葉」・「情景を表す言葉」「リズムを生む言葉」など分類しながら板書していくと生徒の思考の整理にもつながる。

3　終末（学習を振り返る）

〈全体での交流後、振り返りを書く〉

Ｔ：全体交流で出た意見を踏まえて、振り返りを書いてください。

＊提出されたフリップや発表用のワークシート等を全体で共有し、短い言葉でも、表現を工夫することで人に思いを伝えることを確認し、言葉のもつ可能性とこれからの学習への期待を込める。

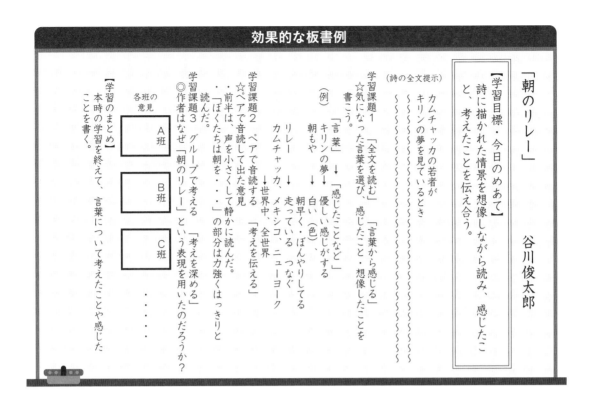

効果的な板書例

「朝のリレー」

谷川俊太郎

【学習目標・今日のめあて】
詩に描かれた情景を想像しながら読み、感じたこと、考えたことを伝え合う。

（詩の全文提示）

〰〰〰〰〰〰〰〰〰〰〰〰〰〰〰〰〰〰〰〰〰〰

カムチャッカの若者が
キリンの夢を見ているとき

〰〰〰〰〰〰〰〰〰〰〰〰〰〰〰〰〰〰〰〰〰〰

学習課題1 「全文を読む」
☆気になった言葉を選び、感じたこと・想像したことを
書こう。

（例）
「言葉」　→　「感じたことなど」
キリンの夢　→　優しい感じがする
朝もや　→　白い（色）
リレー　→　朝早く・ぼんやりしてる
カムチャッカ、メキシコ、ニューヨーク　走っている・つなぐ
↓世界中、全世界　「考えを伝える」

学習課題2　ペアで音読する
☆ペアで音読して出た意見
・前半は、声を小さくして静かに読んだ。
　「ぼくたちは朝を・・・」の部分は力強くはっきりと
　読んだ。

学習課題3　グループで考える
◎作者はなぜ「朝のリレー」という表現を用いたのだろうか？

「考えを深める」

各班の意見

| A班 |
| B班 |
| C班 |

・・・・
・・・・
・・・

【学習のまとめ】
本時の学習を終えて、言葉について考えたことや感じた
ことを書く。

〈ペアで交互に音読する〉

T：隣の人とペアで音読します。読む際に、ノートに書き出した言葉を中心に、情景を想像しながら読み方を工夫し、自分の感じたことを相手に届けましょう。全文プリントを配布します。音読の工夫を考える際に、この全文プリントを参考にしてください。音読が終わったらどの言葉に着目したか、それをどのように表現したか話し合いましょう。

＊机間指導しながら生徒が、どの言葉に着目し、それをどのように表現したのか生徒の発言をもとに見取る。

・前半部分は、静かに読むことで聞き手が情景をイメージできるようにした。

・「ぼくたちは朝をリレーしているのだ」は、特徴的な表現なので力強く読んだ。

〈グループ交流し、作者の思いを考える〉

T：では、次にグループになります。「朝のリレー」では、さまざまな表現技法が用いられていますが、その中でも、作者はなぜ「朝のリレー」という比喩を用いたのでしょうか。

〇各グループで意見交流する。

＊授業者はグループ間を回って生徒の様子や発言を観察する。

・世界はつながっているということを「リレー」という言葉で表現しています。

・「交替で地球を守る」という部分と合わせて考えると、朝は当たり前にやってくるのではないことを伝えたかったのでしょう。

・誰かが送った朝をしっかりと受け止めることが大切で、全力で毎日を過ごすメッセージ。

〈グループ交流の意見を全体で交流する〉

T：では、フリップを前に持ってきてください。グループで出た意見を全体で交流します。

＊時間がなければグループごとに発表せず、前に掲示し、教師が読み上げてもよい。

言葉に出会うために／野原はうたう

（１時間扱い／読むこと）

> 指導事項：〔知技〕⑴ア
> 言語活動例：詩の世界を想像し、感じたことを表現する朗読を行う。

単元の目標

⑴音声の働きや仕組みについて、理解を深めることができる。　　　　　　　　〔知識及び技能〕⑴ア

⑵言葉がもつ価値に気付くとともに、進んで読書をし、我が国の言語文化を大切にして、思いや考えを伝え合おうとする。　　　　　　　　　　　　　　　　　　　　　「学びに向かう力、人間性等」

単元の構想

〈単元で育てたい資質・能力／働かせたい見方・考え方〉

　「言葉に出会うために」「野原はうたう」の２つの教材を用いて、言葉がもつ価値や可能性に触れ、生徒の言語感覚を豊かにし、より一層国語に対する関心や自覚を高める機会とする。言葉によって自分の考えを形成したり、新たな考えを生み出したり、さらには言葉を使って表現することで心が豊かになっていくことに気付かせたい。また、言葉は、人や社会とつながり自分自身や他者の存在について考えを深めることにつながることも考えさせたい。

　朗読の場面では、効果的に詩を朗読するためにどのように声を発するのか、音声についてその働きや仕組みを理解させたい。そして、アクセントやイントネーション、プロミネンス（文中にある語を強調して発音すること）などの音声的特質が多様な声を作り出し、表現を豊かにしていくことの理解を深めていく。

〈教材・題材の特徴〉

　「言葉に出会うために」と「野原はうたう」の２つの教材が用意されている。「言葉に出会うために」では、国語を学ぶ意義について考えを深め、「野原はうたう」では、声を発することの楽しさを味わうことができる。「言葉に出会うために」は、国語を学ぶ意義を自覚するとともに、言葉の持つ可能性に触れ、言葉を通じて世界とつながることや言葉が自身の世界を作りあげることを生徒に語り掛けている。「野原はうたう」は、声を出して詩を読む楽しさを二編の詩「あしたこそ」「おれはかまきり」から感じることができ、言葉をきっかけに想像力豊かに詩が描き出す世界と向き合える教材である。２つの教材での学びを通して、言葉と向き合うこと、言葉への自覚を高めていきたい。

〈主体的・対話的で深い学びの視点からの授業改善ポイント／言語活動の工夫〉

　「言葉に出会うために」では、小学校での学びを振り返りながら中学校での学びへと移行していけるよう教科書の言葉を生徒が受けとめながら読み進めていくことに重点を置く。他方で「野原はうたう」では、生徒がどのようなことを言葉から感じ取り、どのように詩の世界に入り込んだのか、詩の朗読を通して表現することを中心的な学習とする。言葉のリズムや音の響きを皆で楽しみ、声を出すことの楽しさを生徒が実感しながら、読み手によってさまざまな朗読がなされることで共感したり違いや疑問をもったり、同じ言葉から受け取る印象や表現方法が異なる場合があることに気付かせることで、音声の働きや仕組みについての理解を深めていきたい。

単元計画

時	学習活動	学習内容	評価
1	「言葉に出会うために」「野原はうたう」を読み、言葉で表現することについて考える。	○「言葉に出会うために」を通読し、言葉の可能性やなぜ国語を学ぶのかその意義について考える。 ○詩の中の言葉や表現の技法に着目し、詩の世界を想像しながら自分が感じた「野原はうたう」を朗読する。	❶ ❷

評価規準

知識・技能	主体的に学習に取り組む態度
❶音声の働きや仕組みについて、理解を深めるようとしている。　　　　　　　　(1)ア	❷音声の働きや仕組みについて進んで理解を深め、小学校での学習を生かして朗読しようとしている。

〈指導と評価の一体化を図る見取りのポイント〉

　「野原はうたう」の朗読では、生徒が詩の言葉、詩の世界をどのように受け止めたかによってさまざまな朗読がなされる。受け止めた言葉や詩の内容と音声の働きや仕組みについての理解をどのように結び付けているのか、そして、アクセントやイントネーションなどの音声的特質を効果的に活用し、自分なりの詩の世界を表現できているかを見取ることが重要である。

　朗読後に、生徒に詩の世界に入り込むためにどの言葉に着目したのか、それをどのように表現しようとしたのかを発表させることも有効である。

言葉に出会うために

主発問 詩の世界を豊かに表現する朗読にするにはどんな工夫をすればよいでしょうか。

目標

　詩の世界を想像し、感じたことを朗読を通して表現することができる。

評価のポイント

①アクセントやイントネーション、プロミネンスなどの音声的特質の効果を理解し、朗読の仕方を考えている。　　　　　　　　　　　　　　　(1)ア

②アクセントやイントネーション、プロミネンスなど音声的特質を効果的に活用し、表現に工夫を加えて自分の感じた詩の世界を朗読で表現しようとしている。

準備物　・全文プリント　・朗読シート⬇01

ワークシート・ICT等の活用や授業づくりのアイデア

〇朗読の際に工夫する点などを直接書き込めるように詩の全文プリントを用意する。

＊教科書のQRコードから作者の朗読の場面を視聴してもよい。

＊ICT端末を活用し、詩を朗読する場面を撮影し、生徒が自分の朗読を確認できるよう撮影してもよい。

1　導入（学習の見通しをもつ）

〈本時の授業展開とゴールの確認〉

T：今日はまず「言葉に出会うために」を読んで、国語を学ぶ意義を考えた後に、「野原はうたう」の朗読会をします。「朝のリレー」では、言葉のもつ価値や可能性について考えました。今日は声に出して詩を読みながら、言葉についてじっくり考えていきましょう。

2　展開

〈既習事項（小学校の学習）を振り返り印象に残っている言葉などを発表する〉

T：これまで小学校でたくさんの文章や言葉に出会ってきました。その中で印象に残っている言葉や表現、物語文などの文章を振り返り、なぜ印象に残っているのかその理由とそれらに出会った場面を発表してください。

＊挙手もしくは数名を指名して全体で意見を交流する。

〈「言葉に出会うために」を範読する〉

T：みなさんそれぞれが印象に残っている言葉や表現がありますね。では、なぜ私たちは国語を学ぶのでしょうか。言葉と出会うことでどんな変化が起きるのでしょうか。今から「言葉に出会うために」を読みます。自分の経験を振り返りながら聞いてください。

3　終末（学習を振り返る）

〈工夫点が相手に伝わっていたか、さらに工夫する点があるか考えを書く〉

T：朗読会での意見交流を踏まえて、今回の朗読でどんなことを工夫したのか、それが相手に伝わっていたか、さらに工夫できることはあるかをまとめてみよう。

＊残りの授業時間が少ない場合は、家庭学習にする。

効果的な板書例

「言葉に出会うために」
「野原はうたう」　工藤　直子

【学習目標・今日のめあて】
詩の世界を想像し、感じたことを朗読を通して表現する。

○言葉に出会うために
・これまでの国語の学習で印象に残っている言葉や表現、好きな文章を発表しよう。
（○○○　生徒の発表を板書する）

◎なぜ国語を学ぶのだろうか。
言葉との出会いは、私たちにどんな変化をもたらすだろうか。

国語を学ぶのはあなた自身を作りあげるため
言葉はあなたと世界をつなぎあなた自身の世界を作りあげる
・・・
野原はうたう　工藤　直子

○学習課題
朗読する際にどんなことを工夫すれば、詩の世界を豊かに表現できるだろうか。

【学習活動】
・二編の詩から一編選び、ペアで朗読会を開く。
・朗読会後、感想を交流する。

【学習のまとめ】
朗読会で詩の世界を表現するために工夫したことをまとめる。

> 言葉との出会いを大切に、朗読で自分の世界を作りあげてみよう！

○「言葉に出会うために」を範読する

Ｔ：ここでは、国語を学ぶことで自分自身を作りあげていくことや言葉によって世界とつながること、新たな世界を自分自身の中に作り上げていくことなど国語を学ぶ意義が述べられています。次に「野原はうたう」の詩を朗読することで、これらのことを感じてみましょう。

〈「野原はうたう」から詩を一編選び朗読の準備をする〉

Ｔ：「野原はうたう」には、詩が二編あります。二編の詩から一編、自分が朗読する詩を選びましょう。朗読する際には「言葉に出会うために」で述べられていたことを意識して、自分なりに詩の世界を工夫しながら表現してみましょう。

＊朗読シートを活用し朗読のポイントを記載していく。記載の際、支援が必要な生徒には声を出しながら記載してもよいことを伝える。

〈ペアで朗読会を行う〉

Ｔ：ペアになり、どちらか一編の詩を朗読しましょう。ペアでの発表の前に５分間リハーサルをします。二人とも朗読が終わったら、詩からどんなことを感じ、それをどのように表現したそれぞれ伝え合いましょう。

○机間指導をし生徒の朗読を聞く。どんな工夫をし、詩の世界を表現しているか見取る。

・「あしたこそ」は、「とんでいこう」の部分をはきはきと明るい調子で読むことで、新たな出会いへの期待を表しました。

・「あしたこそ」からは、明るい印象を受けました。だから明るくはきはきと読みました。

・「おれはかまきり」は、力強い声で読みカッコイイ姿を表現しました。

・「おれはかまきり」は、語尾が特徴的なので語尾のイントネーションを工夫しました。

○朗読会後、数名指名して朗読で出た意見を全体で共有する。

■ 言葉に出会うために
声を届ける（2時間扱い／話すこと・聞くこと）

指導事項：〔知技〕(1)ア　〔思判表〕A(1)ウ
言語活動例：相手や目的を意識したスピーチを行う。

単元の目標

(1)音声の働きや仕組みについて、理解を深めることができる。　　　　　〔知識及び技能〕(1)ア
(2)相手の反応を踏まえながら、自分の考えが分かりやすく伝わるように表現を工夫している。

〔思考力、判断力、表現力等〕A(1)ウ

(3)言葉がもつ価値に気付くとともに、進んで読書をし、我が国の言語文化を大切にして、思いや考
　えを伝え合おうとする。　　　　　　　　　　　　　　　　「学びに向かう力、人間性等」

単元の構想

〈単元で育てたい資質・能力／働かせたい見方・考え方〉

　小学校と同様に、中学校においても国語だけでなく他の教科等の授業でも、発表やスピーチを行
う機会がある。その際、中学生になった生徒に声を「出す」ことではなく、声を「届ける」ことは
どのようなことかを考える機会としたい。声を「届ける」うえで大切なことは、相手や目的を意識
することである。話す目的を明確にしたうえで、聞き手の反応を踏まえながら、聞き手の興味・関
心や伝える情報量を考慮すること、また聞き手に応じて語句を選択したり、話す速度や音量、言葉
の調子や間の取り方、言葉遣いなどに注意したりするなど相手や目的を意識した話す力を育ててい
きたい。

〈教材・題材の特徴〉

　本教材は音読や朗読、発表などの基礎を学ぶ教材である。声への意識を高めるため、向きを変え
て声を発し、声の指向性に気付かせる活動や相手との距離を考慮し相手に届く適切な音量を考える
活動などを学習に取り入れ、生徒に声を「届ける」ことを体感させていく。また声の変化によっ
て、感情の変化を伝え得ることをも考えさせ、生徒の日常生活を振り返る機会にもできる教材であ
る。

〈主体的・対話的で深い学びの視点からの授業改善ポイント／言語活動の工夫〉

　本単元では、ペアでの活動が学習活動の中心となる。ペアでの活動が主体的な学びとなるために、学習の目的を明確にしかつ生徒の思考を深める課題を設定することが大切である。ペアでの活動を通して、どのような工夫が効果的に声を「届ける」ことにつながるのか自らで工夫点を考えさせたい。また、聞き手は、話し手が伝える内容をメモ（記録）していく。メモ（記録）した内容を発表の後に、または発表中に観点を設けて分類したり、話の要点を順序だてて整理したりして、聞き手の「聞く力」の育成をも図っていく。そして、発表後には話し手に効果的にフィードバックを行うことで話し手のさらなる改善点の発見にもつなげ、話し手、聞き手、双方の学びを深めていきたい。

単元計画

時	学習活動	学習内容	評価
1	「声を届ける」ために必要な事項を理解する。	○教科書を読み、相手に声を届けるための基本的な事項を確認する。 ○ペアで声を出し声を届けるために理解したことを確かめる。	❶
2	ペアで自己紹介のスピーチを行う。	○自己紹介のスピーチ原稿を作成する。 ○前時で学習した内容を振り返りながら、スピーチの練習をする。 ○自己紹介のスピーチを行う。 ○スピーチについて意見交換する。	❷ ❸

評価規準

知識・技能	思考・判断・表現	主体的に学習に取り組む態度
❶音声の働きや仕組みについて、理解を深めるようとしている。　　　　(1)ア	❷「話すこと・聞くこと」において、相手の反応を踏まえながら、自分の考えが分かりやすく伝わるように表現を工夫している。　　　A(1)ウ	❸粘り強く表現を工夫し、学習の見通しをもって自分の考えを発表しようとしている。

〈指導と評価の一体化を図る見取りのポイント〉

　本単元では声を「出す」ことに留まらず、声を「届ける」ことを意識した学習が中心となる。生徒が声を「届ける」ことを意識できているかは、ペアでの活動の際に相手意識、目的意識を持ち、それらをもとにどのように表現を工夫しているかを見取ることで確認できる。また、スピーチの下書き原稿を工夫し、発表の場面だけでなく発表に至るまでの学習過程において、生徒が粘り強く取り組む姿や変容していく姿を見取ることができるようにすることも重要である。

声を届ける

主発問 声を「届ける」と声を「出す」ではどんな違いがあるのでしょうか。

目標

「声を届ける」ためにはどんなことを意識する必要があるのか自分の考えをもつことができる。

評価のポイント

❶音声の働きや仕組みについて理解し、ペア学習を
　進めている。　　　　　　　　　　　　　　　(1)ア

準備物 特になし

ワークシート・ICT 等の活用や授業づくりのアイデア

○ペアでの学習を通して、声がもつ特徴について生徒が体感しながら授業が進むよう意識する。

＊「あいさつクイズ」の際に、その様子を1人1台端末で録画しておき、ペアで動画を見ながら表現できているか確認するのもよい。

---

1 導入（学習の見通しをもつ）

〈本時の授業展開とゴールの確認〉

T：今日は、「声」について考えます。実際に声を出して体験しながら学習を進め、授業を終えるときに、「声を届ける」ことがどのようなことかイメージができるようになることを目標にします。

3 終末（学習を振り返る）

〈学習のまとめを考える〉

T：今回の学習単元は「声を届ける」です。「声を出す」こととどう違うのでしょうか。本時の学習を振り返りながら違いをノートに書こう。

＊生徒の意見を取り上げ黒板に書くことで全体共有する。また、「声を届ける」意識の定着を図り次の授業につなげる。

2 展開

〈声の特質について考える〉

T：全員目を閉じてください。先生が一人だけに合図をします。その人は、「おはよう」とあいさつをしてください。他の人は誰があいさつしたか考えてください。

○全員が目を閉じた状態で一人だけに合図（そっと机を叩くなど）をしてあいさつするよう促す。

T：誰があいさつをしましたか。

・○○さん。

T：なぜ○○さんだと思いました。

・声で分かりました

・後ろのほうから聞こえました。

T：声はとても不思議ですね。文字を見ても誰が書いたかはすぐには分からない場合があります。けれども、声はその声を聞くだけで誰の声か分かりま

効果的な板書例

声を届ける

【学習目標・今日のめあて】
「声を届ける」ためにはどんなことを意識する必要があるか考える。

学習課題
「声を届ける」ために必要なことを考えよう。

【相手への意識】　【声の大きさ】　【気持ちを込める】

・相手をしっかり見て話す。
・話す目的を考えて内容を決める。
・相手との距離を考えて、相手に届く適切な大きさを考える。
・聞き手の反応を確かめながら話す。

・アクセント、イントネーション、プロミネンスを効果的に活用し、自分の気持ちを表現する。

学習のまとめ
「声を出す」と「声を届ける」はどう違うのか。比較して考えてみよう。

「声を出す」（生徒の意見）
・ひとりでも（相手がいなくても）できる。
・大きくははっきりと声を出すことが求められることが多い

「声を届ける」（生徒の意見）
・誰に届けるのか相手を意識することが必要
・何のために話すのか目的を考えることが大切。
・相手との距離から声の大きさを考える（適切な大きさ）

す。もう少し声について考えてみましょう。

〈相手への意識について考える〉

T：ペアになりましょう。「おはよう」とあいさつをします。ただし、あいさつをする人は、後ろを向いて相手に背中を向けた状態であいさつしてください。終わった人から交替して同じようにあいさつしてください。

T：では、次にお互い向かい合った状態で「おはよう」とあいさつしてください。

T：2回のあいさつを通じて感じたことをペアで交流してください。

・後ろ向きでは誰にあいさつしているのか分からない。

・向き合ってあいさつするほうがいいです。

○「相手への意識」について、教科書の内容を踏まえて、教師が黒板にまとめる。

〈適切な声の大きさについて考える〉

T：ペアで向き合ってあいさつをしたときに相手との距離から適切な声の大きさを考えてあいさつしたと思います。「声を届ける」ときには相手に届く適切な大きさを考えましょう。

○「声の大きさ」について、教科書の内容を踏まえて、教師が黒板にまとめる。

〈気持ちを込めてあいさつする〉

T：最後に「あいさつクイズ」をします。
「おはよう」とあいさつする際に、「うれしい気持ち」「悲しい気持ち」「おこった気持ち」のいずれかの気持ちを込めてあいさつをしてください。聞いた人は、

「うれしい気持ち」と感じた場合は

→「おはよう。何かいいことあったの」

「悲しい気持ち」と感じた場合は

→「おはよう。元気ないね」

「おこった気持ち」と感じた場合は

→「おはよう。どうしたの」と返事をしてください。その後、ペアで確認してください。

＊「気持ち込める」について、教科書の内容を踏まえて、教師が黒板にまとめる。

声を届ける

主発問 自分の考えを相手に分かりやすく伝えるためにはどのような工夫をすればよいでしょうか。

目標

　自分の考えや思いを分かりやすく相手に伝えるための工夫について、自分の考えをもつことができる。

評価のポイント

❶スピーチの際に相手の反応を踏まえながら、自分の考えが分かりやすく伝わるように話す速度や音量、言葉の調子などを工夫している。　　A(I)ウ

❷発表に向けて自分のスピーチの様子を確認したり、スピーチ原稿を推敲したりして、自分の考えが相手に伝わるように表現を工夫しようとしている。

準備物

・スピーチシート01　　・聞き取りシート02

ワークシート・ICT 等の活用や授業づくりのアイデア

○ペアでの発表の前に ICT 端末を活用して自分のスピーチの様子を撮影し、撮影した動画をもとに修正点を見付け、発表までに改善する。

＊発表の前に教科書の QR コードを読み取り、「発表のしかた」について動画で確認し生徒に具体的なイメージをもたせてもよい。

1　導入（学習の見通しをもつ）

〈本時の授業展開とゴールの確認〉

Ｔ：今日は、1分間スピーチをします。前時では、「声を届ける」ことを中心に学習しました。今日は、前時の学習を踏まえて、ペアでスピーチをし、授業の最後に自分の考えを相手に分かりやすく伝えるためにはどのような工夫をすることが必要か考えます。

3　終末（学習を振り返る）

〈ペアでの交流後にふりかえりを書く〉

Ｔ：スピーチの準備、発表、その後の交流を踏まえて、相手に自分の考えや思いを分かりやすく伝えるためにはどのような工夫が必要かノートに書きましょう。

＊本時だけでなく、前時の学習内容を踏まえた振り返りになるよう机間指導をしながら適宜助言する。

2　展開

〈スピーチ原稿を作成する〉

Ｔ：今日のスピーチの目的は「自分のことをよりよく知ってもらうためのスピーチをする」です。クラスメートの中には中学校で初めて同じクラスになった人もいれば小学校で同じクラスだった人もいるかもしれません。スピーチをする相手によってどんな内容のスピーチをすれば目的を達成できるかスピーチシートを活用しながら考えてみましょう。

○生徒は、スピーチシートの各項目の内容を考えながら、下書き原稿を作成する。

〈スピーチの練習をする〉

Ｔ：では、スピーチシートの原稿をもとにスピーチの練習を5分間行いま

声を届ける

【学習目標・今日のめあて】
相手と目的を意識した1分間スピーチをする。

☆スピーチの目的
クラスの仲間に自分をよりよく知ってもらうための
スピーチをする。

学習活動1 「スピーチ原稿」を作成する。

学習活動2 スピーチの練習をする
（スピーチの練習について）
・練習時間は5分間。
・練習後に改善点をスピーチシートに書きこむ。

（注意点）
・スピーチシートに改善点を書き込むときは、
二重線を使うなどして、改善前と改善後の内容
が分かるようにすること。

学習活動3 ペアでスピーチをする
・スピーチする際には、「声を届ける」ことを
意識する。
・聞き手は、「聞き取りシート」にメモしなが
ら聞く。
・スピーチが終わったら、ペアで意見交換する。

（意見交流の視点）
○内容は今日のめあてを達成するものだったか。
○声の大きさや調子、間の取り方に工夫はあった
か。
○よりよく改善するためにはどんなことが必要か。

【学習のまとめ】
自分の考えを相手に分かりやすく伝えるために
必要なことについて自分の考えをまとめる。

す。その後、練習で気付いたことをもとにスピーチシートに改善点を書きましょう。

○スピーチ練習の前に教科書のQRコードを読み取り、「発表のしかた」について動画で確認し生徒に具体的なイメージをもたせる。

＊ICT端末を活用し、練習の様子を録画し自身で動画を確認することで改善点の発見につなげる学習を行うことも考えられる。

〈ペアでスピーチをする〉

Ｔ：ペアで1分間スピーチをします。スピーチの際にはこれまで学習した「声を届ける」ことを意識しましょう。聞き手は「聞き取りシート」にスピーチ内容をメモしスピーチの内容を端的にまとめましょう。

○机間指導しながら生徒のスピーチの様子を観察し、必要に応じて聞き手のメモの取り方などを指導する。

＊発表の様子をICT端末で録画しておき、発表前と発表時でどのような変容が見られるか発表後に生徒自身が確認する（もしくはその動画を教師が評価に活用する）ことも考えられる。

＊スピーチ後に少し時間を取り、聞き手が聞き取りシートをまとめる時間を確保する。

〈スピーチ後にペアで意見交換する〉

Ｔ：ペアでスピーチについて意見交流をしましょう。聞き取りシートの内容を参考にしながら、黒板に示した交流の視点を中心にスピーチについて振り返り、意見交流しましょう。

○机間指導を行いながら、生徒の意見交流の様子を見取る。今日のめあてを達成できていない生徒には何が原因だったか問い掛け改善点を助言する。

■ 言葉に出会うために

書き留める／言葉を調べる／続けてみよう

(2時間扱い／書くこと)

> 指導事項：〔知技〕(1)ア　〔思判表〕B(1)ア
> 言語活動例：書き方を工夫し、「言葉の手帳」を作る。

単元の目標

(1)比較や分類、関係付けなどの情報の整理の仕方、引用の仕方や出典の示し方について理解を深め、それらを使うことができる。　　　　　　　　　　　　　　　　　　〔知識及び技能〕(2)イ

(2)目的や意図に応じて、日常生活の中から題材を決め、集めた材料を整理し、伝えたいことを明確にすることができる。　　　　　　　　　　　　　　　〔思考力、判断力、表現力等〕B(1)ア

(3)言葉がもつ価値に気付くとともに、進んで読書をし、我が国の言語文化を大切にして、思いや考えを伝え合おうとする。　　　　　　　　　　　　　　　　　　　　「学びに向かう力、人間性等」

単元の構想

〈単元で育てたい資質・能力／働かせたい見方・考え方〉

　本単元では、中学校の国語学習の入門期である1学期に、何のためにどのような意図をもってノートを書くのか考える機会としたい。国語の学習において、ノートはただ板書を写すものでなく、自分の気付きや疑問、授業の中での他者の意見を記録し整理していくものである。また、ノートは自らの学びの軌跡を記録することで学習を振り返る際の貴重な情報源になる。効果的に活用することは書く力だけでなく、思考力、判断力、表現力等の育成につながっていく。ノートを効果的に活用し、日々の学習のなかで複数の情報を相互に結び付けたり、観点に沿って情報を整理したりする力も育てていきたい。

〈教材・題材の特徴〉

　中学校の国語学習の入門期では、ノート指導を丁寧に行うことが重要である。日々の学習とノートを効果的に結び付けるためには板書を写すだけなく、気付きや疑問など自らの学びの軌跡をどのように記録するかを考えさせることが大切である。本教材ではノートの効果的な書き方として、「日付」「板書や発言、話し合いの内容」「自分の考えや気が付いたこと」の三つの内容に分けて記録する例が示されている。上記の例以外にも、「色を変えて強調して記載」したり、「ノートに記載した内容のうち特に重要と考えるところに線を引く、もしくは印を加えたり」などの工夫をすることも考えることができる。また、辞書を活用して言葉を調べ、それを「言葉の手帳」などに効果的に記録することで語彙力を高め、生徒の言葉の世界を広げていく機会ともしたい。さらに、「言葉の手帳」は自らの言葉についての学びを記録することに加え、1年間の学習の中で折に触れてその内容を他者に紹介することで、生徒の語彙を豊かにする学習としても効果的である。

〈主体的・対話的で深い学びの視点からの授業改善ポイント／言語活動の工夫〉

　ノートを書くことに苦手意識をもつ生徒も少なくない。そのような生徒にも書きたくなるような気持ちを生じさせる工夫を学習に取り入れる必要がある。そのために、「ノート交流会」を開催し、ノートの効果的な書き方や活用の仕方について意見交流をする場を設ける。他者の意見や考えに触れることは、自分の考えを吟味したり再構築したりすることにつながる。それは、ノートを書くこと、日々の学習を記録することについても同様であり、ノート交流会をきっかけに自己のノートの書き方を振り返り、改善点を見つけることで書くことへの意識を高めていきたい。また、辞書で言葉を調べ「言葉の手帳」を作成する際には、複数の辞書を用いて、同じ言葉であっても辞書によって説明の仕方が異なることや言葉には多様な意味、用法があることに気付かせ、生徒の言葉への関心を高めていく。

単元計画

時	学習活動	学習内容	評価
1	ノートの書き方の工夫について考え、「ノート交流会」を開く。	○記録したノートをもとにどのような点を工夫しているか工夫点を交流する。 ○「書き留める」を読みながら、ノートの書き方の工夫について考える。	❶
2	いろいろな辞書・辞典を使って「言葉の手帳」を作成する。	○これまでの学習内容を思い出しながら辞書を用いて言葉を調べ「言葉の手帳」を作成する。 ○作成した「言葉の手帳」を使って交流する。	❷ ❸

評価規準

知識・技能	思考・判断・表現	主体的に学習に取り組む態度
❶比較や分類、関係付けなどの情報の整理の仕方、引用の仕方や出典の示し方について理解を深め、それらを使っている。　　　(2)イ	❷「書くこと」において、目的や意図に応じて、日常生活の中から題材を決め、集めた材料を整理し、伝えたいことを明確にしている。　　B(1)ア	❸進んで日常生活の中から題材を集め、これまでの学習を生かして、「言葉の手帳」を作ろうとしている。

〈指導と評価の一体化を図る見取りのポイント〉

　本単元では「ノート交流会」と「言葉の手帳」の作成という2つの言語活動を展開する。その中で、集めた情報を生徒が自分なりにどのように観点を定めて整理、分類しているかを見取ることが重要である。その際、集めた情報を単に羅列しているのではなく、自分で定めた観点に沿って構成を考えたり図や表を活用したりすることで、学習を振り返るときに効果的に活用できるものになっているかを見取ることが大切である。

書き留める / 言葉を調べる / 続けてみよう

主発問 ノートにはどのような役割があるのだろうか。

目標

　ノートの書き方について理解を深め、よりよいノートの書き方について自分の考えをもつことができる。

評価のポイント

❶ノートを書く際に、記述内容をノートの役割を考えたうえで分類、整理して記録することができる。 (2)イ

準備物

・特になし

ワークシート・ICT 等の活用や授業づくりのアイデア

○ノートの書き方について、ノートには記録に残す側面だけでなく、気付きや学習を深める側面があることにノート交流会を活用し、生徒の意見を引き出しつつ、授業を展開していく。

＊ICT 端末を活用し、生徒が書いたノートを撮影し、それを全体交流することも考えられる。

---

1 導入（学習の見通しをもつ）

〈本時の授業展開とゴールの確認〉

T：授業ではノートを活用していますが、何のためにノートを書いていますか。今日は、「ノート」の役割について考えます。授業を終えるときに、ノートの役割やよりよいノートについて自分なりの考えがもてるようになることを目標にします。

3 終末（学習を振り返る）

〈学習のまとめとして、今日の学習内容をノートの書き方例に沿って書く〉

T：学習を振り返り、ノートの書き方例に沿って授業内容や友達の意見をノートの役割を考えながら書きましょう。

＊黒板の内容を記録することに止まらず、自身の気付きや友達の意見との比較などの側面について意識をもたせる。

2 展開

〈ノート交流会を開く〉

T：4 人グループでノート交流会を開きます。これまでの国語の授業ノートをグループで見せ合いながら、どんなことがノートに書かれているか、お互いのノートを見ながら共通点と相違点などを意見交流しましょう。

・日付と教材名、学習のめあてはみんな書いています。

・気付いたことをメモする人がいます。

・友達の意見を書いている人もいます。

・授業後に調べたことも書いています。

〈ノートの役割について考える〉

T：黒板に書いていることは大体ノートに記録できていますね。ノートには、記録する側面があり、授業内容を後から振り返る際の情報源となります。では、他に役割はないのでしょうか。グ

効果的な板書例

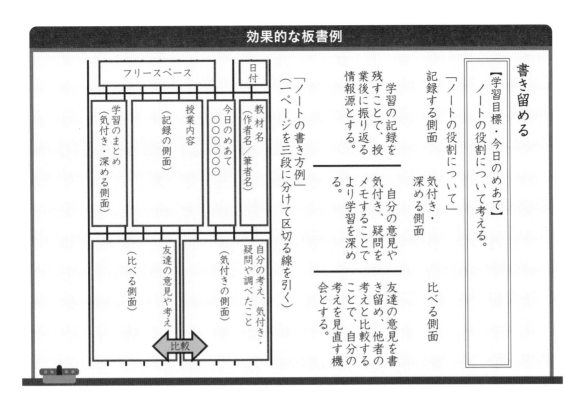

書き留める

【学習目標・今日のめあて】
ノートの役割について考える。

「ノートの役割について」
記録する側面

気付き・
深める側面

比べる側面

学習の記録を残すことで、授業後に振り返る情報源とする。

自分の意見や気付き、疑問をメモすることでより学習を深める。

友達の意見を書き留め、他者の考えと比較することで、自分の考えを見直す機会とする。

「ノートの書き方例」
（一ページを三段に分けて区切る線を引く）

日付

教材名
（作者名／筆者名）
○○○○○○

今日のめあて
○○○○

授業内容
（記録の側面）

学習のまとめ
（気付き・深める側面）

フリースペース

自分の考え、気付き・疑問や調べたこと
（気付きの側面）

友達の意見や考え
（比べる側面）

比較

〈交流内容を踏まえノートの書き方例を示す〉

T：今日はノートの役割について考えてきました。グループ活動での発言をもとに具体的にノートの書き方について考えます。

1）ノートの1ページを3段に分け、線を引く。

2）上段に日付、中段に教材名や今日のめあて、学習のまとめなどを書く。

3）下段に自分の考えや友達の意見などを書く。

○書く場所ごとに、記録する側面や気付きの側面があること（例えば、授業内容を書くところは「記録する側面」、自分の考えなどを書くところは「気付きの側面」）を説明する。

＊自分の考えや疑問等と友達の意見を比較したり、学習過程での自分の考えや意見の変容を比較することで学習が深まっていくことをおさえる。

ループで考えてみましょう。

＊グループでの話合いの状況を観察し、発言が出にくい場合には、①記録する側面、②気付き・深める側面、③比べる側面という3つの観点を提示する。記録する側面については、その内容を板書しておき、他の2つの側面の内容を考えるきっかけとする。

・授業の中で大切だと思ったことや疑問に思ったことを書きとめる役割があると思います。

・友達の意見を書いたノートもあったから、人の意見をメモする側面があると思います。

○机間指導を行い、グループの発言を見取る。

○グループでの生徒の発言と結び付けながら、「気付き・深める側面」と「比べる側面」について黒板にまとめていく。

＊本時の終末で、次に示すノートの書き方例に沿ってノートを書くことを本時の振り返りとするのでこの時点ではノートはまだ書かないことを生徒に伝えておく。

書き留める / 言葉を調べる / 続けてみよう

主発問 自分だけの「言葉の手帳」を作成しよう。

目標

　辞典を活用しながら「言葉の手帳」を作成し、交流活動を通して言葉への理解を深めることができる。

評価のポイント

❶辞典を活用して言葉を調べたり、心に残った言葉や自分の気になる言葉を「言葉の手帳」に整理して書き込んでいる。　　　　　　　　　B(I)ア

❷進んで心に残った言葉や気になる言葉を調べ、調べたことを整理して、「言葉の手帳」を作ろうとしている。

準備物

・「言葉の手帳」プリント⤓01、生徒数分の漢和辞典、国語辞典

ワークシート・ICT 等の活用や授業づくりのアイデア

○「言葉の手帳」の記載例はあらかじめフリップ等に作成しておく。

○学校図書館を活用し、いろいろな辞典を活用して言葉を調べ、言葉への関心を高める。

＊ICT 端末を活用し、生徒が書いたノートを撮影し、それを全体交流することも考えられる。

1　導入（学習の見通しをもつ）

〈本時の授業展開とゴールの確認〉

T：今日は、学校図書館で辞典を活用して「言葉の手帳」を作成します。「言葉の手帳」は 1 年間を通して心に残った言葉や気になった言葉を書き留めていきます。たくさんの言葉と出会い言葉への関心を高めましょう。

2　展開

〈言葉に出会うためにを範読する〉

T：これから、辞典を活用して言葉を調べ、言葉の世界を広げていきます。言葉を調べる前になぜ私たちは言葉と向き合うのか、教科書 p.12 の「言葉に出会うために」をもう 1 度読みます。

＊「言葉に出会うために」を再読して、何のために言葉を調べ、「言葉の手帳」を作成するのか生徒と共有する。

〈辞典を活用し言葉を調べる〉

T：自分を表す漢字を 1 字で考えてください。そして、その漢字について漢和辞典で調べ、調べた内容を「言葉の手帳」の 1 ページ目に書きましょう。複数の辞典を使っても構いません。

＊自分を表す漢字 1 字は、自身の名前の漢字でも、全く別のものでもいい。

＊記載例を黒板に提示して生徒が作成に

3　終末（学習を振り返る）

〈学習のまとめとして、今日の学習内容をノートの書き方例に沿って書く〉

T：今日の学習を振り返り、「言葉の手帳」の交流で感じたことや言葉について考えたことを学習のまとめに書いてみましょう。

＊ノートの書き方については前時に学習したことを振り返る。

効果的な板書例

言葉を調べる／続けてみよう

学習課題1
【学習目標・今日のめあて】
自分だけの「言葉の手帳」を作成する。

「自分を表す漢字一字は?」

〈言葉の手帳　記載例〉
◎月◎日
【自分を表す漢字1字】
「明」
選んだ理由：明るい性格が自分の長所だと思うから。
○辞典で調べる。
・光がさして明るい。よく物が見える。夜明け。（学研プラス「漢字源」第六版）
・光が照らして明るい。はっきりしている。物事に明るい。かしこい。（大修館書店「新漢語林」第二版）
○感想
同じ言葉でも、辞典によっては書き方が違う部分があって、おもしろいなと思った。

複数の辞典を使って比較すると、より言葉の意味をイメージできる。

学習課題2
言葉を「言葉の手帳」に書き留めよう。
「これまでの経験の中で、心に残った言葉を「言葉の手帳」に書き留めよう。」

◎「作成後の交流について」
・教室内を自由に歩き、出会った友達に「言葉の手帳」を見せる。
・なぜ、その言葉を選んだか理由を伝え合う。
・気になる言葉があれば、メモしておき、自分のノートに記録する。

〈言葉の手帳　記載例〉
◎月◎日
【心に残った言葉】
「ぼくらは朝をリレーするのだ」
○感想
何気なく感じていた「朝」の見方が変わった。この詩の中でも「リレーする」という表現が好きだ。これから何かを表現するとき、表現の仕方を工夫したい。

ついてイメージしやすいようにする。

＊引用の仕方については説明するとよい。

〈調べた漢字についてペアで交流する〉

T：自分を表す漢字についてなぜ、その1字を選んだのか。辞典には、どんなことが書かれていましたか。ペアで交流しましょう。

○生徒は、自分の「言葉の手帳」を見せ合いながら、なぜその漢字を選んだのか、また辞典にはどのようなことが書かれていたか、交流する。

・私は「明」を選びました。明るい性格とよく言われ、自分の長所だと思っています。2つの辞典を調べてみると、光が照らして明るいと似た記述もあり、もうひとつの辞典では「かしこい」という意味も載っていました。

〈これまでの学習内容や生活経験から心に残った言葉や気になる言葉を書き留め「言葉の手帳」を作成する。〉

T：では次は漢字に限らず、これまでの学習内容や生活経験から心に残った言葉や気になる言葉を選び「言葉の手帳」に書き留めましょう。書き方はp.20を参考にしてください。

＊教科書の記載例だけでなく、教師が作成した記載例を黒板に提示して生徒が作成のイメージをしやすいようにする。

＊なかなか言葉を決められない生徒には、学校図書館にある図書を活用するなど考えるきっかけを提示する。

〈作成した「言葉の手帳」を用いて交流する〉

T：作成した「言葉の手帳」を持って教室内を自由に移動し、交流してみましょう。

○生徒は「言葉の手帳」を持って教室内を動きながら、クラスの友達と交流する。

＊交流の際には選んだ言葉と、なぜその言葉を選んだのかその理由を伝え合う。

＊交流については、一定の時間内に次々と紹介する人を変えながら多くの人と交流するように促す。

Ⅰ 学びを開く

シンシュン

（４時間扱い／読むこと）

> 指導事項：〔知技〕⑴ウ　〔思判表〕Ｃ⑴イ
> 言語活動例：小説を読み、登場人物の心情や相互関係などについて考えたことを述べ合う

単元の目標

⑴心情を表す語句の、辞書的な意味と文脈上の意味の関係に注意して読むことができる。

〔知識及び技能〕⑴ウ

⑵場面の展開に沿って、登場人物の関係や心情の変化などを捉えることができる。

〔思考力、判断力、表現力等〕Ｃ⑴イ

⑶言葉がもつ価値に気付くとともに、進んで読書をし、我が国の言語文化を大切にして、思いや考えを伝え合おうとする。　　　　　　　　　　　　　　「学びに向かう力、人間性等」

単元の構想

〈単元で育てたい資質・能力／働かせたい見方・考え方〉

　心情や様子や表情や言動などの描写に着目することで登場人物の内面の変化や揺れを捉えたり、登場人物の相互関係やお互いへの思いがどう変化しているかを把握したりする力の育成を目指す。文学作品の中には、直接的に描写されていなくても心情を汲み取ることができる語句や表現が出てくる。それらが文章の中で果たしている役割を考え、登場人物の心情を推測したり解釈したりするための手掛かりにしようとする姿勢を身に付けさせたい。

〈教材・題材の特徴〉

　本教材は、舞台の設定が学習者の日常生活に近く、生徒が自身の経験と重ねたりイメージをもったりしながら読み進めやすい作品である。語り手は終始シュンタであり、物語の展開を描写に即して追っていくことは、シュンタの内面にある動きや葛藤や揺れを捉えることになる。さらに、程度や分岐点などを考えることによって、単に展開の全体像を把握するに留まらず、一つの描写がもつ意味や重みや暗示といった細部にまで考えを巡らせることになる。各場面におけるシュンタの心情は、シンタとの関係性と密接につながっており、その関連性に注目しながら読ませたい。

〈主体的・対話的で深い学びの視点からの授業改善ポイント／言語活動の工夫〉

　生徒一人一人が描いた心情曲線を対話材とし、解釈や着眼点について伝え合う学習活動を行う。仲間が描いたものと、自分が描いたものを見比べると、例えば「その描写に着目せず読み飛ばしたけれど、実は重要かもしれない」といった気付きが生まれ、本文を読み返して登場人物の心情や程度などの捉え直しをするであろう。また、第１時と第４時に、同じ文型で作品に対する自分の考えを書かせ、比較させ、単元を通してどのような変容や深まりがあったかを自覚できるようにする。

単元計画

時	学習活動	学習内容	評価
1	1．作品を通読する。 2．初読時の捉えを書く。	○シンタへの思いや関係性が表れた言葉や文に線を引きながら、朗読を聴く。 ○「これは、シュンタとシンタの関係が、…物語である」という形で、作品をどう捉えたか表す。	
2	3．シュンタの心情曲線を描く。	○本文の展開に即して、シュンタの心情の変化や揺れをグラフで表す。どの描写や展開を根拠にしたかが分かるよう、必要に応じて書き込む。	
3	4．心情曲線の描き方と、そのような形状や揺れにした理由について、4人班で交流する。	○心情曲線の形を1つに収束させることでなく、その形にした根拠を描写や展開に即して伝え合ったり本文を読み返したりすることを目的として、グループ交流をする。 ○必要に応じて、提示された観点の例を用いる。 ・「もっとも　高い／低い／角度が急」「向きや角度が大きく変わった瞬間」「ラストシーン」 ・曲線の向きや角度が、大きく変わった瞬間は？ ・最後の場面は、どれくらいの角度で上げる？	❶❸
4	5．改めて本文を通読し、最終的な捉えを書く。 6．各班で生まれた気付きを、全体で共有する。	○「これは、シュンタとシンタの関係が、…物語である」という形で表現する。初発時と比べる。 ○教師がまとめたプリントを読み、第2・3時に各班で出た解釈や着眼点や疑問等を共有する。	❷

評価規準

知識・技能	思考・判断・表現	主体的に学習に取り組む態度
❶事象や行為、心情を表す語句の辞書的な意味と文脈上の意味との関係に注意して読むことを通して、語感を磨き語彙を豊かにしている。　　　　(1)ウ	❷「読むこと」において、場面の展開や登場人物の相互関係、心情の変化などについて、描写を基に捉えている。 　　　　　　　　　C(1)イ	❸学習課題に沿って、粘り強く、登場人物の相互関係について考えたことを、述べ合おうとしている。

〈指導と評価の一体化を図る見取りのポイント〉

　心情曲線を描くワークシートに、試行錯誤の跡が残るようにする。はじめの自分の考えを鉛筆で、仲間との交流で追加や修正をしたところ及び気付いたこと等があれば色ペンで書かせ、消しゴムは使わない。また、心情曲線を描く中でポイントだと感じた描写やキーワードも記入させる。どの言葉に着目してどのような解釈につなげたかを、生徒自身も授業者も認識することができる。

シンシュン

主発問　「これは、シュンタとシンタが、……物語である」という形で、説明してみましょう。

目標

　登場人物の相互関係がどのように変化しているのか、描写を基に捉えることができる。

評価のポイント

どの描写と描写とを結び付けて考えるようになったりしたか等を、視覚的に確かめられるようにする。第１時は、初読時の解釈とそう考えた理由（根拠になっていなくても構わない）を、まとまった言葉で説明できていればよく、評価の対象とはしない。

準備物

・教科書、ノート、「振り返りシート」 ⬇01

ワークシート・ICT 等の活用や授業づくりのアイデア

○単元の学習を見通したり振り返ったり次時への申送りをしたりできるような、１枚のシート（以下、「振り返りシート」）を用意する。

○単元を通した捉えの変容や深まりを、生徒も教師も視覚的に確かめられるようにするため、ノートを活用し、初読時と終末時の捉えを比較できる形にする。

1　導入（学習の見通しをもつ）

T：この単元では、物語を読みます。主な登場人物は、中１のシュンタとシンタです。２人の関係性や気持ちがどう変化していくかを捉えていきましょう。行動や会話や様子や表情などを通して、関係性や心情を暗に示しているところはないか、注目しながら読み進めてみましょう。

3　終末（学習を振り返る）

T：現在の捉えや目の付け所が、どのように変化していくか、あるいは付け加わっていくかが楽しみですね。それが、単元を通しての「読みが深まったところ」あるいは「どうしたことが読みの深まりにつながったかの自覚」になるのだと思います。

2　展開

〈単元の見通しを伝える〉

T：単元のはじめとおわりで、自分の解釈の仕方にどのような変化があったか、どの場面や描写に注目するようになったかなどを、一人一人が比べられるようにします。

　まずはその準備をしますので、ノートを開きましょう。

＊ノート１ページを分割し、「はじめ」と「おわり」の捉えを比較できる形式にするよう指示する。まとまった言葉で説明する際に、枠や文字数にとらわれることなく広く紙面を使えることがノートのよさであることを説明した上で、スペースを広くとらせる。

〈作品を通読する〉

T：この作品を朗読しますので、場面

効果的な板書例

「シンシュン」　西　加奈子

【学習目標】
「これは、シュンタとシンタが、・・・物語であ　る」という形で、説明する。

シンタ
シュンタ
・・・・・・関係性や心情が、どう変化していくか？　・・・物語で

シンタ
シュンタ
| 行動 | 会話 | 様子 | 表情 | を手掛かりに！

★朗読を聞きながら、お互いへの思い、関係性　が表れたところに線を引く。

「これは、シュンタとシンタが、・・・物語である」の形にまとめよう！

はじめ（4／25）

【自分の考え】
これは、シュンタとシンタが、顔も好みも性格も同じだと思っていた相手と違うところを見つけてしまい、そんな自分が嫌になってお互いの関係がすれ違ったものの、本当の気持ちを話し合ったことで、前にもましておしゃべりするほど仲良くなった話。

【そう考えた理由】
《キーワード》
・好き　・嫌い　・性格　・違うところ　・そっくり
・本当　・だからこそ話そう

おわり（5／10）

【自分の考え】

【そう考えた理由】

を想像しながら聴いてください。

　その後に、皆さん一人一人がこの作品をどう捉えたかを、「これは、シュンタとシンタが、……物語である」という形に当てはめて説明することにします。

＊授業者が朗読する際は、生徒の解釈の幅を狭めないようにするため、地の文にあまり強弱や抑揚をつけないよう留意する。

＊お互いへの思いや関係性が表れた言葉や文に線を引きながら聞かせる。

〈初読の時点での捉えを書く〉

Ｔ：ノートに、自分の考えを書きましょう。【自分の考え】【そう考えた理由】に分けながら書いてみましょう。

・(A) これは、シュンタとシンタが、好きなことなどもすべて同じだったけれど違うところが出てきて気まずくなり、でも勇気を出すことで前のように戻そうとする物語です。

・(B) これは、シュンタとシンタが、似ているけれど違うところもあると気付く物語です。

・(C) これは、シュンタとシンタが、自分と外見から感じ方まで同じ人間はいないのだということに気付く物語です。

＊【そう考えた理由】については、「手掛かりとした言葉や場面」といった伝え方でもよく、まとまった文章になっていなくても構わない。初発の時点で、生徒一人一人が本文のどこに焦点を当てているかが見えるようであればよい。

＊振り返りでは、一つの場面や描写から直接分かることもあれば、複数の場面や描写を関連付けることで見えてくるものもあることを伝え、生徒一人一人に、この時間の捉えはどのように生まれたものであるかを自覚させる。

シンシュン

主発問 シュンタの心情曲線を描きましょう。

目標

2人の相互関係やシュンタの心情の変化について、描写を基に捉えることができる。

評価のポイント

❶登場人物の心情や言動を表す言葉に着目して作品を読み進めている。 (1)ウ

❸場面や描写に着目したり関連付けたりして心情曲線を試行錯誤しながら書こうとしている。(はじめの考えを鉛筆で、交流後の加筆修正を色ペンで行うと見取りやすい)

準備物

教科書、ワークシート⏬02、振り返りシート⏬01

ワークシート・ICT 等の活用や授業づくりのアイデア

○ワークシートを作る際、心情曲線のスタート地点をp.23のl.5「シュンタとなら、いくらでも話していられるよ。」に設定し、そこを起点として、物語の展開に即して描かせる。

1 導入（学習の見通しをもつ）

〈第2時の見通しを持つ〉

T：この物語は、「シュンタ」の視点から書かれています。どの場面でどのような変化や揺れ動きがあったかを、心情曲線で表しましょう。また、心情曲線には、本文のどの場面や描写を根拠にしたのかを、具体的に書き込みましょう。

2 展開

○心情曲線のそばに、一人一人がポイントだと捉えた場面や描写、頁・行などを書いていく。

＊必要に応じて、p.23のl.9〜17を一緒に描き進める。「待ち切れなかった」「わくわくしながら」「頭をがつんと殴られた気がした」といった、心情を表す言葉に着目させる。

T：この時間の学びを振り返ります。次の時間に、他の人と解釈について交流したいところや、自分で「いい発見」と思えるところをメモしておきましょう。

＊ワークシートを集めて心情曲線を見取り、特に大事にしてほしい着眼点や、なるほどと思ったところ、次回のグループ交流で話題にしてほしいところ等に、印を付けておく。

3 終末（学習を振り返る）

T：学びを振り返ります。仲間と交流して良かったことを記録しましょう。

・私はp.23のl.17「頭をがつんと殴られたような気がした」をいちばん低い位置にしたが、みんなはそこから徐々に下げ続けていた。p.24のl.4の「その日は、ずっと苦しかった」という一文に重みがあることに、話合いの最中で気が付いた。

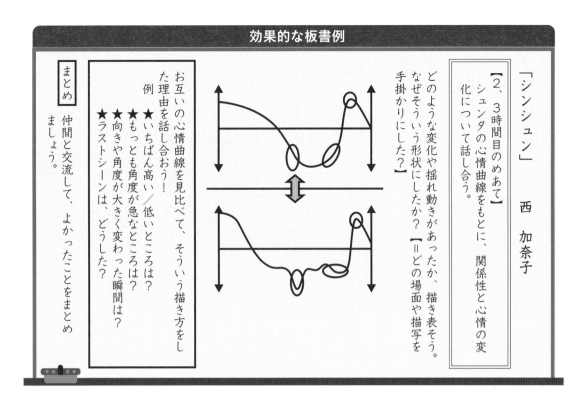

「シンシン」　西　加奈子

【2、3時間目のめあて】
シュンタの心情曲線をもとに、関係性と心情の変化について話し合う。

どのような変化や揺れ動きがあったか、描き表そう。
なぜそういう形状にしたか？
なぜそういう形状にしたか？【＝どの場面や描写を手掛かりにした？】

お互いの心情曲線を見比べて、そういう描き方をした理由を話し合おう！
例
★いちばん高い／低いところは？
★もっとも角度が急なところは？
★向きや角度が大きく変わった瞬間は？
★ラストシーンは、どうした？

まとめ
仲間と交流して、よかったことをまとめましょう。

〈第3時の見通しを持つ〉

T：前の時間の「振り返り」に書いたことを話題にして、考えを交流します。心情曲線を見比べながら話を進めましょう。

＊グループでお互いの心情曲線の描き方を比較する際の観点として、「最も高い（＝ポジティブな感情）／低い（＝ネガティブな感情）ところ」「角度が急なところ」「向きや角度が大きく変わった瞬間（＝感情の変化や揺れ）」「ラストシーン」を例示する。

◆観点を決めずに話合いを進めたグループの例

・私は、「とうとう黙ってしまった」場面をいちばん低くしました。

・それまでは迷いながらも話せていた分、まだマシだったかもしれません。

・私はシンタが「覚えているよ」って言ってくれたところから仲が戻ると捉えました。

・その直後に「驚いた」なので、いったん思考を止めて考えている段階かもしれません。

・私は、「気づいていたんだ」のところの心情曲線を、かなり揺らしました。2人が気持ちを意識的に確認し合っていくのはそこから先なので、私はシンタが誤った瞬間がターニングポイントだと考えました。

◆ラストシーンを話題にしているグループの例

・最後のところの心情曲線の角度は、うなぎ登りにしました。

・私はむしろ、「うん。話そう。」の時点で、すでに気持ちは安定しているというか、決まったと捉えたので、最後はそれほど上げません。

・最後の一文にある「おしゃべり」の中に、「傷つくかもしれない」内容も含まれているのだから、単純な前向きさではないかもしれません。

・同じ「曲線が上向き」であっても、以前感じていたわくわくとは質が違う感じがします。

シンシュン

主発問 「これは、シュンタとシンタが、……物語である」という形で、説明してみましょう。

目標

登場人物の相互関係がどのように変化しているのか、描写を基に捉えることができる。

評価のポイント

❷ ２人の相互関係が作品全体を通してどのように変化したかを読み取っている。（なお、ノートの記述が不足している場合は、心情曲線を描いたワークシートを用いたり、個別に口頭で確認したりすることも効果的である。）　　　C(1)イ

準備物

教科書、ノート、前時の振り返りを集約したプリント、「振り返りシート」

ワークシート・ICT 等の活用や授業づくりのアイデア

○グループ交流における観点として「振り返りを集約したプリント」を活用しやすくするために、番号を振ったり、その描写は何頁の何行目にあるかを明記したりする。

1　導入（学習の見通しをもつ）

Ｔ：前回の振り返りを集約したところ、以下のような話題が各グループで取り上げられていたようです。今回は、他のグループで話題となっていたことについて話し合い、それらも踏まえながら、最終的に自分はこの物語をどう捉えたかをまとめてみましょう。

2　展開

＊教師がプリントにまとめたものを配布する。項目の設定の仕方の例は以下。

①ずっとシュンタの気持ちを考えていたけど、シンタも不安定だったのではないか。

②23頁16行目「あれ、嫌いだ。」から、ひたすら下げるのは、安直な気がする。

③実は、クラスメイトの存在も重要なのではないか。

④心情曲線がいちばん低くなるのは、どこか。

⑤２人の仲が戻り始めた瞬間はいつか。

⑥最後の場面、心情曲線をどれくらいの角度で上げる？下げるという解釈はどうか？

〈グループ交流する〉

Ｔ：各グループで、話題を決めて、心情曲線を見比べながら話を進めましょ

3　終末（学習を振り返る）

Ｔ：この単元で、「物語の読み方」について学びがあったと感じたことをまとめましょう。

・シュンタが勇気を出せたのはクラスメイトの存在があったからだと、はじめて気付いた。物語の登場人物に役割がない人なんていないのかもしれないと思うようになった。

効果的な板書例

「シンシュン」　西　加奈子

【今日のめあて】
改めて、「これは、シュンタとシンタが、……である」という形で、説明する。

★これは、シュンタとシンタが、・・・物語であ

★前回、各グループで特に話題となっていたこと
① 実はシンタも不安定だったのでは？
② 23頁16行目「あれ、嫌いだ。」から、
③ ひたすら下げるの？
④ 心情曲線がいちばん低くなるのはどこ？
⑤ 2人の仲が戻り始めた瞬間はいつ？
⑥ 最後の場面、心情曲線をどれくらいの角度で上げる？
下げるという解釈はどうか？

★クラスメイトの存在も重要なのでは？

（グループで話題を決めて、もう一度考えよう！）

★改めて、「これは、シュンタとシンタが、・・・物語である」の形にまとめよう！

授業のはじめのとき

【自分の考え】
これは、シュンタとシンタが、自分と相手のらしさを見つけられず、すれ違い合ってしまった物語である。

【そう考えた理由】
相手のことを考えすぎて、相手の気持ちと自分の気持ちを比べているうちに、すれ違いが起きてしまったのだと思っ

授業のおわり

【自分の考え】
これは、シュンタとシンタが、全てを同じにしようとする考え方によってすれ違ってしまい、それを通して違った相手と理解し合っていくものだと気が付いて

【そう考えた理由】
物語の後半から、けんかしたり話し合ったりすることを通して だんだん 相手と理解し合っていく

・そもそもすれ違いが起きたのは、物語の前半で、相手と全て同じにすることで「シンシュン」なんだ、という考え方のせい。それが、相手と違っていてもいいんだ、と思えるようになったことから、だんだん 理解が始まった。

う。

＊交流する中で追加や修正をしたり、新たに気付いたりしたことを、色ペンで記入させる。

◆①について話題にしているグループの例

・「あれ、嫌いだ。」と言うときのシンタ、どういう気持ちだったのでしょう。

・先に謝ってきたのはシンタでした。そう考えると、シュンタの気持ちがいちばん揺れたのはこの時かもしれません。勇気を出して必死に話そうと決めてきたとこだったからこそ。

・何となく読み過ごした「驚いた」は、単にびっくりしたという意味ではないと思います。弱さを共有できて仲良くなったというレベルでなく、一気に距離が縮まったような感じ。

・「僕は気にしなかった」と「シンタも気にしなかった」が、何気なく書かれているけれど、今までよりずっと気持ちが近付いた感じがでています。

〈最終的な捉えを書く〉

Ｔ：改めて物語を通読しましょう。いまの時点で、「これは、シュンタとシンタが、……物語である」という形に当てはめて、自分はこの作品をどう捉えたかを説明してください。

＊ノートに書かせる。第１教時に書いた、初読時の捉えと比較できるようにする。

＊物語の１箇所からだけでなく、物語の展開を比較したり異なる場面を関連付けたりした上で生まれた解釈にすることを求める。

・（A）これは、シュンタとシンタが、一度は気まずくなったものの、楽になるためにケンカをしようとしてお互いの本当の意見を伝えたことで、前のように戻った物語です。

・（B）これは、シュンタとシンタが、「違うことは怖いわけじゃない」と気付く物語です。

・（C）これは、シュンタとシンタが、本当の友とは自分の意見を全て受け入れてくれる人というわけではないことに気付く物語です。

［聞く］情報を的確に聞き取る（1時間扱い／聞くこと）

指導事項：〔知技〕⑵イ　〔思判表〕Ａ⑴エ

言語活動例：必要に応じてメモを取りながら、連絡を聞く

単元の目標

⑴比較や分類、関係付けなどの情報の整理の仕方について理解を深め、それらを使うことができる。　　　　　　　　　　　　　　　　　　　　　　　　〔知識及び技能〕⑵イ

⑵必要に応じて記録したり質問したりしながら話の内容を捉え、共通点や相違点などを踏まえて、自分の考えをまとめることができる。　　　　　　〔思考力、判断力、表現力等〕Ａ⑴エ

⑶言葉がもつ価値に気付くとともに、進んで読書をし、我が国の言語文化を大切にして、思いや考えを伝え合おうとする。　　　　　　　　　　　　　　　　「学びに向かう力、人間性等」

単元の構想

〈単元で育てたい資質・能力／働かせたい見方・考え方〉

　必要に応じて記録しながら話の内容を捉える力を身に付けさせたい。中には、一字一句聞き逃すまいとすべての言葉をメモしようとする生徒もいるが、これは現実的な聞き方ではない。あらかじめ聞く目的を明らかにし、どのような情報が必要かを自覚した上で、話の内容を正確に理解するために、例えばキーワードが出たらすばやく書き留めたり、気付いたことをメモとして書き加えたりといった効果的な記録をできるようにしたい。なお、書き留めたものを早いうちに読み返して、話の内容を振り返ったり整理したりすることも大切だという意識ももたせたい。

〈教材・題材の特徴〉

　日常生活の中でメモをとりながら情報を聞き取るのが望ましい場面は多々あるが、今回は特に生徒にとって身近である、授業や委員会に関する連絡を聞く場面を取り上げる。効果的なメモの取り方について具体的に考えられるよう、様々な書き方に触れさせる。同じ話を聞いていても、聞き手の目的や立場によって必要な情報、ひいてはメモに書き取る内容が変わってくるのは自然なことである。そこで今回は、聞き手の設定を4パターン準備し、聞き終えた後に、立場の異なる人同士／同じ人同士で比較する場面を設ける。なお、分からないことや知りたいこと、確かめたいことなどがあれば話し手に質問をするという意識も、合わせてもたせたい。

〈主体的・対話的で深い学びの視点からの授業改善ポイント／言語活動の工夫〉

　メモの書き取り方として、例えば項目ごとに分けて書くもの、箇条書きにしたり番号や記号を付けたりするもの、矢印や線を使うもの等、いくつもの方法が挙げられる。同じ情報を聞いたときのメモの取り方や整理の仕方を仲間同士で見合い、そこに現れた違いを知ることで、話の内容を正確に理解するための効果的な記録の取り方について考えさせる。

単元計画

時	学習活動	学習内容	評価
1	1．学習の流れを確認する。	○日常生活の中でメモを取りながら聞くのがよい場面の例を挙げ、その理由を考える。	
	2．放送①を、メモを取りながら聞く。	○放送①を、「次の日の授業についての連絡を受け、クラス全体へ伝える」という設定の下、メモを取りながら聞く。 ○聞き終わったらメモを見返して、必要があれば補足を書き入れる。	❶
	3．効果的なメモの取り方について考える。	○自分が書いたメモと仲間が書いたメモを比べ、必要な情報を網羅できているか確認する。 ・「効率のよいメモの取り方」として気付いたことを、クラス全体で共有する。教科書の例も見る。 例：キーワードを書く、省略やひらがなカタカナも使う、項目ごとに分ける、箇条書きする、中にはメモが不要な情報もある	
	4．放送②を、目的や立場に応じて、メモを取りながら聞く。	○放送②を、それぞれに与えられた状況設定（4パターン）に応じて、メモを取りながら聞く。 ・立場の異なる人同士でメモを見比べる。 ・立場の同じ人同士で見比べ、必要な情報を正確に聞き取れたか、メモの取り方に工夫できることがあったかを確認する。	❷❸
	5．本時間の学びを振り返る。	○的確に聞き取るコツをまとめる。	

評価規準

知識・技能	思考・判断・表現	主体的に学習に取り組む態度
❶比較や分類、関係付けなどの情報の整理の仕方について理解を深め、それらを使っている。　　　⑵イ	❷「話すこと・聞くこと」において、必要に応じて記録したり質問したりしながら話の内容を捉え、共通点や相違点などを踏まえて、自分の考えをまとめている。　　　A⑴エ	❸学習課題に沿って、積極的に記録をしながら、連絡の内容を聞いている。

〈指導と評価の一体化を図る見取りのポイント〉

・〔知識・技能〕及び〔主体的に学習に取り組む態度〕については、ワークシートを評価の材料とする。話の要点を正確に振り返ることができるようなメモの取り方の工夫をしているかを見取る。

・〔思考力・表現力・判断力〕については、ワークシートを評価の材料とする。聞き手の目的と立場に応じて、要点を押さえたメモを取りながら情報を的確に聞き取れているかを見取る。

情報を的確に聞き取る

主発問 情報を的確に聞き取るためのコツは、何だろう。

目標

必要に応じてメモを取りながら、話の内容を的確に聞き取ることができる。

評価のポイント

❶聞き手としての目的と立場を自覚した上で、要点を押さえたメモを取りながら情報を的確に聞き取っている。 ⑵イ、A⑴エ

❷話の要点を正確に振り返ることができるようなメモの取り方の工夫をしようとしている。

準備物

・必要な情報を書き留めるためのワークシート
⏬01

ワークシート・ICT 等の活用や授業づくりのアイデア

自分のメモの取り方に凝らした工夫を自覚したり、仲間との比較や交流をうけて新たに気付いた工夫の仕方を実感したりできるような配置のワークシートにする。

---

1 導入（学習の見通しをもつ）

○複数の情報が入った新聞記事を読み上げる（例：選挙公約）。その後「要するに、どういう内容の記事だった？」とペアで伝え合わせ、目の付け所や伝達の仕方にズレが生じることを実感させる。

2 展開

○導入で、生徒の中から、「聞いたその場で記録しておくことは大事である」「同じ情報を聞いていても、聞き手の価値観や関心などによって受け取り方や伝え方に違いが出てくるため、目的を明確にしておく必要がある」という気付きが生まれるだろう。必要な内容を効果的に記録するための方法を考える見通しをもつ。

〈放送①を聞く〉

Ｔ：あなたは国語の教科係です。明日の授業についての連絡を受け、クラス全体へ伝えましょう（→教科書 p.30 ① を、会話する程度の速さで読み上げる）。

○１分ほど待つ。すると、メモを読み返して補足の記入をする生徒の姿が見られる。

3 終末（学習を振り返る）

○「この時間に考えたり気付いたりした、的確に聞き取るためのコツをまとめよう」と指示する。「自分の立場や目的を自覚した上で、必要な情報を判断し、知りたいところを中心に聞く」「大事なことを優先させてメモしておき、すぐに読み返して、補足があれば書き足しておく」といった記述が見られるであろう。

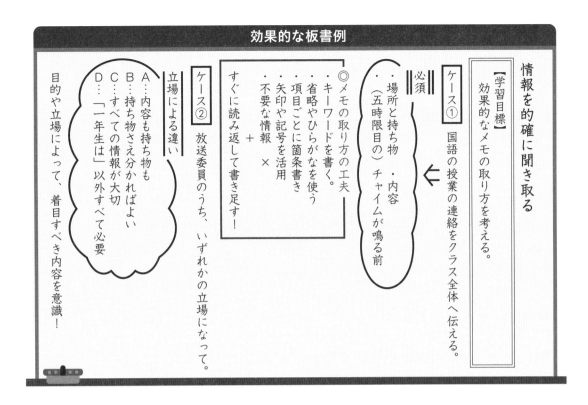

効果的な板書例

情報を的確に聞き取る

【学習目標】
効果的なメモの取り方を考える。

ケース①
国語の授業の連絡をクラス全体へ伝える。

必須
・場所と持ち物 ・内容
・（五時限目の）チャイムが鳴る前 ←

◎メモの取り方の工夫
・キーワードを書く。
・省略やひらがなを使う
・項目ごとに箇条書き
・矢印や記号を活用
・不要な情報 ×
　＋
すぐに読み返して書き足す！

ケース②
放送委員のうち、いずれかの立場になって。

立場による違い
A…内容も持ち物も
B…持ち物さえ分かればよい
C…すべての情報が大切
D…「一年生は」以外すべて必要

目的や立場によって、着目すべき内容を意識！

〈効果的なメモの取り方について考える〉

Ｔ：絶対にクラス全体へ伝える必要がある情報は何でしょうね。

・場所と持ち物 ・内容 ・「五時間目」はなくていいけど、「チャイムが鳴る前」は必要

Ｔ：書いたメモを仲間と見比べて、「効率よいメモの取り方の工夫」を見付けよう。

・キーワードを書く。 ・省略やひらがなを使う。

・項目ごとに箇条書きする。 ・矢印や記号を使う。 ・大事な情報を優先してメモし、不要だと判断した情報は書かない。

＊生徒が自然にとっていた行動を価値付ける。「多くの人は、聞き終えたらすぐに情報を書き足したり、漢字に書き直したりしていました。無意識だったでしょうが、このように、書き留めたことをすぐに読み返して内容を振り返り、必要に応じて補足を書き足すことも、効果的な記録の取り方の１つですね。」など。

〈放送②を聞く〉

Ｔ：あなたは放送委員です。以下のうち、どれか１つの立場から、必要な情報をメモしながら聞き取りましょう（→教科書 p.30②を、校内放送する程度の速さで読み上げる）。

＊立場を４パターン用意しておく。（A：委員会が開かれることは知っているが、話し合う内容を知らない２年生／B：持ち物を分からずにいる３年生／C：初めて委員会に参加する１年生／D：欠席している放送委員の仲間に伝言しなければならない２年生）

Ｔ：立場が同じ人同士で、特に重要だった内容を伝え合ってみましょう。メモした内容や書き留め方も見比べてみましょう。

・C は、日時、場所、話し合う内容、持ち物と、すべての情報が必要。

・D も、C と同じ情報が必要だけど、「１年生の新しいアイデア大歓迎」という所は伝えなくていい。

情報整理のレッスン　比較・分類

（1時間扱い）

指導事項：〔知技〕⑵イ
言語活動例：思考ツールを使いながら、情報を整理する

単元の目標

⑴比較や分類、関係付けなどの情報の整理の仕方について理解を深め、それらを使うことができる。
〔知識及び技能〕⑵イ

⑵言葉がもつ価値に気付くとともに、進んで読書をし、我が国の言語文化を大切にして、思いや考えを伝え合おうとする。
「学びに向かう力、人間性等」

単元の構想

〈単元で育てたい資質・能力／働かせたい見方・考え方〉

　今回の学習指導要領の改訂にあたっては、「様々な媒体の中から必要な情報を取り出したり、情報同士の関係を分かりやすく整理したり」することが求められているとされ、「情報の扱い方に関する事項」が新設された。文章や会話の内容を正確に捉えたり、集めた情報を分かりやすく伝えたりするためには、目的に合わせて情報を整理することが必要である。そのための具体的な手段として、本単元では特に、複数の情報を比べる「比較」や、複数の情報を観点に沿って類別する「分類」、それ以外の「関係付け」（例えば、分解して捉えたり、別々の要素をまとめたり、類似する点を基に類推したり、一定のきまりを基に順序立てたりすること）を自覚的に使えるような生徒を育てたい。

〈教材・題材の特徴〉

　本教材では、基本的な情報の整理の方法について、マトリックス（表）やベン図、グルーピング、フローチャートといった思考ツールを用いて指導する。こうしたツールがあることや活用の仕方を知ることで、目的に応じて主体的に情報を整理したり関係を捉えたりする手段を増やし、これからも急速に進んでいく情報化社会に対応できる生徒にしたい。なお、整理や分類したものを見返し、そこから分かることを「比較に用いる言葉」や「順序を表す言葉」を使いながら説明する場面を設けることで、話す場面や書く場面などで活用できる力にしておく。

〈主体的・対話的で深い学びの視点からの授業改善ポイント／言語活動の工夫〉

　教科書p.9「思考の地図」を見ながら学習を進める。思考の整理や分類の仕方について、その手法やツールのイメージを共有できるようにしつつ、実際に生徒が書き込む内容や位置などに違いが出てくることを認められるようにする。つまり、生徒が「何をすればいいのか」の段階で立ち止まることなく、一人一人が積極的に「情報の整理や分類」について思考を巡らせる場面とやりがいが保証されるため、主体的に学習へ取り組めるものと考える。

時	学習活動	学習内容	評価
	1．「比較」及び「観点」という用語と考え方を学ぶ。 【整理の方法①】観点ごとに表の形に整理し、比較する	○ p.32の書店員の説明に教師が追加情報を足したものを読み上げ、生徒がマトリックス状の枠にメモを書き入れる。 ○ p.32「比較に用いる言葉」を使いながら、書店員の説明から得た情報を、ペアで伝え合う。	❶
	2．「分類」の仕方を学ぶ。 【整理の方法②】共通点や類似点に注目した分け方 3．【整理の方法③】共通点と相違点を整理する分け方 4．順序や流れの整理の仕方を学ぶ。 【整理の方法④】フローチャートの使い方	○ p.33の「学校図書館への要望」に教師が追加情報を足したものを配布し、生徒がグルーピングしていく。それぞれのまとまりに見出しを付ける。 ○ p.33の、手紙とメールの特徴を教師が読み上げ、生徒はベン図の枠の中にメモを書き入れる。 ○ p.33「新聞を作る手順」を教師が読み上げ、生徒はフローチャート（矢印や囲み）を用いて書く。 ○ p.33「順序を表す言葉」を使いながら、書いたフローチャートから分かる情報を、ペアで伝え合う。	❶ ❶ ❶
	5．「問題2」について考える。（口頭で伝える設定にする。）	○迷子になった犬を探してもらう場合と、犬のかわいさを友達に伝える場合の2通りについて、「どういう観点でまとめた、どのような情報を出せばよいか」を、ペアで話し合う。	❷

評価規準

知識・技能	主体的に学習に取り組む態度
❶比較や分類、関係付けなどの情報の整理の仕方について理解を深め、それらを使っている。(2)イ	❷学習課題に沿って、積極的に情報の整理の仕方について理解を深め、それらを使おうとしている。

〈指導と評価の一体化を図る見取りのポイント〉

　〔知識・技能〕については、ワークシートへの記述内容を評価の材料とする。犬に関する情報を整理、分類した中から、目的に応じた取捨選択をしたかを見取る。〔主体的に学習に取り組む態度〕については、ノートを評価の材料とする。それぞれの思考ツールの目的に合った使い方をしようとしているかを見取る。

情報整理のレッスン　比較・分類

主発問　2通りの状況設定において、犬に関する情報を口頭で伝えよう。

目標

　比較や分類、関係付けなどの情報の整理の仕方について理解を深め、それらを使うことができる。

評価のポイント

❶目的や相手に応じて、情報を整理、分類しながら、犬に関する説明をしている。　　　　　⑵イ

❷積極的に、様々な情報の整理の仕方について理解し、それらを使おうとしている。

準備物

教科書（主にp.9「思考の地図」を活用するため）、情報整理をするためのワークシート01

ワークシート・ICT等の活用や授業づくりのアイデア

○実際に、様々な情報の整理の仕方を試せるようなワークシートを用意する。

○情報の整理や分類の仕方について具体的なイメージを持てるように、教科書p.9「思考の地図」を開いた状態で学習活動を進める。

1　導入（学習の見通しをもつ）

〈1時間の授業展開についての説明〉

T：文章や会話の内容を正確に捉えたり、集めた情報を分かりやすく伝えたりするためには、目的に合わせて情報を整理することが必要です。この時間は、教科書p.9「思考の地図」の「思考を整理する」という項目で紹介されている4つの方法を、実際に試してみましょう。

3　終末（学習を振り返る）

〈本時の学びを価値付ける〉

T：たくさん集めた情報を、目的に応じて整理するための便利な方法を、実際に試してみました。方法を知っていると活用できる機会がありますので、ぜひ使ってみてください。

2　展開

〈整理の方法①（マトリックスを使った比較）〉

T：書店員さんの説明から得た情報をマトリックスに書き込みましょう。

＊教科書p.32の書店員さんの説明に、観点を1つ追加したものを読み上げる（例：各社レイアウトの特徴）。

T：書店員から得た情報を、比較の文型を使い、ペアで説明しましょう。

・C社は30,000語しか載っていないのに対して、A社は、新語・流行語も多く入れているので75,000語あります。どれも、ここ5年以内に発行されているところが共通点です

＊教科書p.32「比較に用いる言葉」を示す。

〈整理の方法②（グルーピングを使った分類）〉

効果的な板書例

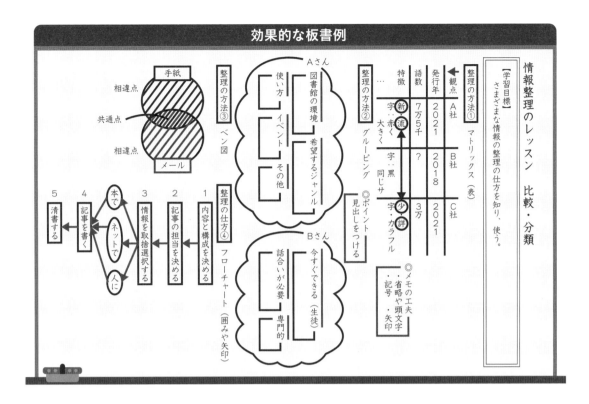

T：寄せられた「学校図書館への要望」を、グループに分けて見出しを付けましょう。

＊教科書 p.33の要望以外も、ワークシートに載せる（例：「新聞を読み比べたい」光を入れたい」）。

・「イベント系」　・「置いてほしいジャンル」　・「設備」　・「本の探し方」

〈整理の方法③（ベン図を使った、分類からの比較）〉

T：手紙とメールの特徴を述べるので、受け取った情報をベン図に書き込みましょう。

＊教科書 p.32に載っている手紙とメールの特徴に、観点をいくつか追加したものを読み上げる（例：ずっと形として残ります）。

〈整理の方法④（フローチャートを使った、順序や流れの整理）〉

T：新聞を作る手順を説明するので、矢印や囲みを使ったフローチャートでまとめてみましょう。終わったら、ペアになって、集めた情報を順序よく説明し合ってみます。

＊聞くときの基本的な記録の仕方は、時系列に沿っていくことであり、フローチャートを使って情報を得ることと整理することを同時に進められると、効率がよい。

〈教科書 p.32,33「問題」について考える〉

T：ワークシートに〔私の家の犬〕に関する情報が載っています。状況AとBの2つの状況において、聞き手にどう伝えますか。

T：状況AとBで、その情報を選んだのはなぜですか。理由を色ペンで記入しましょう。

T：ペアになって、状況AとBについて口頭で説明してみましょう。説明の仕方が違っていたら、「この情報も必要じゃない？」「情報多すぎない？」など話しましょう。

・「コタロウのかわいさを友達に伝えるなら、客観性よりエピソードが有効だね。」

・「『めったにほえない』という情報を出すと、もしほえた時に気付いてもらえなくなる。」

❶ 学びを開く
情報を整理して書こう（4時間扱い／書くこと）

指導事項：〔知技〕(2)イ　〔思判表〕B(1)ア
言語活動例：事実やそれを基に考えたことを説明する文章を書く。

単元の目標

(1)比較や分類、関係付けなどの情報の整理の仕方について理解し、それらを使うことができる。

〔知識及び技能〕(2)イ

(2)目的や相手に応じて、集めた材料を整理し、伝えたいことを明確にして書くことができる。

〔思考力、判断力、表現力等〕B(1)ア

(3)言葉がもつ価値に気付くとともに、進んで読書をし、我が国の言語文化を大切にして、思いや考えを伝え合おうとする。「学びに向かう力、人間性等」

単元の構想

〈単元で育てたい資質・能力／働かせたい見方・考え方〉

　「何のために、誰に対して、どのような意図をもって書くのか」について自覚的になれる生徒を育てたい。そのためには、まず材料をたくさん集め、続いて、相手や場面や目的に応じているかを判断基準にして、材料を取捨選択したり順序を考えたりする過程を経ることが効果的である。その際、集めた材料を、観点に沿って比較や分類や関係付けなどをしたり、意見と根拠などの関係を見いだして整理したりすることで、内容の中心としたい事柄が際立つ構成へとつなげていきたい。

〈教材・題材の特徴〉

　自分が感じている魅力を伝えるには、相手の状況や事情を踏まえると何をどう書くことが効果的なのか、ということを考える学習活動を通して、「目的や意図に応じて集めた材料を整理し、伝えたいことを明確にする」力を付けていく。今回は、材料を集めることや増やすことが比較的しやすいため、それらを整理することと、取捨選択および構成を考えることへ労力をかけられる。なお、情報の収集をする際には、色の異なる付箋紙に書き出し、事実や事柄や出来事と、自分の思いや考えとを区別する。それらの情報を整理する際には、付箋紙を動かしたりまとめたりすることで、どう取捨選択や分類をしたかを自覚できるようにする。

〈主体的・対話的で深い学びの視点からの授業改善ポイント／言語活動の工夫〉

　読み手の状況や事情に応じて、説明の中に必要な情報や構成などが変わってくることを実感できるように、例えば「その場所に興味がある人／認識しているだろうが馴染みがない人／関心がないわけではないが、上手な使い方が分からずにいる人」などと、相手の状況設定を具体的にさせる。さらに、仲間と助言や読み合いをする際は、あまり関心や馴染みがない場所を取り上げた作品を積極的に手に取らせることで、相手に応じて効果的に説明された文章であるかを検証しやすくする。

時	学習活動	学習内容	評価
1	1．「どのような相手へ、どの場所について説明するか」を決める。 2．場所に関する情報を集める。	○どのような状況の人が読み手かを設定する。 ○場所についての情報（例：基本情報や特徴、よさ、自分との関わり）を、思いつく限り青の付箋紙に書き出す。また、そこからどのような考えや思いを伝えたいかを、赤の付箋紙に書き出す。	
2・3	3．集めた情報を整理しながら、構成を練る。 4．400字程度の文章を書く。	○読み手の立場からすると、どのような内容を取り上げた説明があることが望ましいかを考えながら、情報の取捨選択や関連付けなどをする。 ○取り上げた情報や順序について、友達どうしで助言する（例：効果的であるか、過不足や追加が必要なものはないか、事実と伝えたい内容が合っているか）。 ○事実や事柄（青の付箋紙に挙げたもの）と、自分の思いや考え（赤の付箋紙に挙げたもの）とがつながっているか、伝えたい内容が明らかになっているか、の2点を確かめながら、段落構成を意識した（三段落を基本とする）文章を書く。	❶ ❷ ❸
4	5．文章を読み合い、自分の文章のよい点や改善点を見つける。	○選んだ場所のよさを説明する上で内容や説明の仕方に工夫や効果が見られたことを伝え合う。 ○よさを説明する文章を書くコツをまとめる。	

評価規準

知識・技能	思考・判断・表現	主体的に学習に取り組む態度
❶比較や分類、関係付けなどの情報の整理の仕方について理解を深め、それらを使っている。 (2)イ	❷目的や意図に応じて、日常生活の中から題材を集め、集めた材料を整理し、伝えたいことを明確にしている。 B(1)ア	❸学習の見通しをもって、粘り強く、集めた材料を整理して「おすすめの場所」のよさを説明する文章を書こうとしている。

〈指導と評価の一体化を図る見取りのポイント〉

・〔知識・技能〕及び〔主体的に学習に取り組む態度〕については、ノートを評価の材料とする。情報の収集と整理をした過程が残るように、消しゴムを使わずに加筆や修正や削除をさせる。

・〔思考・判断・表現〕については、書いた文章を評価の材料とする。どの事実や事柄をどう関連付けることで、どのような考えや思いを伝えているか、そのつながりの妥当性を見取る。

情報を整理して書こう

主発問 どのような相手へ、どの場所について説明するかを決め、材料を集めよう。

目標

「おすすめの場所のよさについて説明する」という目的に応じて、日常生活の中から題材を集めることができる。

評価のポイント

事実と考えとを区別しながら、説明する場所に関する情報をたくさん集めているかを、付箋紙への記述から見取る。ただし、本時の学習活動は、評価の対象としない。

準備物

ノート、付箋紙（青と赤）、「振り返りシート」⬇️01、国語辞典

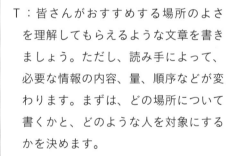

ワークシート・ICT 等の活用や授業づくりのアイデア

〇単元の学習を見通し、学びや気付きをすぐに記入できるような、1枚の「振り返りシート」を用意する。

〇事実と考えを区別しながら文章を構成できるように、付箋紙を2色使う。青に事実（例：場所に関する情報や書き手との関わり等）を、赤に考え（例：その場所への思い、どう活用してほしいか等）を、書かせる。

1 導入（学習の見通しをもつ）

T：自分が魅力を感じていることについて文章で説明するときに、読み手によく理解してもらえるようにするにはどう書けばよいかを考える単元です。特に、書き手の目的および読み手の状況や事情に応じて、何をどの順に書けば効果的かを探っていきましょう。

2 展開

〈紹介する対象、目的、読み手を設定する〉

T：皆さんがおすすめする場所のよさを理解してもらえるような文章を書きましょう。ただし、読み手によって、必要な情報の内容、量、順序などが変わります。まずは、どの場所について書くかと、どのような人を対象にするかを決めます。

〇ノートに、「おすすめする場所」ならびに読み手の状況を明記する。

＊対象とする読み手を設定する際は、たとえば「その場所にもともと興味がある人」「その場所を認識しているだろうが馴染みがない人」「その場所に関心がないわけではないが、上手な使い方が分からずにいる人」といった具合に、具体化させる。

3 終末（学習を振り返る）

T：今回は、何について誰に向けて書くのかを決め、たくさん材料を集めました。色の異なる付箋紙に書き出すことで、事実と思いや考えとを区別する意識をもてましたね。「振り返りシート」に、書く材料を集めるためのポイントだと感じたことを、言葉でまとめましょう。

効果的な板書例

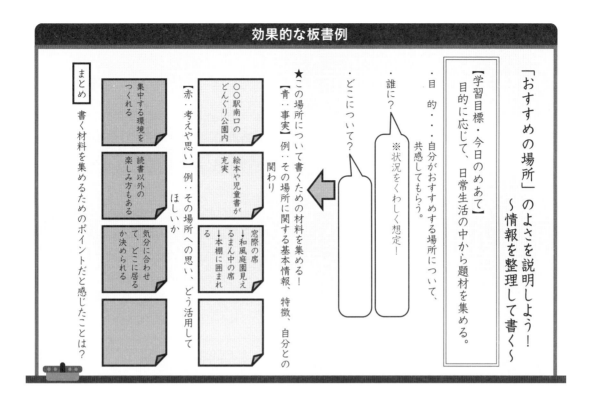

〈紹介する場所についての情報を集める〉

T：続いて、書くための材料を集めます。おすすめする場所についての情報を、思いつく限り青の付箋紙に書き出しましょう。また、そこからどのような考えや思いが生まれるかを、赤の付箋紙に書き出しましょう。

＊場所の情報の例として、位置などの基本情報、特徴、よさ、自分との関わり等が考えられる。生まれる考えや思いの例として、どんな感情になれるか、どんなときに訪れるといいか、上手な活用の仕方としてどのようなものがあるか等が考えられる。

◆図書館を題材とした際の、青の付箋紙への書き込みの例

・〇〇駅南口のどんぐり公園内
・赤い屋根、2階建ての、小さなもの
・2階の学習室……勉強する、資料を広げる
・席によって景色が違う・椅子の種類を選べる
　快適な温度　・外にテーブルとベンチ

・蔵書がたくさん（絵本や児童書が充実）
・DVDも様々なジャンルあり
・夜20：00まで開いている

◆図書館を題材とした際の、赤の付箋紙への書き込みの例

・集中して勉強できる
・長時間いられる
・目的や気分、天気に合わせて席を決められる
・目的なく行っても有意義な時間を過ごせる
・何かしらの発見がある
・自分では買わないジャンルの本も試せる
・興味や視野を広げられる
・リラックスできる　・お金がかからない

〈本時のまとめの例〉

・実際に経験したときのことを思い返し、見えたものと感じたことを区別して言葉に直す。
・「どういう人に読んでほしいか」をイメージすると、興味を持ってもらえそうな題材や詳しく述べるとよさそうな題材が浮かびやすい。

情報を整理して書こう

主発問 集めた情報の取捨選択や関連付けをし、構成を練った上で、400字程度の文章を書こう。

目標 おすすめする場所のよさが明確に伝わるような、文章の構成を考えることができる。

評価のポイント

❶（ノート上に貼り直した付箋紙および書き込まれたメモや記号等を、評価の材料とする。）付箋紙を使い、事実と考えとを結び付けたりし、情報の整理の仕方について理解を深めている。　　(2)イ

❷（書いた文章を評価の材料とする。）読み手と目的に応じて、事実や事柄を関連付け、そこから考えや思いを伝えている　　　　　　B(1)ア

❸（評価の材料は❶と同じ。）取り上げた情報の内容および量や順序が効果的であるかを粘り強く考

ワークシート・ICT 等の活用や授業づくりのアイデア

○文章の構成を俯瞰できるようなノートの使い方をさせる。ポイントは、
(1)想定する読み手を明記する。
(2)付箋紙をどのように関連付けたかが分かるようなメモを残す。
(3)もっとも伝えたいこと（結論）を、おわりのところに明記しておく。

えようとしている。

準備物 第1時と同じ

---

1 導入（学習の見通しをもつ）

T：集めた情報を取捨選択し、それぞれの段落に役割を持たせながら構成を練って、400字程度の文章にまとめましょう。

○原稿用紙に文章を書かせる際は、加筆・修正しやすいよう、一行おきに記述させる。試行錯誤の跡が残るように、消しゴムは使用せず、二重線、囲みや記号などで対応する。

3 終末（学習を振り返る）

T：この2時間は、集めた情報を取捨選択し、それぞれの段落に役割を持たせながら構成を練った上で文章を書く、という流れで進めました。さて、自分が文章の構想をしたり実際に書いたりした過程を振り返り、特に意識したことや、うまくいったこと、もうひと工夫凝らせるようになりたいことなどを書き残しましょう。

---

2 展開

〈「誰に、何を伝えたいか」を明確にする〉

T：ノートに付箋紙を貼り直しながら、集めた情報を整理します。

＊ノートのスタート地点に「どこの場所のよさを、どんな人に伝えるか」を、ゴール地点に「何を伝えたいか（結論）」を、それぞれ明記させる。また、青の付箋紙（事実）と赤の付箋紙（思いや考え）の区別を意識できるように、ノートの真ん中に境界線を引かせる。

T：まず、情報の取捨選択をしましょう。さらに、分類したりまとめたりするとよさそうなものはないか、青と赤がどのように結び付くと話がスムーズに流れるか、どの順序に並べると結論が際立つかを意識しながら、付箋紙を

効果的な板書例

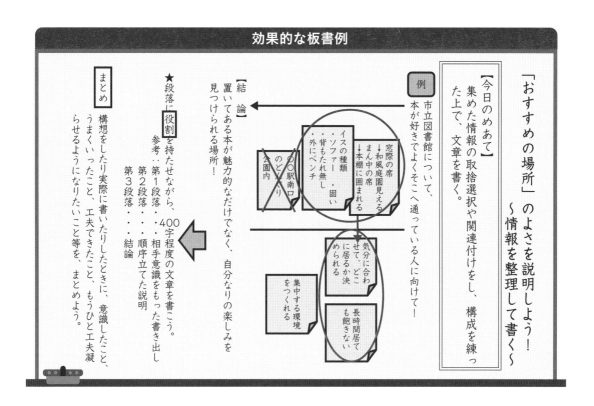

「おすすめの場所」のよさを説明しよう！
〜情報を整理して書く〜

【今日のめあて】
集めた情報の取捨選択や関連付けをし、構成を練った上で、文章を書く。

例

市立図書館について、本が好きでよくそこへ通っている人に向けて！

○○駅南口
のどり
公園内

窓際の席
・和風庭園見える
→まん中の席
・本棚に囲まれる

イスの種類
ソファー・固い
・背もたれ無し
・外にベンチ

気分に合わせて、どこに居るか決められる

集中する環境をつくれる

長時間居ても飽きない

【結論】
置いてある本が魅力的なだけでなく、自分なりの楽しみを見つけられる場所！

★段落に役割を持たせながら、400字程度の文章を書こう。
参考：第1段落・・・相手意識をもった書き出し
　　　第2段落・・・順序立てた説明
　　　第3段落・・・結論

【まとめ】
構想をしたり実際に書いたりしたときに、意識したこと、うまくいったこと、工夫できたこと、もうひと工夫凝らせるようになりたいこと等を、まとめよう。

まとめたり並べ替えたりしましょう。なお、そう判断した理由や過程を、言葉や記号などでメモしておきましょう。

Ｔ：取り上げた情報の内容、量、順序について、友達どうしで助言しましょう。

＊読み手と結論を踏まえた上で効果的になっているかを評価させる。観点としては、情報の過不足がないか、結論に向けて分かりやすい構成になっているか、の２点を軸とする。

Ｔ：３段落構成を基本とする文章を、原稿用紙に書きましょう。

＊構成につまずいている生徒に対しては、「第１段落：相手意識を持った書き出し」「２段落：順序立てた説明」「３段落：結論」という流れで書くよう助言する。

◆第１教時に、図書館を題材にして材料を集めた生徒の例

・読み手の設定が「本が好きでよくその図書館に通っている人」だから、「置いてある本に魅力があるだけでなく、自分なりの楽しみ方を見つけられる場所だ」という結論を伝えたいです。

・青い付箋紙の、「イスの種類」「席の位置」は、バリエーションの豊かさという項目でまとめてみます。この事実が、赤い付箋紙に書いた「目的や気分に合わせて席を決められる」「長時間いられる」という意見につながっていきますね。

・読み手は、何度もこの図書館に行ったことのある人だから、あまり施設そのものについての説明はいらなそうです。そういう人にも興味をもってもらうためには、導入のところでひと工夫しなければなりません。

・本を読む以外にも楽しめる場所だということを伝えるには、私の具体的な経験を示してみると、共感してもらえそうです。

情報を整理して書こう

主発問 自分の文章のよい点や改善点を見つけよう。

目標

　読み手からの助言を踏まえて、自分の文章のよい点や改善点を具体的に述べることができる。

評価のポイント

この単元の目標はあくまで「目的や相手に応じて、集めた材料を整理し、伝えたいことを明確にして書く」なので、そこに目を向けられるような観点を提示した上で（その具体は後述）、文章を読み合わせる。なお、本時の学習活動は、評価の対象としない。

準備物

原稿用紙（原本とコピーを1部ずつ）、「振り返りシート」、国語辞典

ワークシート・ICT等の活用や授業づくりのアイデア

文章を1部ずつコピーしておき、読み手がそこに助言（書き込み）していくようにする。原本は書き手に返し、前時の振り返りに記した内容について、線を引いたり囲みを付けたりしておく。材料の整理や構成の工夫において意図したことについて、まずは自身で観点をもっておくためである。

---

1 導入（学習の見通しをもつ）

T：この時間は、お互いの文章を読み合い、仲間からアドバイスをもらいながら、自分の文章のよい点と改善点を見つけましょう。自分がうまくいったと感じているところと納得できていないところを、読み手はどう受け止めているか、比較してみるといいでしょう。

2 展開

〈読み合う際の観点を確認する〉

T：この単元で意識してきたのは、「おすすめの場所のよさが伝わるように、相手に応じて、集めた材料を整理し、構成を練った上で書く」ことですね。
文章を読み合うときの観点は、

①取り上げた材料が、読み手に応じた効果的なものになっているか

②話の構成や段落の置き方が、結論へ向かううえでスムーズであるか

を軸とします。

T：自分が書いた文章（原本）に、前時の振り返りで書いた内容を記入しましょう。

T：5人グループで文章（コピー）を読み合い、コメントを書きましょう。

＊単なる印象ではなく、具体的な記述を取り上げてコメントできるようにす

3 終末（学習を振り返る）

T：「意図して凝らした工夫が、効果的に働いていた」「意図していなかったのに、効果的に働いていた」「こうすればもっと良くなると分かった」の3つに分けて、自分の文章に対する自己評価を、原本の中に書き入れましょう。

効果的な板書例

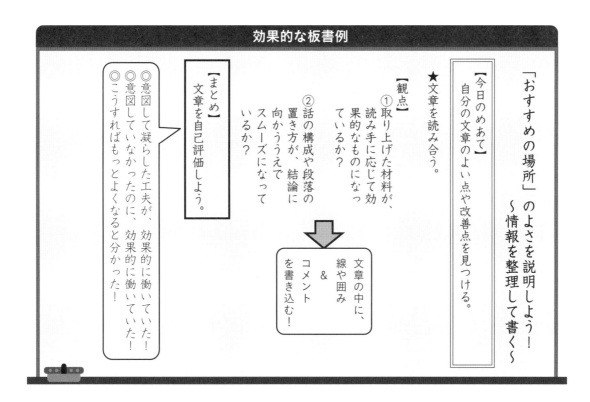

「おすすめの場所」のよさを説明しよう！
～情報を整理して書く～

【今日のめあて】
自分の文章のよい点や改善点を見つける。

★文章を読み合う。

【観点】
①取り上げた材料が、読み手に応じて効果的なものになっているか？
②話の構成や段落の置き方が、結論に向かううえでスムーズになっているか？

文章の中に、線や囲み & コメントを書き込む！

【まとめ】
文章を自己評価しよう。

◎意図して凝らした工夫が、効果的に働いていた！
◎意図していなかったのに、効果的に働いていた！
◎こうすればもっとよくなると分かった！

る。文章の中に線を引いたり囲みを付けたりさせ、その脇にコメントを書かせるとよい。

〈文章を読み合い、コメントを書く〉

（文章の例）【対象とする読み手：本が好きで、よくその図書館に通っている人】

・この中には、市立図書館が大好きだ、という人もいるでしょう。今回は、私なりの楽しみ方を説明します。１つは、座席のバリエーションが多いことです。窓際の席に座れば落ち着いた和風庭園を臨むことができ、中央にある席に座れば本棚に囲まれた中に身を置くことができます。そのときの気分や目的に合わせて場所を選んだり変えたりすることで、快適に過ごせます。もう１つは、アニメや映画のDVDもあることです。自分の家でないのに、わりとくつろげます。

　このように、市立図書館は、本以外にも魅力があります。自分なりの楽しみ方が見つかったら、ぜひ私にも教えてください。

↓

・○　読み手がよくその図書館に通っている人だということを考えると、本以外の話題を取り上げていることが、図書館の魅力を新たに発見できるという点で、効果的です。

・○　まとめの段落の「ぜひ私にも教えてください」という一文があるおかげで、押しつけがましさがなく、読み手も前向きに「私も探してみようかな」という気持ちになれます。

・▲　第２段落が濃い感じがする。内容ごとに段落を分けてみると、それぞれの話題が明確になり、読み手も頭の中で切り替えができるようになるでしょう。

〈読み手からもらったコメントを踏まえ、自分の文章のよさと改善点を見付ける〉

Ｔ：自分が意図したところはどう評価されていましたか。また、自分では意識していなかったのに読み手から「上手い」「効いてる」と受け止めてもらえたことはありましたか。

I 学びを開く

漢字1　漢字の組み立てと部首を知ろう／漢字に親しもう1（1時間扱い）

> 指導事項：〔知・技〕(1)イ
> 言語活動例：漢和辞典を引いて、漢字の部首を調べる

単元の目標

(1)学年別漢字配当表に示されている漢字に加え、その他の常用漢字のうち300字程度から400字程度までの漢字を読むことができる。　　　　　　　　　　　　　〔知識及び技能〕(1)イ

(2)言葉がもつ価値に気付くとともに、進んで読書をし、我が国の言語文化を大切にして、思いや考えを伝え合おうとする。　　　　　　　　　　　　　　「学びに向かう力、人間性等」

単元の構想

〈単元で育てたい資質・能力／働かせたい見方・考え方〉

　漢字には、「偏旁冠脚」、たれ、にょう、かまえという、二つの部分を組み立てたものが多い。例えば「へん」や「つくり」などに注目することで、読みを類推したり、意味領域を分類したりできるようになることもある。また、部首とは、多数の漢字に共通する部分を集めて同じ部類にまとめたものである。鈴木孝夫氏は著書の中で、「もし或る漢字の中に火という字、またはその変形であるれんがが見出されれば、その語はどこかで≪ひ、もえる、あつい≫などの性質と多くの場合無関係ではないという常識を日本人はうすうす感じている」、と述べている（『日本語と外国語』岩波新書）。このように、漢字がもつ「字形」に着目して、漢字がもつ役割や機能、見ただけで意味や分野が想像できるという利便性などに目を向ける契機としたい。

〈教材・題材の特徴〉

　漢字の組み立てと部首を区別して捉えられるようにしていく。クイズ形式で小学校で身に付けた既習の知識を再確認させるなど、生徒が興味・関心をもてるようにする。

　また、漢和辞典を引く活動を取り入れる。漢字の読み方、成り立ち、意味、熟語の意味などを、必要に応じて辞書で調べられるようになり、語感を磨き語彙を豊かにすることにつながる。具体的には、生徒にとって馴染みのある音訓索引と総画索引を使えるようになった後、部首の定義を踏まえて、部首索引を使えるようにする流れである。

〈主体的・対話的で深い学びの視点からの授業改善ポイント／言語活動の工夫〉

　部首の捉え方を生かして、生徒自身の手で共通点を発見できるように、様々な漢字が書かれたワークシートを用意し、分類させる。その際、どのような基準で仲間分けをしたかを班の中で会話しながら進めていくことによって、一見すれば意味や分野が想像できるという、漢字が持つ象形的特徴に目を向けられるものと考える。

単元計画

時	学習活動	学習内容	評価
1	1．部首の復習をする。	○ p.40「漢字に親しもう1」③を使いながら、それぞれの漢字には部首があることを確認する。	
	2．漢和辞典の引き方を学ぶ。	○先に出てきた「拒」という漢字を、音訓索引と総画索引、さらに部首索引で引く。	
	3．漢字の組み立てについて学ぶ。	○ p.39練習問題①を使いながら、漢字の組み立ての分類を知る（へん、つくり、かんむり、あし、たれ、にょう、かまえ）	❶
	4．漢字の部首について学ぶ。	○それぞれの分類における、呼び名を知っているものを、できる限り挙げる。 ○部首の定義を知る（例として p.39「人」を用いる）。	
	5．同じ部首に属している漢字の仲間分けをする。	○ワークシートに書かれた漢字を、2人1組になって分類する。基準や理由について会話しながら仲間分けをしていく。	❷
	6．漢和辞典を引きながら、練習問題②を解く。	○教科書 p.39練習問題②に挙げられた漢字について、部首索引を使って引いてみる。	

評価規準

知識・技能	主体的に学習に取り組む態度
❶学年別漢字配当表に示されている漢字に加え、その他の常用漢字のうち300字程度から400字程度までの漢字を読んでいる。　　　　　（1)イ	❷今までの学習を生かして、漢字の組み立てや部首について考え、漢和辞典の部首索引を使って言葉について調べようとしている。

〈指導と評価の一体化を図る見取りのポイント〉

　「主体的に学習に取り組む態度」については、ワークシートで評価する。カードの仲間分けをする際にどのような基準で分類したか、書き込まれたメモの内容や、丸や四角などの枠で囲んだものなどから見取る。

漢字の組み立てと部首

主発問 似た部分を持つ漢字の、仲間分けをしよう。

目標

　必要に応じて漢字の構成要素や部首に着目して類推しながら、漢字を読むことができる。

評価のポイント

❶授業の中で見取ることが難しいため、小テストで、正しく読めているかを確認する。　　　(1)イ

❷漢字の仲間分けをする際に、どのような基準で分類したかをメモしようとしている。

準備物

漢和辞典（1人につき1冊）、ノート、仲間分けの対象とする漢字を載せたワークシート⏬01

ワークシート・ICT 等の活用や授業づくりのアイデア

生徒がゲーム感覚で楽しみながら漢字の共通点を探し出せるように、81個の漢字を載せたワークシートを用意する。なお、抽出する漢字は、「同じ部首の仲間だが、どの位置が異なるもの」とする（例：心、志、慕、怯）。さらに、字形だけでは判断できない漢字も含めておく（例：聴、騰、炭）。

---

1 導入（学習の見通しをもつ）

〈本時の流れを説明〉

T：今日は、小学校の学習で身に付けた部首の知識を発展させて、漢字がどのような組み立てで成り立っているのか、そしてどのような特長があるかを考えていきます。

3 終末（学習を振り返る）

〈部首索引を使う〉

T：授業のまとめとして、練習問題②に挙げられた漢字の部首名を、漢和辞典を使って調べましょう。

・③は、どれも気持ちと関係がありそう。部首索引だと一緒になっているけど、「恭」は「したごころ」、「悩み」が「りっしんべん」、「懸」が「こころ」だね。

2 展開

〈漢字の組み立てを学ぶ〉

T：練習問題①をやってみましょう。漢字には、二つの部分を組み立てたものが多いです。

＊板書をノートに視写させながら、「へん」「つくり」「かんむり」「あし」「たれ」「にょう」「かまえ」を区別させる。

T：それぞれの分類における呼び名を、知っている限り挙げましょう。

・ごんべん、りっとう、たけかんむり、れんが、……

〈漢和辞典の引き方を学ぶ〉

T：好きな漢字を一字、挙げてください（今回は仮に「優」とする）。何と読みますか。

＊音読みと訓読みのどちらもある漢字を取り上げる。

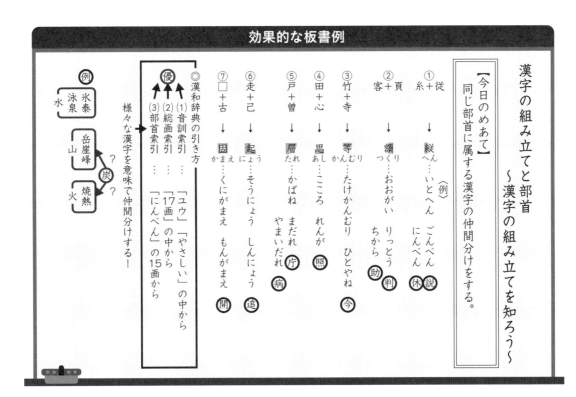

効果的な板書例

漢字の組み立てと部首
〜漢字の組み立てを知ろう〜

【今日のめあて】
同じ部首に属する漢字の仲間分けをする。

〈例〉

① 糸＋従 → 縦 へん…いとへん ごんべん にんべん 〔休〕〔説〕

② 客＋頁 → 額 つくり…おおがい りっとう にんべん 〔判〕

③ 竹＋寺 → 等 かんむり…たけかんむり ひとやね 〔今〕

④ 田＋心 → 思 あし…こころ れんが 〔照〕

⑤ 戸＋曽 → 層 たれ…かばね まだれ やまいだれ 〔病〕〔庁〕

⑥ 走＋己 → 起 にょう…そうにょう しんにょう 〔追〕

⑦ □＋古 → 固 かまえ…くにがまえ もんがまえ 〔開〕

◎漢和辞典の引き方

〔優〕

(1) 音訓索引
…「ユウ」「やさしい」の中から

(2) 総画索引
…「17画」の中から

(3) 部首索引
…「にんべん」の15画から

様々な漢字を意味で仲間分けする！

例

水 { 氷・泰・泳・泉 }

山 { 岳・崖・峰 } ？ 炭 ？

火 { 焼・熱 }

T：「優」という漢字を、音訓索引で引きましょう。

＊音読みの「ユウ」と、訓読みの「やさしい」の両方で引かせる。これが最も早い引き方であることを伝える。また、音と訓のどちらからでも同じページに行くことを体感させる。

T：「優」という漢字の読み方が分からないときのために、総画索引で引きましょう。

＊17画の範囲から、自力で探さねばならないことを体感させる。

T：漢字の部首が分かるなら、部首索引を使えます。「優」部首は何ですか。

＊「にんべん」の中の15画目に載っていることを確認しながら進める。

T：部首索引を見ると、漢和辞典は、「にんべん」の他にも、「ひと」「ひとやね」などが、「人」の部にまとめられていることが分かりますね。そこで、仲間分けをしてみましょう。

〈同じ部類の漢字に仲間分けをする〉

T：ワークシートに載っている漢字を、2人1組で仲間分けしましょう。どのような基準で仲間だと判断したかについて話ながら進めていき、メモしておきましょう。

・「みず」に関係するから、「水」「泳」「氷」「泰」「泉」かな。

・「山」が入っているから、「山」「峰」「崖」「岳」「炭」…あれ、1つ多いぞ。

・「炭」の意味を考えると、「山」より「火」の方が大事だと思う。

＊タイミングを見計らって、「聴」「騰」「炭」を例に挙げて説明する。

ダイコンは大きな根？ （2時間扱い／読むこと）

指導事項：〔知技〕⑵イ 〔思判表〕C⑴ア
言語活動例：説明的な文章を読み、理解したことや考えたことを話したり書いたりする活動。

単元の目標

⑴比較や分類、関係付けなどの情報の整理のしかたについて理解を深め、それらを使うことができる。 〔知識及び技能〕⑴イ

⑵文章の中心的な部分と付加的な部分、事実と意見との関係について叙述を基に捉え、要旨を把握することができる。 〔思考力・判断力・表現力等〕C⑴ア

⑶言葉がもつ価値に気付くとともに、進んで読書をし、我が国の言語文化を大切にして、思いや考えを伝え合おうとする。 「学びに向かう力、人間性等」

単元の構想

〈単元で育てたい資質・能力／働かせたい見方・考え方〉

　段落には、改行によって示されるいくつかの文のまとまりの形式段落と、その形式段落のいくつかが意味のつながりの上でまとまりになった意味段落とがある。段落には問題を提示したり、具体例を示したり、理由を述べたり、結論を述べたりするなどの役割がある。本単元では、段落の役割に着目して、文章の内容を捉えることをねらいとする。「問い」と「答え」の関係に着目することにより、中心的な部分を捉えることが可能とある。また、比較して説明するときに用いられる言葉に着目し、その前後の文や段落が、どのようにつながっているのかを考えるよう指導する。

〈教材・題材の特徴〉

　段落の役割を押さえ、全体を俯瞰できる文章である。題名に着目すること、「問い」に着目して「答え」を導き出すこと、胚軸と根、甘さと辛さといった比較、接続する語句を用いて論理の展開を把握すること、図の活用など、説明的な文章を読むための基礎・基本を習得することができる。

　いずれも、分かりやすく説明するための観点として、今後、説明的な文章を読んだり、自分自身が書いたりする際の指針となる。ダイコンを植物として観察することで興味深い発見があり、他の野菜でも新しい魅力が見えてくるかもしれないと筆者は述べている。

〈主体的・対話的で深い学びの視点からの授業改善のポイント／言語活動の工夫〉

　冒頭で「ダイコンは大きな根？」と板書し、題名読みを行う。題名から分かること、気付くこと、思ったことなどを書き、発表するよう促す。疑問形を用いること、ダイコンを漢字表記すると「大（きな）根」になることなど、多様な意見を称揚する。時間が確保できる場合は、文章の分かりやすさを発表する学習は、グループで実施したい。本文プリント等を準備し、傍線を施しながら「分かりやすさ」を自分の言葉で書き込む。全体で共有し、多くの視点を得られるようになる。

単元計画

時	学習活動	学習内容	評価
1	1．題名読みを行う。 2．説明的な文章の基礎・基本について確認する。 3．本文を通読する。 4．問いを投げ掛けている段落と、答えを示している段落を見つけ、内容を捉える。	○題名を板書し、分かったこと・気付いたこと・思ったことなどを書き、発表する。 ○「筆者」「形式段落」「意味段落」等の復習を行う。 ○おおよその内容を確認する。 ○２つの「問い」と「答え」が繰り返されていることを確認し、短い言葉でノートにまとめる。	❷
2	1．段落の役割について考える。 2．筆者の文章の書き方について、工夫している点を考え、話し合う。 3．学習の振り返りを行う。	○前時の「問い」と「答え」の関係を想起する。 ○接続する語句に着目して読む。 ○段落の役割の確認とともに、適宜要約を行う。 ○自分の考えを書き、グループで話し合う。 ○交流を通して、自分たちが気付かなかった意見を赤ペンで書き込む。	❷ ❶ ❸

評価規準

知識・技能	思考・判断・表現	主体的に学習に取り組む態度
❶本文中で比較がどのように使われているかを理解している。　　(2)イ	❷「読むこと」において、「問い」と「答え」から中心的な部分を捉え、筆者の主張を理解している。　　C(1)ア	❸文章の中心的な部分と付加的な部分について積極的に捉え、筆者の工夫を伝え合おうとしている。

〈指導と評価の一体化を図る見取りのポイント〉

　説明的な文章を学習する入門単元であり、指導すべき内容も多い。「問い」と「答え」の関係について指導する際、「問いの文」を探す必要がある。その際、「……か」という「問いの文字」に着目すること、必要に応じて補うことなどを指導する。他の説明文を自分で読む際に、本単元での学習を想起できるようにする。

　「分かりやすさ」を発表する際には、「題名」や「文末表現」など、工夫が読み取りやすい部分から考えるよう促すことがあってもよい。しかし、大切なのは、交流によって、自分たちが気付かなかった観点を共有することである。

ダイコンは大きな根？

主発問 説明的な文章を読むことに役立つアイテムをゲットしよう。

目標

「問い」と「答え」を手がかりにし、文章の中心的な部分を捉えることができる。

評価のポイント

❷「読むこと」において、「問い」と「答え」から中心的な部分を捉え、筆者の主張を理解している。　　　　　　　　　　　　C(1)ア

準備物

・側根の付いたダイコンとカイワレダイコンを持ち込んでもよい。

ワークシート・ICT 等の活用や授業づくりのアイデア

・題名読みで学習意欲を喚起させる。
・「筆者」「形式段落」等の基礎・基本を復習する好機である。後の「文法1」の内容を一部先習してもよい。
・問いと答えを手掛かりにすることも「アイテム」の一つ。次時の「分かりやすさ」と関連付けて指導する。
・文章構成表を用い、一枚に内容を整理する方法もある。次頁参照。

1 導入（学習の見通しをもつ）

〈題名読みをする〉

T：題名から、分かったこと、気付いたこと、少しでも思ったことを書きましょう。分からないことや予想、みんなで話し合いたいことでもかまいません。
・大根について書かれた文章です。
・疑問形を用いています。
・漢字にすると「大（きな）根」。

3 終末（学習を振り返る）

T：今日の学習の振り返りを行います。説明的な文章を読むときに役立つアイテムにはどのようなものがありましたか。自分の言葉で書いてみましょう。
T：次の時間は「段落の役割」について考えましょう。

2 展開

T：今日から説明的な文章を読む学習に入ります。説明的な文章を読むときに役立つアイテムをゲットしましょう。

〈説明的な文章を読むための基礎・基本を復習する〉

T：説明的な文章を読む前に、気を付けておきたいことを学習しましょう。
・筆者（説明的な文章を書いた人）
・文　・段落　・文章
・形式段落（段落の最初は一字下げる）
・意味段落（複数の小さな形式段落が結び付いて、大きなまとまりをつくる）
・形式段落に番号を振る
＊「文法1」で学習する「文」「段落」「文章」をこの段階で押さえておくとよい。形式段落に番号を振ることは、今後の説明的な文章の学習では不可欠である。この機会に確認する。

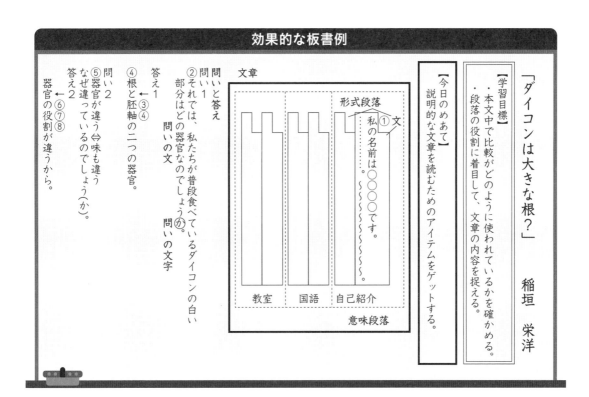

「ダイコンは大きな根？」　稲垣　栄洋

【学習目標】
・本文中で比較がどのように使われているかを確かめる。
・段落の役割に着目して、文章の内容を捉える。

【今日のめあて】
説明的な文章を読むためのアイテムをゲットする。

文章

形式段落

私の名前は
①
○○○○です。
〜〜〜〜〜。

教室　　国語　　自己紹介

意味段落

問いと答え
問い1
②それでは、私たちが普段食べているダイコンの白い部分はどの器官なのでしょうか。
問いの文
問いの文字

答え1
③
④
④根と胚軸の二つの器官。

問い2
⑤器官が違う⇔味も違う
なぜ違っているのでしょう（か）。
問いの文字
問いの文

答え2
⑥
⑦
⑧
器官の役割が違うから。

〈本文を通読する〉

T：それでは読みます。（範読またはCDで）

T：大まかな内容はつかめましたか。隣の友達と話してください。（自由に話をさせる）

〈「問い」と「答え」に着目する〉

T：テストでも、最初に問題が配られます。それを読んで答えます。説明的な文章も同じです。「問い」と「答え」を手掛かりにして読みます。問いの部分を探し、線を引きましょう。2つありますね。

＊②、⑤段落を指摘させる。疑問を示す「か」を「問いの文字」、この文を「問いの文」という。⑤段落の「なぜ、違っているのでしょう。」には「か」を補えることに触れる。

T：では、それぞれの答えの部分に線を引きましょう。

＊一つ目の答えは④段落「つまり、……二つの器官から……。」を指摘させる。二つ目は、生徒にとって難しいと思われる。⑥・⑦・⑧段落から線を引かせ、次の指示につなげる。

T：これらを基に、「問い」と「答え」の内容を短い言葉でまとめましょう。

・一つ目の問いは、②段落の「私たちが普段食べているダイコンの白い部分はどの器官か」とまとめました。

・その答えは③④段落に書かれており、④段落の言葉を使って「根と茎の二つの器官」と整理しました。

・二つ目の問いは、⑤段落の「二つの器官の味が違うのはなぜか」とまとめました。

・その答えは⑥⑦⑧段落に書かれており、「器官の役割が違うから」と整理しました。

＊二つ目の答えを端的にまとめることは難しいため、教師が補助するとよい。

T：「文章の中心的な部分を捉え」ることができてきましたね。

＊「文章の中心的な部分を捉える」ことについて、展開に即して実感できるようにする。

ダイコンは大きな根？

主発問 段落の役割に着目しながら文章の内容を捉え、筆者の説明の工夫を考えよう。

目標

　段落の役割に着目して文章の内容を捉えるとともに、筆者の説明の工夫について考えることができる。

評価のポイント

❶本文中で比較がどのように使われているかを理解している。　　　　　　　　　　　　　⑵イ

❸文章の中心的な部分と付加的な部分について積極的に捉え、筆者の工夫を伝え合おうとしている。

準備物

・（必要であれば）ダイコンとカイワレダイコン、文章構成表⏬01

ワークシート・ICT 等の活用や授業づくりのアイデア

・文章構成表を使用した場合は、前時の復習から入り、段落ごとの要点を確認し、以下の展開例の順で板書する。板書を写すことを考えると、ワークシートを配布した方が取り組みやすい。拡大した模造紙にマジックで書き、掲示することも可能である。

・段落の内容を要約させる手掛かりを板書した。簡略化することも可能である。

---

1 導入（学習の見通しをもつ）

Ｔ：説明的な文章を読むときには「問いと答えを手がかりにして読む」というアイテムがありましたね。今日は、段落の役割に着目しながら文章の内容を捉え、筆者の説明の工夫を考えましょう。

＊前時の学習を想起させる。

3 終末（学習を振り返る）

Ｔ：振り返りを行います。筆者の説明の工夫はどこにありましたか。読み取ったことを引用し、具体的に書きましょう。

2 展開

〈段落の役割について考える〉

Ｔ：段落の役割を考えましょう。

＊段落ごとに音読を取り入れる。

・①　　　段落……導入
・②　　　段落……問い１
・③④　段落……問い１の答え
・⑤　　　段落……問い２
・⑥⑦⑧段落……問い２の答え
・⑨　　　段落……補足
・⑩　　　段落……まとめ

＊前時で学習した問いと答えの内容を想起しながら進める。次頁の板書で示した内容は詳細に記している。必要に応じて、発問等によって補うとよい。

＊「いっぽう」「つまり」「このように」といった接続語に着目させる。「『つまり』の後ろには大切なことが書かれている」といった説明も必要である。

効果的な板書例

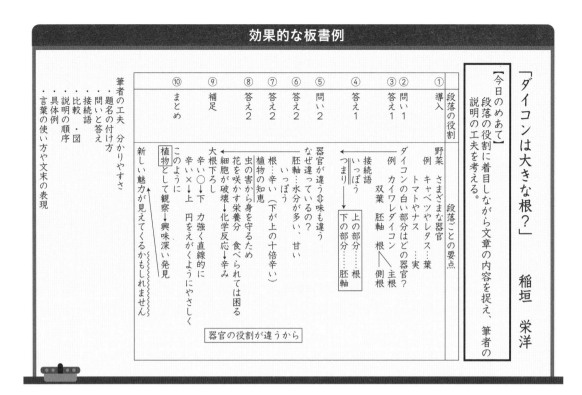

段落の役割	① 導入	② 答え1	③ 問い1	④ 答え1	⑤ 問い2	⑥ 答え2	⑦ 答え2	⑧ 答え2	⑨ 補足	⑩ まとめ

「ダイコンは大きな根？」　稲垣　栄洋

【今日のめあて】
段落の役割に着目しながら文章の内容を捉え、筆者の
説明の工夫を考える。

段落ごとの要点

野菜
例
キャベツやレタス…葉
トマトやナス…実
ダイコンの白い部分はどの器官？

例 カイワレダイコン
双葉
胚軸
根……主根
　　　側根

接続語
いっぽう
つまり

上の部分……根
下の部分……胚軸

器官が違うと味も違う
なぜ違っているの？
いっぽう
胚軸…水分が多い、甘い
根…辛い（下が上の十倍辛い）
植物の知恵
虫の害から身を守るため
花を咲かす栄養分 食べられては困る
細胞が破壊 化学反応→辛み
大根下ろし
辛い→○→下
辛い×→上 力強く直線的に
このように 円をえがくようにやさしく
植物として観察→興味深い発見
新しい魅力が見えてくるかもしれません

器官の役割が違うから

筆者の工夫
・題名の付け方 分かりやすさ
・問いと答え
・接続語
・比較
・説明の順序・図
・具体例
・言葉の使い方や文末の表現

「このように」の前には、具体例が書かれて
いることが多いことなどに触れておくとよい。

〈筆者の工夫について考える〉

T：筆者はこの文章を分かりやすくするため
にどのような工夫をしましたか。４人グ
ループで考え、発表しましょう。

★題名の付け方
・疑問形を用いて読者を引きつけ、興味をもっ
て文章を読み始められるようにしています。
・「大きな根」のような言葉遊びや疑問形を
使って題名を工夫すると、相手に興味をもっ
てもらえることが分かりました。

★説明のしかた
［問いと答え］
・問いと答えの構成が繰り返されているため、
読者が内容を整理して捉えやすい。
［比較］
・ダイコンの胚軸の部分と根の部分、それぞれ
の味と役割を比較しています。

・「いっぽう」という接続語を用い、それぞれ
の違いを明確に捉えられます。
［図］
・カイワレダイコンとダイコンの図を対応させ
ることで、どの部分がどの部分になるかが、
視覚的にも分かりやすく伝わってきます。
［説明の順序］
・日頃食べている様々な野菜の例を挙げるとこ
ろから始めています。読者も疑問をもちやす
く、すんなりと話題に入ることができます。
［具体例の提示］
・「例えば、キャベツやレタスなら……」とい
うように、具体例を挙げて、読者がイメージ
しやすいようにしています。
［言葉の使い方や文末の表現］
・文末は敬体を使い、呼びかけを多用している
ため、親しみやすさが感じられます。
・専門用語は意味を簡単に説明した上で使って
います。

ちょっと立ち止まって（3時間扱い／読むこと）

> 指導事項：〔知技〕(2)ア　〔思判表〕C(1)ア
> 言語活動例：説明的な文章を読み、理解したことや考えたことを話したり書いたりする活動。

単元の目標

(1)原因と結果、意見と根拠など情報と情報との関係について理解することができる。

〔知識及び技能〕(2)ア

(2)文章の中心的な部分と付加的な部分、事実と意見との関係について叙述を基に捉え、要旨を把握することができる。　　　　　　　　　　　　　〔思考力・判断力・表現力等〕C(1)ア

(3)言葉がもつ価値に気付くとともに、進んで読書をし、我が国の言語文化を大切にして、思いや考えを伝え合おうとする。　　　　　　　　　　　　　　「学びに向かう力、人間性等」

単元の構想

〈単元で育てたい資質・能力／働かせたい見方・考え方〉

　「ダイコンは大きな根？」で学習した段落の役割を踏まえ、本単元では段落相互の関係に着目し、文章の構成を捉えることをねらいとする。説明的な文章の特徴として、文章の中心となる部分とそれを支える例示や引用などの付加的な部分とが組み合わされていることや、事実を述べた部分と意見を述べた部分とで構成されていることが挙げられる。文章の構造を捉える際には、主張や事例に着目し、叙述に即して考えをまとめるようにする。さらに、キーワードやキーセンテンスなどに留意して情報を整理し、書き手の考えの中心となる事柄を正確に捉えられるよう指導する。

〈教材・題材の特徴〉

　「序論・本論・結論」の三部構成を指導するのに最も適した教材といえる。序論では読者への呼び掛けをもって導入とする。本論は、3つの図を用いた具体的な事例を基に展開され、結論における筆者の主張を支えている。結論では、「ちょっと立ち止まって、他の見方を試してみ」ることにより、「その物の他の面に気付き、新しい発見の驚きや喜びを味わうことができるだろう」といった筆者の主張が明確に示されている。

〈主体的・対話的で深い学びの視点からの授業改善のポイント／言語活動の工夫〉

　冒頭では、本文に掲載されていない「だまし絵」を含めて提示し、「新しい発見の驚きや喜びを味わう」体験ができるようにする。そこでは、国語科の学習に苦手意識を抱く生徒が、新たな気付きを生き生きと説明する姿を見ることができる。文章の構成を捉える際には、「結論→序論→本論」の順に展開する。最初に結論を捉え、筆者の主張を押さえる。次に序論を捉え、話題提示としての効果を押さえる。そして、「本論を事例ごとのまとまりに分けてみよう」と投げ掛ける。生徒は、3つの図だけでなく、根拠を基に、まとまりに分けた理由を説明することができるようになる。

時	学習活動	学習内容	評価
1	1．「だまし絵」と出会う。	○教科書にない図を含めて提示し、異なる2つの見方ができることを知る。	
	2．三部構成について知る。	○序論・本論・結論が互いに支え合うものであることを知り、通読につなげる。	❶
	3．本文を通読する。	○3つのまとまりを意識しながら通読する。	
	4．結論を捉え、筆者の主張を基に要旨をまとめる。	○最終段落を確認したのち、中心となる文に線を引くよう促す。選択したキーワード等を基に、要旨をまとめる。	❷
	5．序論と本論を捉える。	○序論には話題提示の効果があることを知る。	❶
2	1．本論を事例ごとのまとまりに分ける。	○本論を3つに分けた理由を考え、発表する。発表を通して、3つの図に着目する。	
	2．本論の図がそれぞれ何を述べるために示されているかを考える。	○「中心に見るものを変える」「先入観を捨てる」「見るときの距離を変える」例として提示していることに気付き、整理する。	
	3．結論を導くために、序論と本論がどのような役割を果たしているのか考える。	○話題提示としての序論の効果を想起する。本論では事例の提示と説明を通して、主張を支える根拠となり、説得力をもたせることを整理する。	❶
3	1．生活の中で、見方や考え方が広がった体験や事例を発表する。	○構成を捉えた上で、結論を再度音読を行う。 ○筆者の考え方に対応しているかを確認しながら、共感的に聞く。	❸
	2．筆者が、「ちょっと立ち止まって、他の見方を試して」みることをすすめる理由を書く。	○結論部分を再度確認する。「ちょっと立ち止まって」という言葉を必ず使うこと、自分や友達の発表を踏まえて書くことを条件として提示する。	❷

評価規準

知識・技能	思考・判断・表現	主体的に学習に取り組む態度
❶筆者の主張と事例との関係を理解している。　(2)ア	❷「読むこと」において、序論・本論・結論のまとまりを捉え、要旨を把握している。　C(1)ア	❸進んで叙述に向き合い、主張や事例を基に考えたことを伝え合おうとしている。

〈指導と評価の一体化を図る見取りのポイント〉

　仮説や本論が存在せず、結論に示された筆者の主張だけが述べられていたらどうなるかを問うことで、序論・本論・結論が互いに支え合うものであることを意識することができる。また、第3時では、本文にある日常生活の例や、友達の意見を踏まえるよう促し、まとめを書くことで、筆者の主張を実感をもって理解することができるようになる。

ちょっと立ち止まって

主発問 文章の構成を捉え、筆者が最も言いたいことをつかもう。

目標

本文を通読し、文章の構成と要旨を捉えることができる。

評価のポイント

❶筆者の主張と事例との関係を理解している。

(2)ア

❷「読むこと」において、序論・本論・結論のまとまりを捉え、要旨を把握している。　　C(1)ア

準備物

・電子黒板、だまし絵のスライド、色鉛筆

ワークシート・ICT 等の活用や授業づくりのアイデア

・導入で使用するだまし絵は、教材文の三例に関わるものとする。国語の が苦手な生徒も活躍できる場となる。電子黒板を効果的に活用したい。

・三部構成をハンバーガーに喩えて理解を促す。絵を描かせ、作り手の立場で「調理」「執筆」させる。

・文章構成表を用い、一枚に内容を整理する方法もある。次頁参照。

---

1 導入（学習の見通しをもつ）

Ｔ：何が見えますか。（スライドを提示）
○TIME（文字が隠されている。）
○ウサギとアヒルのだまし絵
○天使と悪魔
＊電子黒板で提示する。生徒はペン機能を使用して説明する。教科の得意不得意に関わらず説明ができる。資料のパワーポイントを参照。
Ｔ：これから、「だまし絵」を題材にした説明的な文章を読んでいきます。

2 展開

〈三部構成について知る〉

Ｔ：説明的な文章の構成は、ハンバーガーで例えることができます。
①最初のバンズだけでは駄目ですね。でもバンズがなければ始まりません。説明的な文章も同じ。おいしそうなバンズで読者を引きつけます。
②次に具を入れますね。ここが腕の見せどころ。ピクルスを入れるか。ハンバーグは何枚入れるか。説明的な文章でも中身が肝心です。言いたいことを伝えるための展開や構成も考えます。
③最後のバンズ。これが支えになります。説明的な文章では筆者の一番伝えたいことがここに書かれます。
＊上記を基に、「はじめ・なか・おわり」を想起させ、「序論・本論・結論」の「三部構成」を指導する。序論・本

3 終末（学習を振り返る）

Ｔ：今日の学習で学んだことや考えたことを、自分の言葉で書いてみましょう。

効果的な板書例

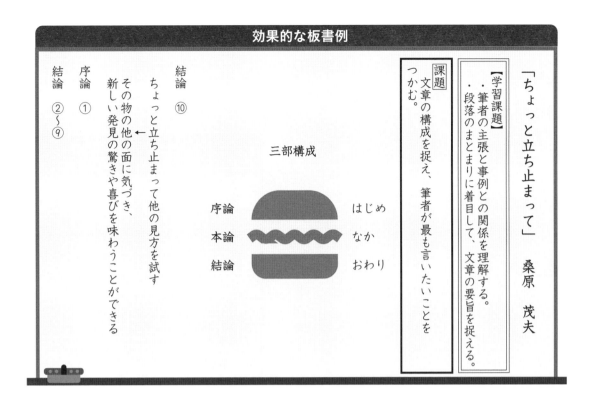

「ちょっと立ち止まって」　桑原　茂夫

【学習課題】
・筆者の主張と事例との関係を理解する。
・段落のまとまりに着目して、文章の要旨を捉える。

課題
文章の構成を捉え、筆者が最も言いたいことをつかむ。

三部構成

序論　はじめ
本論　なか
結論　おわり

結論　⑩
ちょっと立ち止まって他の見方を試す
その物の他の面に気づき、←
新しい発見の驚きや喜びを味わうことができる

結論　②〜⑨
序論　①

論・結論の順に、色鉛筆を使用して絵を描かせる。

〈範読を聞く〉

＊「筆者」を確認し、形式段落に番号を振るよう指示する。

Ｔ：この文章も「序論・本論・結論」の三部構成に分けられます。自分ならどう分けるか考えながら聞いてください。

〈結論を捉え、主張を基に要旨をまとめる〉

Ｔ：こういうときは結論から捉えると分かりやすい。筆者が一番伝えたかったことが書かれていたのは何段落ですか。

・⑩段落です。

Ｔ：⑩段落を音読します。筆者の考えが書かれている文に線を引きましょう。

・「そこで、……他の見方を試してみてはどうだろうか。」

・「中心に見るものを……味わうことができるだろう。」

Ｔ：この二文を基にまとめましょう。筆者が一番言いたいことを要旨といいました。要旨をノートにまとめてみましょう。

・ちょっと立ち止まって、他の見方を試してみると、新しい発見の驚きや喜びを味わうことができる。

＊⑩段落の前半部分を要旨に加えることかできるが、後半を押さえることを重視した。

＊要旨をまとめることを苦手とする生徒もいるため、ペアで相談する時間を設けたい。

〈序論と本論を捉える〉

Ｔ：結論を伝えるために序論と本論があります。序論はズバリ何段落目ですか。

・①段落です。

Ｔ：ということは、残りの段落は本論です。何段落目が本論でしょうか。

・②〜⑨段落です。

Ｔ：次の時間に、序論・本論・結論の三部構成において、それぞれの役割を学習します。

ちょっと立ち止まって

> **主発問** 文章の構成に着目し、序論・本論・結論が果たす役割について考えよう。

目標

文章の構成に着目し、序論・本論・結論が果たす役割について考えることができる。

評価のポイント

❶筆者の主張と事例との関係を理解している。

(2)ア

準備物

・必要に応じて、文章構成表↧01、本論の図のコピー（スライドの図のコピーもあるとよい）

ワークシート・ICT 等の活用や授業づくりのアイデア

・文章構成表を使用した場合は、前時の復習から入り、まとまりごとの内容を確認し、以下の展開例の順で板書する。ワークシートを配布した方が取り組みやすい。拡大した模造紙にマジックで書き、掲示することも可能である。

・右頁の板書は詳細に記した。発問等で補い、簡略化してもよい。

1 導入（学習の見通しをもつ）

T：前の時間は、「ちょっと立ち止まって」を、序論・本論・結論の三部構成に分けました。今日は、それぞれが果たす役割について考えましょう。

＊前時のノートを参照し、学習した内容を想起させるとよい。

3 終末（学習を振り返る）

T：序論・本論・結論が果たす役割について、自分の言葉で書きましょう。

・結論には、他の見方を試すと新しい驚きと発見が味わえるという主張が書かれています。

2 展開

〈本論を事例ごとのまとまりに分ける〉

T：本論は長いですね。分けるとすれば、いくつに分けられますか。

・3つです。

T：どうしてでしょうか。

・3つの図があるからです。

T：図に着目したのですね。その通りで、3つに分けることができます。ハンバーグが3枚、トリプルバーガーです。

＊最初の図は②段落から、2枚目の図は⑥段落から、3枚目の図は⑧段落から、始まることを確認する。⑤段落がどこに入るか迷う生徒もいる。順に「本論1」「本論2」「本論3」とする。

〈**図が何を述べるために示されているか考える**〉

T：本論1を音読しましょう。

効果的な板書例

「ちょっと立ち止まって」　桑原　茂夫

【今日のめあて】
文章の構成に着目し、序論・本論・結論が果たす役割について考える。

結論	本論 3	本論 2	本論 1	序論
⑩	⑨　⑧	⑦　⑥	⑤　④　③②	①
筆者の主張	見るときの距離を変える事例	先入観を捨てる事例	中心に見るものを変える事例	話題提示（段落ごとの要点・段落の役割）
ちょっと立ち止まって他の見方を試すと、新しい発見やその物の他の面に気づき、その驚きや喜びを味わうことができる	〈女性とどくろ〉女性 近く→遠く＝全く違う絵／目を遠ざけてみる／どくろをえがいた絵／＝このこと〈他の例〉富士山・ビル／きれい・秀麗（遠く）／岩石露出・荒々しい・ひび割れてすすけた（近く）／図	別の絵に即座に→難しい／意識して捨て去る／図	若い女性とおばあさん／見中心に思いがけない一面に見るものを決めたり変えたり／〈他の例〉橋…橋や池は背景に／少女…少女は背景に／ルビンのつぼ／白…二人の顔（黒）／黒…つぼ／↑↑ ×つぼ ×二人の顔（白）／図	自分ではAだと思っていたものが、……経験は多いことだろう。

＊まとまりごとに音読を行う。他にも、橋と少女の例が書かれていることにも触れる。

Ｔ：この図は何を述べるために示されたのでしょうか。⑤段落にも手掛かりがあります。考えてみましょう。

・中心に見るものを変える事例だ。

・見るという働きには、一瞬のうちに中心に見るものを決めたり、それを変えたりすることができるという一面がある。

Ｔ：本論2の図では、何が見えますか。

・若い女性　・おばあさん

＊最初から両方は見えないことを確認し、別の絵と見るためにはどうすればよいかを問う。

Ｔ：この図は何を述べるために示されたものか、考えましょう。

・ひと目見て何かの絵と思ったものを別の絵と見るには、今見えている絵を意識して捨て去る必要があります。

・先入観を捨てる事例ですね。

Ｔ：では本論3は何が見えますか。

・女性　・どくろ

Ｔ：女性に見えた場合、どうしたらどくろが見えるでしょうか。

・目を遠ざけてみます。

Ｔ：この図は何を述べるためのものですか。

・近くから見るか遠くから見るかで、同じものでも全く違うものとして受け取られます。

・見るときの距離を変える例です。

＊⑨段落「このこと」が指す内容に着目させる。指示語の「こ」の内容は直前にあることが多いことに触れて指導する。富士山とビルの例が示されていることにも気付かせる。

〈序論と本論が果たす役割を考える〉

Ｔ：結論に戻ります。これを述べるために序論と本論はどんな役割を果たしますか。

・序論は話題提示でした。

・本論はそれぞれの事例が主張を支える根拠となり、結論に説得力をもたせています。

ちょっと立ち止まって

主発問 筆者の主張を踏まえ、考えたことを伝え合おう。

目標

　筆者の主張を踏まえ、考えたことを伝え合うことができる。

評価のポイント

❷「読むこと」において、序論・本論・結論のまとまりを捉え、要旨を把握している。　　C⑴ア

❸進んで叙述に向き合い、主張や事例を基に考えたことを伝え合おうとしている。

準備物

・ホワイトボード

ワークシート・ICT 等の活用や授業づくりのアイデア

・筆者の主張を踏まえて体験や事例を書く学習では、モデル文を示したり、机間指導をしたりすることで、取り組みやすくなる。

・前向きな発表の雰囲気をつくるために、発表者のよいところを称賛する「ほめほめタイム」を取り入れる。生徒の体験が加わると、実感を伴う理解につながる。

---

1 導入（学習の見通しをもつ）

T：前の時間は、結論を導くために、序論と本論が果たす役割について考えました。結論は何段落でしたか。

・⑩段落です。

T：⑩段落を音読しましょう。（斉読）

T：要旨は何でしたか。

・ちょっと立ち止まって他の見方を試すことで、その物の他の面に気付き、新しい発見の驚きや喜びを味わうことができる。

T：筆者の主張が、私たちの日常生活にも通じることはないでしょうか。今日は、筆者の主張を踏まえ、考えたことを伝え合いましょう。

3 終末（学習を振り返る）

T：別の説明的な文章を読む場合に生かせることはどんなことでしょうか。これまでの学習を振り返って書きましょう。

---

2 展開

〈生活の中で見方や考え方が広がった体験や事例を発表する〉

T：筆者の考えを基に、生活の中で、ものの見方や考え方が広がったと思われる体験や事例を書いてみましょう。

T：ある先輩はこんなことを書きました。「小学校6年生のときの登山で気付いたことがあります。ここから見える山は青く見えるのに、現地に行くと、緑に見えたのです。筆者のいう、見る距離と関係が深いと思いました。」

T：では、これも参考にして書いてみましょう。

＊書き出しに困る生徒が多い。例を示したり、机間指導したりして、話題を決め、書き出せるよう支援する。早く書き上がった生徒に発表させることで、書けない生徒の支援になる。

効果的な板書例

「ちょっと立ち止まって」　桑原　茂夫

結論

ちょっと立ち止まって他の見方を試すその物の他の面に気づき、新しい発見の驚きや喜びを味わうことができる

【今日のめあて】筆者の主張を踏まえ、考えを伝え合う。

友達とけんかをしたとき、「嫌い。」「自分とは合わない。」とすぐに決めつけないで、ちょっと視点を変えて見つめ直してみた。そうすると、今まで見えなかった友達のよさが見えてきて、けんかする前よりも友達のことが好きになり、すぐ仲直りすることができた。

（ホワイトボード）

・要旨をまとめるポイント
・結論
・筆者の考えが書かれた文

T：では、グループの友達に、自分が書いた体験や事例を発表します。聞く側は、どの部分が筆者の考えに対応しているか聞き取って、「褒める」コメントをしましょう。

T：グループから一つ、印象に残った事例をホワイトボードに書き、紹介してもらいます。

・友達とけんかをしたとき、「嫌い」「自分とは合わない」とすぐに決め付けないで、ちょっと視点を変えてみました。すると、今まで見えなかった友達のよさが見えてきて、けんかする前よりも友達のことが好きになり、すぐ仲直りすることができました。

T：では、「ほめほめタイム」です。

・「視点を変えて見つめ直してみた」は「ちょっと立ち止まって、他の見方を試してみ」たのと似ています。

・「今まで見えなかったよさが見えてき」たのは「他の面に気づ」くことと同じです。

・「けんかする前よりも友達のことが好きに

なった」ことで、「新しい発見の驚きや喜びを味わう」ことができましたね。

T：グループで発表した事例から一つずつ紹介します。

〈筆者が、「ちょっと立ち止まって、他の見方を試して」みることをすすめる理由を書く〉

T：筆者はなぜ私たちに「ちょっと立ち止まって、他の見方を試して」みることを勧めているのでしょう。題名にあるこの言葉を必ず入れ、理由を書きましょう。

・ちょっと立ち止まって、他の見方を試すことで、その物の他の面に気付き、新しい発見の驚きや喜びを味わうことができるから。

＊体験や事例を書く学習を通して、筆者の主張を実感できるようにしている。

〈要旨の捉え方を振り返る〉

T：要旨をまとめるポイントを整理しましょう。（「効果的な板書例」参照）

思考のレッスン１　意見と根拠（1時間扱い）

指導事項：〔知技〕⑵ア

単元の目標

⑴原因と結果、意見と根拠など情報と情報との関係について理解することができる。

〔知識及び技能〕⑵ア

⑵言葉がもつ価値に気付くとともに、進んで読書をし、我が国の言語文化を大切にして、思いや考えを伝え合おうとする。　　　　　　　　　　　　　　　　「学びに向かう力、人間性等」

単元の構想

〈単元で育てたい資質・能力／働かせたい見方・考え方〉

　相手の考えを理解したり自分の思いや考えを表現したりするためには、話や文章の中に含まれている情報と情報とがどのように結び付いているかを捉えたり、整理したりすることが必要である。考えや言動の拠り所となる「根拠」は、意見に説得力をもたせるために不可欠である。学習を通して、理由や根拠を用いることが十分になされていない現状を意識するものといえよう。また、「A話すこと・聞くこと」「B書くこと」「C読むこと」との関連を図ることで、理由や根拠を意識することの有用性を味わうことができるようになると考える。

〈教材・題材の特徴〉

　授業におけるインターネットの利用を話題とした生徒と教師の問答を契機とし、理由や根拠について考えるという展開は、生徒にとって考えやすいものとなっている。教科書 p.53には、意見と根拠、意見と根拠をつなぐ考えを図示しているが、生徒が言語活動に取り組む際に参考となるものである。「チェックポイント」と合わせて活用できるものである。「意見と根拠をつなぐ考え」に着目し、意見と意見との間にある論理的な整合性を吟味することを求めている。また、問題演習を通して、根拠という視点から文章を評価させたり、意見と根拠を結び付ける方法を身に付けたりすることをねらいとしている。

〈主体的・対話的で深い学びの視点からの授業改善のポイント／言語活動の工夫〉

　根拠を明らかにすることにより、意見に説得力が増すということを生徒が実感できるようにする。そのため、例示する問答は、身近な話題を取り上げ、少々稚拙であっても平易なものにする。実例から気付くよう促すことが大切であり、言葉の定義等に忠実になろうとすれば、生徒は抵抗を感じてしまう。本時では後半で簡易スピーチを取り入れたが、短い作文を取り入れることも可能である。また、問題演習に終始するのではなく、言語活動と直結させ、実感を伴う学習を展開する必要がある。理由や根拠を指摘することが難しい場合は、理由や根拠を提示し、どのような意見が読み取れるのか、逆向きの思考から入ると取り組みやすい。

単元計画

時	学習活動	学習内容	評価
1	1．理由や根拠の存在しない問答を聞いて、自分はどのように答えるか考える。	○「校外学習のときの服装は夏服がいい？冬服がいい？」という問いに対し、夏服を選択した。理由を尋ねると、「だって夏服がいいんだもん。」と答える。自分はどのように答えるか考える。 ○日常生活においても、意見だけが先行し、理由や根拠を十分に伝えていないことに気付く。	
	2．意見と根拠を結び付ける考え（理由）、根拠について働きを確認する。	○「暑いから」「天気予報で聞いたのだけど、この時期は三年連続30度近くになって暑いから」と述べた上で「夏服のほうがよい」という例文を提示し、図示しながら役割を確認する。 ○理由や根拠を示すことで、意見に説得力をもたせることを確認する。	
	3．問題1に取り組む。	○根拠という視点から、文章の説得力を評価する。 ○「ちょっと立ち止まって」の要旨をまとめる学習を想起させ、「読むこと」の学習との関連を図る。 ○教科書 p.53の図から、3点の役割を理解する。	❶
	4．問題2に取り組む。	○意見と根拠を結び付ける方法を身に付ける。	❶
	5．「中学校では宿題をなくしたほうがよい」というテーマで簡易スピーチを行う。	○自分の立場を決め、意見と根拠を結び付ける考えを含めて主張する。 ○客観的な事実や信頼性の高い情報・データを取り入れた生徒を称揚し、全体に広める。 ○意見と根拠が、無理なく結び付いているかについて、評価しながら聞く。	❶❷
	6．本時の学習を振り返る。		

評価規準

知識・技能	主体的に学習に取り組む態度
❶説得力のある根拠や、意見と根拠の結び付きについて理解している。 (2)ア	❷積極的に意見と根拠との関係について理解し、言語活動に生かそうとしている。

〈指導と評価の一体化を図る見取りのポイント〉

　教科書 p.53の図や、教師が提示する問答例などを基に、生徒は簡易スピーチに挑戦する。最初から十分に踏まえることは難しいと思われる。活動は小グループで行うことを想定しているが、豊かな発想の下に登場した「理由」「根拠」を称揚し、全体に広めることで、生徒は新たな視点を得ることができるようになる。班員が相互に、楽しみながら「理由」「根拠」を獲得する姿を期待する。

思考のレッスン1　意見と根拠

主発問　意見に説得力をもたせるために必要なものは何だろうか。

目標

意見に説得力をもたせる根拠の在り方や、意見と根拠の結び付きについて考える。

評価のポイント

❶説得力のある根拠や、意見と根拠の結び付きについて理解している。　　　　　　　　(2)ア

❷積極的に意見と根拠との関係について理解し、言語活動に生かそうとしている。

準備物

・電子黒板、ホワイトボード
・スライド⬇01

ワークシート・ICT 等の活用や授業づくりのアイデア

・「意見」「根拠」「意見と根拠を支える考え」の3点を意識していない現状を意識させるスライドを使用する。

・読むことの学習と関連付けるため、「ちょっと立ち止まって」の要旨をまとめる学習を想起させる。

・簡易スピーチは学びが大きい。一人一台端末の活用も可能である。時間の許す範囲で実施することを勧める。

1　導入（学習の見通しをもつ）

〈理由や根拠の存在しない問答を聞いて、自分はどのように答えるか考える〉

＊資料のパワーポイントを参照のこと。

T：スライドを見ます。校外学習のときは夏服か、冬服か。夏服がいいと答えました。「どうして」と聞かれて、「だって夏服がいいんだもん」と言われました。どう思いますか。

・理由がない。・説得力がありません。

・主張しているだけでわがままな感じです。

T：意見に説得力をもたせるためには何が必要でしょうか。考えましょう。

2　展開

〈意見と根拠を結び付ける考え（理由）、根拠について働きを確認する〉

T：だって暑いので夏服がいいんだもん。これでどうでしょうか。

・理由が加わりましたが、どれくらい暑いのか分かりません。

T：天気予報で知ったんだけど、この時期は3年連続30℃近くになって暑いので夏服がいいんだもん。

・根拠があって説得力があります。

T：わがままな感じではなく、説得力をもたせるために、「意見」には「根拠」が必要です。そして、それらを結び付ける考え（理由）が大切です。

〈教科書 p.52問題1に取り組む〉

T：次の文章には、説得力のある根拠が示されているでしょうか。説得力が弱いとすれば、何が問題なのか考えま

3　終末（学習を振り返る）

T：今日の学習を振り返ります。説得力をもたせるために必要な3点は何でしたか。それを生かすと、どんなことに役立ちますか。書きましょう。

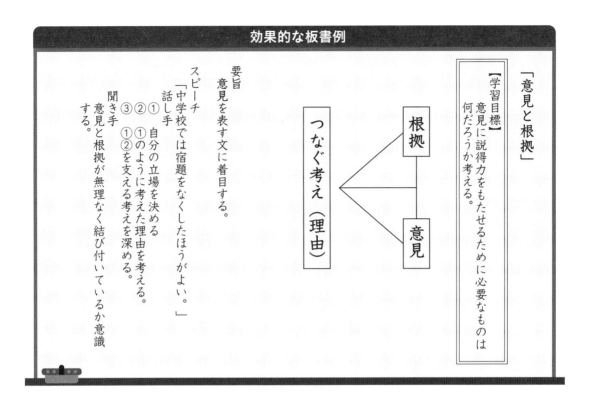

効果的な板書例

「意見と根拠」

【学習目標】
意見に説得力をもたせるために必要なものは何だろうか考える。

根拠

意見

つなぐ考え（理由）

要旨
意見を表す文に着目する。

スピーチ
「中学校では宿題をなくしたほうがよい。」
話し手
① 自分の立場を決める
② ①のように考えた理由を考える。
③ ①②を支える考えを深める。

聞き手
意見と根拠が無理なく結び付いているか意識する。

しょう。

＊自信がもてない生徒もいるため、ペアで相談する時間を設けるとよい。

Ｔ：「意見」「根拠」「意見と根拠をつなぐ考え（理由）」の３点は様々なところで役立ちます。前の単元「ちょっと立ち止まって」に戻ります。ノートを開いて、要旨を読みます。

＊⑩段落の、要旨が書かれている「そこで」「中心に」の文はいずれも意見を表す文である。要旨をまとめるときは、意見を表す文に着目することに気付かせる。⑩段落前半の「私たちは」「しかし」の文は意見を支える根拠を示す。「意見と根拠を支える考え」は序論と本論に書かれていたことに気付かせる。

Ｔ：教科書 p.53の図。意見を読みます。

Ｔ：根拠を読みます。

Ｔ：意見と根拠をつなぐ考えを読みます。

〈問題２に取り組む〉

Ｔ：次の文章で省略されている、意見と根拠をつなぐ考えを推測しましょう。

〈簡易スピーチに取り組む〉

Ｔ：この３点はスピーチにも役立ちます。今日の話題は「中学校では宿題をなくしたほうがよい」。（板書を示し）この３点を意識してスピーチをしてみましょう。

Ｔ：① 自分の立場を決めます。

② ①のように考えた理由を考えます。

③ ①②を支える考えを深めましょう。

必要ならば、ICT端末を使ってもかまいません。ここに新聞もあります。

Ｔ：意見と根拠が、無理なく結び付いているかについて、評価しながら聞きましょう。

・中学校では宿題をなくしたほうがよいと考えます（意見）。自分で取り組みたいことを行う時間がなくなるからです（理由）。米国のハリス＝クーパー教授は、宿題の効果が表れるのは高校生段階からであり、量に問題があると言っています（根拠）。

2 新しい視点で
話の構成を工夫しよう
（4時間扱い／話すこと・聞くこと）

指導事項：〔知技〕(1)ア　〔思判表〕A(1)ア、イ
言語活動例：紹介したいことを話したり、聞いて質問したり、意見を述べたりする活動。

単元の目標

(1)音声の働きや仕組みについて理解することができる。　　　　　　　〔知識及び技能〕(1)イ

(2)目標や場面に応じて、日常生活の中から話題を決め、集めた材料を整理し、伝え合う内容を検討
　することができる。　　　　　　　　　　　　　　〔思考力・判断力・表現力等〕A(1)ア

(3)自分の考えや根拠が明確になるように、話の中心的な部分と付加的な部分、事実と意見との関係
　などに注意して、話の構成を考えることができる。　　　　　〔思考力・判断力・表現力等〕A(1)イ

(4)言葉がもつ価値に気付くとともに、進んで読書をし、我が国の言語文化を大切にして、思いや考
　えを伝え合おうとする。　　　　　　　　　　　　　　　　　「学びに向かう力、人間性等」

単元の構想

〈単元で育てたい資質・能力／働かせたい見方・考え方〉

　第1学年では、小学校との接続を考慮し、話題を設定する範囲を「日常生活の中から」とす
る。身の回りの出来事や自身の直接体験が話題として考えられる。第1学年の段階では、集めた
材料を観点に沿って比較、分類、関係付けなどを行うことで、自分のことだけに終始せず、内容の
幅を広げることを目指す。相手意識や目的意識を明確にし、常に立ち返ることができるようにす
る。聞き手に伝えたい話の中心的な部分と、それを支える付加的な部分とに注意して構成を考え、
話す順番を工夫することを通して、魅力的なスピーチとなるよう指導する。

〈教材・題材の特徴〉

　相手のことを知りたい、関わり合いたいという思いを誰もが抱いている。友達の「好きなこと」
を知りたいという思いが、話し手の伝えたいという意欲を喚起する。聞き手の立場になって、順序
や構成、表現を考える態度を身に付ける機会とする。最後に、スピーチによって知り得た「好きな
こと」を交流し、よさを認め合うことにより、自己有用感を高め合うことができるようになる。

〈主体的・対話的で深い学びの視点からの授業改善のポイント／言語活動の工夫〉

　生徒は思いのほか話題の決定に苦慮する。構成が思い浮かばず、話題を変える生徒もいる。自信
をもてない生徒の抵抗感を取り除くために「お助けペア」「お助けグループ」を設定し、助言し合
う。全体に向けて話す前に、他の生徒に聞いてもらう場を設けることで、安心感を味わうことがで
きるようになる。自分自身の体験を「さらけ出す」ことは、「具体的に」表現する能力を高めるこ
とにつながる。安心して語るためには、聞き手の温かい雰囲気が大切になる。うなずきながら聞く
ことや、最後まで黙って聞くことなど、聞き手に対する指導も求められる。

単元計画

時	学習活動	学習内容	評価
1	1．学習の見通しをもつ。 2．好きなことを書き出す。 3．友達に紹介したい話題を1つ決める。	・互いの「好き」を伝え合うことを確認する。 ・マッピングを行い、「好きなこと」を広げる。 ・ペアやグループで相談し、話題を決める。 ・きっかけや理由など、マッピングに追記する。	❷
2	1．スピーチの構成や時間についての説明を聞く。 2．スピーチの構成について知り、スピーチメモを作成する。	・原稿を読み上げる速さが1分間に300字程度であることを知る。 ・原稿を書かずに、メモを作成する。 ・「初め→中→終わり」の順で、話の組み立てを考える。付箋紙を使用する。	❷ ❸
3	1．スピーチをする際の注意点を考える。 2．スピーチの練習をする。 3．友達のアドバイスを基に、スピーチの会で生かしたいポイントを決定する。	・モデルとなるスピーチを提示し、よいスピーチを行うための「アイテム」を見付け、発表する。 ・個人→ペア→グループの順で練習し、修正する。 ・相手がその話題について知っているのか、などを意識し、内容や構成を見直す。 ・ポイントを付箋紙に記入し、次時に生かす。	❶ ❸ ❹
4	1．よい聞き方について知る。 2．スピーチを聞き、評価を行う。 3．スピーチを通して知った互いのよさについて交流し、学習を振り返る。	・温かい雰囲気を聞き手がつくることを確認する ・相互評価のポイントを確認し、意識して聞く。 ・目的意識や相手意識をもってスピーチをする。 ・話し手がうれしくなるような感想を伝える。 ・今後、スピーチをする際に大切なことについて整理する。	❹ ❶ ❹

評価規準

知識・技能	思考・判断・表現	主体的に学習に取り組む態度
❶声の大きさ、話す速さ、間の取り方などに注意しながらスピーチをしている。 (1)ア	❷「話すこと・聞くこと」において、聞き手を意識して、集めた材料を整理し、内容を検討している。　A(1)ア ❸「話すこと・聞くこと」において、伝えたいことが明確になるよう、構成を考え、話す順番を工夫している。 A(1)イ	❹話の構成を粘り強く考え、相手意識や目的意識をもってスピーチをしようとしている。

〈指導と評価の一体化を図る見取りのポイント〉

　構成を考える際、色分けされた付箋紙を配布する。大まかに記入してノートに貼り、付け加えたり、削除したりしながら作戦を立てる。意識したいポイントを目標として付箋紙に書いて机上に貼り、達成できるようにする。教師は事前に目標を把握し、個別指導に生かすことができる。

話の構成を工夫しよう

主発問 自分の「好きなこと」を広げ、話題を決めよう。

目標

聞き手を意識して、集めた材料を整理し、スピーチの話題を決めることができる。

評価のポイント

❷「話すこと・聞くこと」において、聞き手を意識して、集めた材料を整理し、内容を検討している。　　　　　　　　　　　　A(1)ア

ワークシート・ICT 等の活用や授業づくりのアイデア

○「話すこと・聞くこと」の学習で重要な「相手意識」「目的意識」を学習用語として指導する。

○意外性のある話題を選択できるよう「お助けタイム」を設定する。

○ワークシートを提示すると枠内に収めようとするため、使用を避けたい。

○一人一台端末を使用し、話題について自由に検索してもよいことにする。

1 導入（学習の見通しをもつ）

T：入学して2か月。互いのことを知り尽くすことができましたね。

・いや、どうでしょうか……。

T：そうですか。では、互いのことをもっとよく知るスピーチの学習を始めます。話の構成を工夫して、自分の好きなことをスピーチで紹介しましょう。今日は自分の「好きなこと」を広げ、話題を決めましょう。

2 展開

〈マッピングを行い、「好きなこと」を広げる〉

T：スピーチのことや「話の構成」については、次の時間に学習します。まずは話題を決めましょう。話題を決めるときに、マッピングという手法があります。（教科書 p.9「思考の地図」参照）たとえば、私だったら……（と言い、マッピングの例を板書する）

T：自分が「好きなこと」をできるだけたくさん挙げましょう。

＊机間指導を通して、書き進めることのできない生徒の支援をする。

・まずは「好きなこと」と書こう。

・「アーティスト」は……。

・「食べ物」のことも。

・「花」も好きなのです。

〈ペアやグループで相談し、話題を決め

3 終末（学習を振り返る）

T：今日の学習の振り返りを行います。どんな話題に決まりましたか。どんなことを伝えたいと考えていますか。学んだことや考えたことを書きましょう。

＊ICT 端末を使用することも可能。

T：次の時間は「話の構成」について考えましょう。

話の構成を工夫しよう
好きなことをスピーチで紹介する

【学習目標】
・声の大きさや速さなど、話し方を意識して話す。
・日常生活の中から話題を決め、伝えたいことを明確にして話の構成を考える。

【今日のめあて】
自分の「好きなこと」を広げ、話題を決める。

クラスの友達に互いをもっと知るために

相手意識　：：
目的意識　：：

・自分らしさ
・意外性
・きっかけや理由などを質問

好きなこと — テレビ番組 — アーティスト — …… — …… — スポーツ — すし — エビフライ — 食べ物 — 場所 — キッチン — バラ — チューリップ — 花 — 季節

る〉

T：たくさん書けたかな。ところで、このスピーチ、誰に向けて行うのかな。

・クラスメートです。

T：そうです。聞き手を大切にします。何のためにスピーチを行うのでしたか。

・互いのことをよく知るためにです。

T：そうです。目的を意識しましょう。（「相手意識」「目的意識」と板書する）友達が知らない自分を紹介できるといいね。意外性があるスピーチは聞き手を惹き付けます。

T：今から、自分が書いたマッピングをペア（グループ）の生徒に限定して見せます。その前に、「自分らしさが出る話題」「意外性が出せる話題」をどれにするか決めましょう。

T：決まっている人は「これにしようと思うのだけど」と話し始めましょう。決まっていない人は「どうすればよいと思う」と問いかけましょう。相談タイムです。

T：聞き手はアドバイスすると同時に、深く知りたいことについて、質問してください。「いつから好きになったの」「なぜ好きになったの」と。こういう質問は「思いやりのある質問」となり、クラスメートのスピーチの助けとなります。話しながら、書き込みを増やすといいですね。

T：では、お助けタイム、始めましょう。

＊机間指導を通して、教師も肯定的に質問し、話題の決定を助ける。安易に話題を変えないよう指導する。

・空手が好きなのは、どうしてですか。

・いつからやってるのですか。

・つらいことはありませんでしたか。

〈きっかけや理由など、マッピングに追記する〉

T：友達の意見を基に、きっかけや理由など、マッピングに書き足しましょう。

＊先ほど机間指導ができなかった班を中心に、意外性のある体験を引き出せるよう支援する。

話の構成を工夫しよう

主発問 魅力的なスピーチにするために、どのような話の構成にすればよいのだろうか。

目標

聞き手を意識し、伝えたいことが明確になるよう、構成を考え、話す順番を工夫することができる。

評価のポイント

❷聞き手を意識して、集めた材料を整理し、内容を検討している。　　　　　　　　A(1)ア

❸伝えたいことが明確になるよう、構成を考え、話す順番を工夫している。　　　　A(1)イ

準備物

・電子黒板、付箋紙、付箋紙に見立てた画用紙
・教材HP「広がる学び　深まる学び」動画

ワークシート・ICT等の活用や授業づくりのアイデア

○「1分間」を体感するために、動画を視聴させたり、ペアで対話させたりする場を設ける。

○教科書付録の動画に即して「話の構成」を考える。教師はメモを操作し、メモの書き方を指導する。一人一台端末では、繰り返し視聴できる。

○メモの作成に付箋紙を活用することで加除修正が容易にできる。

1　導入（学習の見通しをもつ）

T：昨日は、スピーチの会の話題を決めましたね。誰に向けてするのでしたか。

・クラスのみんなに向けてです。

T：何のためにですか。

・お互いのことをよく知るためにです。

T：では、今日のめあては「魅力的なスピーチにするために、どのような話の構成にすればよいか考える」とします。

3　終末（学習を振り返る）

T：今日の学習の振り返りを行います。魅力的なスピーチをするために、どのような話の構成にすればよかったのでしょうか。学んだことや考えたことを書きましょう。

＊一人一台端末を使用して記入することも可能。

T：次の時間は「話の構成」について考えましょう。

2　展開

〈「1分間」を意識する〉

T：今回のスピーチは、1分間程度で行います。

T：1分間というと、原稿用紙にして何字程度になると思いますか。

・200字　　・300字　　　・400字

T：正解した人がいました。テレビのニュースキャスターが原稿を読み上げるスピードは1分間に300字程度と言われています。

T：では、1分間とはどれくらいの長さでしょう。動画で1分間程度のスピーチを検索し、見てみてください。ニュースを検索してもかまいません。（どの動画を見るか決めたら、「用意、はじめ」で1分間視聴する。）

＊ペアの生徒と、「今から○○について1分間話し続けてください」と指示

効果的な板書例

話の構成を工夫しよう
好きなことをスピーチで紹介する

【今日のめあて】
魅力的なスピーチにするために、どのような話の構成にすればよいか考える。
・クラスの友達に対して（相手意識）
・互いのことをもっと知るために（目的意識）

初め
　問いかけ
　話題提示
　動機
　5W1H
　自分らしさ

中
　意外性
　具体例

終わり
　呼びかけ
　挨拶

「十一歳」
・祖父から
・ねこ、雲、夕焼け

「これまでに」
・公園、祖父母
・春、笑顔

「ファインダー越し」
・仲のよさ、瞬間

「食べ物を」
・とり方のこつ

「これで」

するのも効果的である。

〈「話の構成」の工夫について考える〉

T：今から、ある中学生のスピーチの動画を見ます。皆さんが発見した「話の構成」の工夫をノートに書き出してください。

T：では、発表してください。

・序論・本論・結論の三部構成に似ています。

・問い掛けがあるから話題に引き込まれます。

・何を話しているか分かりやすいです。

・いつ、どこで、誰が、何を、といった要素が入っています。

・最後に、聞き手に呼びかけをしています。

・聞き手への挨拶で締めくくっています。

T：今回は原稿を書かず、メモを作って話します。原稿を書いてスピーチをする場も確かにありますが、多くの場合、メモしながら、その場で意見を述べます。「瞬発力」を身に付けていきましょう。

T：もう一度、スピーチを聞きます。どのようなメモを取ればよいのでしょうか。

＊付箋紙に見立てた画用紙を用意する。実際のスピーチに合わせて、教師が黒板でメモを操作する。

〈メモを作成し、話の組み立てを考える〉

T：メモは付箋紙を使って書きます。

○細かく書かずに、大きく書く。

○付箋紙は何枚使ってもかまわない。

○話し始めの言葉を書いておくとよい。

T：次に、付箋紙の便利なところを言います。

○伝えたいことを書き足して、「割り込み」させる。

○要らないものは「捨てる」。

○順序を簡単に入れ替えることができる。

T：では、メモをつくり、話の組み立てを考えてみましょう。

＊机間指導を通して、書くことのできない生徒の支援を行う。一人一台端末を使用する場合は、Jamboard などを活用できる。

話の構成を工夫しよう

主発問 魅力的なスピーチを行うための「アイテム」を見付け、練習しよう。

目標

　魅力的なスピーチにするための留意点を意識して練習をすることができる。

評価のポイント

❶声の大きさ、話す速さ、間の取り方などに注意しながらスピーチをしている。　　　　　(1)ア

❸伝えたいことが明確になるよう、構成を考え、話す順番を工夫している。　　　　　A(1)イ

❹話の構成を粘り強く考え、相手意識や目的意識をもってスピーチをしようとしている。

準備物

・電子黒板、付箋紙

ワークシート・ICT 等の活用や授業づくりのアイデア

〇ICT 端末を活用し、多様なスピーチの形態を検索させ、その過程で留意点を発見できるようにする。

〇ICT 端末を使用して、スピーチの様子を撮影し、振り返ることができるようにする。

〇次時に意識したい留意点を付箋紙に書き、机上に貼り、達成を目標とする。

---

1 導入（学習の見通しをもつ）

T：昨日は、スピーチの会の話題を決めました。誰に向けてするのですか。

・クラスのみんなに向けてです。

T：何のためにですか。

・お互いのことをよく知るためにです。

T：では、今日のめあては「魅力的なスピーチを行うための『アイテム』を見付け、練習する」とします。

（2時間目と同じです）

2 展開

〈魅力的なスピーチの「アイテム」とは〉

T：魅力的なスピーチをするための「アイテム」とはどんなものでしょう。今から、スピーチの動画を自由に検索します。皆さんが発見した条件をノートに書き出してください。

＊ICT 端末を活用し、スピーチの動画を検索させる。

T：では、発表してください。

・政治家の演説を聞きました。伝えたいことは大きな声で、大事なところは繰り返すなどして強調していました。

・ゆっくりと読んで強調していました。

・言いたいことを先に言ってから、説明をすると説得力があります。

・身振り手振り、ユーモアを用いると聞きたくなる。

・実物を持って話すのもよさそうです。

3 終末（学習を振り返る）

T：次回はいよいよスピーチの会です。そこで、次回のスピーチの会で生かしたい「アイテム」を付箋紙に書いてください。その目標を達成できるようにしましょう。

＊次時は付箋紙を机上に貼り、目標を意識できるようにする。

話の構成を工夫しよう
好きなことをスピーチで紹介する

【今日のめあて】
魅力的なスピーチを行うための「アイテム」を
見付け、練習する。

・クラスの友達に対して（相手意識）
・互いのことをもっと知るために（目的意識）

・アイテム
・声の大きさ、発音
・話す速さや間の取り方
・視線、表情、身振り手振り
・聞き手を巻き込む話し方
　（呼びかけや問いかけ）
・体験や具体例
・実物

グループ練習

③ → ④

| 聞き手 | 聞き手 |
| 撮影 | 発表 |

② ← ①

・表情も大事ですね。

・聞き手をよく見て話したいですね。できるだけメモを見ないようにしたいです。

〈スピーチの練習をする〉

Ｔ：スピーチの練習をします。まずは個人で練習します。１分間計ります。読み終わったら座ります。用意、始め。

Ｔ：１分間かからなかった人はいますか（挙手させる）。その人は内容を付け足す必要があるかもしれません。話す速さをゆっくりするなどの工夫で解決するかもしれませんね。

Ｔ：もう一度、レベルアップタイムです。ペアで練習をします。じゃんけんをします。勝った人は先に発表します。聞いている人は、発表者を思いやり、温かい言葉やアドバイス、質問をします。用意、始め。

Ｔ：終わったらアドバイスタイムです。

Ｔ：発表者を交代します。用意、始め。

Ｔ：アドバイスタイムです。

Ｔ：次はグループで練習します。４人グループをつくります。ここでは端末を使います。①番さんが発表するとき、②番さんは撮影します。③④番さんは聞いて質問やアドバイスをします。次は④番さんが発表、①番さんが撮影します。②③番さんが聞きます。

＊周囲の発表がノイズとして録音される場合は、場所を移動するよう指示する。撮影した動画を見て、発表の仕方だけでなく、内容や構成に着目できるよう指導する。

（板書のとおり、時計回りに移動し、役割を変えて実施する。）

〈内容や構成を見直す〉

Ｔ：聞き手の反応はどうでしたか。聞き手はその内容について知っていましたか。知らない場合は、説明が必要ですね。

＊相手意識と目的意識を確認し、修正できるよう指導する。

話の構成を工夫しよう

（主発問） 「話の構成の工夫」や「アイテム」を駆使し、魅力的なスピーチをしよう。

（目標）

　魅力的なスピーチにするための留意点を意識して
スピーチをすることができる。

（評価のポイント）

❶声の大きさ、話す速さ、間の取り方などに注意し
　ながらスピーチをしている。 (1)ア

❹話の構成を粘り強く考え、相手意識や目的意識を
　もってスピーチをしようとしている。

（準備物）

・評価シート

ワークシート・ICT 等の活用や授業づくりのアイデア

○評価シートを配付するが、聞くこと
　を優先し、空欄があってもよいこと
　を伝える。

○撮影をすることで評価に反映させた
　り、今後の「話すこと・聞くこと」
　の学習に反映させたりできる。

○学級担任にスピーチの会のお知らせ
　をしておく。新たな一面を知る機会
　となり、喜ばれることがある。

1　導入（学習の見通しをもつ）

Ｔ：いよいよ今日はスピーチの会です。何
　　のために行うのでしたか。

・互いのことをよく知るためです。

Ｔ：そうです。今日のめあては「『話の構
　　成の工夫』や『アイテム』を駆使し、魅
　　力的なスピーチをする」とします。

3　終末（学習を振り返る）

Ｔ：今日のスピーチ、あなた自身は目標を
　　達成できましたか。スピーチをする機会
　　はこれからもたくさんあります。学習し
　　たことを、どのような場面で生かしてい
　　きますか。これまでの学習を振り返って
　　書きましょう。

・聞き手が分かるように話の構成を変更し
　たり、内容を付け加えたりすることを意
　識します。

2　展開

〈よい聞き方について考える〉

Ｔ：「よい話し手はよい聞き手が育て
　　る」と言います。聞き手がよい聞き方
　　をすると、おのずと話しやすくなるの
　　ですね。話す人も力を発揮できるもの
　　です。それでは、よい聞き方とはどの
　　ようなものを言うのでしょうか。

・うなずきながら聞くことです。

・最後までしっかりと聞くことです。

・途中で口を挟まないことです。

・反応はしてもよいが、私語をせず、す
　ぐに切り換えることです。

Ｔ：それでは、いよいよスピーチの会
　　が始まります。互いのよさをさらに知
　　るための会です。よく聞いてもらうた
　　めに、皆さんには発表以外のときは審
　　査員になってもらいます。みんなで考
　　えた「話の構成の工夫」や「アイテ

話の構成を工夫しよう
好きなことをスピーチで紹介する

【今日のめあて】
「話の構成の工夫」や「アイテム」を駆使し、魅力的なスピーチをする。

・クラスの友達に対して（相手意識）
・互いのことをもっと知るために（目的意識）
①声の大きさや発音
②話す速さや間の取り方
③視線、表情、身振り手振り
④聞き手を巻き込む話し方
⑤具体例や意外性のある内容
⑥話す順番

スピーチを通して知った友達のよさ
学んだことをどのような場面で生かせるか

ム」に基づき、聞きましょう。

T：次のうち、よかったものに○をつけてください。いくつでもかまいません。

①声の大きさや発音。聞こえなければ意味がありません。

②話す速さや間の取り方。基本的にはゆっくり話すことを意識しましょう。

③視線、表情、身振り手振り。メモを見る場合、手に持ち、3回は聞き手を見ましょう。

④聞き手を巻き込む話し方。

⑤具体例や意外性のある内容。

⑥話す順番。

コメントを書く欄がありますが、印象に残った言葉を書く程度でかまいません。聞くことが最優先です。最後に、自分のスピーチをした感想と「ベストスピーチ賞」（氏名と理由）を決めます。

〈スピーチを聞き、評価を行う〉

＊出席簿順にスピーチを行う。次の番の生徒は横に出ている。発表中の移動はしない。礼をして始め、礼をして終わる。聞き手は拍手をする。

〈スピーチを通して知った互いのよさについて交流する〉

T：スピーチの会の目的は、互いのよさを知ることでした。スピーチをして、友達の新たな一面に気付いたと思います。今から、教室内を自由に歩き回ってもらいます。「質問したいこと」「もっと聞きたかったこと」「よかったと思った内容」など、話し手がうれしくなるような対話をしてください。全員起立。始め。

・○○さんはバレーボール部員ですが、空手をしていると聞いて驚きました。試合で勝ったときや大人と練習して褒められたときに、やりがいを感じると聞きました。普段は優しい○○さんの芯の強さを感じました。

漢字に親しもう2

（1時間扱い）

> 指導事項：〔知技〕⑴イ
> 言語活動例：文脈に合うような短文を作る

単元の目標

⑴小学校学習指導要領第2章第1節国語の学年別漢字配当表に示されている漢字に加え、その他の常用漢字のうち300字程度から400字程度までの漢字を読むことができる。また、学年別漢字配当表の漢字のうち900字程度の漢字を書き、文や文章の中で使うことができる。

〔知識及び技能〕⑴イ

⑵言葉がもつ価値に気付くとともに、進んで読書をし、我が国の言語文化を大切にして、思いや考えを伝え合おうとする。　　　　　　　　　　　　　　　　「学びに向かう力、人間性等」

単元の構想

〈単元で育てたい資質・能力／働かせたい見方・考え方〉

　漢字の書きについては、学年別漢字配当表に示している漢字のうち、900字程度の漢字について、文や文章の中で使えるように指導することが求められる。また、漢字の読みについては、漢字一字一字の音訓を理解し、語句として、話や文章の中において文脈に即して意味や用法を理解しながら読むことが求められる。漢字の読み書きといった問題演習にとどまらず、習得した漢字を生かすための指導を心がける必要がある。

〈教材・題材の特徴〉

　漢字の書きについては、複数の熟語を用いて文章（文）を作る設問に取り組む。漢字の読みについては大問が2つの構成となっている。今回は「運動」をテーマとし、熟語の読みが出題されている。「喝采」などは、漢和辞典の使い方の学習を生かして解決することができる。下段では、「光沢」「沢登り」のように、音訓に着目し、読み方の違う漢字を使った熟語の読みを出題している。

〈主体的・対話的で深い学びの視点からの授業改善のポイント／言語活動の工夫〉

　漢字を使った物語作りは、生徒が主体的に漢字学習に取り組む上で効果的である。自主学習の方法の一つとしても魅力的なものである。本単元では、他の生徒が作った文章（文）を交流することにより、発想の豊かさを楽しむとともに、様々な文脈に触れ、熟語の多様な使い方を学ぶことができるようになる。自分の考えた文章を生徒に板書するよう促し、全員で音読をする。書くことだけでなく、音読をすることを通して、語彙の獲得が可能となる。また、分からない語句は進んで調べることができるよう、貸し出し用の国語辞典や漢和辞典を準備する。漢字学習を通して、自立した学習者を育てることを目指すことが求められている。

単元計画

時	学習活動	学習内容	評価
1	1．問題①に取り組む。	○　文章（文）を作り、交流する。意図的指名により、板書するよう促し、書かれた文章を全員で音読する。	❶ ❷
		○　気に入った文章を選択し、視写する。	
	2．問題②に取り組む。	○　熟語の読みを書く。	❶
		○　必要に応じて、漢和辞典等を使ってもよい。	❷
		○　出題文中の「浴びる」「努める」「割く」の読み書きについても確認する。	
	3．問題③に取り組む。	○　漢字の音訓について復習する。	
		○　熟語の読みを書く。	❶
		○　必要に応じて、漢和辞典等を使ってもよい。	❷

評価規準

知識・技能	主体的に学習に取り組む態度
❶漢字を読んだり、漢字を書き、文や文章の中で使ったりしている。　　　　　　　　　(1)イ	❷指定された漢字を使って積極的に文章を作ったり、漢字の読みを調べたりしようとしている。

〈指導と評価の一体化を図る見取りのポイント〉

　漢字の読み書きの正確さだけでなく、漢字をどのように使うか、あるいは文脈の中で読むことができるかを見て取ることが大切である。教師の漢字指導観が問われる。文章（文）の交流を通して文脈を獲得する姿、漢和辞典等を使って調べる姿を期待する。

漢字に親しもう2

主発問 漢字の特徴に合わせて、文や文章の中で使いこなせるように努めよう。

目標

漢字を読んだり、漢字を書き、文や文章の中で使ったりすることができる。

評価のポイント

❶漢字を読んだり、漢字を書き、文や文章の中で使ったりしている。　　　　　　　　　(1)イ

❷指定された漢字を使って積極的に文章を作ったり、漢字の読みを調べたりしようとしている。

準備物

・ホワイトボード、漢和辞典、国語辞典

ワークシート・ICT 等の活用や授業づくりのアイデア

・同訓異字「つとめる」があることから、主発問を「努めよう」とした。

・発表や音読のほか、他の班の考えを取り入れる活動も設ける。創作活動を家庭学習に取り入れるなど、漢字学習に主体的に取り組む態度の育成につなげる。

・例文の音読は語彙獲得に有効である。ポイントを見極め、指導に当たる。

---

1 導入（学習の見通しをもつ）

T：漢字の学習は何のためにするのですか。

・テストでよい点数を取るためです。

・世の中に出て恥をかかないようにするためです。

・作文を書くときに使えるようにするためです。

T：習った漢字を日常的に使えるようにしたいものですね。では、始めましょう。

3 終末（学習を振り返る）

T：今日の学習を振り返ります。文を作る学習、漢和辞典で調べる学習もありました。家庭でどのように漢字の学習をしていきたいと思いますか。書きましょう。

・文や文章を書く中で、使っていくことが大切だと思いました。正しく使い分けができるよう意識していきます。

2 展開

〈問題①に取り組む〉

T：（イラストを示し、漢字を板書する）読みます（追い読み）。「優勝」「強敵」「鉄棒」「体操」

T：4つの漢字を使って、物語を作ります。まずは自分で考えましょう。

T：グループで作ります。ホワイトボードを取りにきてください。

〈グループ活動を行う〉

T：ホワイトボードを黒板に貼ります。発表します。1班から読みましょう。

・男子体操・鉄棒の部で、強敵を打ち破り優勝を果たした。

＊全員で音読をしながら、全ての班の発表を行う。よいと思った文を2文、赤で書き写すよう指示する。

T：漢字を使った物語作りは、家庭学

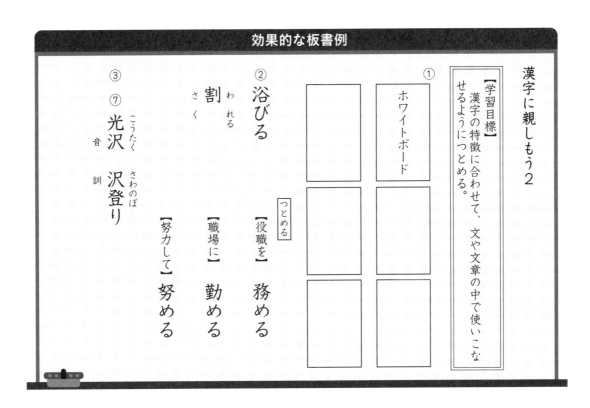

効果的な板書例

漢字に親しもう2

【学習目標】
漢字の特徴に合わせて、文や文章の中で使いこなせるようにつとめる。

① ホワイトボード

② 浴びる（あびる）
　割（わ）れる・（さ）く

　つとめる

　【役職を】務める
　【職場に】勤める
　【努力して】努める

③ 光沢（こうたく）　音
　沢登り（さわのぼり）　訓

習でも取り組んでみてください。

〈問題②に取り組む〉

T：次の傍線部の熟語の読みを書きましょう。では、やってみましょう。

T：では、傍線部を含めて、文を読みます。①を○○さん。

＊全員で音読させる。以下同様とする。熟語の読みだけでなく、適切な用例として理解できるようにするため、文としての音読を重視する。

＊（③について）「浴（びる）」は書けるように指導する。（④について）「割る」という使い方だけでなく、「割」に「く」と送り仮名をつけると「さく」という読み方になることを指導する。

＊（⑤について）「務める」は「つとめる」3点セットで指導する。

・（役割・役職）を「務める」

・（職場）に「勤める」

・（努力して）「努める」

＊問題以外でも、語彙を増やす手立てを行う。

T：今日の学習課題の「つとめる」はどれにあたりますか。

・「努める」です。

〈問題③に取り組む〉

T：次の傍線部の漢字の読み方に注意して、それぞれの言葉を読みを書きましょう。

＊最初に問⑦を取り上げる。「光沢」（こうたく）と読む。「沢山」（たくさん）、「潤沢」（じゅんたく）とも読めることを確認する。「潤沢」の意味は国語辞典で調べてみることを促す。

＊「沢」は音読み。「沢登り」（さわのぼり）は訓読みであることを確認する。

T：では、問題を解いてみましょう。必要でしたら、漢和辞典を使ってもかまいません。（順に答え合わせを行う。）

文法への扉1　言葉のまとまりを考えよう

（2時間扱い／言葉の特徴や使い方に関する事項）

> 指導事項：〔知技〕⑴エ

単元の目標

⑴単語の類別について理解することができる。　　　　　　　　　　　　　　〔知識及び技能〕⑴エ

⑵言葉がもつ価値に気付くとともに、進んで読書をし、我が国の言語文化を大切にして、思いや考えを伝え合おうとする。　　　　　　　　　　　　　　　　　　　「学びに向かう力、人間性等」

単元の構想

〈単元で育てたい資質・能力／働かせたい見方・考え方〉

　小さいときから知らず知らずのうちに身に付けている「文法」。そのようにして身に付けた法則には、体系がある。体系を身に付け、日常の言語生活を確かで正しいものにする。本単元では、学習者がことばの面白さを発見できる学習を通して、文法を学ぶ意義を認識するとともに、言葉の単位とその働きについて理解することをねらいとする。「言葉の組み立て方や使い方の決まり」とあるが、決して語構成の在り方に主眼を置いたわけではない。課題解決を通して、文法とは「言葉の続け方」のきまりや法則であるということに気付くことができるようにする。

〈教材・題材の特徴〉

　「言葉の単位」は上段に解説、下段に演習問題といった構成になっている。「わかる」「できる」という実感を味わわせるために、発見していく学習と問題演習の両輪が大切である。「文法とは」では、小さな子供や日本語を学び始めたばかりの外国人が誤りやすい例文を含め、文法を学ぶ意義に触れることができるように配慮している。文法の学習を通して、我々が意識しないところでつまずきがあることを知り、他者とのコミュニケーションに生かすことができる。「言葉のまとまりを考えよう」では、小学校1年生に聞かせるつもりで、昔話を音読するという活動を通して、文や文節を意識することができるようにしている。いずれも、相手意識を明確にし、読み書きと関連させながら発見していく学習を促すことのできる構成となっている。

〈主体的・対話的で深い学びの視点からの授業改善のポイント／言語活動の工夫〉

　文法学習においてこそ学び合いを取り入れることが効果的である。ペアによる話合いと、3～4人グループによる話合いを取り入れる。一人では発言することにためらいのある学習者も、「何書いたの。」「どう書いたの。」と尋ねることで不安が払拭される。例文の吟味も重要である。文節と単語に分ける学習の際、早口言葉を取り上げると、生徒は意欲をもって取り組む。一方、単語の分類において、活用のある言葉を取り上げる場合や複合語を含む場合、生徒の混乱を招く恐れがある。複合語については教師が説明して済ませたり、活用については学習を終えて提示したりしてもよい。

単元計画

時	学習活動	学習内容	評価
1	1 文法を学ぶ意義について知る。	○例文の提示のほか、p.238「文法とは」の演習問題を活用する。	❷
	2 「文法への扉」の昔話を音読する。	○「文」を意識できるようにする。	❷
		○音読したとき、間を取った箇所を確認し、文節と単語の学習につなげる。	
		○「段落」「文章（談話）」について知る。	
	3 句点を打つ設問に取り組む。	○問題演習を通して、「句点の数＝文の数」であることを確認する。	
	4 振り返りを行う。	○文法を学ぶ意義に触れ、振り返りをする。	❶
2	1 文節について理解する。	○前時の昔話の音読を想起する。	
		○早口言葉等を例文に取り上げる。「ネ、サ、ヨ」を入れて区切ることなど、文節の区切り方を全体で確認する。	
	2 単語について理解する。	○文節を更に細かく分ける方法があることに気付く。文節で用いた例文を通して確認する。	
		○「青リンゴ」を例に複合語について理解する。	
	3 文節に区切る設問に取り組む。	○指名して黒板に書くよう指示し、一斉音読を通して確認する。	❶
	4 単語に区切る設問に取り組む。	○「乗りおくれる」「期末テスト」「勉強する」といった複合語に触れ、問題演習に取り組む。	❶
	5 振り返りを行う。	○文節と単語について学んだことを振り返る。	❷

評価規準

知識・技能	主体的に学習に取り組む態度
❶文法を学ぶ意義について知り、言葉の単位とその働きについて理解している。　　　　　　　(1)エ	❷単語の類別を理解するために、今までの学習を生かして、積極的にその前提となる言葉の単位について理解を深めようとしている。

〈**指導と評価の一体化を図る見取りのポイント**〉

　「わかる」「できる」を実感することが文法を学習する楽しさに直結し、文法を学ぶ意義を自分事として捉えることにつながる。昔話を音読して間を取った箇所を確認する際には、友達の読み方を比較するよう促し、間を取った箇所の異同を確認できるようにする。多様な意見を引き出すことは、言葉の面白さを引き出すとともに、理解への助けとなる。また、文節に区切る際にも、例えば「ね」を入れて読むよう促すなど、理解につなげる手立てを講じる必要がある。

文法への扉 1　言葉のまとまりを考えよう

主発問　例文に潜む「不思議さ」と「不自然さ」を発見し、なぜ文法を学ぶのか考えよう。

目標

　文法を学習する意義を考え、言葉の単位とその働きについて理解することができる。

評価のポイント

❶文法を学ぶ意義について知り、言葉の単位とその働きについて理解している。　　　　　　　(1)エ

❷今までの学習を生かして、積極的にその前提となる言葉の単位について理解を深めようとしている。

準備物

・句点を省略した昔話の本文

ワークシート・ICT 等の活用や授業づくりのアイデア

・いきなり不自然な文例を提示する。音読を通して違和感を感じさせる。

・昔話は句点を省略して提示する。文章は電子黒板で提示することもできる。ペン機能で句点を加えるよう指示すると盛り上がる。

・本稿の流れ以外にも、言葉の続け方の決まりについて、A「雨が降りそうだ。」と B「雨が降るそうだ。」の違いを比較することで実感できる。

1　導入（学習の見通しをもつ）

Ｔ：(p.238下段の練習問題を板書する。)

・先生、違っていますよ。

＊音読を通して違和感に気付かせる。

Ｔ：不自然なところを教えてください。

①「きれいくする」→「きれいにする」

Ｔ：「きれいだ」という言葉に「する」という言葉が続くと、「きれいにする」になります。こうした言葉の続け方の決まりを「文法」といいます。文法を学ぶと、よいこともあるのですよ。今日は、例文に潜む「不思議さ」や「不自然さ」を発見し、なぜ文法を学ぶのか考えましょう。

3　終末（学習を振り返る）

Ｔ：例文に潜む不自然さを発見することで、なぜ文法を学ぶのか考えることができましたか。学んだことや考えたことをノートに書きましょう。

2　展開

Ｔ：②以降、不自然なところを教えてください。

＊指名して確認する。生徒の発言を板書する。内容に深入りしない。

・②は「部活動に専念したい」

・③は「読むことが」

・④は「名前を呼ばれた」

・⑤は「大人みたいだということです」

Ｔ：みんなは、このような表現を使わないかもしれない。しかし、こうした表現が正しいかどうか、悩んでいる人もいるのです。どんな人だと思いますか。

・幼稚園児

・外国から来た人

Ｔ：そのとおり。特に、外国から来た人は、日本語について学習する中で、困ることも多いのです。「この本、読

効果的な板書例

言葉のまとまりを考えよう

【学習課題】文法と学習する意義を考え、言葉の単位とその働きについて理解することができる。

【今日のめあて】例文に潜む「不思議さ」と「不自然さ」を発見し、なぜ文法を学ぶのか考える。

◎言葉の続け方

⑤ 私が入学式で感じたことは、三年生が大人みた（だということです。）いです。

④ 僕が駅前を歩いていると、友達に名前を呼んだ。（呼ばれた）

③ 父は歴史小説を読むが趣味です。（読むこと）

② 私は、中学校では部活動を専念したい。（に）

① テーブルをふいて、きれいにする。（きれいに）

◎言葉の単位

「この本、読むでください。」

◎心地よいコミュニケーションのために

おじいさんはおむすびを落としましたおむすびはころころ転がってあなに落ちましたすると穴から歌が聞こえてきました

おじいさんはおむすびを落としました。おむすびはころころ転がってあなに落ちました。すると穴から歌が聞こえてきました。

文…一まとまりの内容が表された、一続きの言葉。

文章→段落→文

むてください」と外国の方が言いました。どうアドバイスしますか。

・「読む」の下に「て」が続きます。「読みて」から「読んて」「読んで」と変わったのだと説明します。（深入りしない。）

T：みなさんはどうして分かるようになったの。

・生まれつき。 ・国語の時間に学習した。

・知らず知らずのうちに身に付いた。

T：知らず知らずのうちに身に付いたきまりにはたくさん秘密が隠されています。それを文法の学習で学んでいきましょう。

T：ところで、今から昔話を読みます。

＊句読点の付されていない昔話を電子黒板で掲示して読む。句点を意識せず棒読みする。

T：これを分かりやすくするためには、どうすればよいでしょうか。隣の人と話し合ってみましょう。

・句点を付ける。 ・読点を付ける。

＊句点と読点の違いを確認する。

T：句点を付けるとどうなるのですか。三つの文を全員で読みます。（追い読み）一まとまりの内容が表された、一続きの言葉を文といいます。

T：文がいくつかまとまって、段落ができます。説明的な文章でも学習しましたね。そして、段落がいくつかまとまって、文章になります。（板書する）

T：この文章には句点はいくつありましたか。

・３つです。

T：句点の数と文の数は同じです。この文章はいくつの文でできていますか。

・３文です。

T：教科書 p.240下段「次の①②に句点を打とう」をしましょう。できた人は、文の数を漢数字で書いておきましょう。

・①は三文。 ・②は三文。

文法への扉1　言葉のまとまりを考えよう

主発問　早口言葉をゲット！　文をさらに小さな単位に分けよう。

目標

　言葉の単位とその働きについて理解することができる。

評価のポイント

❶文法を学ぶ意義について知り、言葉の単位とその働きについて理解している。　　　　　　　　(1)エ

❷今までの学習を生かして、積極的にその前提となる言葉の単位について理解を深めようとしている。

ワークシート・ICT 等の活用や授業づくりのアイデア

・早口言葉を「文」として取り上げる。

・音読を多く取り入れる。

・複雑な内容はあらかじめ説明し、難解な印象を与えない。

・時間の許す限り、副教材等を活用して問題演習に取り組み、「わかる」「できる」を実感させる。

・1文字ずつ視写する生徒には、文節のまとまりで捉えるよう促す。

1　導入（学習の見通しをもつ）

T：「すももももももものうち。」

＊「同じ速さで写します」「10回読んだら座ります」と指示し、意欲を喚起する。

T：これをさらに分けることができます。今日のめあては「早口言葉をゲット！　文をさらに小さな単位に分け、言葉の単位について理解する」とします。

3　終末（学習を振り返る）

T：p.240下段「文節に区切ろう。」①は一緒に。②ができたら見せてください。

T：p.241下段「単語に区切ろう。」（③「急行列車」④「期末テスト」「勉強する」⑤「うす暗い」で一語であると伝えてよい。）

＊文節を横に区切ってから単語を縦に区切ることを徹底させる。

T：学んだことを「文節」「単語」という言葉を使って書きましょう。

2　展開

・「すももも／ももも／ももの／うち。」

T：どう分けますか。

＊「すももも　ももも　ももの　うち。」のように、分けるところを強く言う。

・「ネ」を入れてみたら。

T：（意見が出尽くしたら）「ネ」「ヨ」「サ」を入れることができます。

T：（緑色のチョークを寝かせて縦に線を引く）これを竹とします。（横線を入れ）竹に節があるように、文にも節があります。これを文節といいます。

＊節を意識して、文節は横線を引くことに決める。句点のところにも引かせる。文節の数を答える際、横線を数えれば間違いが減る。

T：文節とは、「発音や意味のうえで…まとまり。」のことです。（板書する）

T：いくつの文節からできていますか。

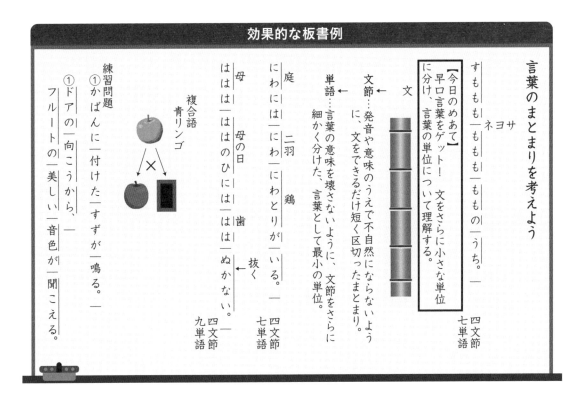

言葉のまとまりを考えよう

【今日のめあて】
早口言葉をゲット！　文をさらに小さな単位
に分け、言葉の単位について理解する。

すもももももももものうち。
　　　サ　ヨ　ネ

文

文節…発音や意味のうえで不自然にならないよう
　　　に、文をできるだけ短く区切ったまとまり。

単語…言葉の意味を壊さないように、文節をさらに
　　　細かく分けた、言葉として最小の単位。

す｜もも｜も｜もも｜もも｜もも｜の｜うち。
　　　　　　　　　　　　　　　　四文節
　　　　　　　　　　　　　　　　七単語

庭｜に｜は｜二羽｜鶏｜が｜いる。
に｜わ｜に｜は｜に｜わ｜にわとり｜が｜いる。
　　　　　　　　　　　　　　　　四文節
　　　　　　　　　　　　　　　　七単語

母｜の｜日
はは｜は｜はは｜の｜ひ｜に｜は｜歯｜が｜抜く
はは｜は｜はは｜のひ｜に｜は｜は｜ぬかない。
　　　　　　　　　　　　　　　　四文節
　　　　　　　　　　　　　　　　九単語

複合語
青リンゴ

練習問題
①かばんに｜付けた｜すずが｜鳴る。

①ドアの｜向こうから、｜
フルートの｜美しい｜音色が｜聞こえる。

・4つです。

T：「すもももも」はどう分ける。

・「すもも」と「も」

＊「〇と□」という言い方を徹底させる。「も
もも」「ももの」「うち」についても同様に問
う。なお、「もも」とはと問い「桃」という
漢字を当てる。漢字を当てる利便性や、これ
以上分けられないという意味が明確になる。

T：これ以上分けることはできないね。これ
を単語といいます。単語とは「言葉の意味を
壊さないように、……最小の単位。」のこと
です。（板書する）

＊単語は縦に区切ることに決めておく。

T：いくつの単語からできていますか。

・7つです。

T：次は「にわにはにわにわとりがいる。」

＊用語の説明を除き、同様に進める。漢字を当
てることで単語を意識させる。

T：次はこれ。「はははははのひには…。」

＊間違えずに板書する。「ははのひ」で一語。

＊「ぬかない」をどう扱うかを話し合う。「ぬ
かない」で1つとする考え方と、「ぬか」と
「ない」に分ける考え方に分かれる。「ぬか」
とは何かを問い「抜く」を導き出す。「抜く」
と「ない」が続いて「ぬかない」になったこ
とを確認する。

T：複合語について考えましょう。「青リン
ゴ」って何色でしょうか。

・青色です。・緑色では？

T：「青リンゴ」は分けるとどうなりますか。

＊青色に塗り、赤いリンゴを描く。それぞれ何
色と問う。

T：別の言葉になりますね。「青リンゴ」は分
けません。2つ以上の単語が結び付き、新
たな意味をもつようになったものを複合語と
言います。

・さっきの「ははのひ」も複合語ですね。

■ 情報社会を生きる

情報を集めよう／情報を読み取ろう／情報を引用しよう（3時間扱い／読むこと❶、書くこと❷）

指導事項：〔知技〕⑵イ　〔思判表〕C⑴ウ、B⑴ア
言語活動例：目的に応じて情報を収集し、集めた情報を読み取り、伝えたい内容について引用したり出典をまとめたりする。

単元の目標

⑴比較や分類、関係付けなどの情報の整理の仕方、引用の仕方や出典の示し方について理解を深め、それらを使うことができる。　　　　　　　　　　　　　　　　〔知識及び技能〕⑵イ

⑵目的や意図に応じて必要な情報に着目して要約し、内容を解釈することができる。
　　　　　　　　　　　　　　　　　　　　　　　〔思考力、判断力、表現力等〕C⑴ウ

⑶目的や意図に応じて、日常生活の中から題材を決め、集めた材料を整理し、伝えたいことを明確にすることができる。　　　　　　　　　　　　〔思考力、判断力、表現力等〕B⑴ア

⑷言葉がもつ価値に気付くとともに、進んで読書をし、我が国の言語文化を大切にして、思いや考えを伝え合おうとする。　　　　　　　　　　　　　　「学びに向かう力、人間性等」

単元の構想

〈単元で育てたい資質・能力／働かせたい見方・考え方〉

　本単元では、効果的な情報の集め方とその活用の仕方を身に付けることをねらいとしている。インターネットでの検索は簡単に情報を入手できるが、偏向が見られたり信頼性に欠けていたりすることもある。生徒が自分に必要な情報を見極め、取捨選択する力を身に付けるためには、「発信された情報は、誰かが作ったものである」と理解しなければならない。インターネットと書籍の情報を比較したり、グラフの読み取りの留意点を考えさせたりする学習を通して、そのことを理解させていく。

〈教材・題材の特徴〉

　「情報を集めよう」「情報を読み取ろう」「情報を引用しよう」と、目的に応じて要点がまとめられている。この単元での学びを汎用的なものとするためには、知識として理解するだけでなく、実際に体験しながら学ぶことが重要である。また、引用や出典を明らかにする必要性を考えることは、「著作権について知ろう」の内容につながり、創造的な表現をした人の権利について考える流れとなっている。

〈主体的・対話的で深い学びの視点からの授業改善ポイント／言語活動の工夫〉

　「情報を集めよう」の学習活動に「調べる内容を絞り込む」とあるように、生徒に課題をもたせて単元に取り組ませる。3時間の単元なので、レポートを書くことはできないが、誰に何を説明するかを明確にして課題を設定し、学校図書館等を使って情報を収集させたり、使いたい情報を引用したり出典を明記させたりすることは可能である。

時	学習活動	学習内容	評価
1	1．学習の見通しをもつ。 2．調べる内容を絞り込む。 3．情報の調べ方について話し合う。	○グループごとに、「言葉」について、何を調べるか決め、問いの形にする。 ○学校図書館で情報を集める方法を理解する。 ○グループで「本」と「インターネット」に分かれ、課題について情報を収集し、それぞれメリット・デメリットを話し合う。	❹
2	4．グラフや文章の中の情報を関連付けながら、読み解く練習をする。 5．グループで集めた情報を取捨選択する。	○グラフの種類とその目的、グラフを読み取る際の留意点について話し合う。 ○p63「やってみよう」に取り組む。 ○収集した情報を解釈したり、信憑性について話し合ったりしながら、取捨選択する。	❷
3	6．引用や出典の仕方、著作権について学び、その必要性について話し合う。 7．引用する内容をまとめたり、出典を書いたりする。	○引用や出典を明記することは、情報を発信した人の考えを尊重する行為であることを理解する。 ○前時までに集めた情報を分類、整理する。レポートにまとめることを仮定し、利用したい情報について引用したり、出典をメモしたりする。	❶ ❸

評価規準

知識・技能	思考・判断・表現	主体的に学習に取り組む態度
❶比較や分類、関係付けなどを行うことで情報を整理したり、引用や出典を示したりしている。　　(2)イ	❷「読むこと」において、目的や意図に応じて必要な情報に着目して要約したり、内容を解釈したりしている。 　　　　　　　　　C(1)ウ ❸「書くこと」において、目的や意図に応じて集めた材料を整理し、自分の考えをもち、伝えたいことを明確にしている。　　　　　　　B(1)ア	❹目的に応じた情報収集を進んで行ったり、より適切な情報を粘り強く取捨選択したりしようとしている。

〈指導と評価の一体化を図る見取りのポイント〉

　単元を通して、グループでの活動が中心となり、個人がどのような考えをもっているかを把握すること必要がある。そのため、毎時間の終末に、グループでの話合いの内容とそれに対する自分の考えを書かせたい。グループでの活動が評価規準に達していなくても、「もっとこうすべき」「もっとこうしたい」という個人の考えが読み取れれば、その生徒を評価することができる。さらに、その生徒をグループの話合いの中心に据えて活動を展開するなど指導に生かすことができる。

情報を集めよう / 情報を読み取ろう / 情報を引用しよう

主発問 どのように情報を集めればよいでしょう。

目標

学校図書館を活用し、効果的に情報を集めることができる。

評価のポイント

❹安易にインターネットを利用するのではなく、目的に応じた方法をよく理解した上で情報を収集しようとしている。

準備物

・学校図書館の見取り図（分類が書かれたもの）

ワークシート・ICT 等の活用や授業づくりのアイデア

○学校司書や司書教諭と連携し、学校図書館で授業を行う。実際に本を探すことで日本十進分類法や各辞典や図鑑等の特徴を理解させる。

○インターネットと書籍で調べ学習を行う。それぞれの情報の集め方のメリット、デメリットについて考えさせる。

---

1 導入（学習の見通しをもつ）

〈授業展開とゴールを説明する〉

Ｔ：皆さんは情報を集めるとき、どんな方法で集めますか。インターネットという人が多いですね。今日は、図書館を活用する方法について学び、目的に合った情報をより効果的に集められるようになってほしいと思います。

2 展開

〈グループ課題を決める〉

Ｔ：グループごとに課題を設定します。テーマは「言葉」です。p.60の例を参考に、「問い」の形にしましょう。

＊課題を解決するための情報の集め方と活用の仕方を学習することが目的である。時間がない場合、教科書の課題をグループに割り当てたり、総合的な学習の時間等と関連付けたりしてもよい。

〈日本十進分類法について理解〉

Ｔ：課題について、学校図書館の本とインターネットで調べます。まず、本の検索方法について学習します。学校図書館の本には必ずラベルがついています。このラベルの数字は「分類番号」と言って、本の内容ごとにグループ分かれています。この分類を活用してみましょう。

3 終末（学習を振り返る）

〈学習の確認と次回への課題〉

Ｔ：今日の学習を踏まえて、情報を集めるときに大切なことをノートに書きましょう。また、課題について調べた内容は、次回以降も使います。調べ足りなかった人は、次回までに進めておきましょう。

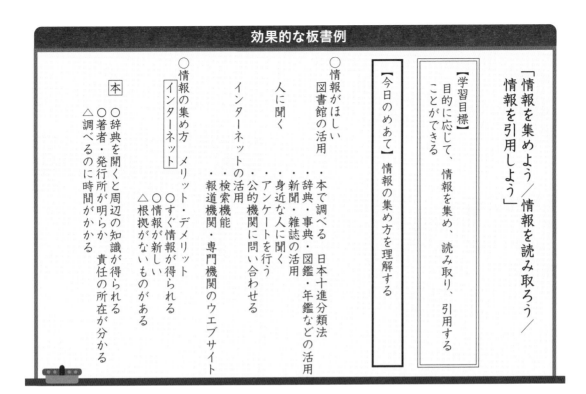

効果的な板書例

「情報を集めよう／情報を読み取ろう／情報を引用しよう」

【学習目標】
目的に応じて、情報を集め、読み取り、引用することができる

【今日のめあて】情報の集め方を理解する

○情報がほしい
　図書館の活用
　・本で調べる　日本十進分類法
　・辞典・事典・図鑑・年鑑などの活用
　・新聞・雑誌の活用

　人に聞く
　・身近な人に聞く
　・アンケートを行う
　・公的機関に問い合わせる

　インターネットの活用
　・検索機能
　・報道機関・専門機関のウェブサイト

○情報の集め方　メリット・デメリット
　インターネット
　○○すぐ情報が得られる
　○○情報が新しい
　△○根拠がないものがある

　本
　○辞典を開くと周辺の知識が得られる
　○著者・発行所が明らか　責任の所在が分かる
　△調べるのに時間がかかる

〈辞典・事典・図鑑・年鑑等の活用〉

T：例えば、「動物」について情報が欲しい場合、何類の本棚を探しますか。

・自然科学だから400です。

T：次の情報がほしい場合はどうでしょうか。
　「動物に関わる職業」「動物の飼い方」
　「動物の絵の描き方」「動物の出てくる詩」

＊テーマが同じでも調べる事柄によって、分類が異なることを理解させる。職業は300、職業は600、絵画は700、詩は900。このように分かりやすい例題を与えるとよい。

〈辞典・事典・図鑑・年鑑等の活用〉

T：次に、p.61「やってみよう」について、学校図書館にある辞典や図鑑で調べましょう。

＊実際に学校図書室内で辞典や図鑑を探させる。それぞれの本の特徴を知り、自分が情報を集める際に使い分けられるようにさせたい。本時では、本とインターネットが中心だが、新聞や雑誌、映像資料、人に聞く方法等の特徴についても簡単に触れておく。

〈課題について調べ、調べ方について考える〉

T：インターネットで調べる人と本で調べる人に分かれて、課題について調査を行います。

○後の授業で使用するため、調べたことをメモしたり印刷（コピー）したりしておく。

＊本で調べる場合は、辞典や図鑑、年鑑も含めて様々な本を活用させたい。

T：それぞれの調査方法には、どのようなメリットとデメリットがありましたか。

・インターネットは、言葉を入力するだけで、すぐ情報が手に入れられます。

・インターネットは最近のことがすぐに調べられます。本に載っている情報は少し古いです。

・図鑑は同じページに関連事項も載っているので、周辺の知識も得ることができます。

・インターネットは、誰が書いているか分からないものも多いです。本は、著者や発行者がはっきり書かれています。

情報を集めよう / 情報を読み取ろう / 情報を引用しよう

主発問 どのように情報を読み取ればよいでしょう。

目標

表やグラフの情報と文章を関連付けながら読み解くことができる。

評価のポイント

❷目的に応じて必要な情報に着目して要約し、内容を解釈することができる。　　　　　　C (1) ウ

準備物

・教科書 p.62のグラフを拡大したもの
・教科書 p.62のグラフの数値を取り出し、表にまとめたもの

ワークシート・ICT 等の活用や授業づくりのアイデア

○ICT を活用する場合、表計算ソフトにデータを入力し、いろいろな種類のグラフを表示させる方法がある。それらに、データを入力すると適したグラフを表示したり、簡単に他の種類のグラフに切り替えたりできる。グラフを比較し、どの情報にはどのグラフが適しているか考えさせると面白い。

---

1 導入（学習の見通しをもつ）

〈本時の学習内容の確認する〉

T：今日は、前回集めた情報を取捨選択し、課題を解決するための準備をします。情報には様々なものがあります。文章、絵、図、数値など。文章以外の情報を集めたグループはありますか？

○どのような情報か発表させる。

＊情報は、文章だけではないことを確認する。

3 終末（学習を振り返る）

〈本時の確認と次時への課題〉

T：情報を読み取り、選ぶときに大切だと分かったこと、また、グループ活動でうまくいったことやもっとこうすればよかったと思うことをノートに書き、学習のまとめとしましょう。

＊グループ活動の中で、自分はどう考えたか書かせることで評価に生かす。

2 展開

〈グラフの種類と目的を理解する〉

T：グラフについて学習していきます。これは、ある学校の「読書冊数」「貸出冊数」「分野別の貸出冊数」「月間貸出冊数」を示した表です。一目で数量や変化を表すために、グラフにしてください。それぞれどのようなグラフを用いると分かりやすいですか。

＊教科書は開かず、p.62のグラフの数値を取り出し、表に表したものを提示し、考えさせる。「数量の大小を比較」「数量の変化を比較」「各項目の割合を比較」「全体に対する割合を比較」という目的を伝える。

＊教師が作成したグラフを提示して考えさせたり、生徒にグラフを作成させたりするとよい。考えさせた後、p.62に沿って、グラフには種類があり、目的

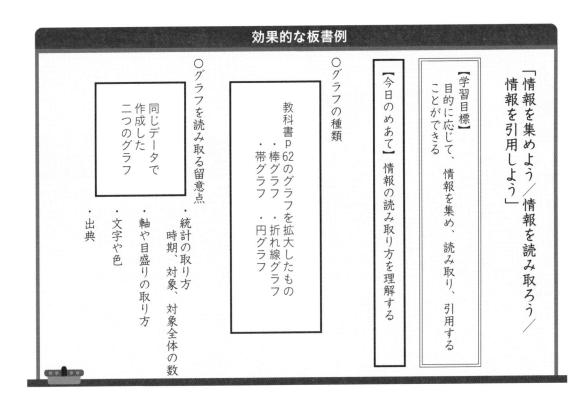

効果的な板書例

「情報を集めよう／情報を読み取ろう／情報を引用しよう」

【学習目標】
目的に応じて、情報を集め、読み取り、引用することができる

【今日のめあて】情報の読み取り方を理解する

○グラフの種類
教科書p62のグラフを拡大したもの
・棒グラフ
・折れ線グラフ
・帯グラフ
・円グラフ

○グラフを読み取る留意点
同じデータで作成した二つのグラフ
・統計の取り方
・時期、対象、対象全体の数
・軸や目盛りの取り方
・文字や色
・出典

に応じたグラフが活用されていることを理解させる。

〈グラフを読み取る際に注意することを知る〉

T：（単位が異なる二つのグラフを見せ、）この二つを比べてどう思いますか。実はこれは、同じ数値をグラフにしたものです。印象がかなり違いますね。

＊表計算ソフトでグラフの拡大・縮小は簡単にできるので、同じデータでも、見たときの印象が異なるものを作成しておく。

＊調査の時期や対象、数値の見せ方等の信頼性にも触れ、情報は操作されていることを理解させる。

〈p.63「やってみよう」に取り組む〉

T：次に、グラフと文章を関連付けながら情報を読み取る練習をします。p.63「やってみよう」に取り組みましょう。

○個人で取り組んだ後、グループで話し合う。

＊①から⑤まで、どのグラフのどの数値を読み取ればよいか確認する。

〈課題について必要な情報を取捨選択する〉

T：グループの課題を解決するためには、どの情報を選べばよいでしょう。前回調べたものをグループで共有し、レポートを書くことを想定して、情報を取捨選択します。選ぶだけでなく、その理由も説明しましょう。

＊実際にレポートは書かないが、情報を読み取り、選択することを目的に授業を進める。

＊以下の点を参考に取捨選択させる。

・情報の出所（発信者）が信頼できるかどうか

・根拠に基づいて書かれているか

・課題の解決に向けた情報か

＊「使う情報を三つにしぼる」や「使う情報に優先順位をつける」などの条件を与えると情報を比較する思考が働き、考えやすくなる。

＊情報は、本やインターネットのサイトそのものではなく、「このページ」「このグラフ」などできるだけ絞り込んだ状態にしておく。

情報を集めよう / 情報を読み取ろう / 情報を引用しよう

主発問 どのように情報を引用すればよいでしょう。

目標

情報を適切に引用することができる。

評価のポイント

❶選んだ情報の内容を引用したり、出典を示したりしている。　　　　　　　　　　　　　　(2)イ

❸目的に応じて集めた材料を整理し、伝えたいことを明確にするために情報を活用している。B(1)ア

準備物

・p.65の考察部分を、内容は変えずに引用を省いて作成した文章を載せたワークシート

> ## ワークシート・ICT 等の活用や授業づくりのアイデア
>
> ○p.65を利用し、考察部分と、この考察部分を引用や出典を明記しない曖昧な文章に書き直したものを比較させるワークシートを作成する。二つの文章を比較することで、人の考えをあたかも自分のもののように書く危険性や引用を明らかにすることは自分の論の支えになるという利点等を理解させる。

1 導入（学習の見通しをもつ）

〈本時の学習内容を確認する〉

Ｔ：今日は、前回集めた情報を整理し、引用する練習をします。また、なぜ引用部分を明記したり、参考文献を書いたりする必要があるのか、考えていきましょう。

＊大学生のレポートの「コピペ」が問題になっていること等を話し、問題意識を高めてもよい。

3 終末（学習を振り返る）

〈学習のまとめを書く〉

Ｔ：3回の授業で、情報を活用する上での基本を学びました。大切だと思ったことを書き、まとめとします。また、総合的な学習の時間等、課題解決学習を行うときに役立てたいと思ったことも書き、国語はもちろん、いろいろな場面で今回の学びを生かしていきましょう。

2 展開

〈引用の目的を確認する〉

Ｔ：ワークシートにある二つの文章を比較して、気付いたことはありますか。

・かぎかっこがないです。

・引用元が書いていない

・全て書き手の考えのように伝わります。

・引用があると、きちんと調べたことが伝わります。

Ｔ：かぎかっこを付けたり引用元を書いたりすることで、根拠が明確になり、調査を行って意見を述べていることが分かりますね。また、引用元がないと人の考えなのに自分の意見のようになってしまいます。皆さんは「著作権」という言葉を知っていますか。

○p.66で著作権について確認する。

Ｔ：どうしてこのような権利がうまれたのでしょうか。

効果的な板書例

「情報を集めよう／情報を読み取ろう／情報を引用しよう」

【学習目標】
目的に応じて、情報を集め、読み取り、引用することができる

【今日のめあて】情報の引用の仕方を考える

○二つの「考察」を比べて
・かぎかっこがない
・すべて自分（書き手）の考え

○
・「引用」「参考文献」を明記する
・専門家の意見を用いて、説得力をもたせる
・自分だけが言っているわけではないことが証明できる
・かぎかっこがないと、引用か、根拠か分からない
・最初に考えた人の考えを盗まない→人の考えを守るため」 ⟨著作権⟩

【参考文献の書き方】
「変化する日本語」

書名　　　　　著者名　　　　　発行所名　　　　　発行年

山川夏子　　青空出版　　二〇一八年刊

引用ページ (p26)

・作ったり考えたりした人を守るためです。

・著作権があると、作品に価値が生まれ、次の作品を作ろうとする意欲につながります。

・著作権がないと作っていない人が自分のもののように売ってお金もうけをするからです。

＊人の書いた文章を自分が書いたように写すことは、人の考えたことを盗むことになると自覚させる。

〈引用する〉

Ｔ：このことを踏まえて、これまで集めた情報をレポートを書くつもりで一部引用します。どのように引用すればよいですか。使おうと思っている情報を、p.65を参考に引用してみましょう。

＊教科書を参考に、かぎかっこを使ったり著者名を書いたりして文章を書かせる。そのまま抜き出して用いる場合は「引用」であり、言いたいことを短くまとめる場合は「要約」であることを確認する。

Ｔ：短い文を抜き出す場合は引用しますが、長い文章の大まかな内容を用いたい場合もあります。その場合は、要約します。要約とは、自分にとって大切なところを短くまとめることです。要約した場合も、必ず誰がいつ書いたものか分かるように、かぎかっこを付け、前後に行を開けて、自分の文章と区別し、出典を明記したりします。

＊時間があればやってみる。

〈奥付を見て、参考文献を書く〉

Ｔ：次に、選んだ情報を参考文献として明記します。本の場合とインターネットの場合は違いますので、教科書の参考文献をよく見て書きましょう。本の場合は、奥付を見ます。奥付は本の後ろにあります。

○レポート用紙等に引用文や参考文献を書く。

＊実際のレポートや論文等を用意し、どのように引用したり参考文献を書いたりしているか見せるとよい。

❸ 言葉に立ち止まる
詩の世界（3時間扱い／読むこと❷、書くこと❶）

> 指導事項：〔知技〕⑴ウ、⑴オ　〔思判表〕C⑴エ、B⑴ウ
> 言語活動例：詩を読み、その詩のよさを発表したり、詩を書いたりする。

単元の目標

⑴事象や行為、心情を表す語句の量を増すとともに、語感を磨き語彙を豊かすることができる。

〔知識及び技能〕⑴ウ

⑵比喩、反復、倒置、体言止めなどの表現の技法を理解し、使うことができる。

〔知識及び技能〕⑴オ

⑶文章の構成や展開、表現の効果について、根拠を明確にして考えることができる。

〔思考力、判断力、表現力等〕C⑴エ

⑷根拠を明確にしながら、自分の考えが伝わる文章になるように工夫することができる。

〔思考力、判断力、表現力等〕B⑴ウ

⑸言葉がもつ価値に気付くとともに、進んで読書をし、我が国の言語文化を大切にして、思いや考えを伝え合おうとする。

「学びに向かう力、人間性等」

単元の構想

〈単元で育てたい資質・能力／働かせたい見方・考え方〉

　本単元では、詩を読み味わうことで、語感を磨いていくことを目指す。詩の音読や視写をさせることで、「なぜこの言葉が使ってあるのだろう」と言葉に着目させたい。言葉へのこだわりが、作者の工夫や言葉そのものの価値に気付くことにつながっていく。また、詩で読み味わったことを生かし、詩を創作させる。詩の創作を難しく感じる生徒も多いが、表現する側の立場に立つことで、比喩等の表現の技法の効果や言葉へのこだわりを生徒自身にもたせていく。

〈教材・題材の特徴〉

　本教材は、詩の読み方を示唆する散文一編と、傾向の異なる詩三編によって構成されている。「一枚の絵」では、水鳥が湖面を回遊する様子を、画家が絵を描くことに見立てている。「朝」では、日常の用法から少しずらした表現が用いられている。「未確認飛行物体」では薬缶の姿がユーモラスに表現されている。散文に書かれた内容を理解させた上で、比喩の言葉からイメージを広げさせたり、一つ一つの言葉で立ち止まりながら情景を思い描かせたりしていく。

〈主体的・対話的で深い学びの視点からの授業改善ポイント／言語活動の工夫〉

　詩に対して「難しい」「分からない」と思う生徒は多いが、まずは、散文にあるように「何かを感じている自分」を自覚させる。そのために、「なぜこの言葉／表現が使ってあるのか」という疑問を十分に出させる。話し合う中で、「何かを感じている」のは、作者の意図した工夫があるからだと気付かせていく。その気付きは、詩の創作における、意図的な工夫につながっていくだろう。

単元計画

時	学習活動	学習内容	評価
	…しをもつ。（詩…ことを予告して	○散文を読み、詩を読むことについて理解する。	❶
		○三編の詩を音読し、一編の詩を選ぶ。	
	…視写し、疑問に…をまとめる。	○選んだ詩をノートに視写し、疑問に思ったことと自分の考えを書き込んでいく。	❹
	…に分かれ、疑問に…を話し合う。	○選んだ詩が同じもの同士でグループとなり、「なぜこの言葉なのか」「なぜこの表現なのか」疑問を出し合い、それについて話し合う。	❷
	…で話し合ったこと…共有する。	○グループで話し合ったことをそれぞれ発表していく。拡大した詩にその内容を書き込んでいく。	❸
		○発表に対して意見交換を行う。	
	…作する。	○自分の決めたテーマを中心にして、マッピングを行う。	
	…に詩を読み合う。	○三編の詩から学んだ表現の工夫を取り入れて、詩を創作する。	❹
		○友達の作品を読み、気になる表現を指摘し合う。	❺

	技能	思考・判断・表現	主体的に学習に取り組む態度
	…心情を表す語…すとともに、語…彙を豊かにして (1)ウ	❸「読むこと」において、詩の構成や展開、表現の効果について、根拠を明確にして考えている。 C(1)エ	❺言葉や表現が与える印象や効果についてより深く考え、詩の創作に生かそうとしている。
	…、倒置、体言止…表現の技法を理解 (1)オ	❹「書くこと」において、自分の考えや思いが伝わる詩になるように工夫している。 B(1)ウ	

〈指導と評価の一休化を図る見取りのポイント〉

「わからないのに何か感じている」という自覚をもたせるためには、一読後の感想が重要となる。そこで、言葉や表現にこだわらせながら疑問を書かせることができれば、「何か感じている」理由が言葉や表現にあることに気付かせることができる。また、表現の技法を単なる知識として捉えさせないようにするため、「比喩が使われている」と指摘させるだけでなく、その比喩が使ってあることで、読み手にどのような印象を与えるか、比喩の有無で何を感じるかまで考えさせたい。

詩の創作においては、教師も生徒も主観的な評価とならないように、前時までの内容を生かして創作するなどの条件を与えることで、そこに絞った評価を行う。

詩の世界

主発問 詩を読んで、どの言葉から何を感じたでしょう。

目標

　詩を読んで、気になる言葉を引用しながら、疑問や感じたことをまとめることができる。

評価のポイント

❶感じたことや疑問について、「『心もち首をかしげて』とわざわざ書いたのはどうしてだろう。」など、言葉にこだわりながらノートを書いている。
(1)ウ

準備物

拡大した全文プリント

ワークシート・ICT 等の活用や授業づくりのアイデア

○生徒が発表した内容が書き込めるように拡大した「全文プリント」を黒板に貼る。
○ICT を活用する場合は、スプレッドシートや Jamboard（Google）などを利用すると学級全員の意見を教師も生徒も即時的に確認できる。その際は、かぎかっこを用いて詩の言葉を引用させるとよい。

1　導入（学習の見通しをもつ）

〈3回の授業展開とゴールを説明〉

Ｔ：詩について学びます。詩は難しいという人もいると思いますが、三つの詩を読んで、どんなことを感じたか、考えたか話し合っていきましょう。3回目の授業では、詩を創作してもらいます。好きなテーマで書くので、今から何をテーマにするか、考えておきましょう。

2　展開

〈導入文を読み、これまでの学習を振り返る〉

Ｔ：まず、詩について書かれたある文章を読みます。
○導入文を判読する。
Ｔ：これは「朝のリレー」の作者、谷川俊太郎さんの文章です。これまで学習した詩で印象に残っているものはありますか。
＊「意味がよく分からなかった」など詩に対して否定的な意見も、その理由を聞くことで導入文へとつなげる。
Ｔ：「でも分からないのに、何かを感じている自分がいる」という部分に注目します。詩を読み、「分からない」「難しい」と感じるかもしれません。それでも、何を感じたか、分からなかったかを伝え合っていきましょう。

3　終末（学習を振り返る）

〈次時、話し合う内容を予告する〉

Ｔ：次回は、今日出された疑問について、同じ詩を選んだ人同士でグループになり、話合いを行います。話し合うことで、詩のイメージを膨らませていきましょう。
＊出された疑問を分類し、焦点を絞った話合いができるようにしておく。

効果的な板書例

詩の世界

【学習目標】
詩の言葉を読み味わい、語感をみがく。
詩の情景を想像し、表現の効果について考える。

【今日のめあて】
詩を読んで、感じたことや疑問を共有する

「でもわからないのに、何かを感じている自分がいる」（谷川俊太郎）

◎「何かを感じている自分」を自覚しよう
・気になる言葉
・分からないこと ── などを書き込む
・想像した情景

一枚の絵
・「朝の色を配る」とはどうすることか
・なぜ最後に「サイン」が出てきたのか
・なぜ題名が「一枚の絵」か

朝
・「ふれている」と「まじわることなく」の違い
・「空」ではなく、なぜ「空の遠さ」にしたのか
・……「空」……の意味は？

未確認飛行物体
・「心もち身をかしげて」はどういう様子か
・（でも…）は、だれの言葉？なぜ書いた？
・なぜ「そのあげく」なのか

〈三つの詩を読み、視写する〉

T：まずは、先生が音読します。イメージを膨らませて聞きましょう。

○三つの詩を判読する。

T：次は、皆さんが読みます。詩は声に出して読むことで、リズムを味わうことができます。音で感じることもあるでしょう。では、「一枚の絵」から全員で読みましょう。

＊同様に「朝」「未確認飛行物体」を音読させる。時間があれば、各自で読ませたり、指名して読ませたりして音読を十分楽しませたい。

T：では、この三つの詩から一つ選び、その詩についてイメージを膨らませていきます。詩を一つ選び、ノートに視写しましょう。気付いたことを書き込めるように1行空けながら、丁寧な字で写しましょう。

〈選んだ詩に書き込みをする〉

T：それでは、詩を読んで感じたことを書き込んでいきます。気付いたこと、疑問に思っ

たことを書き込んでいきましょう。その際、疑問に思った言葉や部分には赤で線を引き、感じたことや気付いたことには青で線を引きましょう。

＊なかなか書き込みができない生徒には「どの言葉が気になったか」「分からない言葉はあったか」と言葉や表現に着目するよう声をかけ、線を引かせる。

〈疑問に思ったことを共有する〉

T：では、全体で共有しましょう。「一枚の絵」を選んだ人から、詩を読んで感じたこと、疑問に思ったことを発表してください。

○同様に「朝」「未確認飛行物体」を選んだ生徒に発表させる。

＊次回、話合いを行うため、本時では分からないことを自由に発表させたい。

＊漠然とした内容については、「どの言葉からそう思ったか」など、詩の言葉や表現を具体的に取り上げるよう切り返す。

詩の世界

主発問 なぜそのような情景や思いを読み取ることができたのでしょう。

目標

詩の言葉や表現を根拠に、情景を想像することができる。

評価のポイント

❷詩の中で表現の技法がどのように用いられているか詩に書き込んでいる。 (1)オ

❸出し合った疑問について、言葉や表現の効果を根拠に話し合ったりノートにまとめたりしている。 C (1)エ

準備物

拡大した全文プリント

ワークシート・ICT 等の活用や授業づくりのアイデア

○前時から引き続き拡大した「全文プリント」を黒板に貼り、グループでの発表内容を書き込んでいく。

○ICT を活用する場合はプレゼンテーションソフトで1枚にまとめさせて、発表させる。また、検索に端末を利用し、「水鳥」「渡りの雁」などの画像を見せて、イメージを膨らませてもよい。

---

1 導入（学習の見通しをもつ）

〈前時を振り返り、本時の目標をもつ〉

T：前回は、詩を読んで疑問に思ったことを共有しました。今日は、それぞれの疑問について話し合い、詩の情景を想像したり、表現の効果を味わったりします。話し合うことで、詩のイメージがより膨らむといいですね。

＊達成するゴールを明示する。

3 終末（学習を振り返る）

〈次回、詩を作ることを予告する〉

T：言葉の選び方、表現の技法の使い方について学びました。次回は、皆さんが詩を作る側になります。好きなものや気になることをテーマにします。何について書くか、テーマを決めておきましょう。

＊すぐに思いつかない生徒もいるため、テーマを決めさせておく。

2 展開

〈音読する〉

T：まず、詩を音読します。

○全員で、三つの詩を音読する。

〈個人で考える〉

T：前回出された疑問について、自分の考えをまとめます。必要な場合、辞書や端末を活用しましょう。視写した詩に考えたことを書き込んでいきます。

〈グループ活動について確認する〉

T：グループで話合いを行います。後ほど全体で共有するので、出た意見はまとめておきましょう。詩の情景について絵を描いて説明しても構いません。

＊前時の取組や学級の実態を考慮して、教師がグループを調整する。

効果的な板書例

詩の世界

【学習目標】
詩の言葉を読み味わい、語感をみがく。
詩の情景を想像し、表現の効果について考える。

【今日のめあて】
詩の言葉や表現をもとに、思ったことについて話し合う。疑問に思ったことについて話し合う。

「一枚の絵」の詩を拡大

※同様に「朝」と「未確認飛行物体」の拡大した詩も掲示する

生徒が詩の情景を描いた絵

〈表現の技法〉

比喩法
対句法
擬音語・擬態語

倒置法
反復法

体言止め

〈グループで詩について話し合う〉

〇机間指導を行い、指導と評価を行う。

＊「なぜそう思ったの」「そう感じたのは、どの言葉があるからだろう」「どんな工夫がされているかな」と積極的に問いかけ、言葉や表現にこだわらせる。

＊黒板の隅に、これまで学習した表現の技法（例えば、比喩法、倒置法、反復法、体言止め等）をカードにし、貼っておく。これらの用語があることで、知識を思い起こし、自分の読みに生かそうとする生徒もいるだろう。

〈全体で共有する〉

Ｔ：グループで話し合ったことを、全体で共有しましょう。「一枚の絵」を選んだグループから発表してください。

・「画家きどりで足を絵筆にして」とあり、水鳥の足を絵筆に例えていることが分かります。

・水鳥が水面を揺らすと水面に模様ができ、それがまるで「一枚の絵」を描くように見えたのではないでしょうか。

・倒置法を使い、「サインのように。」で終わっており、絵が完成した印象を与えます。

＊表現の技法を指摘させるだけでなく、具体的に「何が読み取れるのか」「どのような効果があるのか」説明させる。

〇同様に、「朝」「未確認飛行物体」のグループを指名し、発表させる。

〈グループ発表に対する意見交換を行う〉

Ｔ：他のグループの発表を聞いて、「なるほど」と思ったことはありますか。

＊自分が選んだ詩以外について、他のグループの発表を聞いて、どこまで理解できたか把握する。時間があれば、それぞれの詩に対して「なるほど」と思ったこと、新しく分かったことなどをノートに書かせてもよい。

詩の世界

主発問 どのような工夫をしたらより伝わるでしょう。

目標

　テーマに関連する言葉とこれまで学習した表現の技法を用いて、詩を作ることができる。

評価のポイント

❹創作した詩について、何を伝えるためにどのような工夫をしたか説明している。　　　　B(I)ウ

❺マッピングでより適切な言葉を出したり、学習した表現の技法を意図的に用いたりしている。

準備物

・清書用ワークシート

ワークシート・ICT 等の活用や授業づくりのアイデア

○詩を清書するワークシートを用意する。ワークシートには、詩だけでなく、工夫したことや友達からのコメントを書き込めるような欄があるとよい。それにより、生徒の意図的な工夫が分かり、評価に生かせる。また、そのワークシートを教室や廊下等に掲示することで、多くの生徒が互いに詩を鑑賞することができる。

---

1 導入（学習の見通しをもつ）

〈詩を創作する説明をする〉

Ｔ：詩を作ります。二つの条件を出します。それ以外は、自由です。今まで読んだ詩、学習した詩を思い出してイメージをもって取り組みましょう。

＊自由な発想で取り組ませるため、学習を振り返らせ、多様な詩を想起させる。

2 展開

〈詩を作る〉

Ｔ：条件の一つ目は、テーマを中心にして、言葉のマッピングを行ってイメージを膨らませることです。思いつく言葉をどんどん書いていきましょう。

＊マッピングを初めて行う場合は、全体でやってみて共通理解を図るとよい。例えば、「猫」→「ふわふわの毛」「たぷたぷのお腹」「くりくりの目」など言葉を出させて、位置付けていく。

Ｔ：テーマのイメージを膨らませたら、マッピングした言葉を使い、詩にしていきます。その際、効果を意識して表現の技法を使うことが、二つ目の条件です。これまでどのような表現の技法を学習しましたか。

・比喩（直喩、隠喩、擬人法）・倒置法
・体言止め　・反復法　・対句法

3 終末（学習を振り返る）

〈学びのまとめを書く・次回予告をする〉

Ｔ：「詩の世界」で新たに学んだこと、分かったことをノートに書き、学習のまとめとします。

＊単元ごとに学習内容を蓄積していく。

Ｔ：次の時間は、比喩について書かれた文章を読みます。「詩の世界」での学びを生かして、読んでいきましょう。

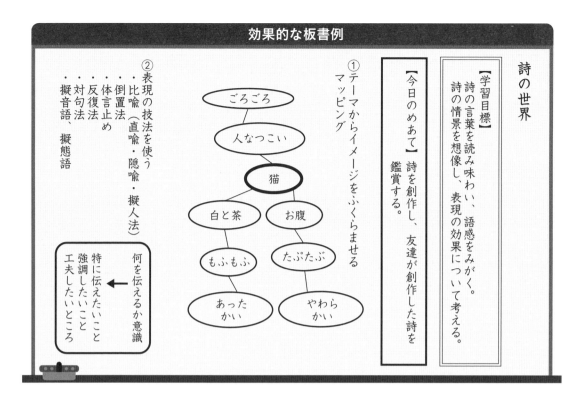

詩の世界

【学習目標】
詩の言葉を読み味わい、語感をみがく。
詩の情景を想像し、表現の効果について考える。

【今日のめあて】
詩を創作し、友達が創作した詩を鑑賞する。

① テーマからイメージをふくらませるマッピング

ごろごろ
人なつこい
猫
白と茶　お腹
もふもふ　たぷたぷ
あったかい　やわらかい

何を伝えるか意識
特に伝えたいこと
強調したいこと
工夫したいところ

② 表現の技法を使う
・比喩（直喩・隠喩・擬人法）
・倒置法
・体言止め
・反復法
・対句法
・擬音語、擬態語

・擬音語、擬態語

T：「こんな詩にしたい」「これを伝えたい」という思いをもって、表現の技法を使ってみましょう。

○ノートにマッピングを行い、詩を作る。完成した生徒に清書用ワークシートを配布し、作った「詩」と「工夫したこと」を書かせる。

＊困っている生徒に対しては言葉のイメージを一緒に膨らませていく。また、マッピングはできるが、詩にするのは難しいという生徒もいる。その場合は、マッピングで出た言葉を単純に並べたりつないだりしたうえで、「これが大事なんだね。では、ここで2回繰り返してみようか」など表現の技法を使うよう助言する。

〈作った詩を鑑賞し合う〉

T：友達が創作した詩を鑑賞します。グループになり、詩を読み合い、感想を述べます。「ここがいい！」「こんなことが伝わった！」

など、友達の詩のよいところを伝えましょう。

＊よいところを認め合うことで、言葉選びや表現の工夫に自信をもたせたい。詩は他の文学形式より自由度が高いため、教師も生徒の作品のよいところをどんどん指摘していくことができるだろう。

〈友達の詩のよさを発表する〉

T：他のグループにぜひ紹介したいと思う友達の詩を発表しましょう。その詩と感想を聞かせてください。

＊感想を述べさせる際に、「どの言葉、どの表現から伝わったか」と問うことで、漠然とした感想を言葉や表現を根拠によさを述べるものにしていく。単元を通して、「何となく」感じていたものの根拠は言葉や表現にあることを自作の詩でも実感させる。

＊ワークシートに友達からのコメント欄を作ったり、付箋紙を用いたりして感想の交流を行うこともできる。

❸ 言葉に立ち止まる
比喩で広がる言葉の世界（2時間扱い／読むこと）

> 指導事項：〔知技〕(1)オ 〔思判表〕C(1)ア
> 言語活動例：文章を読み、内容を捉え、比喩の定義や効果について具体例をもとに説明する。

単元の目標

(1)比喩などの表現の技法を理解し使うことができる。 〔知識及び技能〕(1)オ

(2)文章の中心的な部分と付加的な部分、事実と意見との関係などについて叙述を基に捉え、要旨を把握できる。 〔思考力、判断力、表現力等〕C(1)ア

(3)言葉がもつ価値に気付くとともに、進んで読書をし、我が国の言語文化を大切にして、思いや考えを伝え合おうとする。 「学びに向かう力、人間性等」

単元の構想

〈単元で育てたい資質・能力／働かせたい見方・考え方〉

　本単元では、段落の役割に注目して、比喩の定義や効果について読み取らせる。その際、ほとんどの段落に具体例が用いられていることに注目させたい。抽象的な内容と具体的な内容がどのように書かれているか理解させることは、文章の中心的な部分と付加的な部分の構造を捉えることになる。また、本教材は、比喩について書かれており、これまでに学習した文章や詩、生活体験の中で、どのように比喩が使われているかを想起させることで、より比喩について理解できるだろう。

〈教材・題材の特徴〉

　本教材は、三好達治の詩を用いて、読み手に「ゆらゆらと運ばれていく蝶の羽」と「波に揺られながら進んでいくヨットの帆」を重ねさせる具体例から始まる。文章全体を通して、具体的な例を挙げながら、読み手に比喩の定義や効果を理解させていく文章である。生徒は具体例を読みながら、筆者の提示する「比喩のわかりやすさという機能」と「比喩の効果的印象づけという機能」を理解していく。また、「このように」「したがって」「また」「実は」「さらに」と段落の初めに接続する語句が使ってあることで、文章の構成や展開を論理的に整理することができる。接続する語句や指示する語句の役割、抽象と具体の読み分け等、説明的な文章で身に付けるべき読みのコツを分かりやすく確認できる文章である。

〈主体的・対話的で深い学びの視点からの授業改善ポイント／言語活動の工夫〉

　図形について比喩を用いずに表現することの難しさを体験させたり、文学的な文章における比喩を使った心情表現について比喩を用いずに表現させ、元の表現と比較させたりすることで、著者の言う比喩の効果を実感させる。その際、「どの言葉がある／ないと、何を想像させる／させない、どんな印象を受ける／受けない」など、具体的に説明させる。比喩を用いないことの難しさを実感することは、普段私たちが比喩だと認識せずに比喩を用いていることに気付くことにもなる。言葉を意識して使うことは、生徒たちの語感を磨くことにもつながっていくだろう。

単元計画

時	学習活動	学習内容	評価
1	1．学習の見通しをもち、通読する。 2．段落の役割を理解し、内容を把握する。	○通読し、筆者の主張と具体例にそれぞれ線を引く。 ○内容や接続する語句に注目し、各段落がどのような役割を果たしているのか話し合う。 ○話題の中心である比喩の定義と効果をまとめる。	❷
2	3．筆者の主張と具体例を照らし合わせ、読み手が納得できる例になっているか考える。 4．比喩の効果について、自分で例を取り上げ、説明する。	○定義や効果について、文章に書かれている具体例を取り上げて、その際、比喩を使わなかったらどうなるか考えたり、比喩を使わずに簡単な図や心情表現を説明したりする。 ○「形状をわかりやすく伝える効果」「物事の特性をより生き生きと印象づける効果」のいずれかを選び、具体例を取り上げながら、比喩の効果を説明する文章を書く。	❶ ❸

評価規準

知識・技能	思考・判断・表現	主体的に学習に取り組む態度
❶比喩の効果を理解して使っている。　　　(1)オ	❷「読むこと」において、文章の中心的な部分と付加的な部分、事実と意見との関係などについて叙述を基に捉え、要旨を把握している。　C(1)ア	❸比喩の定義や効果を理解し、これまでの学習や生活体験と関連付けて考えようとしている。

〈指導と評価の一体化を図る見取りのポイント〉

　第1時では、比喩の定義や効果、筆者の主張、具体例について理解しているのか全文を印刷したプリントへの書き込み、色分けから見取る。難解な文章ではないため、第2時の内容を深めるためにも、第1時で要旨を捉えさせたい。接続する語句や指示する語句、具体例と説明部分等の色分けが構造的に行われているか机間指導する。全体で話し合うときに、拡大した全文プリントに生徒の意見を位置付けていき、段落の役割や文章の構造について共通理解を図る。また、第2時の終末では、筆者の主張する効果に合った比喩の例を用いて説明する文章を書かせ、学習のまとめとする。詩や文章において、比喩が用いられている箇所を指摘することができても、その比喩がどのように分かりやすく伝えてくれるのか、どのように生き生きと印象付けてくれるのか、説明することは難しい。その場合、比喩を使っている表現と使っていない表現を用いて、比較する方法で説明させる。自分で例を用いることが難しい生徒には、全体で確認した図や心情表現の例を用いて書かせる。

比喩で広がる言葉の世界

主発問 この文章はどのような構成になっているでしょう。

目標

　比喩に関する説明や筆者の考えの部分と、それを支える具体例を読み分けることができる。

評価のポイント

❷比喩の定義や効果、筆者の考えが書かれている部分とそれを支える具体例が書かれている部分を色分けしながら読んでいる。　　　　　　　C(1)ア

準備物

・全文プリント（生徒用、掲示用）

ワークシート・ICT 等の活用や授業づくりのアイデア

○全文プリントを用意し、抽象と具体、接続する語句等を色分けしながら線を引いたり、矢印でつないだりすると、説明的な文章の構成を可視化できる。生徒にも色ペンを数本用意させておくとよい。

○色分けした内容を全体で共有するために、全文プリントを拡大したものを板書に位置付ける。

1　導入（学習の見通しをもつ）

〈前時と本時の学習内容を確認する〉

Ｔ：前回までは、詩を読み味わったり創作したりしました。その中で、比喩について考えたり、比喩を使って詩を書いたりしましたね。これから比喩について書かれた文章を読みます。文章の構成を捉えながら、比喩について理解を深めていきましょう。

3　終末（学習を振り返る）

〈本時の学習内容の確認と次時の予告〉

Ｔ：色分けしたことで、比喩についての説明部分とそれを支える具体例が繰り返されていることや、それぞれの段落の役割が分かりました。一方で疑問も出ました。次回は、疑問を解決したり、より詳しく比喩の効果について考えたりしていきましょう。

2　展開

〈説明的な文章の読み方を確認する〉

Ｔ：説明的な文章を読むとき、どんなことに注意すればよいのですか。

・指示する語句と指し示すもの

・接続する語句とその役割

・問題提起とその答え

・どのような具体例が何のために用いられているか　　　・筆者の主張　　など

＊これまで学習した内容を振り返る。このような確認を繰り返すことで、読み方のコツを身に付けさせていく。

〈大まかな内容を捉える〉

Ｔ：文章を読みます。分からない言葉に印をつけたり、筆者の考えを大まかに捉えたりしながら聞きましょう。

＊漢字の読みや言葉の意味、形式段落番号を確認。質問は全体で共有する。

〈通読し、色分けをする〉

効果的な板書例

比喩で広がる言葉の世界

【学習目標】
説明的な文章の構成を捉え、比喩の定義や効果について理解する。

【今日のめあて】
文章の構成を捉える

本文を拡大したもの

比喩の定義
ある事柄を、似たところのある別の事柄で表す
〈具体例〉
「あの人は歩く辞書だ」

比喩の効果
効果①
〈具体例〉
形状をわかりやすく伝える効果
「ドーナツのような形」
効果②
物事の特性をより生き生きと印象づける
〈具体例〉
「雷のような大声」

比喩の発想
日常の言葉にも生きている
〈具体例〉
「頭・心＝入れ物」
「深い＝形のないものに使う」

T：次に、黙読しながら、内容に沿って線を引いて色分けします。

＊〈説明的な文章の読み方を確認する〉で出されたポイントに線を引かせる。接続する語は緑、抽象は青、具体は赤のように色分けするとよい。

＊個人で考える時間を確保し、ある程度考えがまとまってから、グループで相談させる。

＊説明（抽象）と具体例（具体）の色分けが難しい場合、「ドーナツのような形」の図がある３段落や、抽象部分と具体部分が一文ずつで構成されている４段落を取り上げて、全体で確認すると分かりやすい。

〈色分けを共有し段落の役割や内容を捉える〉

T：どこにどんな線を引きましたか。

・接続する語（「したがって」「また」「さらに」「しかし」など）

・指示する語（「この」「こうした」など）

・３段落「比喩の定義」「大切なことはたとえるものとたとえられるものの間に共通点があること」（抽象）と「歩く辞書」（具体）

・４段落「比喩の効果」（抽象）と「ドーナツのような形」（具体）

・５段落「比喩の効果」（抽象）と「雷のような大声」（具体）

・６、７段落「日常の言葉に生きている」（抽象）と「頭＝入れ物」「深い」（具体）

・８段落　筆者の考え（呼びかけ）

〈気付いたことや疑問を共有する〉

T：気付いたことはありますか？

・比喩の効果が２つ書いてありました。

・最後の段落で読者に呼びかけています。

・ほとんどの段落に具体例が書いてあります。

・段落の初めに接続する語があることで、段落と段落の関係が分かりやすいです。

・１、２段落は何のためにあるのでしょう。

＊出された意見をもとに、各段落の要点役割について押さえていく。

比喩で広がる言葉の世界

主発問 比喩にはどのような効果があるでしょう。

目標

　比喩の効果や比喩の発想を理解することができる。

評価のポイント

❶比喩の効果や比喩の発想を実感しながら、比喩について説明している。　　　　　　　　(1)オ

❸説明する際に、これまでの学習や生活体験と関連付けて考えている。

準備物

・形状を説明させるための簡単な図、比喩表現が見られる既習教材

ワークシート・ICT 等の活用や授業づくりのアイデア

○3段落では「ドーナツのような形」の図がある。比喩を使わずに形状を説明する難しさを体験させるために、教科書にある三日月の図に加え、比喩を用いたくなるような図（△○□を組み合わせたおでんの絵、侵入禁止の標識等）を用意する。

○既習教材等から比喩が効果的に使ってある文を抜き出しておく。

---

1 導入（学習の見通しをもつ）

〈本時の学習内容を確認する〉

T：前回、文章を色分けをして構成を捉えました。筆者が比喩の定義や効果、魅力について述べていましたね。今日は、内容について分からないことを解決し、より実感をもって比喩の理解を深めましょう。

3 終末（学習を振り返る）

〈学びのまとめを書く〉

T：筆者が述べていた「比喩の定義」「比喩の効果」「比喩の発想」そして、最終段落にあるような「比喩の魅力」を実感できましたか。それらについて分かったことを具体例を用いて説明しましょう。ノートに書き、学習のまとめとします。

2 展開

〈疑問について話し合う〉

T：前回、「土」の詩が文章の冒頭にある意図が分からないという意見がありました。皆さん、この詩の情景は分かりますか。絵を描いて説明してみてください。分からないという人は2段落をよく読みましょう。

＊生徒を指名し、黒板に書かせる。「蝶の羽」が「ヨットの帆」に例えられていることを確認する。

T：なぜ筆者はこの詩を初めに引用したのでしょうか。

・みんなが知っているものを使って例えてあるから。

・「ひらひらしている」という共通点はあるが、本来は全く関係のないもの同士であり、普通は思い付かない発想だから。

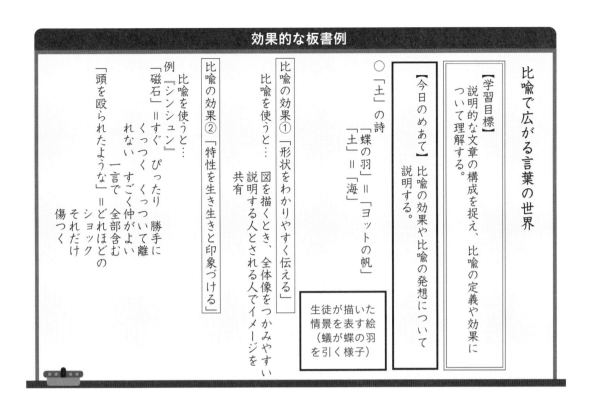

効果的な板書例

比喩で広がる言葉の世界

【学習目標】
説明的な文章の構成を捉え、比喩の定義や効果について理解する。

【今日のめあて】
比喩の効果や比喩の発想について説明する。

○「土」の詩
「蝶の羽」＝「ヨットの帆」
「土」＝「海」

生徒が描いた情景を表す絵
（蟻が蝶の羽を引く様子）

比喩の効果①
比喩を使うと…
「形状をわかりやすく伝える」
図を描くとき、全体像をつかみやすい
説明する人とされる人でイメージを共有

比喩の効果②
比喩を使うと…
「特性を生き生きと印象づける」

例『シンシュン』
「磁石」＝すぐ
ぴったり
くっつく
勝手に
くっつい
て離
れない
すごく
仲がよい
一言で全部含む

「頭を殴られたような」＝
ショック
それほどの
それだけ
傷つく

＊「蝶の羽」を「ヨットの帆」に例えていることを指摘させるだけでなく、比喩の効果まで引き出し、この詩の面白さを味わわせる。また、筆者がこの比喩の巧みさを実感しているからこそ、初めに引用し、３段落以降につなげたことを理解させる。

〈比喩の効果（形状）について考える〉

Ｔ：筆者は比喩にはどのような効果があると述べていますか。

・形状を分かりやすく伝える効果

・物事の特性をより生き生きと印象づける効果

Ｔ：皆さんが４段落の図を比喩を使わずに説明するとしたらどうしますか。

＊ここで、いくつか用意した簡易な図を説明させる。一人を指名し、他の生徒に図を描かせたり、ペアになって説明させたりして、その難しさを実感させたい。

Ｔ：では、比喩を使って説明してみましょう。どうでしたか？

＊比喩を使うと伝わりやすいことを実感させる。図を描く側も形状の全体像がつかみやすくなり、より正確に書くことができる。比喩の有無を体験させ、感想を聞くとよい。

〈比喩の効果（特性を生き生きと印象付ける）について考える〉

Ｔ：『シンシュン』には、「まるで磁石が引き合うみたいに」や「頭をがつんと殴られたような気がした」という比喩がありました。比喩を使わずに表現するとどうなりますか。比喩が使ってある表現と比べるとどうですか。

＊「まるで磁石～」は「すぐに仲良くなった」「頭を～」は「ショックだった」などが出る。その表現と比喩を使った表現を比べ、それぞれ何が伝わり、どんな違いがあるか、考えさせる。

＊「気が合う」「衝撃を受ける」などの表現が出た場合、認識せずに比喩を使っていることに触れ、６、７段落の内容に関連付ける。

言葉1 指示する語句と接続する語句
（2時間扱い）

> 指導事項：〔知技〕(1)エ
> 言語活動例：指示する語句や接続する語句を用いた文を作ったり、用いている文を読んだりすることで、その役割について話し合う。

単元の目標

(1)指示する語句と接続する語句の役割について理解を深めることができる。〔知識及び技能〕(1)エ

(2)言葉がもつ価値に気付くとともに、進んで読書をし、我が国の言語文化を大切にして、思いや考えを伝え合おうとする。 「学びに向かう力、人間性等」

単元の構想

〈単元で育てたい資質・能力／働かせたい見方・考え方〉

　生徒は、文章を読む際、指示する語句が指すものを探したり、接続する語句を手掛かりに内容を捉えたりしている。本単元では、小学校での学習を想起しつつ、中学校で学習した言葉の単位や組み立てを踏まえ、組み立てられた文節や文が、前後の文節や文とつながるときに、どのような語句によってどのように結び付くのかについて考えさせていく。指示する語句と接続する語句について取り立てて指導することで、その役割と効果について考えさせ、今後の表現や理解に進んで生かしていこうとする力を身に付けさせたい。

〈教材・題材の特徴〉

　指示する語句は、「こそあど」に分類された表や文例が示されている。表を見て、それぞれの言葉を意図的に使うことで、「こ」が話し手の領域、「そ」が聞き手の領域、「あ」はどちらの領域にも属さないなど、距離や相手との関係によって使い分けられることに気付くだろう。また、接続する語句は、種類だけでなく、「一生懸命練習した。だから／しかし、準優勝だった」などの文例が示されている。接続する語句が論理の展開を理解する上での手掛かりとなるだけでなく、書き手や話し手の気持ちを表すという働きがあることに気付かせるものになっている。

〈主体的・対話的で深い学びの視点からの授業改善ポイント／言語活動の工夫〉

　指示する語句や接続する語句について、「なぜこの文脈で使われているのか」を考えさせる場を設定したい。例えば、「こ」「あ」「そ」はどんなときに使われるか絵や具体物を用いてグループで会話をしたり、接続する語句を使って自然な文章を作ったりする活動を取り入れる。また、これまで学習した文章を用いて、指示する語句や接続する語句に印をつけていき、それぞれどのような文脈で使われているのか分析させる。その際、指示する語句や接続する語句の部分に他の語句を入れたり、その語句を使わずに表現したりするとどうなるか、考えさせる。これらの語句があると、話の流れや文の構造が一目で理解できるようになるという効果を実感させ、理解を深めていく。

時	学習活動	学習内容	評価
1	1．指示する語句を表にまとめ、「こ」「そ」「あ」「ど」がどのように使い分けられるかグループで話し合う。 2．教科書の例文や既習教材で指示する語句がどのように使われているか確認する。	○「こ」「そ」「あ」「ど」の使い分けについて、グループで意図的に指示する語句を使って会話をし、分類する。 ○教科書の例文や既習教材の指示する語句が何を指しているか、指示する語句を使わずに表現したらどうなるかなどを話し合い、役割を理解する。	❶
2	3．接続する語句にはどのようなものがあるか確認し、分類する。 4．接続する語句を使った文章を作ったり、既習教材でどのように使われているか確認したりする。	○教科書にある接続する語句の意味を確認し、それぞれ文を作ってみる。作った文をグループで読み合い、適切かどうか話し合ったり、種類ごとに分類したりする。 ・書き手や話し手の気持ちを想像できることを理解する。 ○既習教材で接続する語句がどのように用いられているか確認する。語句がある場合とない場合を比較し、役割を理解する。	❶ ❷

評価規準

知識・技能	主体的に学習に取り組む態度
❶指示する語句と接続する語句の役割について理解している。　　　　　　　　　　　(1)エ	❷指示する語句と接続する語句の役割について、これまでの学習内容や生活体験と関連付けて考えようとしている。

〈指導と評価の一体化を図る見取りのポイント〉

　「『しかし』は逆接である」と接続する語句とその役割を示す言葉だけを覚えても、文章を読んだり書いたりする場面において、身に付いた技能として発揮できることは難しい。そのため、評価の場面では、生徒がある文脈の中で内容を理解する際にその役割を踏まえているかどうか、また、表現する際に適切に用いているかどっかを見取る必要がめる。本単元では、取り立て指導を行うことになるが、語句を用いた文を作らせたり、役割を説明させたり、文章を用いて文脈の中で理解させたりする場面を設定し、その際の生徒の発言や書いた文章を用いて評価する。

指示する語句と接続する語句

主発問 指示する語句にはどのような役割があるでしょう。

目標

指示する語句の役割が理解できる。

評価のポイント

●指示する語句の役割について理解している。(1)エ

準備物

・指示する語句のカード、「ダイコンは大きな根？」
など既習教材の本文

ワークシート・ICT 等の活用や授業づくりのアイデア

○指示する語句（これ、あれ、それ、どれ…）をカードにしておくと、すぐに表に位置付けることができる。

○指示する語句の役割を実感をもって理解させるために、これまで学習した説明的な文章を用意しておく。また、指示する語句をわざと使わずに書きかえた文章も用意しておくと、比較して考えることができる。

1 導入（学習の見通しをもつ）

〈本時の学習内容を確認する〉

T：（教科書を手に取り）これを出してください。（生徒の様子を見て）そうです。今、「これ」「そう」という言葉を使いました。この言葉を指示する語句と言います。今日は、指示する語句の役割について理解を深めていきましょう。

3 終末（学習を振り返る）

〈学びのまとめを書く〉

T：指示する語句について新たな発見や学びはあったでしょうか。ノートに分かったたことを書き、学習のまとめとします。その際、指示する語句を使って書いてみましょう。

＊学んだことを言語化するだけでなく、使ってみることで理解の定着を図る。

2 展開

〈現場指示の用法について理解する〉

T：先ほど使った「これ」「そう」「この」以外に知っている指示する語句を思いつくままに挙げてみましょう。

＊教科書は開かずに発言させる。カードにしておき、出された順に貼っていく。

T：では、役割を考えて、指示する語句を分類してください。どのような観点で分類したか、説明できるようにしましょう。

・「〜れ」もの　　・「〜こ」場所
・「〜ちら」方向　・「〜う」状態など
・「こ〜」近い　　・「あ〜」遠いなど

＊指示する語句を表に位置付けていく。

＊グループで指示する語句を使った会話を行う場面を設け、話し手と聞き手の距離によって使い分けられること（「そ〜」は聞き手に近い、「あ〜」は

効果的な板書例

言葉1　指示する語句と接続する語句

【学習目標】指示する語句と接続する語句の役割を理解する。

【今日のめあて】指示する語句について理解する

〈指示する語句〉【現場】

指示	事物	場所	方向	状態	指定	
こ	これ	ここ	こちら	こんな/こう	この	話し手に近い
そ	それ	そこ	そちら	そんな/そう	その	聞き手に近い
あ	あれ	あそこ	あちら	あんな/ああ	あの	二人から遠い
ど	どれ	どこ	どちら	どんな/どう	どの	尋ねる

【文脈】

父が昔話をしてくれた。それは初めて聞く話だった。

船で世界中の街を訪ねる。そんな旅をしてみたい。

○指示する語句がないと…
・同じ言葉を繰り返して、読みにくい
・文と文が途切れてしまう

両者から遠い）を理解させる。

T：（表を見ながら）物や場所を指し示して、話し手と聞き手の距離によって分類することができました。

〈文脈指示の用法について理解する〉

T：指示する語句は文章の中にも存在します。p.77を開きます。（上段を読み）指示する語はそれぞれ何を指していましたか。

・そう　種から育てる　・この　チューリップ
・その　十月から十二月

T：文中の語句や内容、文全体を指し示すことで前後の文をつなぐ役割をしています。

○p.78の例文を読み、指示する語句が指し示す内容を確認する。

T：「ダイコンは大きな根？」の文章を用いて、指示する語句が何を指しており、どのような役割を果たしていたか確認しましょう。

○既習教材を使い、指示する語句を確認する。

・「そんなに単純ではありません」

・「その疑問」　　・「その間に伸びた」
・「これに対して」　・「この上の」
・「この二つの器官」　・「ここには」
・「これは、」　　・「これらの特徴」
（「ダイコンは大きな根？」より）

＊指し示す内容を説明させる場合、語句と入れ替えて文章がスムーズに読めるか確認する。

T：指示する語句には、どのようなよさがありますか。二つの文章（指示する語句があるものとないもの）を比べて、考えましょう。

・指示する語句があると、前の内容を指していることが分かるので、文と文がつながっている印象を受けます。

・指示する語句がないと同じことを繰り返し言うことになるので、しつこい感じがします。

・書く場合に、指示語がないと面倒です。

＊指示する語句が内容や文を指し示すだけでなく、つなぐ役割をしていることを実感させる。

指示する語句と接続する語句

主発問 接続する語句にはどのような役割があるでしょう。

目標

接続する語句の役割が理解できる。

評価のポイント

❶接続する語句の役割について理解している。(1)エ
❷接続する語句の役割についてこれまでの学習内容や生活体験と関連付けて考えている。

準備物

・接続する語句のカード、「ダイコンは大きな根？」など既習教材の本文

ワークシート・ICT 等の活用や授業づくりのアイデア

○接続する語句（だから、しかし、そして…）をカードにしておくと、すぐに板書に位置付けられる。

○接続する語句の役割を実感をもって理解させるために、これまで学習した説明的な文章を用意しておく。接続する語句があることで、筆者の論の展開が捉えやすくなることを確認する。

---

1 導入（学習の見通しをもつ）

〈本時の学習内容を確認〉

T：今日は接続する語句について学習します。接続する語句の役割を確認し、書くことにも読むことにも生かせるようにしましょう。

2 展開

〈接続する語句を分類する〉

T：これまでの学習や生活体験を振り返り、思いつくままに接続する語句を挙げてみましょう。

T：これらの接続する語句はそれぞれどのような役割を果たしているでしょうか。分類してください。どのような観点で分類したか、説明できるようにしましょう。

＊おおまかに分類させ、その理由や使う場面を説明させる。説明を踏まえて、「順接」「逆接」「並列・累加」「対比・選択」「説明・補足」「転換」の接続する語句の役割について解説をする。

＊順接は「そのままつなぐ」、逆接は「逆の流れにする」など平易な言葉に置き換えてやると分かりやすい。

〈接続する語句を使う〉

3 終末（学習を振り返る）

〈学びのまとめを書く〉

T：接続する語句について新たな発見や学びはあったでしょうか。ノートに分かったことを書き、学習のまとめとします。その際、接続する語句を使って書いてみましょう。

＊学んだことを言語化するだけでなく、使ってみることで理解の定着を図る。

効果的な板書例

言葉1　指示する語句と接続する語句

【学習目標】
指示する語句と接続する語句の役割を理解する。

【今日のめあて】
接続する語句について理解する

〈接続する語句〉

だから　すると　したがって　→順接（そのまま　つなぐ）

しかし　けれども　ところが　→逆接（逆の流れをつくる）

そして　また　しかも　それから　→並列・累加（付け加える）

または　あるいは　いっぽう　→対比・選択（比べる・選ぶ）

つまり　なぜなら　例えば　→説明・補足（わかりやすくする）

さて　ところで　では　→転換（話題を変える）

○接続する語句の違いで……
一生懸命練習した。「だから」準優勝だった。
・練習したかいがあった
・練習のおかげだ　　　　　　　　満足

一生懸命練習した。「しかし」準優勝だった。
・練習が報われなかった
・せっかくやったのに…　　　　　不満

満足　　不満　→気持ちや意図が伝わる

○接続する語句があると…
次に何が書かれているか、予測できる

T：接続する語句を適切に使う練習をします。3人1組になってください。1人目は、短い文を作ります。2人目は、接続する語句を選びます。3人目は、それを受けて文を作ります。自然な文章になるよう作りましょう。

・天気予報は雨だった。→だから→傘を持って家を出た。

T：作った文章を発表しましょう。

○いくつかのグループを指名し、接続する語が適切に使われていることを確認する。その中で、以下のような文を取り上げたい。

・漢字テストの勉強をがんばった。だから、90点だった。

・漢字テストの勉強をがんばった。しかし、90点だった。

T：接続する語句だけが違います。それぞれどのようなことが伝わりますか。

・「だから」は、いつもよりいい点数で、満足する点数が取れたことが伝わります。

・「しかし」は、うまくいかなかったことが伝わります。100点を目指していたのに悔しそうです。

＊接続する語句の使い方によって、書き手や話し手の気持ちが伝わることを理解させる。生徒の作った文章に例がない場合は、p.79の例を利用する。

〈接続する語句を使った文章を読む〉

T：接続する語句の役割を理解した上で、文章を読むと、どのようなよさがあるでしょうか。「ダイコンは大きな根？」を読んで考えましょう。

・「いっぽう」があると比較していると分かる。

・「例えば」のあとに、具体例がある。

・接続する語句があることで、次に書かれるだろう内容を予測できる。

③ 言葉に立ち止まる
言葉を集めよう（1時間扱い）

> 指導事項：〔知技〕(1)ウ
> 言語活動例：言葉を集めて、その言葉を吟味しながら紹介文を書く。

単元の目標

(1)事象や行為、心情を表す語句の量を増やすとともに、語感を磨き語彙を豊かにすることができる。　　　　　　　　　　　　　　　　　　　　　　　　　　　　　〔知識及び技能〕(1)ウ

(2)言葉がもつ価値に気付くとともに、進んで読書をし、我が国の言語文化を大切にして、思いや考えを伝え合おうとする。　　　　　　　　　　　　　　　　　　　　　「学びに向かう力、人間性等」

単元の構想

〈単元で育てたい資質・能力／働かせたい見方・考え方〉

　相手に伝わる表現を目指すには、できるだけ多くの言葉を蓄え、その中からより適切な言葉を選ぶ力を身に付けていかなければならない。本単元では、読み手を意識し、観点ごとにマッピングで言葉を集めさせ、それぞれの言葉の違いを考えさせる。普段「やばい」「むかつく」など一つの言葉で気持ちを表現している生徒にとって、何かを表現するときにはできるだけ適切な言葉を選ばなければ伝わらないことを学ぶ機会となる。普段使っている言葉を客観的に捉え、微妙なニュアンスを伝える難しさを体験させたい。表現に困ったときの手立てとして国語辞典や類語辞典等を与え、意味を調べたり語彙を増やしたりする手段や方法についても学習させたい。

〈教材・題材の特徴〉

　本教材は、百字程度で食べ物や映画、音楽について紹介することを目的に、言葉を集めることを学習活動としている。水ようかんのおいしさを伝える例が取り上げられており、「味」「見た目」「食感」「香り」という四つの観点でマッピングした図がある。なんでも「おいしい」と表現している生徒は、この図を見ただけでおいしさを表現する語彙が豊かにあることに気付くだろう。また、読み手に紹介するという目的があることで、単にたくさんの言葉を集めるだけでなく、相手にどう伝わるのか言葉を吟味する必要が生じる学習になる。

〈主体的・対話的で深い学びの視点からの授業改善ポイント／言語活動の工夫〉

　紹介するものを自由に選択することもできるが、給食の献立や有名なお菓子など、全員が食べたことのあるものに設定すると取り組みやすい。吟味する段階では、「とろり」と「ふんわり」を比べ、「僕はとろりのほうがふさわしいと思う…」と説明させ、全員で比較・検討するとよい。1時間という限られた時間で目標を達成するためには、目的や設定をある程度与えてやることが有効である。

時	学習活動	学習内容	評価
1	1．言葉を集める。 2．言葉の適否を話し合う。 3．紹介文を書く。 4．紹介文を読み合う。	○全員が知っている食べ物を一つ取り上げ、そのおいしさを表現する言葉を「味」「見た目」「食感」「香り」という四つの観点でマッピングしていく。 ・この段階ではできるだけ多くの言葉を書きだす。 ○紹介文に使いたい言葉を取捨選択していく。 ・似ている言葉を取り上げて、どちらの言葉がふさわしいか話し合う。 ○全体での学習を踏まえ、自分で選んだ食べ物にのおいしさを伝える言葉について個人でマッピングを行い、紹介文を書く。 ○紹介文をグループで読み合う。	❶ ❷

評価規準

知識・技能	主体的に学習に取り組む態度
❶事象や行為、心情を表す語句の量を増すとともに、語感を磨き語彙を豊かにしている。　(1)ウ	❷自分の表現したい内容に合わせて、ぴたりとくる表現を粘り強く探している。

〈指導と評価の一体化を図る見取りのポイント〉

　より適切な表現を求めるには、紹介する相手と紹介する対象物を分析する力が必要となる。ただし、本単元では時間が限られているため、事前に設定しておき、言葉を観点ごとに書きだしていくマッピングと紹介文のための言葉の吟味に評価を絞るとよい。マッピングの段階では、全体での交流や類語辞典等の活用を手立てに、より多くの言葉を出していくよう支援する。また、紹介文を書く段階では、どの言葉を使えばおいしさが伝わるか吟味させる。マッピングした言葉に○や△、×を書きながら、その記号を付けた理由も書かせる。そうすることで、言葉選びの段階でどれくらいの試行錯誤を行ったかを授業者は把握できる。試行錯誤が見られない生徒には、教師が他の言葉を朱書きして与え、意図的に比較させることで試行錯誤の場を設定する。また、他の生徒のマッピングや紹介文について感想を述べさせることで、その生徒がどのようなことに価値があると考えているのか把握する。

言葉を集めよう

主発問 おいしさを伝えるには、どのような言葉で表せばよいでしょう。

目標

おいしさ伝える言葉を集め、集めた中から言葉を選んで紹介文を書くことができる。

評価のポイント

❶紹介する食べ物のおいしさを表現する言葉を吟味している。　　　　　　　　　　　　　　　　(1)ウ

❷マッピングを行う際、粘り強く言葉を書き出している。

準備物

・国語辞典、類語辞典、百字程度の原稿用紙

ワークシート・ICT 等の活用や授業づくりのアイデア

○ICT を活用する場合は、スプレッドシートに言葉を入力させていく。生徒は入力しながら、他の生徒がどのような言葉を集めたかを把握できる。さらに、そのシートを AI テキストマイニングに貼り付けると、多くの生徒が入力した言葉が大きく表示され、入力した言葉の傾向が一目で分かる。

---

1 導入（学習の見通しをもつ）

〈本時の学習内容を確認する〉

Ｔ：今日は、友達に食べ物のおいしさを紹介する文を百字程度で書きます。食べ物のおいしさを豊かな言葉で伝えましょう。

○リード文（p.80）を読む。

＊１時間で行う単元であるため、前時の終わりに本時の話をし、何を紹介するか決めさせておく。

3 終末（学習を振り返る）

〈学びのまとめを書く〉

Ｔ：友達においしさを伝えられましたか。紹介文を書くときに工夫したこと、がんばったこと、グループでの交流の感想、この１時間でできるようになったことなどをノートに書き、学習のまとめとしましょう。

2 展開

〈全体で言葉集めを行う〉

Ｔ：昨日の給食のデザート「フルーツ白玉」のおいしさを伝えましょう。思い付く言葉をどんどん出していきましょう。

○出た言葉を、味、見た目、食感、香りの四つの観点で黒板にまとめていく。

・味　甘い、果物は甘酸っぱい

・見た目　カラフル、つや、白、黄、橙　涼しげ、宝石のような

・食感　もちもち、しゃきしゃき、つるん、ひんやり、つめたい

・香り　甘い、さわやか　など

＊全員で行うことで、活動の方法や目的を理解させ、後の学習を円滑にする。

Ｔ：集めた言葉で紹介文を作ります。それぞれの観点の中からおいしさを伝える言葉を選んで使っていきましょう。

効果的な板書例

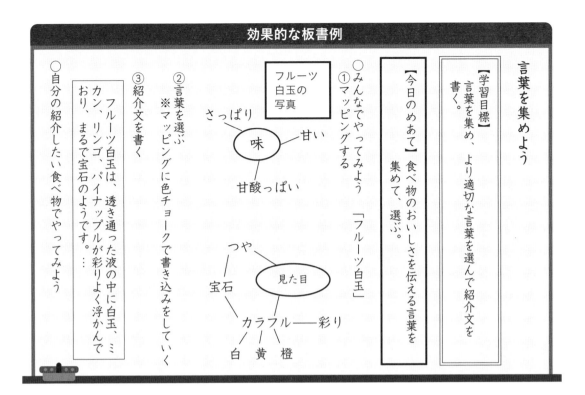

言葉を集めよう

【学習目標】
言葉を集め、より適切な言葉を選んで紹介文を書く。

【今日のめあて】
食べ物のおいしさを伝える言葉を集めて、選ぶ。

① みんなでやってみよう　「フルーツ白玉」
マッピングする

フルーツ白玉の写真

味
さっぱり
甘い
甘酸っぱい

見た目
つや
宝石
カラフル——彩り
白　黄　橙

② 言葉を選ぶ
※マッピングに色チョークで書き込みをしていく

③ 紹介文を書く
フルーツ白玉は、透き通った液の中に白玉、ミカン、リンゴ、パイナップルが彩りよく浮かんでおり、まるで宝石のようです。…

○自分の紹介したい食べ物でやってみよう

・シロップは確かに甘いけど、果物や白玉があることで、そこまで甘く感じなかった。「さっぱりした甘さ」という表現はどうかな。

・白玉、リンゴ、黄桃、パイナップルがシロップに入っているとつやが出て、光って見えた。食べるときのわくわくした気持ちも伝わるし、「宝石のような」を使ったらどうかな。

・白玉の「もちもち」とリンゴの「しゃきしゃき」を両方入れたらいい。いろいろな食感を楽しめるのもおいしさの一つだと思う。

○教師は、生徒が話し合って選んだ言葉をつなげて文にし、黒板に書く。

＊その食べ物独自の特徴を表す正確な表現と、紹介文の読み手が「おいしそう」と思う工夫した表現の両方が必要であることを押さえる。

〈個人で言葉集めを行い、紹介文を書く〉

Ｔ：次は、一人一人が選んだ食べ物で行います。クラスの友達においしさが伝わるように言葉を集め、選び、紹介文を書きましょう。

○味、見た目、食感、香りの四つの観点でマッピングを行い、言葉を選んで、百字程度で紹介文を書かせる。

＊マッピングに言葉を選ぶ過程（○×を付けたり、辞典で調べた意味をメモしたり）を書き込ませることで、生徒の思考を可視化し、助言や評価に役立てる。

＊類語辞典は語感を磨くことに役立つ。この時間にぜひ活用したい。

〈紹介文を交流する〉

Ｔ：では、紹介文をグループで読み合います。友達の紹介文を読んで、おいしさが伝わった表現を発表しましょう。

＊最後に、より豊かな言葉で表現している紹介文を全体の前で発表させ、共通理解を図る。全体で書き手の意図と読み手の受け取った感想を交流させることで、伝わる表現とはどのようなものか確認する。

■ 読書生活を豊かに
読書を楽しむ（2時間扱い／読むこと）

指導事項：〔知技〕(3)オ 〔思判表〕C オ
言語活動例：本を読み進めて読書記録を取る。自分にとって大切な本やこれから読みたい本を
　　　　　　選書する。

単元の目標

⑴読書が、知識や情報を得たり、自分の考えを広げたりすることに役立つことを理解することができる。
〔知識及び技能〕(3)オ

⑵文章を読んで理解したことに基づいて、自分の考えを確かなものにすることができる。
〔思考力、判断力、表現力等〕C (1)オ

⑶言葉がもつ価値に気付くとともに、進んで読書をし、我が国の言語文化を大切にして、思いや考えを伝
　え合おうとする。　　　　　　　　　　　　　　　　　　　　　　　　「学びに向かう力、人間性等」

単元の構想

〈単元で育てたい資質・能力／働かせたい見方・考え方〉

　読書が、知識や情報を得たり、自分の考えを広げたりすることに役立つことを理解できるよう
に、自分が選んだ作品を目的に応じて再読する。再読を通して作品の理解を深め、自分の考えを確
かなものにすることをねらう。再読から感じた、自分の読書への思いを意識化・言語化すること
で、これからも自ら進んで読書を楽しんでいこうとする態度を育てていきたい。

〈教材・題材の特徴〉

　今単元では、「ずっとそばに置きたい、自分にとってかけがえのない大切な宝物のような本」が
主教材になる。学習者にとって意味のある大切な本を対象として学ぶことで、読書の楽しさや作品
の魅力について再確認することができるだろう。なお選書に関しては、教科書の「本の中の中学
生」「読書案内」「読書コラム」だけでなく、各出版社のサイトの情報なども適宜利用させる。デジ
タル機器の検索機能を使って、作者や翻訳者について調べて選書する方法なども有効である。デジ
タルネイティブ世代である生徒達の現状に合わせ、情報収集の方法についても工夫が必要である。

〈主体的・対話的で深い学びの視点からの授業改善ポイント／言語活動の工夫〉

　単元全体を通して、「私の『人生の本棚』に置きたい作品は何だろうか」という学習課題につい
て学びを進めていく。「人生の本棚」は、「いつもそばに置いて繰り返し読みたい、自分の宝物と言
える本を10冊入れる本棚」と設定した。この課題に取り組むことで、学習者が自分の読書生活を
見直し、読書が自分の人生に何をもたらしてきたのかを考えることが可能となる。学習の振り返り
では自分の読書への思いや、これからの読書生活について大切にしたいことを考えさせる。学習者
一人ひとりが、これからの自分の読書活動に見通しがもてるようにする。

時	学習活動	学習内容	評価
	読書記録を取る。	読書カード ⬇01、読書生活ノート、クラウド上に資料を保存するなどして、年度の始めから読書記録を続けておく。この先の授業で読書紹介活動を行うことも、事前に告知しておく。可能であれば、朝読書など学校全体の読書活動と関連付けて、読書記録が取れるとよい。	
1	1．学習のねらいや進め方をつかみ、学習課題を自分のものにする。 2．読書記録を取る。	○授業者自身の「人生の本棚、私の一冊」についての発表を聞く。 ○必要に応じて作品を再読して、読書記録の続きを記入する。 ○「人生の本棚」に入れる候補作品について選書を始める。	❷ ❸
2	3．「13歳の夏の『人生の本棚』」を作成する。 4．自分のこれからの読書生活を計画する。 5．学習のまとめ、振り返り。	○選書した本を本棚に入れる。（この時点では10冊にならなくてよい）必要に応じて作品を再読する。 ○仲間の読書記録の情報、教科書の資料、サイトの情報などからこれから読みたい本を選書する。 ○学習のまとめと振り返りを行う。	❶ ❸

知識・技能	思考・判断・表現	主体的に学習に取り組む態度
❶読書が、知識や情報を得たり、自分の考えを広げたりすることに役立つことを理解している。　　　(3)オ	❷「読むこと」において、文章を読んで理解したことに基づいて、作品の特徴や魅力を明確にしたり、読書に対する自分の考えを確かなものにしたりしている。　　　C(1)オ	❸作品の魅力を探ったり、読書の価値を考えたりしなら、進んで読書をしたり選書したりしようとしている。

〈指導と評価の一体化を図る見取りのポイント〉

　❶に関しては、学習のまとめや振り返りの場面で自分の読書への思い（意味や価値など）を記述させて生徒の学びの深まりや広がりを見取る。

　❷に関して、できるだけ作品を再読しながら読書記録を取ったり、「人生の本棚」の選書をする。

　読書を苦手としている生徒は、自分が好きな本として選んだ作品であっても、その本の内容と読み取れていなかったり誤読したりしている場合が多い。学習状況を観察し、必要に応じて授業者も一緒にその作品を読んで支援するなど、読書活動に消極的な生徒に対してきめ細かい配慮を行う。

※本書では p.190「読書に親しむ」も含めて計 2 時間で取り扱う

読書を楽しむ

主発問 これまであなたは、どんな本を読んできましたか。

目標

　作品を再読して、作品の魅力や読書の価値を考えながら、読書記録を取ることができる。

評価のポイント

❷文章を読んで理解したことに基づいて、作品の特徴や魅力を明確にしたり、読書に対する自分の考えを確かなものにしたりしている。　　　　C(1)オ

❸作品の魅力を探ったり、読書の価値を考えたりしながら進んで読書をしたり選書をしたりしようとしている。

準備物

・これまで読んだ中で印象に残っている本　端末機器

ワークシート・ICT等の活用や授業づくりのアイデア

○年度の始めから、読書記録を進めておくとよい。読書記録のやり方としては、読書記録カード・読書ノートなど様々な方法がある。一人一台の端末機器が配布されているので、ICT機器を活用した読書記録も可能である。その場合、読書記録は原則的に本人しか閲覧・書き込みができないように設定しておく。

---

1 導入（学習の見通しをもつ）

〈学習課題への興味を喚起する〉

T：今日は、私がいつもそばに置いて繰り返し読んでいる、宝物のような10冊の本を持ってきました。見て下さい。

○実際に10冊を準備しておく。文学だけに偏らす、様々なジャンルの本を用意する。

T：その中の一冊を紹介します。

---

3 終末（学習を振り返る）

〈情報の共有〉

T：読書記録の中から「この本は仲間にも薦めたいな」という作品の情報を共有したいと思います。

○ICTを活用すると良い。

〈次回の予告をする〉

T：次回は、「人生の本棚」に自分の大切な本を置いていきましょう。

---

2 展開

〈学習の見通しを持つ〉

T：自分のこれまでの読書生活を振り返って、「これからも大切にしていきたい、自分にとって宝物のような本」はあるでしょうか。これからの中学校生活の中でもたくさんの本に出合うと思います。そこで、卒業の日まで「15歳の春の『人生の本棚』」を一人ひとりに作ってほしいと考えました。

T：今単元では「13歳の夏の『人生の本棚』」として、10冊にならなくてかまわないので、数冊の本を本棚に入れていきませんか？

＊これからの読書活動に対する見通しを持たせる。

＊読書に苦手意識を持っている生徒に十分に配慮する。難解な文学作品ばかりを選書する必要はないことや、現在朝

読書生活を豊かに

効果的な板書例

読書生活を豊かに

【学習目標】
①読書記録を取ることを通して、目的をもって作品を再読し、自分の作品に対する思いを明確にしていくことができる。
②読書が、知識や情報を得たり自分の考えを広げたりすることに役立つことを意識して、これからの自分の読書生活を計画することができる。

【今日のめあて】
作品を再読して、読書記録を取ろう。

△△先生の人生の本棚

1　『あしながおじさん』ウェブスター　松本恵子訳　新潮文庫

2　『指輪物語』J.R.R.トールキン　瀬田貞二・田中明子訳　評論社

3　『絵のない絵本』アンデルセン　新潮社

4　『ペンギン・ハイウェイ』森見登美彦　角川文庫

5　『蝉しぐれ』藤沢周平　文集文庫

6　『わたしが正義について語るなら』やなせたかし　ポプラ社

7　『すてきなあなたに』大橋静子　暮らしの手帖社

8　『ちいさいおうち』バージニア・リー・バートン　石井桃子訳　岩波書店

9　『危険な話』広瀬隆　新潮文庫

10　『からすのパンやさん』かこさとし　偕成社

読書で読んでいる本が面白いなら、その本を本棚に「仮置き」して良いことなどを伝える。

〈読書記録を取る〉

T：まず、最近の読書生活について振り返りましょう。本を再読して、読書記録の続きを書きましょう。

○例
書名　　　『白鳥とコウモリ』
著者名　　東野圭吾　　　　出版社　幻冬舎　　　出版年　2021,4,5
その他の情報　　東野圭吾の代表作
『ナミヤ雑貨店の軌跡』『マスカレードホテル』
本を見つけたきっかけ
読もうと思った理由　本屋でおススメとして紹介されていたから。
心に残った言葉や文「加害者側と被害者側、立場上は敵同士だが、目的は同じ。ならば手を組もうと思っても不思議じゃない。光と影、昼と夜、まるで白鳥とコウモリが一緒に空を飛ぼうって話だ」
感想　　★★★★★（5つ星）
特に印象に残っているのはたった一つの事実で被害者家族と加害者家族の立場が入れ替わった部分です。真相を調べるうちにはっきりしてくる事実がとても深い内容で、一見なんの関係も無さそうな3つの家族が実は2つの事件に関わっていたというものです。最初、犯人だとされていた人物が2つの事件の犯人を知っていて、……

＊長い感想を書かせる必要はない。読書記録を取ることが生徒の負担にならないように留意すること。

＊読書記録を書き進められない生徒の中には「その本が読めていない」生徒がいる場合がある。その時は、授業者も一緒に作品を読むなどして、内容の確認をしてから支援する。

読書を楽しむ　　145

読書を楽しむ

主発問 あなたの「人生の本棚」に入れる10冊は、どんな作品ですか。

目標

「人生の本棚」の選書を通して自分にとっての読書の意味を考えたり、進んで選書したりすることができる。

評価のポイント

❶読書が、知識や情報を得たり、自分の考えを広げたりすることに役立つことを理解している。⑶オ

❸作品の魅力を探ったり、読書の価値を考えたりしながら進んで読書をしたり選書をしたりしようとしている。

準備物

・「人生の本棚」に置く候補の本　端末機器

ワークシート・ICT 等の活用や授業づくりのアイデア

○「人生の本棚」は ICT 機器を活用して設置すると良い。カードやノートに記録するよりも本棚の整理（新たに本を入れたり取り出したりすること）が容易になる。

○読書記録のカードやノートには、これから読みたい本の情報や、本や読書に関わる様々な情報を記録できるフリースペースを作っておくとよい。

1　導入（学習の見通しをもつ）

〈前時を振り返る・学習のめあてを確認する〉

T：今日は「13歳の夏の『人生の本棚』」を選書しましょう。

T：授業の後半では、これから読みたいと思う本を選書しましょう。

＊できれば、この時間も授業者の「人生の本棚」の一冊を紹介すると良い。

3　終末（学習を振り返る）

〈学習のまとめ〉

T：単元の学習目標について、何がどのくらいできたか、またはどんな課題が残ったのか考えて、記入しましょう。

〈学習の振り返り〉

T：自分にとっての読書の意味について考えましょう。今後どんなふうに読書と向き合っていきたいか記入しましょう。

2　展開

〈「人生の本棚」の選書をする〉

T：本棚に本を置いていきましょう。選択した理由を記入するコーナーには、詳しい本の内容を書く必要はありません。その本に対する自分の思い入れや本を読んで得た知識や情報、感動、その本から感じた読書の楽しさや意義について自由に記述しましょう。

○例　『時をかける少女』　筒井康隆

> 初めて読んだときに物語の進み方や、時間の進み方、登場人物の考えに、ワクワクして読み進めた記憶があり、何回読んでも新しい発見をすることができるため。

『クレヨン王国』福永令三

> この作品には、たくさんの物語があります。どれも人間とクレヨン王国の住人を中心に作られています。その中でも私

効果的な板書例

読書生活を豊かに

【学習目標】
自分にとっての読書の意味を考えたり、進んで選書したりすることができる。

【今日のめあて】
自分にとっての読書の意味を考えながら、本棚に入れる本を選ぶことができる。

学習のまとめ

私は、自分の好きな分類（種類）が決まっていて偏っている。しかし、目的を持って本を選ぶことで、いろいろな分類の本読めた。自分が読書活動について、どう感じているのか、どう思っているをるのかを確かめたり、見直す、良い機会になったと思う。

学習の振り返り

私は最近あまり本を読んでいなかった。しかし今回「人生の本棚」に選書するためにじっくり再読して、その作品の良さを再発見した。またこの授業を通して「なぜ読書をするのか」まで考えることができた。

読書とはこのようなものだ。自分の知識を増やしたり、広げたりする「情報の宝箱」のようなもの。また、世界観や価値観を見直したり、広げたりするものだと思う。この学習を通して、自分が読んだことがない分類の本に出会うことができた。これからも読書活動を続けて、自分なりの本の読み方を深く考えていきたい。

が好きなのは、「月のたまご」です。中学受験に落ちた少女と王国の王子が、お笑いコンビのようなブタとニワトリと共に月のたまごを守る旅にでます。途中には、戦時中の広島の原爆など、現実味を帯びたものも登場します。

『ありがたいこってす』
マーゴット・ツェマック

貧乏な大家族が狭い家で毎日ぎゅうぎゅうで暮らしていた。ある人に相談して、家畜を入れれば良いと言われてやってみて、いままで以上に大変で、今までの暮らしが幸せだったことに気付く。どんなに悪い状況でも、もっと悪い状況を経験すれば、今の生活が幸せなんだと分かるから、これから嫌なことがあっても、くじけないで頑張りたい。

『お金のいらない世界』 長嶋龍人

人類の歴史を分かりやすく且つ、面白く書いていて、読みやすい。だから、すごく勉強になる。特にホモサピエンスがどのように生き抜いてきたのか。戦争はなぜおこってしまったのか。ロボットが普及するとどうなるか。この三点が、特に面白く勉強になった。

〈これから読みたい本の選書をする〉

T：それでは、この先「読んでみたいな」と思う本を選書しましょう。

＊前時までに生徒が記入した読書記録の中からおすすめの本の情報を共有するといい。（自分な仲間に紹介したい読書記録のページだけを、提出させるなどする。ICT機器を活用すると良い。）

＊教科書の「本の中の中学生」「木の世界を広げよう」も参考とする。各出版社の夏の文庫本の特集のパンフレットなども活用できる。

＊個人の端末機器を利用して選書のための情報を収集する学習も経験させる。また、好きな作家や、好きな本の翻訳者などに検索をかけると、選書の幅が広がる。選書の情報も、読書記録のノートや端末機器に記録しておく。

4　心の動き

大人になれなかった弟たちに……（4時間扱い／読むこと）

> 指導事項：〔知技〕(3)オ　〔思判表〕Cイ
> 言語活動例：小説を読み、考えたことなどを記録したり伝え合ったりする。

単元の目標

⑴読書が、知識や情報を得たり、自分の考えを広げたりすることに役立つことを理解することができる。　　　　　　　　　　　　　　　　　　　　　　　　　　　　　〔知識及び技能〕(3)オ

⑵場面の展開や登場人物の相互関係、心情の変化などについて、描写をもとに捉えることができる。　　　　　　　　　　　　　　　　　　　　　　　〔思考力、判断力、表現力等〕C⑴イ

⑶言葉がもつ価値に気付くとともに、進んで読書をし、我が国の言語文化を大切にして、思いや考えを伝え合おうとする。　　　　　　　　　　　　　　　　　　　　　　「学びに向かう力、人間性等」

単元の構想

〈単元で育てたい資質・能力／働かせたい見方・考え方〉

　作品全体にちりばめられている場面の展開や登場人物の相互関係、心情の変化などの描写について、読み手として自分はどの叙述に着目するのかを自覚的に判断できるようにする。また、読書を通して先人たちの戦争体験について学び、戦争や平和の問題を自分のこととして捉えさせる。

〈教材・題材の特徴〉

　米倉斉加年による絵本が出典である。大人になった著者が、自身の戦争体験を回顧して物語るという一人称の表現になっている。直接的な感情語彙を使用せず、戦時下の暮らしの事実が淡々と語られている。作者は作品の中で、自分がミルクを盗み飲みしたことが弟の死の間接的な原因の一つになるという、自身の原罪と向き合っている。本文の叙述には、人物の描写、会話文、情景描写、繰り返しの表現の多用、固有名詞のカタカナ表記など、着目したい多数の表現の工夫がある。本書では並行読書の教材を扱う授業の例として『子どもたちへ、今こそ伝える戦争　子どもの本の作家たちの19人の真実』（講談社　2015年）を取り上げた学習の展開を紹介する。この作品も、児童文学や絵本の著名な作家たちが、自身の体験と反戦の思いを次世代に語るという内容になっている。

〈主体的・対話的で深い学びの視点からの授業改善ポイント／言語活動の工夫〉

　2021年現在、太平洋戦争終結から76年が経過し、戦争体験の語り継ぎは年々難しさを増す。戦争に関する予備知識なしにこの作品を読解することはできないが、かといって戦争に関わる知識と情報の伝達に授業が終始しては、国語の言葉の学びは成立しなくなる。そこで今回は、「作者が私たちに伝えたかったものは何だろうか」という学習課題の基、作品を読解して自分が考えたことをワークシートに記録する活動を行う。授業では「本文の描写を根拠として作者の作品に込めた思いを読み取る」学習活動を中心とするが、「戦時下に何があったのかを知り戦争についての考えを広めるための読書活動」と「作品の背景について調べる」活動を適宜取り入れる。

単元計画

時	学習活動	学習内容	評価
1	1．作品の背景についての基礎知識を確認する。 2．本文の通読。（読み聞かせ） 3．学習課題を設定する。 4．学習の見通しをもつ。	○太平洋戦争について知っていることを発表。 ○絵本で本文を通読する。 ○本文を再読して、気になる描写や疑問点を探す。 （作品の背景に関する知識が不足している場合は、1〜2時の授業の中で調べることとする。）	❸
2	5．平行読書教材の中の一編を通読する。 6．着目したい本文の描写を選択する。 7．本文の描写や表現の効果について考える。	○文章を読み、作者の思いを想像して読み取る。感想をワークシートに記入。（3・4時にも行う。） ○本文中の描写にいて自分が考えたいことを2〜3点選択する。読み取ったことをワークシートに記入。	❷
3	8．並行読書教材の中の一編を通読する。 9．本文の描写や表現の効果について検討する。	○文章を読んだ感想をワークシートに記入。 ○同じ部分を取り上げて考えている人と、本文の描写や表現の効果について話合う。作者の作品に込めた思いをワークシートに記入する。	❷
4	10．平行読書教材の中の一編を通読する。 11．作者の作品に込めた思いについて考える。 12．読み合わせ。 13．学習のまとめ・振り返り。	○文章を読んだ感想をワークシートに記入する。 ○考えたことをワークシートに記録する。 ○ワークシートをグループで読み合う。 ○学習のまとめと振り返りを行う。	❶ ❷ ❸

評価規準

知識・技能	思考・判断・表現	主体的に学習に取り組む態度
❶読書が、知識や情報を得たり、自分の考えを広げたりすることに役立つことを理解して、教材文を読み進めている。　　(3)オ	❷「読むこと」において、場面の展開や登場人物の相互関係、心情の変化などについて、描写を基に捉えている。 C⑴イ	❸読み取った事柄を自分の言葉でまとめたり、作品の背景を調べたりしてワークシートに記録している。

〈指導と評価の一体化を図る見取りのポイント〉

❶については、学習の振り返りとして、並行読書や同一テーマの本を重ね読みすることの効果を記述させるようにする。❷に関して、1〜3時までは、生徒の学習状況を正確に捉え、指導と支援に生かすことを重要視する。授業中の観察で見取り切れない部分は、ワークシートを回収して確認する。❸については、あくまでも本文の叙述を根拠としてまとめるように指導・支援を行う。

大人になれなかった弟たちに……

主発問 「大人になれなかった弟たちに……」という作品の背景について確認しましょう。

目標

　作品の背景を知り、作品を読解しようとすることができる。

評価のポイント

❸太平洋戦争について知っていることを整理し、ワークシートなどに記録している。背景を理解することが、教材の読解に不可欠であることを実感しながら、作品を読み進めている。

準備物

・ワークシート ⬇01・端末機器・電子黒板など
「おとなになれなかった弟たちに……」の絵本

ワークシート・ICT 等の活用や授業づくりのアイデア

〇１時間目に、今単元で使用するワークシートは全て配布できるように準備する。「記録する」言語活動の全体像を学習者が見通せるようにする。冊子の形に製本するなど工夫する。

＊太平洋戦争について既習の知識を確認する際、端末機器と電子黒板やプロジェクターを利用すると、情報をその場で可視化することができる。

---

1 導入（学習の見通しをもつ）

〈教材に対する、興味・関心を育てる〉

＊授業開始時から、太平洋戦争に関する資料映像などを流す。（短時間でよい。）

Ｔ：これから太平洋戦争を背景にした、作品を学習したいと思っています。みなさんは太平洋戦争について、どんなこと知っていますか。

3 終末（学習を振り返る）

〈学習過程の見通しを持つ〉

Ｔ：この作品を通して、作者は私たちに何を伝えたかったのでしょうか。本文の叙述を基にして読み取っていきましょう。

＊主教材の描写から読み取ったことを記録する、並行読書教材を読んで考えたことを記録する、作品の背景について調べたことを記録する、という学習を提案する。

---

2 展開

〈作品の背景について既習の知識を確認する〉

＊端末機器の文書を共有するアプリケーションを用いて全員で確認する。もしくは、生徒に発言を求めて板書する。

・真珠湾攻撃がありました。

・広島と長崎に原爆が落とされました。

・東京大空襲　　・食料不足

・大勢の人が亡くなりました。　　など

Ｔ：太平洋戦争についてよく知っている、と感じましたか。それとも知らないことが多い、と感じましたか？

＊おそらく大半の生徒、が知らないことが多いと回答するであろう。ここから作品の背景を理解することが、教材の深い理解につながっていくという、生徒の学習意識を育てていく。

Ｔ：これから『大人になれなかった弟

効果的な板書例

「大人になれなかった弟たちに……」　米倉斉加年

【学習目標】
①作品を読んで、登場人物の心情や作者の反戦の思いを本文の描写をもとに捉え、読み取ったことを記録することができる。
②並行読書や調べ学習を通して、戦争と平和についての自分の考えを広げ、それを記録することができる。

【今日のめあて】作品の背景を知り、作品を読解する。

問い：太平洋戦争について知っていることは何ですか？
・真珠湾攻撃があった。
・広島と長崎に原爆が落とされた。
・東京大空襲があり、多くの人がなくなった。
・食料不足だった。
・学童疎開があった。
・配給制。
・八月十五日に終戦。…など

単元の課題
この作品を通して、作者が私たちに伝えたかったことは何だろうか。

たちに……』という作品を読んでいきたいと思います。作者の米倉斉加年さんが、自分の子供時代の戦争体験を絵本にした作品です。絵本の挿絵も作者自身が描いています。

＊実話であることを確認。また、実際に絵本を紹介するとよい。教科書には掲載されていない挿絵を見せるなどする。

〈作品の通読〉

T：作品を通読しましょう。今日は、原作の絵本を読み聞かせします。

＊教科書の範読でもよい。

T：印象的な場面はどこでしたか？
・ミルクを盗み飲みするところ。
・ヒロユキが亡くなるところ。
・親戚に誤解されるところ。　　　　など

T：なぜ作者は弟の大切なミルクを盗み飲みした、というできれば隠しておきたいことを作品にしたのでしょう。なぜ弟の死という悲しい出来事を絵本にしたのでしょう。

〈学習課題の設定〉

T：作品を通して、作者が私たちに伝えたかったことは何なのか、考えていきませんか。

＊単元の学習課題は授業者が提案することになるが、学習者の意欲を喚起しながら提示するように留意する。この時点でワークシートを配布する。（あえて次時に配布でもよい。）

＊「記録する」言語活動の言語様式、分量等についても、生徒が学習の見通しをもてるようにする。

T：当時の子供たちにとって、戦争がどういうものであったのか、戦争についての考えを広めるために、もう一つの教材を紹介します。今回は『子どもたちへ、今こそ伝える戦争　子どもの本の作家たちの19人の真実』という本からいくつかの作品を読んでいきたいと計画しています。

＊授業者のねらいに応じて、平行読書教材を選書する。

大人になれなかった弟たちに……

> **主発問** どの叙述に着目すれば、作品に込めた作者の思いを読み取れるでしょうか。

目標

　作品に込めた作者の思いを読み取るのに適した本文の叙述を選択することができる。

・並行読書を通して、自分の考えを広げたり、読み取ったことを記録したりすることができる。

・作品の背景を調べて記録することができる。

評価のポイント

❷場面の展開や登場人物の相互関係、心情の変化などについて、描写を基に捉えている。　　　C⑴イ

準備物

・ワークシート⤓02　・並行読書教材　・端末機器

ワークシート・ICT 等の活用や授業づくりのアイデア

○並行読書教材は、絵本、小学校で学んだ戦争と平和に関する作品、集団読書用の書籍、WEB 上の資料などから工夫して準備する。

○前時と同様に、端末機器、電子黒板やプロジェクターを利用する。端末機器は調べ学習だけでなく、生徒が選んだ本文の叙述をその場で可視化して、共有するために用いる。

---

1 導入（学習の見通しをもつ）

〈授業展開とゴールを説明〉

Ｔ：この作品で作者は私たちに何を伝えたいのか、本文の叙述を基にして読み取っていきましょう。読み取った事柄は全てワークシートに記録して、学びを蓄積させましょう。

Ｔ：今日は、作者が作品に込めた思いを考えるヒントとなる描写を探しましょう。

3 終末（学習を振り返る）

〈次回、同じ描写を選択した人と一緒に考える時間を取ることを予告する〉

Ｔ：次回は自分で考えるだけでなく、同じ描写を選んだ人と、検討する時間を取り、読みを深めていきましょう。

＊この時間のワークシートの記入状況から、生徒が関心をもっている叙述や、誤読が心配される部分を確認しておく。

2 展開

〈作品の背景について調べる〉

Ｔ：作品の背景について理解を深めるため、太平洋戦争について調べて、ワークシートに記録しましょう。

＊何について調べればいいのか迷う生徒のために、『大人になれなかった弟たちに……』や並行読書教材に出てくる太平洋戦争に関わる用語を、あらかじめ抜き出しておいて生徒に提示してもよい。（戦時下の食料不足、配給制度、疎開、福岡大空襲など。）

＊個人の端末機器を使用する。太平洋戦争に関わる学校図書館の資料や国語の資料集なども利用できる。

〈並行読書〉

Ｔ：当時の子供たちにとって戦争がどういうものであったか、他の作品からも読み取っていきましょう。今日は和

効果的な板書例

「大人になれなかった弟たちに……」
米倉斉加年

【今日のめあて】自分が着目したい本文の描写を、複数選択する。

・『知らなかった』通読・感想の記録
・太平洋戦争について調べて記録する①

1、着目したい描写
・登場人物の心情がありありと読み取れる描写
・僕はかくれて、ヒロユキの大切なミルクを　盗み飲みしてしまいました。それも何回も……。
・僕はそれがどんなに悪いことかよくわかっていたのです。それなのに飲んでしまいました。

2、人物の描写
・強い顔でした。でも悲しい悲しい顔でした。
・母の顔は美しいです。

3、情景描写
・白い一歩道　・空は高く高く青く澄んでいました。〜〜三人だけです。

4、会話文
・「ヒロユキは幸せだった。」
・「大きくなっていたんだね。」そのとき母は初めて泣きました。

5、特色ある表現
・ヒロシマ、ナガサキのカタカナ表記
・リーダーと中線の多用　・小さな小さな→反復

6、その他
・題名
・僕はひもじかったことと弟の死は一生忘れません。

歌山静子さんの『知らなかった』を読んで、感想をワークシートに記録しましょう。

＊感想を長く書くことは求めない。生徒の負担感が大きくならないように留意する。

〈教材分の再読・読解〉

T：作者が『大人になれなかった弟たちに……』という作品に込めた思いは何でしょうか。考えるヒントになりそうな本文の叙述を探すため、作品を音読しましょう。

＊学級全体で1人2文程度を分担して、リレー音読。米倉斉加年自身の朗読を聞かせる方法もある。

T：自分が着目したい本文の描写を2つか3つ選びましょう。

＊選んだ描写は端末機器に入力させて、提出させる。前時と同じように、その場で情報を共有する。全体で可視化することで、学習者が「あの表現の方が考える価値がありそうだな」「この描写とあちらの描写を比較して考えた

いな」など、自分の学習課題を吟味することができるようにする。

・「僕はかくれて、ヒロユキの大切なミルクを盗み飲みしてしまいました。それも何回も……。」

・「強い顔でした。でも悲しい悲しい顔でした。」

・「母の顔は美しいです。」

・「ヒロユキは幸せだった。」・題名　・ヒロシマ、ナガサキのカタカナ表記　・リーダーと中線の多用など

T：改めて、自分が着目したい描写を2つか3つ選び、ワークシートに書き写しましょう。

T：その描写の表現の効果や、描写から作者のどんな思いが読み取れるかを考えましょう。考えたことはワークシートに記入しましょう。

大人になれなかった弟たちに……

 主発問 自分が選んだ描写には、どのような表現の効果や作者の思いが込められているのでしょうか。

目標

本文中の描写について、どのような表現の効果や作者の思いが込められているのか、仲間と検討しながら読解することができる。

・並行読書を通して、自分の考えを広げたり、読み取ったことを記録したりすることができる。

・作品の背景を調べて記録することができる。

評価のポイント

❷場面の展開や登場人物の相互関係、心情の変化などについて、描写を基に捉えている。　　C(1)イ

準備物

・ワークシート⤵03　・並行読書教材

ワークシート・ICT 等の活用や授業づくりのアイデア

○ワークシートは余白を十分に取って作成する。後から自分の考えを書き足したり、仲間の意見を書き足したり、授業者の解説を記入することができるスペースを確保する。

○グルーピングの際、同じ描写選んだ生徒を確認するのに、表計算ソフトなどを利用することもできる。

1　導入（学習の見通しをもつ）

〈学習のめあての確認〉

T：今日は、自分が選択した本文の描写について、どのような表現の効果や作者の思いが込められているのか、同じ課題をもつ人同士で検討しましょう。

T：その後、複数の描写を根拠として、「作品に込めた作者の思い」を記録する学習活動に入りましょう。

3　終末（学習を振り返る）

T：次回はいよいよ、複数の描写を関連付けながら、作品に込めた作者の思いについて迫っていきましょう。

○どの描写に着目するかは、次回変更しても良いこととする。

○この時点で一度ワークシートを回収する。誤読や読み深められていない点を確認して、次回の支援・指導に生かす。

2　展開

〈作品の背景について調べる〉

T：前回は太平洋戦争についてどんなことを調べましたか。周りの人と情報交換をしましょう。

T：今日調べたいことを決めて、調べ学習を始めましょう。調べたことはワークシートに記録しましょう。

○端末機器がプリンターに接続可能であれば、気になる記事や写真資料などをプリントアウトしてワークシートに貼るのも良い。家庭学習として、戦争と平和にかかわる新聞記事を探すなどの学習活動を行うのも効果的である。

〈並行読書〉

T：当時の子供たちにとって戦争がどういうものであったか、他の作品からも考えていきましょう。長野ヒデ子さんの『NO WAR！は私の根っこ！』を

効果的な板書例

「大人になれなかった弟たちに……」　米倉斉加年

【今日のめあて】
本文の描写について、表現の効果や
作者の思いについて読み取る。

・桃の花が咲く～～桃源郷
　…美しく空爆の無い土
　地。これからの明る
　い未来を想像した。

　　　　↕対比

・白い乾いた一本道を三人で歩きました
　…　弟の死と
　無機質さ　　逃れられない事実の象徴
　　　　　　飢えと
　　　　　　いう現実

・大きくなっていたんだね
　　　　　　　・その時初めて母は泣き
　ました

栄養失調の状態であっても成長はしていた。ヒロユキ
も懸命に生きていたことに、母が改めて気が付く。

懸命に生きるわが子を守り切れなかった自責の念。子
どもを失う悲しみ。親としての責任を果たせなかった
悔しさ。

「ヒロユキは幸せだった」
生まれてきたのに満足に食べることすらできず死んで
いくヒロユキがあまりにも哀れだった。悲しみに打ち
砕かれそうな自分を納得させようとした。そう自分に
言い聞かせるしかなかった。
ミルクを盗み飲みした「僕」のために言った？ここだ
け「僕」で括られる？
わけ「ミルク」を盗み飲みした？当時の「僕」には母の真意が
わからなかった？

読んで、感想をワークシートに記録しましょう。

〈選択した描写について考える〉

Ｔ：それでは、本文の同じ描写に着目している人同士でグループになりましょう。表現の効果や作者の思いについて検討し、考えたことをワークシートに書き足しましょう。

○複数選択した描写から特に仲間と話し合いたい課題を１つ選ばせてグルーピングする。

＊前時のワークシートをもとにして、授業者があらかじめグループの原案を作っておいても良い。重要な叙述に生徒が気付かない可能性もあるので、少数派が集まる場所を設けたり、授業者から「～～という言葉に着目している人がいるよ」などと問いかけたりする方法もある。

＊グループワークでも必ず教科書を開き、本文のどこからそのように考えたのか確認させる。

＊どのような話合いになったか、後ほど全体に発表してほしいことを予告しておく。

Ｔ：話し合った内容をみんなに報告してください。

・「大きくなっていたんだね」という言葉から、ヒロユキが少しでも成長していて、母は嬉しかったという意見がでました。でも、「嬉しい」だと、直後の「その時、はじめて母は泣きました」の部分と合わないという意見も出ていて、結論がまとまりませんでした。

Ｔ：この時の母の思いは、どんなものだったのでしょうか。

＊必要に応じて学級全体から意見を募ったり、授業者が解説をしたりする。明らかな誤読や読み深められていない部分についても補足する。その時、一般化した言葉でまとめたり、複数の描写を関連付けて考えることのヒントになるような、解説と板書を心がけること。

大人になれなかった弟たちに…

主発問　「大人になれなかった弟たちに…」という作品に込められた作者の思いは何だろうか。

目標

　複数の描写を根拠として、作品に込めた作者の思いを読み取って、記録することができる。

評価のポイント

❶読書が、知識や情報を得たり、自分の考えを広げたりすることに役立つことを理解して、作品を読み進めている。　　　　　　　　　　(3)オ

❷場面の展開や登場人物の相互関係、心情の変化などについて、描写を基に捉えている。　　C(1)イ

❸読み取った事柄を自分の言葉でまとめて記録している。

準備物　　・ワークシート⏬04　・並行読書教材

ワークシート・ICT 等の活用や授業づくりのアイデア

○「作者が作品に込めた思いを読解して記録する」という言語活動のモデルを事前に提示する。その際、小学校で学んだ「一つの花」や「ちいちゃんのかげおくり」等のテキストを活用することも考えられる。

○ワークシートには、根拠と結論をつなぐ「理由」を書くスペースを大きく作ることが大切である。

1　導入（学習の見通しをもつ）

〈本時の課題を確認する〉

Ｔ：今日は、前時の学習を活かしながら作品に込められた作者の思いを考えて、記録しましょう。

○前時のワークシートの記述の状況から、補足が必要なことがあると判断すれば、適宜説明する。また、机間指導等で、支援を行う。

3　終末（学習を振り返る）

〈学習にまとめ・学習の振り返り〉

Ｔ：学習のまとめとして、学習目標の①について、何がどれくらいできたか、またはどんな課題が残ったかを書きましょう。

Ｔ：学習の振り返りとして、学習目標の②について、並行読書や調べ学習を通して、自分の考えが広まったことについて記入しましょう。

2　展開

〈並行読書〉

Ｔ：今日も、子供たちが経験した太平洋戦争についての作品を読みましょう。『大阪大空襲を体験して』です。

Ｔ：大阪大空襲について調べた人はいますか？

○読んだら短く感想を書かせる。時間があれば、これまで3作品を読んだ感想を発表させるとよい。

〈作品に込められた作者の思いについて考えたことを記録する〉

Ｔ：今日は、自分で選んだ複数の描写を関連付けて、作品に込められた作者の思いを考えていきます。

Ｔ：最終的に自分が選択した教科書の文や言葉に色ペンでサイドラインを引きましょう。

Ｔ：作品に込められた作者の思いを考

「大人になれなかった弟たちに……」　米倉斉加年

【今日のめあて】複数の描写を根拠として、作品にこめられた作者の思いについて記録する。

学習のまとめ
・一つの描写だけでなく、自分の考えを深めるために必要な本文の言葉を取り入れて解釈を深めることができた。またそれを仲間の考えと共に記録し、まとめることができた。
・作者の反戦の思いを、本文の中から関係する文を抜き取って、考えることができた。
・情景描写について、自分なりに理解して、登場人物の気持ちを読み取って記録することができた。

学習の振り返り
・小学校から戦争について作品を読んできたが、どの作品も子どもの身に何が起こっていたのかという内容だったことに気付いた。今、自分と同じくらいの年代の人の戦争体験を読みことで、当時の過酷さを改めて感じた。
・いくつかの作品から学んだ戦争についての考え方を、自分の中でつなげることを意識できた。

えるために、再読しましょう。

T：それでは考えたことをワークシートに書いていきましょう。

＊前時のワークシートを参考にしてよいことを伝える。

＊「結論」「根拠」「理由」という考え方を前単元までに学習していない場合は、さらに説明を加える。

・根拠　①ヒロユキは幸せだった。母と〜もっとかわいそうだった。

②母が、大きくなっていたんだね、とヒロユキのひざを〜〜初めて泣きました。

理由　もし、母が本当にヒロユキは幸せだったと思っているのであれば、その後泣くことはなかったはずだ。だから母は、ヒロユキは幸せに死ぬことができたと自分に言い聞かせることで、ヒロユキの死の悲しみに耐えようとしたのではないだろうか。

　また、棺が小さくて入らなかったヒロユキを見て、母が泣いたのは、栄養失調でも、少しずつでも成長している姿に気付いて、大人になるまで育ててあげたかったという強い思いと、幼い子供の命を守り切れなかったという自分を責める気持ちに耐えられなくなって涙がこぼれたのだろうと考えた。

結論　自分の弟や母や、その他にもたくさんの子供たちが苦しみ辛い思いをした戦争のことを忘れてはいけない。辛いことだからこそ、次の世代へと語りついでいかなくてはならない。

〈読み合わせ〉

T：4人グループになり記録した文章を読み合いましょう。

○付箋紙を配布して「結論に対して、根拠と理由が納得できるものになっているか」等のコメントを書かせてもよい。

星の花の降るころに（5時間扱い／読むこと）

指導事項：〔知・技〕(1)オ 〔思判表〕C(1)ウ、オ
言語活動例：小説を読み、考えたことなどを記録したり伝え合ったりする活動

単元の目標

(1)比喩、反復、倒置、体言止めなどの表現の技法を理解し使うことができる。

〔知識及び技能〕(1)オ

(2)場面と場面、場面と描写などを結び付けるなどして内容を解釈し、理解したことに基づいて、自分の考えを確かなものにすることができる。　〔思考力、判断力、表現力等〕C(1)ウ、オ

(3)言葉がもつ価値に気付くとともに、進んで読書をし、我が国の言語文化を大切にして、思いや考えを伝え合おうとする。　　　　　　　　　　　　　　　「学びに向かう力、人間性等」

単元の構想

〈単元で育てたい資質・能力／働かせたい見方・考え方〉

　文学的な文章を一つの作品として味わうために、個々の場面や描写を捉えるだけではなく、複数の場面を結び付けたり、作中人物の心情を描写と重ねたりする読み方を身に付けさせたい。読者が感覚的に捉えた作品の雰囲気や作中人物の心情が、どのような表現によるものなのか改めて文章に目を向けさせる中で、比喩の巧みさや、倒置の効果、象徴的に扱われるモチーフがあることなどに気付かせたいものである。

〈教材・題材の特徴〉共感

　小学校時代とは異なる人間関係の中で、もがいたり安堵を感じたりしながら生活している生徒たちは、自分や仲間のことのように感じながらこの作品を読むことだろう。また、平易な言葉による語り、短い文で差し込まれる心情の吐露など、生徒にとって読みやすい文章だと考えられる。それだけに、映像が浮かぶような描写や比喩表現、作品が閉じても主人公の生活が続くことを感じさせる終末など、「どのように書かれているか」に着眼させ、文学的な面白さを味わわせたいものである。

〈主体的・対話的で深い学びの視点からの授業改善ポイント／言語活動の工夫〉

　「銀木犀の木の下をくぐって出た」あとの「私」の生活はどう展開するのだろう。生徒の考えを、ぜひ聞いてみたい。生活体験や作中人物の相互関係の解釈の違いによって、考えは違ってくることだろう。そこで、単元を通して人物相関図を書きながら展開を追い、終末に第五場面を書く言語活動を位置付ける。自分が考えた続きの場面が、主人公と誰の関係に着眼して想像したものなのか仲間に説明することで、「自分の考えがより明確になった」という自覚をもたせたい。

時	学習活動	学習内容	評価
1	1．学習を見通し、通読する。 2．単元の流れを確認し、最終課題の予想を立てる。	○場面のまとまりに注意しながら通読する。 ○作品が４つの場面からなることを確認し、第五場面を予想する。	❹
2	3．第一・二場面の内容を捉える。 4．登場人物について考えたことを交流する。	○第一・二場面の登場人物を確認し、人物相関図を書き、語り手、作中人物の相互関係を捉える。また、印象に残った表現を述べ合う。 ○人物相関図を確認しながら、第一・二場面を読んで登場人物について考えたことを交流する。	❶ ❷
3	5．第三・四場面の内容を捉える。 6．人物相関図に加筆したことを説明し合う。	○第三・四場面を読み、人物相関図に加筆する。 ○人物相関図を見せ合いながら、加筆したことについて交流する。	 ❷
4	7．小説全体の構成を再確認し、第五場面を書く。	○第一〜四場面の時制を確認し、第五場面があるとしたら、いつの場面が考えられるか、話し合う。 ○時制を選び、一段落からなる第五場面を書く。	 ❸
5	8．第五場面を読み合う。 9．学習を振り返る。	○第五場面を読み合い、そのような展開にした理由について、人物相関図を使って説明し合う。 ○学習を振り返り、「『星の花が降る頃に』はどんな作品か」というテーマで自分の考えを書く。	❹

知識・技能	思考・判断・表現	主体的に学習に取り組む態度
❶比喩、反復、倒置などの表現の技法を理解し使っている。　　　　　(1)オ	❷「読むこと」において、場面と場面、場面と描写などを結び付けるなどして、内容を解釈している。　C(1)ウ ❸「読むこと」において、文章を読んで理解したことに基づいて、自分の考えを確かなものにしている。　C(1)オ	❹続きの場面を考えることを念頭におき、人物の相互関係を整理したり解釈したりしながら、自分の考えを確かなものにしようとしている。

〈指導と評価の一体化を図る見取りのポイント〉

　初読後に第五場面を予想させることで、続きを考えることを念頭において学習を進められるようにする。また、第五場面は一段落とすること、書く前に、「いつ」の場面を書くのか選べるようにすることで、読んで考えたことの表出がしやすくなるように配慮する。書いた文章だけでは考えの表出が不十分な生徒については、人物相関図を用いた説明の内容を合わせて「考え」と捉えたり、振り返りの内容で補ったりするなど、積極的に見取ろうとすることが大切である。

星の花が降るころに

主発問 主人公の「私」は、この先どうなるでしょう?

目標

　作品の特徴と場面のまとまりに注意しながら本文を通読し、単元の学習課題を設定する。

評価のポイント

❹作品のあらましを捉えた上で、単元の学習の見通しをもち、続きの場面を考えようとしている。
（ワークシートの記入内容から評価する。）

準備物

・ワークシート 🔽01

ワークシート・ICT 等の活用や授業づくりのアイデア

○教師発の学習課題であっても、生徒が納得して取り組めるようにしたい。そのため本時では、まず本文を通読し、作品の構造と特徴を把握する。その上で、「続きを予想する」ことを実際に行いながら、教材の特性とかみ合った学習課題として提案する。
○スカイエマ氏の絵は中学生を引き付ける。導入で効果的に使いたい。

---

1 導入（学習の見通しをもつ）

〈作品と出会い、本時の見通しをもつ〉

T：この単元で読む小説のタイトルと挿絵です。どんな作品だと想像しますか。

・ファンタジー・宇宙の話・学校物

・中学生か高校生が主人公

T：みなさんと同じ中学 1 年生が主人公の作品です。作品の特徴を捉えて、読み味わっていきましょう。

3 終末（学習を振り返る）

T：次の時間から、まず、作品をじっくり読みたいと思います。学習の進め方、次の時間の初めに提案します。通読したときに線を引いた「調べたい言葉」は、次の時間まで調べておきましょう。

＊授業と連動するように家庭学習の指示をする。また、本時のワークシートを回収し、記入状況・内容を把握する。

2 展開

〈場面と設定に注意しながら通読する〉

T：誰が登場するのか、いくつの場面で構成されているか、注意しながら聞いてください。読んだ後、みんなで確認します。また、印象に残ったところや後から調べたい言葉には線を引いておきましょう。

＊CD の朗読を聞かせてもよいが、生徒が場面の転換を捉えたり、読み仮名を書き込んだりできる速さで授業者が範読したいものである。また、通読後の活動は予告しておく。

〈場面ごとに設定を捉える〉

T：ワークシートに場面、場所、登場人物を整理して、グループで確認しましょう。

〈「一読後の捉え」と「最初の予想」を交流する〉

効果的な板書例

「星の花の咲くころに」 安東みきえ

【学習目標】作品のあらましを捉え、学習課題を設定する。

【今日のめあて】
・本文を通読し、場面のまとまりや登場人物などを捉える。
・単元の学習課題を設定し、最初の考えをもつ。

■場面ごとに設定を整理すると…

場面	1	2	3	4	5
時	去年の秋	昼休み	放課後	学校からの帰り	どうなる？
場所	銀木犀のある公園	教室 ／ 廊下	水飲み場	銀木犀のある公園	
登場人物	「私」「夏実」	「私」「戸部君」クラスメイト ／ 「私」「夏実」「戸部君」「隣の子」その他大勢	「私」「戸部君」	「私」	「私」「おばさん」

T：一言でいうとどんなお話ですか。

・「私」の友達の悩みが解決しない話
・「私」が「夏実」と仲直りしたい話
・「私」と「戸部君」の話
・中学生の「ある一日」の話
・もやっとした話

T：「私」と言っている語り手が主人公だ、ということは共通しているようですね。では、「私」は、この先どうなるのでしょう？話の続きを予想してみましょう。

・「私」の悩みが解決する／しない
・「私」が「戸部君」と仲良くなる／ならない
・「私」が「夏実」ではない友達を作る
・「私」が誰かとまた銀木犀の公園に来る
・「私」が少しだけ元気になる
・分からない／よく読まないと予想できない

＊ここでは、続きの場面を考える楽しい雰囲気が感じられるよう、自由に発言させる。また、予想しようとしている「わからない」という発言は、読むことへのモチベーションとなる素直な反応であり、大切にしたい。

〈作品の終末を確認し、単元の課題を設定する〉

T：いろいろな可能性がありそうですね。話の続きがさまざまに想像できるのは、この話の終わり方に特徴があるからですね。第4場面の最後の4行を声に出して読んでみましょう。

T：続く第5場面はどうなるか。それを考えることをこの単元の課題にしたいと思います。…今日はまず、最初の考えを「予想」として書き留めておきましょう。

＊ワークシートの表に「予想」の欄を付け足すように指示し、現時点での考えを記入させる。

＊単元の見通しをもつこと、単元の学びを振り返る際にスタート地点からの変容等を確認することが目的である。書けない・書かない生徒にはその理由を書き留めることを勧め、書かせるための無理な働きかけはしない。

星の花が降るころに

主発問 第1・第2場面で、「私」と「夏実」、「私」と「戸部君」は、それぞれ、どのような関係と捉えられますか。

目標
第1場面・第2場面の登場人物の相互関係や心情を、描写に注意しながら捉える。

評価のポイント
❶比喩、反復、倒置などの表現の技法を理解して使っている。 (1)オ
❷「読むこと」において、場面と場面、場面と描写などを結び付けるなどして内容を解釈している。 C(1)ウ

準備物
・単元の学習計画　ホワイトボード、ペン
・メモ用ワークシート⬇02

ワークシート・ICT 等の活用や授業づくりのアイデア

○人物相関図を書いて理解を深める学習活動は、小学校で経験している可能性が高い。想起させることで、必要な支援を見極めることが大切である。

○グループで書いた人物相関図が、一人一人の手元に残るようにしたい。一人一台端末で撮影させることなども考えられる。

---

1 導入（学習の見通しをもつ）

〈単元の見通しを再確認する〉

Ｔ：前の時間、作品の全体像を捉え、単元の課題を設定しました。皆さんの「最初の予想」をいくつか紹介します。

＊単元の目標などを示したプリントを改めて配布する。第一場面・第二場面の読みにつながるように、「私」と「夏実」の関係の予想を紹介することが考えられる。

2 展開

〈ねらいと進め方を確認する〉

Ｔ：グループで人物相関図を書きながら、内容を読み深めていきます。今日は、第一・二場面に登場する人物同士の関係と心情を読み取っていきます。グループを作って、ホワイトボードとペンを準備して下さい。

＊グループを作り、役割（進行・記録・発表）を決めるよう指示を出す。

〈第一・二場面の内容を捉える〉

Ｔ：前回のワークシートを見ながら、第一・二場面の時・場所・登場人物を確認しましょう。

＊人物像相関図を板書で示し、スムーズに始められるようにする。

Ｔ：第一・二場面を分担して音読しましょう。そして、次のことを話し合いながら、どんどん記入していきましょう。

3 終末（学習を振り返る）

Ｔ：全体での交流を経て、ホワイトボードに書き加えたいことがあったら、青ペン（別の色）で書きましょう。次の時間は第3・4場面について、登場人物の関係を考えます。ホワイトボードは消さないで、提出してください。

＊書くグループのホワイトボードは撮影しておき、次時に印刷して配布する。

効果的な板書例

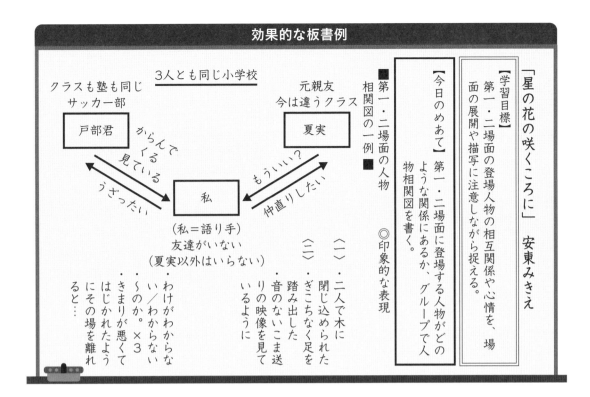

「星の花の咲くころに」　安東みきえ

【学習目標】
第一・二場面の登場人物の相互関係や心情を、場面の展開や描写に注意しながら捉える。

【今日のめあて】
第一・二場面に登場する人物がどのような関係にあるか、グループで人物相関図を書く。

◎印象的な表現

■第一・二場面の人物　相関図の一例■

〈一〉
・二人で木に閉じ込められた
・ぎこちなく足を踏み出した
・音のないこま送りの映像を見ているように

〈二〉
・わけがわからない／わからないの。×3
・きまりが悪くてはじかれたようにその場を離れると…

3人とも同じ小学校

クラスも塾も同じ
サッカー部

戸部君

からんでくる
見ている
うざったい

私
（私＝語り手）
友達がいない
（夏実以外はいらない）

元親友
今は違うクラス

夏実

もういい？
仲直りしたい

・「私」とのつながりがわかる情報
・「私」は／「私」をどう思っているか
・関係や心情が分かる印象的な表現とその効果
＊C→Bとするため次の支援が考えられる。

■評価①：印象的な表現を挙げているが、解釈とどうつながるか説明していないグループ
・表現を印象的だと感じた理由を説明させる。
・技法的ではない表現を提示し、比喩・反復・倒置などが用いられている表現と比較させる。
・比喩表現が表す様子や心情を説明させる。

■評価②：場面の展開や本文の記述を確かめずに「印象」を述べ合っているグループ
・本文のどこからそう捉えたのか、具体的に示しながら説明させる。
・二人の関係は、第一場面とどう違っているのか説明させる。

〈互いの考えから学ぶ場をコーディネートする〉
Ｔ：他のグループのホワイトボードから学ぶ時間を取ります。メモ用のワークシートを配

りますので、詳しく聞いてみたいことがあったらメモをとりましょう。
＊3人の登場人物を配置したワークシートを用意する。
Ｔ：なるほどと思ったことや、説明してほしいことがあった人は発表してください。

〈予想される生徒の反応と、教師の役割〉
・私のグループでは、「私」は「戸部君」を嫌っていると考えたのですが、Ａグループは「うざったい」、Ｃグループは「相手にする余裕がない」と捉えていて、なるほどなあと思いました。
＊上記のような発言は、そのままにしがちになる。発言した生徒のグループ、及びＡ・Ｂグループに理由や根拠となる表現を説明させることで、展開に着眼させたり、表現の効果に注目させたりすることにつながる。
Ｔ：みんなの話を聞いて、考えが更新された人は、メモしておきましょう。

星の花が降るころに

 主発問 第3・4場面に至って、「私」は変わりましたか？第一・二場面と比較してみましょう。

目標

第3・4場面の登場人物の相互関係や心情を、前の場面と比較したり、描写に注意したりしながら捉える。

評価のポイント

❷「読むこと」において、場面と場面、場面と描写などを結び付けるなどして内容を解釈している。

C(1)ウ

準備物

・前時に書いた人物相関図のコピー

・ホワイトボード、ペン

ワークシート・ICT 等の活用や授業づくりのアイデア

○第一・二場面と結び付けて考えることができるように、人物相関図を書く活動を繰り返す。本提案では、前時に引き続きグループ活動を行っているが、個人で人物相関図を書き、グループで交流しながら考えを深めていく展開も考えられる。

○Microsoft Whiteboard などを使い、大画面で共有することも考えられる。

1 導入（学習の見通しをもつ）

〈前時と本時をつなぐ〉

T：前の時間にグループでまとめた人物相関図を見てください。今日は、この関係がどうなっていくのか、また、他にどんなつながりが生まれるのか、第3・4場面を読んでいきましょう。

＊前時の学習を想起し、場面のつながりを意識して読み進められるようにする。

3 終末（学習を振り返る）

〈自分の「今」を振り返る〉

T：「私」は変わったのか、いろいろな考えが出されましたが、あなたは、どう考えますか？次の時間は、自分の考えをまとめて、「第5場面」を考えたいと思います。

＊ホワイトボードは消さずに提出させ、撮影して次時に印刷して配布する。

2 展開

〈グループ活動の準備をする〉

T：第三・四場面に登場する人物同士の関係と心情を読み取っていきます。

＊前時と同じグループで、前時とは違う役割分担（進行・記録・発表）をするよう指示を出す。

〈人物相関図を書きながら第三・四場面の内容を捉える〉

T：場面ごとの設定をまとめたワークシートを見てください。第三・四場面の「時」「場所」「登場人物」を確認しましょう。「私」と「戸部君」の関係に変化はあるでしょうか。また、「私」が「おばさん」と出会ったことで、どのようなことが起こるのか、読み取っていきましょう。

〈第三・四場面の内容を捉える〉

T：前回と同じように、まず、第三・

効果的な板書例

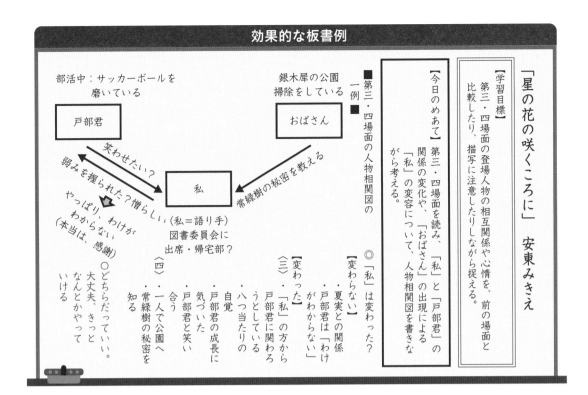

「星の花の咲くころに」安東みきえ

【学習目標】
第三・四場面の登場人物の相互関係や心情を、前の場面と比較したり、描写に注意したりしながら捉える。

【今日のめあて】
第三・四場面を読み、「私」と「戸部君」の関係の変化や、「おばさん」の出現による「私」の変容について、人物相関図を書きながら考える。

◎「私」は変わった？

■第三・四場面の人物相関図の一例■

部活中：サッカーボールを磨いている
[戸部君]

銀木犀の公園掃除をしている
[おばさん]

[私]
（私＝語り手）
図書委員会に出席・帰宅部？

戸部君 → 私：笑わせたい？
私 → 戸部君：弱みを握られた？憎らしい
おばさん → 私：常緑樹の秘密を教える

やっぱり、わけがわからない
（本当は、感謝）

○どちらだっていい。
大丈夫、きっとなんとかやっていける

【変わらない】
・「私」は「わけがわからない」

〈三〉
・夏実との関係
・戸部君との関係
・戸部君は「私」に関わろうとしている
・八つ当たりの自覚

〈四〉
・戸部君の成長に気づいた
・戸部君と笑い合う
・一人で公園へ常緑樹の秘密を知る

【変わった】
・「私」の方から戸部君に関わろうとしている

四場面を分担して音読しましょう。そして、読み取ったことや気付きをどんどん記入していきましょう。

＊C→Bとするため次の支援が考えられる。

■評価❷：第三場面で、「私」や「戸部君」の部分的な言動だけを記入しているグループ

・前後の描写と結び付けると、どのような心情が読み取れるかを問う。そのうえで、第二場面と比較してみるよう促す。

■評価❷：第四場面について、「私」と「おばさん」の関係性（話しかける／話しかけられる）だけを記入しているグループ

・会話の内容に注目させ、「おばさん」との会話によって「私」が新たに知ったことは何かを問う。

・「おばさん」と会話した後の「私」の行動や独白（語り）に注目させ、「おばさん」との出会いによる心境の変化を問う。

〈人物の相関を確認し、「私」の変容を考える〉

Ｔ：Ａグループの書いた人物相関図です。確認したいところはありませんか…。付け加えることがあるグループはありませんか。

＊一つのグループの相関図を全体に示し、確認や補足をしたうえで進める。

Ｔ：第一・二場面から、「私」は変わりましたか？前の時間に書いた人物相関図や教科書を見ながら考えてみましょう。

〈予想される生徒の反応と、教師の役割〉

＊上の板書イメージの下部のような反応が予想される。例えば【変わらない】に出された意見は、全体に問い直すことで、考えを深め、次時の学習につなげる材料になる。

☞「夏実との関係」に変化はないようですね。では、「私」はまた、第二場面と同じような行動を取るのでしょうか。

☞また「わけがわからない」が出ましたね。
…語っている「私」の心境は、第二場面の「わけがわからない」と同じでしょうか。

星の花が降るころに

主発問 「第4場面」に続く「第5場面」で、「私」はどうなりますか。どの登場人物とのつながりに注目して、そう考えましたか。

目標

作品を読んで理解したことに基づいて、本文に続く「第五場面」を考える。

評価のポイント

❸ 「読むこと」において、文章を読んで理解したことに基づいて、自分の考えを確かなものにしている。（「第五場面」の内容から評価する。） C(1)オ

準備物

・第3・4場面の人物相関図のコピー、
・ワークシート⏷03、付箋紙

ワークシート・ICT等の活用や授業づくりのアイデア

○本時の書く活動は、作品を読んで理解したことに基づいて自分の考えをもつことができているかをみるための活動である。自分の読みと結び付けて考えることができるように、「第5場面のポイント」を明らかにするためのワークシートを用意する。

○1人1台端末の文書作成ソフトで第5場面を書くことも考えられる。

---

1 導入（学習の見通しをもつ）

〈前時までと本時をつなぐ〉

T：1時間目のワークシートを見てください。予想した第5場面を、読み返してどうですか？第1〜4場面を読んで考えたことを基に、改めて「第5場面」がどうなるか、自分の考えをまとめます。

＊精読前の予想を振り返り、自分の考えの深まりや変容を自覚できるようにする。

3 終末（学習を振り返る）

〈次回の学習内容を予告する〉

T：次の時間は、今日書いた「第5場面」を読み合い、考えを交流します。どうしてそういう「第5場面」になると考えたのか、説明できるようにしておきましょう。

＊全員が書き終えていれば、ワークシートと作品を回収し、記入内容を把握する。

2 展開

〈文章を読んで理解したことを言語化し、着眼点を明らかにする〉

T：前回の最後に聞きましたが、この作品の主人公である「私」は、変わったと思いますか？自分の考えを、隣同士で交流しましょう。

T：では、そんな「私」になったのは、誰とのどんな関わりがあったからですか。人物相関図を見返して「ここだ！」というところに付箋紙をつけましょう。

＊これまでの学びを振り返らせ、「作品を読んで理解したことに基づいて」考えることができるようにする。

〈第5場面を書きながら、考えを明確にする〉

T：では、本文に続く第5場面を考えて書いてみましょう。ワークシートに

「星の花の咲くころに」　安東みきえ

【学習目標】
作品を読んで理解したことに基づいて、自分の考えを確かなものにする。

【今日のめあて】
作品を読んで自分が理解したことを振り返り、本文に続く「第五場面」を考えて書く。

■…『時』別
書き出しのアイデア■
…困っている人は、参考に。

【夕方】
・夕方になり、日差しは夕焼けに変わっていた
・日が暮れかけて、
・公園を出ると、
・公園からの帰り、

【次の日】
・次の日の朝、・次の日の昼休み、
・翌日、・翌日登校すると、
・昨日と違って、今朝は涼しい

【数日後】
・九月も半ばになり、
・いつものような数日が過ぎた

【今年の銀木犀の季節】
・今年も銀木犀が咲く季節になった
・銀木犀の花は相変わらず甘い香りで、
・やっと秋らしくなって、銀木犀が咲き始めた

【翌年の銀木犀の季節】
・中学三年の秋、また銀木犀の季節がやってきた

ポイントをまとめてから書いても、第5場面を書いてから、読み返してワークシートにポイントを整理しても、どちらでもよいです。

■第5場面のポイント■
・ずばり、「私」はどうなる？〈a〉
・そんな「私」に影響を与えたのは誰のどんな言動？〈b〉
・第5場面の「時」はいつ？
・第5場面の「場所」はどこ？
・第5場面の登場人物は誰？

＊構想を練る中で自分の考えを明らかにしてから書く生徒もいれば、考えながら書き、読み返すことで自分の考えを自覚する生徒もいる。前者のタイプで、構想がまとまっても書き出せない生徒に対する支援として、第5場面の「時」の設定に着眼させ、作品の設定や本文中の表現を参考にさせるとよい。上記のように、必要な生徒が参考にできるよう、板書しておくことが考えられる。

（生徒作品例）

昨日と同様、今日も朝から暑い。しかし、暑さにげんなりしている場合ではない。私は今日、あることを心に決めて学校に向かっているのだ。

少し緊張しながら、教室のドアを開ける。

「おはよう」

声が上ずったかもしれない。みんなに聞こえる声で言えただろうか。…そう思ったとき、耳になじんでいた声が聞こえた。

「おっす、あっちいなー」

別の声も聞こえてくる。

「おはよう。もう九月なのにね。」

大丈夫、なんとかやっていける。友達とよびたい人を見つけよう。方の力を抜いて、私はみんなに笑顔を向けた。（234字）

＊書き終えた生徒には、ポイントのうち、a・bを明らかにすることができているかを確認する。

星の花が降るころに

主発問 「星の花が降るころに」は、どんな作品でしたか？

目標

　創作した第5場面を読み合い、作品中の場面とのつながりを説明し合う活動を通して、自分の考えをより確かなものにすることができる。

評価のポイント

❹交流を通して、作品に対する自分の考えを確かなものにしようとしている。（活動の様子や振り返りの内容から評価する。）

準備物

・前時のワークシート（第5場面を含む）
・付箋紙大（黄色）、付箋紙小（ピンク）、振り返り記入用紙

ワークシート・ICT等の活用や授業づくりのアイデア

○グループでの交流は、聞き方の指導がポイントになる。機械的に発表順を決めるのではなく、自分の考えとのつながりに注意しながら聞き、関連付けて発表できるように指導したい。
○グループ交流の初めに、1人1台端末のカメラで第5場面を撮影させ、画面で文章を見ながら仲間の発表を聞くことも考えられる。

1 導入（学習の見通しをもつ）

〈前時を振り返り今日の目標を確かめる〉

Ｔ：今日は、みなさんが書いた「第5場面」を読み合い、作品とのつながりを説明し合って考えを広げたいと思います。そのうえで、自分の考えを改めてまとめていきます。

＊交流の内容とねらいを明らかにし、見通しをもって学習できるようにする。

3 終末（学習を振り返る）

〈交流での気付きや深まりを踏まえ、改めて作品について考えたことを書いてみる〉

Ｔ：では、交流して深まった考えや新たに気づいたことを踏まえて、「『星の花が降るころに』はどんな作品か」、自分の考えを書きましょう。また、作品の続きを考える活動をしてみて考えたことや感じたことも書き留めておきましょう。

2 展開

〈グループで交流する〉

Ｔ：交流の前半は、グループで行います。発表順は、第5場面の「時」が第4場面に近い順にします。発表の内容は、自分の書いた第5場面の音読と、そういう展開を考えた理由の説明です。本文や人物相関図を使って説明してください。音読と説明、どちらが先でもよいです。発表したら、質問や感想を聞きましょう。聞いている人は、自分の作品や考えとのつながりに注意しながら聞き、続けて発表した方がよいか、判断して意思表示してください。グループでの交流の後、自由に読み合う時間を取ります。

＊4～5人グループでの交流ならば、20分程度時間をとる。

○交流の様子

効果的な板書例

「星の花の咲くころに」 安東みきえ

【学習目標】
交流を通して、作品に対する自分の考えをより確かなものにする。

【今日のめあて】
第五場面を読み合い作品とのつながりを説明し合って考えを広げよう。作品に対する自分の考えを改めてまとめる。

■交流の進め方

【グループ交流】
・発表順
*一番：第五場面の「時」が第四場面の「時」に最も近い人
*二番目以降：内容の関連がある人が自主的に続く
・内容（順不同）
**第五場面の音読
**第五場面と作品中の場面とのつながりの説明

【フリー】
・付箋紙でコメントを残す
*黄色：感想記入（氏名忘れず）☞ワークシートの裏に貼る
*ピンク：氏名☞印象に残った表現、工夫された表現に貼る

生徒a：「作品とのつながりを先に説明します。私は、まず、第3場面の最後に注目しました。第3場面の初めは「憎らしくてしかたがない」と言っていた戸部君と、ここでは笑い合っています。実は、戸部君は、うまくやれていない「私」を気遣って笑わせようとしていて、「私」もそれに気が付いたのが、この場面なのではないかと思いました。そして、第4場面の最後には、銀木犀の花を拾う相手が夏実ではなくてもいいみたいなことを言っています。ここで「私」は夏実ではなくても、友達になれる人がいるのではないかと思い始めていると考えました。だから、「私」は友達をつくろうとするんじゃないかと考えて、第5場面を書きました。では、第5場面を読みます。「昨日と同様、今日も朝から暑い。しかし…（以下、4/5参照）。質問や感想はありませんか。」
生徒b：「私もaさんと同じように、第4場面

の最後に注目したのですが、目の付けどころが少し違っていて、おもしろいと思いました。続けて発表してもよいですか？……私が注目したのは、「ここで、いつかまた夏実と花を拾える日が来るかもしれない」です。第1・2場面での「私」の「夏実」に対する気持ちの強さを考えると、まずは、「これで最後」という思いでもう一度だけ、仲直りしようとするのではないかと考えました。…

〈作品を読み、付箋紙でコメントする〉

T：机の上に、第5場面を書いたワークシートを置いてください。これから仲間の作品を自由に読む時間を取ります。読んだら、黄色の付箋紙に感想と自分の名前を書いてワークシートの裏に貼ってあげてください。また、本文にあったような印象に残る表現や工夫されていると感じた表現があったら、ピンクの付箋紙に自分の名前を書いて、その表現の近くに貼りましょう。

4　心の動き
聞き上手になろう（１時間扱い／話すこと・聞くこと）

指導事項：〔知・技〕(1)エ　〔思判表〕A(1)エ
言語活動例：きき方の工夫や質問の種類について知り、実際に対話の中で使う。

単元の目標

(1)音声の働きや仕組みについて、理解を深めることができる。　　　　　　　〔知識及び技能〕(1)ア
(2)必要に応じて記録したり質問したりしながら話の内容を捉え、共通点や相違点などを踏まえて、
　自分の考えをまとめることができる。　　　　　　　　〔思考力、判断力、表現力等〕A(1)エ
(3)言葉がもつ価値に気付くとともに、進んで読書をし、我が国の言語文化を大切にして、思いや考
　えを伝えあおうとする。　　　　　　　　　　　　　　　　　　　「学びに向かう力、人間性等」

単元の構想

〈単元で育てたい資質・能力／働かせたい見方・考え方〉

　学習指導要領解説では、聞き手が話し手に質問する際の要点として「その場の状況に応じて話の
途中で質問したり、話が終わった時点で質問したりするなど、質問の適切な機会を捉えるととも
に、話し手が伝えたいことを確かめたり、足りない情報を聞き出したりするなど、知りたい情報に
合わせて効果的に質問すること」を挙げている。本単元では、その対話の目的の達成に貢献する聞
き手、対話を主導するような主体的な聞き手となるために必要な、質問しながら話の内容を捉えら
れるように聞く力や、相手から詳しい話や相手の考えを引き出すように質問する力、また対話に主
体的に参加する態度を育てていきたい。

〈教材・題材の特徴〉

　本単元の導入では、「夏休みの思い出」についての簡単なスピーチが例示されている。このス
ピーチに対して、p.117では４点の［きき方の工夫］、２点の［質問の種類］を具体的に提示して
いる。質問をするということは、話を聞いてよく分からなかった部分について尋ねるものだと捉え
がちである。しかし、この［きき方の工夫］と［質問の種類］を読めば、質問の働きはそれだけで
はなく、話の続き促したり、より詳しい話を引き出したりすることも含まれていることが理解でき
るであろう。また、p.16〜17の「声を届ける」の学習を想起させ、話し言葉ならではの特性につ
いて実践を伴って理解するとともに、それを踏まえた対話の運び方を身に付けることができる単元
である。

〈主体的・対話的で深い学びの視点からの授業改善ポイント／言語活動の工夫〉

　中学一年時の学習者にとって、今回単元で扱う［知識及び技能］に関する指導事項は、理屈では理解、納得できたように思えても、実際の対話の中で意識的に使い分けていけるようになることは容易ではない。そこで、まずは話し手のスピーチに対して思い浮かんだ質問を自由に出させる。次の段階として、「今の質問は［質問の種類］のうちのどちらの質問に当てはまるか」を考えさせることで、言語活動を通した知識・技能の定着を図っていく。

単元計画

時	学習活動	学習内容	評価
1	1．教科書を読み、［きき方の工夫］や［質問の種類］について知る。	○林さんのスピーチを読み（もしくはQRコードを読み込み、スピーチを聞くことも可）、［きき方の工夫］や［質問の種類］について知る。	❶
	2．対話の練習をする。	○二人一組になり、話し手と聞き手の二役で分担し、話し手は一分程度の簡単なスピーチをする。 ○聞き手は、五分間で、話し手から話の内容を引き出せるような質問を考え、実際に質問する。 →　役割を変えて、上記を繰り返す。	❷ ❸
	3．対話という言語活動における実践について、ルーブリックを使って振り返る。	○ルーブリックによる自己評価を行い、上記の言語活動において自分が聞き手として実践できた［きき方の工夫］や［質問の種類］の数と回数を振り返る。	

評価規準

知識・技能	思考・判断・表現	主体的に学習に取り組む態度
❶音声の働きや仕組みについて、理解を深めている。 (1)ア	❷「話すこと・聞くこと」において、A必要に応じて記録したり質問したりしながら話の内容を捉え、共通点や相違点などを踏まえて、自分の考えをまとめることができる。　　A(1)エ	❸進んで記録したり質問したりしながら、話の内容を捉え、今までの学習を生かして話を引き出そうとしている。

〈指導と評価の一体化を図る見取りのポイント〉

　本単元における「指導と評価の一体化」を見取るための手立てとして、ルーブリックを用いた振り返りが考えられる。「学習評価に関する資料」（文部科学省）によると、「ルーブリック」とは「成功の度合いを示す数レベル程度の尺度と、それぞれのレベルに対応するパフォーマンスの特徴を示した記述語（評価規準）からなる評価基準表」だと述べられている。二人一組の対話の言語活動の中で、聞き手として、どのパフォーマンス（聞き方の工夫や、質問の種類）を、どの程度（回数）実践できたかを各自が振り返ることができる。また、達成水準が明確化されることから、複数の評価者がいる場合でも、その評価にばらつきがでないようにすることも可能となる。さらに、継続して取り組ませることで、学習者の最終的な到達度だけではなく、現時点での到達度や伸びを測ることも可能となる。

聞き上手になろう

 聞き上手な人はどのような工夫をしていて、どのような種類の質問をしているでしょう。

目標

話を聞き、内容を捉えながら、必要に応じて引用したり言い換えたり、質問したりして対話をすることができる。

評価のポイント

❶話す速度や音量、言葉の調子や間の取り方などに注意しながら対話を聞いている。 (1)ア

❷話し手のスピーチに耳を傾け、聞いたことを基に、正しく理解しようとしている。 A(1)エ

❸進んで記録したり質問したりしながら、話の内容を捉え、話を引き出そうとしている。

準備物 ・ワークシート⬇01

ワークシート・ICT 等の活用や授業づくりのアイデア

○二人一組で行った対話（スピーチと、それに対する質問）を振り返り、[きき方の工夫] や [質問の工夫] についてどのようなパフォーマンスを、どの程度できたかについてルーブリックを用いた自己評価ができるようなワークシートを用意する。

＊モデルとする林さんのスピーチは、QR コードを読み取って再生できる。

1 導入（学習の見通しをもつ）

〈授業展開とゴールを説明する〉

T：「○○上手」という言葉があります。今日は「聞き上手」になるためにはどうすればいいかを学びます。「聞き上手」のコツを学び、実際に対話をしながら実践してみます。最後はどのくらい「聞き上手」に近付けたのかを振り返ります。

3 終末（学習を振り返る）

〈振り返る〉

T：聞き手としての自己評価を行います。ワークシートの表の中に、工夫と質問がどの程度できたか書いてください。

○目標値に到達しない生徒は、どうすれば達成できるか、また、到達した生徒は、さらに上位を目指すためにどうするか文で書かせる。全体で発表させてもよい。

2 展開

〈「聞き上手」について考える〉

T：では、「聞き上手」とはどのような聞き方をする人のことなのでしょう。

・黙って話を聞く人

・質問して相手の話を引き出す人

・対話を充実させることができる人

T：みなさんが考える「聞き上手」な人は、どのような工夫をしていて、どのような種類の質問をしているでしょう。

・黙って話を聞くだけではなく、相づちをうったり相手の言葉を繰り返したりしながら話を聞いています。

・相手の言葉を引用して質問します。

・他の言葉で言い換えて確かめています。

・「はい・いいえ」などで答えられる質問と、自由に答えられる質問を使い分けて質問しています。

効果的な板書例

聞き上手になろう

【学習目標】
「聞き上手」になるための［きき方の工夫］と
［質問の種類］を知り、対話で使おう。

【今日のめあて】　※　一時間扱いのため、学習目標と
同様

◎「聞き上手」とはどのような聞き方をする人？
・黙って話を聞く人
・質問して相手の話を引き出す人
・対話を充実させることができる人

◎「聞き上手」な人の…
①　聞き方の工夫
　・相づちをうつ
　・相手の言葉を繰り返す
　・〟　〟　引用する
　・〟　〟　言い換える

②　質問の種類
　・絞る質問（はい／いいえで答える）
　・広げる質問（自由に答える）

○なかなか意見が出ない場合は、先ほどの「聞き上手な人はどのような聞き方をする人か」で出た考えをもとにして、考えを引き出す。

（例）「質問して相手の話を引き出す、という考えが出ましたが、どんな質問だと、相手の話を引き出せるでしょうか？」

（例）「あなたが話し手だとして、どんな質問をされたら話したくなりますか？」

〈きき方の工夫、質問の種類を知る〉

T：いろいろな考えが出ましたね。では教科書を読んで、［きき方の工夫］と［質問の種類］を確かめましょう。

＊教科書で紹介されている［きき方の工夫］と［質問の種類］が生徒から出ている場合は、生徒の意見を大切にし、教科書上では簡単に触れる程度にとどめるとよい。

〈対話をする〉

T：では、［きき方の工夫］と［質問の種類］を二人一組になって、対話をしながら実践してみましょう。話し手と聞き手役の二役に分かれましょう。話し手の人は「○○」について一分間程度でスピーチをしてください。聞き手の人は、スピーチを聞きながら先ほどのきき方の工夫、質問の種類をもとに、話を引き出して対話を充実させましょう。終わったら、交代しましょう。

＊スピーチや質問は、その場で考えさせることを想定しているが、生徒の実態に応じて、構想を練る時間、一人で練習する時間や、質問を考える時間をとることも考えられる。

T：終わったら、このシートを使って、対話を振り返ります。どの工夫・どの質問をどのくらい使ったか、数えておいてください。

＊ルーブリックで自己評価を行うことを、提示し、評価の見通しをもたせてから対話を実践させる。目標値も一緒に明示するとよい。

＊他にも聞き手の工夫が、生徒から出ていた場合、ルーブリックの表に柔軟に加えてもよい。

4 心の動き
項目を立てて書こう（2時間扱い／書くこと）

> 指導事項：〔知技〕⑵イ 〔思判表〕B⑴ア
> 言語活動例：本や資料から文章や図表などを引用して説明したり記録したりするなど、事実や
> 　　　　　　それを基に考えたことを書く。

単元の目標

⑴比較や分類、関係付けなどの情報の整理の仕方、引用の仕方や出典の示し方について理解を深
　め、それらを使うことができる。　　　　　　　　　　　　　　〔知識及び技能〕⑵イ

⑵目的や意図に応じて、日常生活の中から題材を決め、集めた材料を整理し、伝えたいことを明確
　にすることができる。　　　　　　　　　　　　〔思考力、判断力、表現力等〕B⑴ア

⑶言葉がもつ価値に気付くとともに、進んで読書をし、我が国の言語文化を大切にして、思いや考
　えを伝え合おうとする。　　　　　　　　　　　　　　　「学びに向かう力、人間性等」

単元の構想

〈単元で育てたい資質・能力／働かせたい見方・考え方〉

　本単元では、タブレットを使って「案内文」を作成させる。案内文が実生活においてどのような
場面で用いられ、どのような役割を果たしているかを考えさせることを通して、読み手の立場に
立って書くことが重要であることに気付かせていく。そのうえで、案内文にどのような情報を載せ
る必要があるのか、また、どのように書き表すと伝わりやすいのかを、目的や意図に応じて適切に
判断し、表現できる力を育成していきたい。

　本単元では、情報の整理の仕方についても指導を行う。記号や符号を使って関係付けたり、表を
使って比較したり、ランキングを作って順位付けしたりするなど、様々な情報の整理の仕方がある
中で、案内文の作成においてはどのような整理の仕方が最適であるかを考えさせていく。本単元の
みの指導で身に付くものではないが、将来的に、目的や意図に合った情報の整理の仕方を適切に判
断し、使いこなすことができる生徒にしていきたい。

〈教材・題材の特徴〉

　本単元では、案内文の題材として「運動会」を取り上げる。運動会は屋外で行われることが多
く、天候などの気象条件に左右されやすいため、案内文に、「日時」「場所」などの基本的な情報の
他、天気がよくなかった場合のことを想定した情報を載せる必要がある。そのため、運動会という
題材は、様々な想定の上に立って掲載する情報を検討する必然性を生じさせるため、徹底的に読み
手の立場に立って考えることが求められる案内文の題材として有効であると考える。案内文のモデ
ルには、授業での学びが実生活に結び付くことを実感させるため、実際に使われた複数の案内文を
用いる。それらを比較読みさせることで、案内文の基本的な構成や書きぶりの特徴などに気付かせ
ていく。情報の整理の仕方を指導する際には、教科書 p.32「比較・分類」を活用する。

〈主体的・対話的で深い学びの視点からの授業改善ポイント／言語活動の工夫〉

　本単元では、「クラスの保護者」「地域住民向け（回覧用）」「地域の小学校向け」の３種類の案内文を３人グループで分担して作成させる。３人グループで活動させることにより、すべてに共通している情報や読み手によって異なる情報などを、自然な対話の中で発見したり、読み手が誰であるかを自覚し直したりできるようにする。また、情報を整理するための思考ツール（表やベン図など）を印刷したＡ５判のワークシートや付箋紙などを教卓等に置いておき、生徒一人一人が必要に応じて活用できるようにする。

　本単元は、教科書 p.120「[推敲] 読み手の立場に立つ」と関連を図りながら展開する。

単元計画

時	学習活動	学習内容	評価
1	1．案内する事柄と相手を決め、情報を整理する。	○身の周りの案内文を参考に、案内文の役割について考える。 ○運動会の案内文に載せる情報を集め、項目ごとに整理する。	❶
2	2．案内文を作成する。	○伝えたいことを明確にし、読み手に応じた書き表し方を工夫しながら案内文を書く。	❷ ❸

評価規準

知識・技能	思考・判断・表現	主体的に学習に取り組む態度
❶比較や分類、関係付けなどの情報の整理の仕方、引用の仕方や出典の示し方について理解を深め、それらを使っている。　　　　(2)イ	❷「書くこと」において、目的や意図に応じて、日常生活の中から題材を決め、集めた材料を整理し、伝えたいことを明確にしている。　　B(1)ア	❸集めた情報を工夫しながら整理し、学習課題に沿って案内文を書こうとしている。

〈指導と評価の一体化を図る見取りのポイント〉

　第１時では、集めた情報を項目ごとに整理することができているかを、ワークシートでの整理の状況から見取る。記号や符号の使い方、思考ツールの活用の仕方、付箋紙の使い方等に工夫が見られる生徒がいた場合は、全体の前で紹介したり生徒同士の交流を促したりして、互いの整理の仕方のよさを共有できる時間を作る。

　第２時では、項目ごとに伝えたい内容を明確にし、短く端的に書き表すなど、書き表し方に工夫が見られるかを、案内文への記述から見取る。

　第１・２時で見取れなかった部分については、単元後に、完成した案内文を基に評価する。

項目を立てて書こう　案内文を書く

主発問　案内文にはどのような情報を載せればよいでしょう。

目標

　案内文に載せる情報を集め、項目に沿って情報を整理することができる。

評価のポイント

❶集めた情報を項目ごとに整理しながら、目的や相手に応じて案内文に載せる情報を考えている。

(2)イ

準備物

・1人1台端末　・実際に使われた案内文
・思考ツールを印刷したワークシート⤓01

ワークシート・ICT 等の活用や授業づくりのアイデア

○本単元における情報源は運動会に関する資料となる。そのため、配布になったプログラムやおたよりなどを、各自ファイリングさせておくとよい。

○情報を整理するための思考ツールを印刷したワークシートや付箋紙を置いておき、各グループの必要に応じて使用させる。

1　導入（学習の見通しをもつ）

〈単元のねらいと言語活動を知る〉

Ｔ：今回はみなさんに、1人1台端末を使い、来月行われる「運動会の案内文」を作成してもらいます。みなさんが作成した案内文は実際に使用したいと考えています。ですので、案内文に載せる情報や書き表し方を吟味しながら、実社会で使える案内文を作成していきましょう。

2　展開

〈案内文の役割について考える〉

Ｔ：案内文を書く上で大切なことは何でしょうか。実際に使われた案内文を参考にしながら、周りの人と話し合ってみましょう。

○実際に使われた複数の案内文を印刷したプリントを配布する。

Ｔ：それでは、話し合ったことを発表してください。

・必要な情報を正確に載せることです。

・読み手が内容を正しく理解できるように書くことです。

Ｔ：そうですね。案内文を頼りにして読み手は行動するので、正しい情報を分かりやすく伝えることが大事になりますね。では、今みなさんから出てきた意見を念頭に置きながら、早速案内文を作成していきましょう。

3　終末（学習を振り返る）

〈学習を振り返る〉

Ｔ：今日は、案内文に載せる情報の整理をしましたが、各グループ、どのような方法で情報を整理し、その結果どのようなことが明らかになったかを教えてください。

効果的な板書例

項目を立てて書こう　案内文を書く

【学習目標】
集めた情報を項目ごとに整理し、目的や意図に応じて載せる情報や書き表し方を考えることができる。

【今日のめあて】　○案内文に載せる情報を集め、項目に沿って整理する。

案内文を書く上で大切なこと
・必要な情報を正確に載せること。
・読み手が内容を正しく理解できるように書くこと。

配布する相手
①クラスの保護者
②地域の住民（回覧用）
③地域の小学生

案内文に載せる情報の違いを明らかにするためにはどのような整理の仕方が効果的でしょう？

○表…比較がしやすい。
○ベン図…共通点と相違点がはっきりする。

〈読み手を確認する〉

Ｔ：案内文を配布する相手は、「クラスの保護者」「地域の住民（回覧用）」「地域の小学生」です。グループの３人で役割を分担しましょう。

○３人グループは事前に決めておく。

〈案内文に載せる情報を整理する〉

Ｔ：今日は案内文に載せる情報を整理します。初めに、以前学習した情報の整理の仕方を確認しましょう。

○教科書 p.32 を使い、情報の整理の仕方を確認する。

Ｔ：情報の整理の仕方には様々ありますが、今回はどのような方法が効果的でしょうか。

・読み手によって載せるべき情報に違いがでるはずだから、比較がしやすい表を使うとよいです。

・共通点と相違点をはっきりさせる必要があるからこの丸が二つ重なった図（ベン図）を使

うとよいと思います。

Ｔ：なるほど、確かに読み手によって載せる情報の違いが明らかになりそうですね。それでは、今出た意見をもとに、グループごとに案内文に載せる情報を整理しましょう。

○いくつか意見を出させたうえで、最終的には各グループに判断させる。

＊机間指導の際、必要に応じて以下の観点を示し、情報の収集や整理をする際の手掛かりとさせる。

①読み手が誰かに関わらず、必ず載せなければならない情報は何か。

②その読み手だからこそ必要な情報は何か。

③自分がぜひ伝えたいと思う情報は何か。

＊他のグループとは異なる特徴的なまとめ方をしているグループがあった場合は、全体の前で紹介するなどし、整理の仕方の多様性を共有できるようにする。

項目を立てて書こう　案内文を書く

主発問 どのように書き表せば伝えたいことが明確になりますか。

目標

　伝えたい内容を明確にし、書き表し方を工夫しながら案内文を書く。

評価のポイント

❷伝えたい内容を明確にし、項目の順番を考えたり短く端的に書いたりするなど、書き表し方を工夫することができる。　　　　　　　　B(1)ア

❸集めた情報を工夫しながら整理し、案内文を書こうとしている。

準備物

・1人1台端末

ワークシート・ICT 等の活用や授業づくりのアイデア

○案内文の作成については、1人1台端末の文書作成ソフトを使用する。生徒の実態（例えば、端末の操作技能など）に応じて、「日付」や「行事名」など、基本的な情報関する「項目」など、読み手によって変わることのない部分が事前に書かれてあるシートを使わせてもよい。

1　導入（学習の見通しをもつ）

〈本時のねらいを知る〉

T：前回の授業では、案内文に載せる情報を整理しました。それを踏まえ、本時では伝えたいことを明確にし、案内文を完成させてもらいます。その際、伝えたいことが正しく読み手に伝わるような書き表し方を工夫しましょう。

3　終末（学習を振り返る）

〈学習を振り返る〉

T：今日は、読み手に正しく情報を伝えるための書き表し方を工夫しながら案内文を作成してきましたが、特にこだわった点について、プリントアウトした案内文の裏面に書き込みましょう。

2　展開

〈書き表し方の工夫について考える〉

T：作成に入る前に、案内文での書き表し方の特徴や工夫について考えてみましょう。前回の授業で配布したプリント（実際に使われた複数の案内文）を見比べ、気付いたことを発表してください。

・一文が短いです。

・箇条書きで書いているものが多いです。

・敬語を使っています。

・会場図が載っているものがあります。

・期日が最初に書かれてあります。

T：確かにそうですね。なぜそのような書き表し方をするのでしょうか。案内文の役割を考えながらグループで話し合ってみましょう。

・読み手については「いつ」「どこで」

効果的な板書例

項目を立てて書こう　案内文を書く

【今日のめあて】　○伝えたい内容を明確にし、書き表し方を工夫しながら案内文を書く。

・書き表し方の工夫
・一文が短い。
⇓読みやすい。

・箇条書きで書いているものが多い。
⇓項目立てをすると、読み手は必要な情報をすぐに見つけられる。

・敬語を使っている。
⇓来てほしいという気持ちが伝わりやすい。

・会場図が載っているものがある。
⇓会場に行く機会があまりない人にとって必要。

・期日が最初に書かれてある。
「いつ」「どこで」「何があるのか」の
⇓順番で書かれていると読み手が理解しやすい。

「何があるのか」の順番の方が理解しやすいからです。

・丁寧な言葉遣いをすることで、そのイベントにきてほしいという気持ちが伝わりやすいです。

・難しい言葉を使うと小学生は意味を理解するのが難しくなります。相手に応じた言葉を選ぶことが大切だと思います。

T：そうですね。やはりすべては「読み手」を意識した工夫なのですね。

〈案内文を作成する〉

T：では、みなさんも徹底的に読み手の立場に立ちながら、案内文を作成していきましょう。

○常にグループの3人で確認し合いながら作成させる。

＊机間指導の際は、項目ごとに書く内容を明確にし、短く端的に書き表すなど、書き表し方

を工夫しているかをみとり、必要に応じて助言をする。

〈互いの案内文を読み合う〉

T：案内文が完成したグループは、プリントアウトをし、他のグループの人とお互いの案内文を読み合いましょう。

＊他のグループとの交流を通して、案内文に載せた情報の違いや書き表し方の違いに気付かせる。

4 心の動き

［推敲］読み手の立場に立つ

（１時間扱い／書くこと）

> 指導事項：〔知技〕(1)ウ　〔思判表〕B(1)エ
> 言語活動例：本や資料から文章や図表などを引用して説明したり記録したりするなど、事実や
> それを基に考えたことを書く。

単元の目標

(1)事象や行為、心情を表す語句の量を増すとともに、語句の辞書的な意味と文脈上の意味との関係
に注意して話や文章の中で使うことを通して、語感を磨き語彙を豊かにすることができる。

〔知識及び技能〕(1)ウ

(2)読み手の立場に立って、表記や語句の用法、叙述の仕方などを確かめて、文章を整えることがで
きる。

〔思考力、判断力、表現力等〕B(1)エ

(3)言葉がもつ価値に気付くとともに、進んで読書をし、我が国の言語文化を大切にして、思いや考
えを伝え合おうとする。

「学びに向かう力、人間性等」

単元の構想

〈単元で育てたい資質・能力／働かせたい見方・考え方〉

　本単元では「案内文」の推敲をさせる。「推敲」とは、一度書いた文章を様々な観点から読み返
し、より伝わりやすい文章に練り直すことである。推敲の観点は様々あるが、本単元では、特に、
「案内文」の実社会における役割に鑑み、「情報に過不足はないか」「表記や語句の用法、叙述の仕
方は適切か」の二つの観点で推敲をさせる。その中で、情報に過不足がないかを相手の立場に立っ
て考えることの大切さや、句読点の位置や文の長さ、叙述の仕方によって、情報の伝わり方に違い
が生まれることを実感させていきたい。なお、情報の過不足がないかを振り返らせる際には、詳し
く説明するために情報を付け加えることも大切である一方、伝えるべき情報を明確にするために、
不要な情報をそぎ落とすことも大切であることに気付かせていきたい。

〈教材・題材の特徴〉

　本単元では、前単元で作成した「運動会の案内文」を題材として用いる。実際に生活の中で活用
することが決まっている文章を推敲することは、良い意味での緊張感をもたらし、生徒の課題意識
やよりよさを求める探究心を高めることにつながると考える。そして、その結果、一連の書く活動
における「推敲」の大切さをより実感させることができると考える。

〈主体的・対話的で深い学びの視点からの授業改善ポイント／言語活動の工夫〉

　導入時に、もし案内文に不備があったりわかりにくかったりした場合、読み手はどんな感情を抱き、どんな行動をとるかを想像させ、推敲することに対しての課題意識を高める。本単元では、前単元に引き続き1人1台端末を使わせる。1人1台端末を使用することで、推敲が一度だけではなく何度も繰り返されるようにしたい。

単元計画

時	学習活動	学習内容	評価
1	1. 読み手の立場に立って推敲する。	○前単元で作成した運動会の案内文を、タブレットを使って推敲する。 ○推敲後の案内文を印刷し、推敲した部分に線を引く。 ※「情報」に関する部分は赤、「叙述等」に関する部分は青で線を引かせる。 ○学習の振り返りをする。	❸ ❶と❷は、案内文の推敲の状況を見て評価する。

評価規準

知識・技能	思考・判断・表現	主体的に学習に取り組む態度
❶事象や行為、心情を表す語句の量を増すとともに、語句の辞書的な意味と文脈上の意味との関係に注意して話や文章の中で使うことを通して、語感を磨き語彙を豊かにしている。　　(1)ウ	❷「書くこと」において、読み手の立場に立って、表記や語句の用法、叙述の仕方などを確かめて、文章を整えている。　　　　　　B(1)エ	❸粘り強く文章を整え、学習課題に沿って案内文を推敲しようとしている。

〈指導と評価の一体化を図る見取りのポイント〉

　授業では、粘り強く文章を整え、学習課題に沿って案内文を推敲しようとしているかを、案内文の推敲の様子で見取る。単元後、「情報に過不足はないか」「表記や語句の用法、叙述の仕方は適切か」の二つ観点で適切に推敲できているかを、推敲前の案内文と推敲後の案内文を比較しながら評価する。

読み手の立場に立つ

主発問 あなたならこの文章をどのように書き換えますか。

目標

　読み手の立場に立ち、観点に沿って案内文を推敲することができる。

評価のポイント

❶語感を磨き語彙を豊かにしている。　　　　　(1)ウ

❷読み手の立場に立って、観点を明確にして推敲している。　　　　　　　　　　　　　　B(1)エ

❸学習課題に沿って、粘り強く文章を整えようとしている。

準備物

・1人1台端末

・教科書 p.120上段（★の部分）を拡大したもの

> ### ワークシート・ICT 等の活用や授業づくりのアイデア
>
> 〇推敲する際は、1人1台端末で作成した案内文を直接推敲させる。1人1台端末での推敲は、今後の生活において日常的な活動になってくるとともに、繰り返し推敲できるという点でメリットが大きい。

1 導入（学習の見通しをもつ）

〈学習のねらいを知る〉

T：今日は「推敲」の学習をします。「推敲」とは、一度書いた文章を様々な観点から読み返し、より伝わりやすい文章に練り直すことです。前時までに作成した運動会の案内文を、観点を明確にして推敲し、より伝わりやすい案内文を目指しましょう。

2 展開

〈推敲の意味や効果について知る〉

T：教科書 p.120上段にある案内文の★の部分についてどう思いますか。この内容やこの書き表し方をすることによって起こりうる問題点ついて考えてみましょう。

・開催日が分からず電話が殺到します。

・読み手が内容を確認する際、全文を読み返す必要が出てきます。

T：みなさんなら★の部分をどのように書き換えますか。周りの人と話し合ってみましょう。

〇★の部分を拡大したものを黒板に掲示する。

・開催日と時程を書き加えます。

・「日時」と「場所」と「注意点」を項目立てて分けて書きます。

＊書き換える理由を発表させ、推敲の意

3 終末（学習を振り返る）

〈学習の振り返り〉

T：今日は「推敲」について学習しましたが、一連の書く活動における「推敲」の大切さについて感じたことや考えたことを教えてください。

効果的な板書例

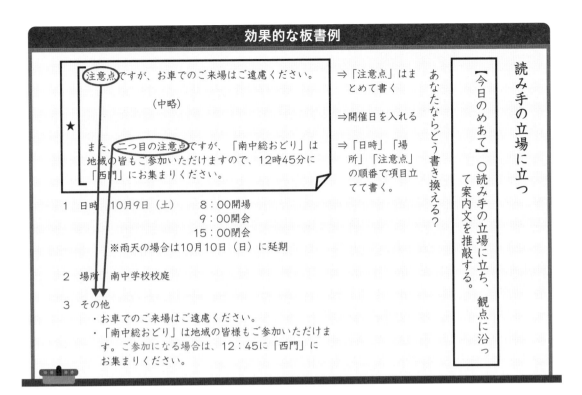

読み手の立場に立つ

【今日のめあて】○読み手の立場に立ち、観点に沿って案内文を推敲する。

あなたならどう書き換える？

⇒「注意点」はまとめて書く

⇒開催日を入れる

⇒「日時」「場所」「注意点」の順番で項目立てて書く。

注意点ですが、お車でのご来場はご遠慮ください。

（中略）

★

また、二つ目の注意点ですが、「南中総おどり」は地域の皆もご参加いただけますので、12時45分に「西門」にお集まりください。

1　日時　10月9日（土）　　8：00開場
　　　　　　　　　　　　　9：00開会
　　　　　　　　　　　　　15：00閉会
　　　※雨天の場合は10月10日（日）に延期

2　場所　南中学校校庭

3　その他
　　・お車でのご来場はご遠慮ください。
　　・「南中総おどり」は地域の皆様もご参加いただけます。ご参加になる場合は、12：45に「西門」にお集まりください。

味や効果について実感させる。

T：ちなみに、案内文に載せなくてもいい情報はありますか。

・「昨年度は〜」の一文はなくてもよいと思います。

T：なるほど。推敲する際には、詳しく説明するために情報を付け加えることも大切ですが、その一方で、伝えるべき情報を明確にするために不要な情報をそぎ落とすことも大切ですね。

〈観点に沿って推敲する〉

T：では、実際に自分たちが作成した案内文を、教科書 p.120下段にある観点に沿って推敲しましょう。

○教科書 p.120下段の「推敲の観点」を全体で確認する。

T：今回の推敲を終えた案内文は実際に外に出ていくことになりますので、緊張感をもって活動しましょう。

○同じグループの生徒と確認し合いながら活動させる。

＊句読点に従って音読をしながら推敲することが、読み手の立場に立って推敲するうえで大切であることを伝える。

○推敲が終わったら、「提出用」と「振り返り用」の2枚をプリントアウトさせる。

〈推敲した部分を振り返る〉

T：では、自分がどのように推敲したのかを振り返りましょう。方法は次の通りです。

①推敲した部分について、推敲前と推敲後の案内文に線を引く。
　A「情報」に関すること⇒赤ペン
　B「表記や叙述」に関すること⇒青ペン
②推敲後の案内文には、推敲した意図を端的に書く。

○線を引いた部分をナンバリングさせるとよい。

T：振り返りが終わったら周りの人と交流し、推敲によって伝わりやすくなっているかを確認してもらいましょう。

方言と共通語（2時間扱い）

指導事項：〔知技〕⑶ウ

言語活動例：方言を使ったアフレコに挑戦する

単元の目標

⑴共通語と方言の果たす役割について理解することができる。　　　　　　　　〔知識及び技能〕⑶ウ

⑵言葉がもつ価値に気付くとともに、進んで読書をし、我が国の言語文化を大切にして、思いや考えを伝え合おうとする。　　　　　　　　　　　　　　　　　　　　　　「学びに向かう力、人間性等」

単元の構想

〈単元で育てたい資質・能力／働かせたい見方・考え方〉

　近年の急速な情報化社会により、日本語が共通語化される傾向は、ますます強くなっている。しかし方言は、感覚や感情を豊かに表したり、身近な人間関係や仲間意識を築いたり、その地方の生活習慣や伝統文化を保存・継承したりする上で、大切な役割を担っている。それと同時に、異なる方言を使っている人同士が意思疎通を図ろうとする場面では誰にでも通じる言葉が必要であり、マスコミや書き言葉で馴染んでいる共通語を使うことが一般的である。そこで本単元では、方言と共通語それぞれのよさを理解し、時と場合に応じて適切に使い分けようとする態度を養うと共に、方言が持つ表現の豊かさや地域による言葉の違いなどに対する興味を喚起したい。なお、今回は、学習対象者が第１学年であることを考慮し、「方言が消滅の危機にある」といった方向性で進めるよりも、様々な方言を尊重する気持ちを育むことを大事にして、授業を構想する。

〈教材・題材の特徴〉

　第１時の中心教材である「方言と共通語」（教科書 p.121–122）では、具体的な語句・表現、文末、発音が取り上げられており、方言の多様性や、共通語が成立した背景を理解しやすい内容となっている。しかし、学習者の生活環境によっては、理解はできても実感が伴いにくいままになることが予想される。そこで、動画『NHK for School　にほんごであそぼ　「雨ニモマケズ」』を活用する。全国12か所の方言による語りを聴くことができ、方言の存在自体や違いを実感することができる。

　第２時は、アニメのアフレコに挑戦する。グループごとに担当する方言を決め、ICT の検索機能を活用しながら、言葉を言い換えたりイントネーションをまねてみたりする。その際、第１時に確認した「違いが表れやすいところ」と、振り返りに書いた「方言がもつ良さ」を出せるような発表にすることを意識させたい。このように、ふだん使っている言葉やメディアで見聞きする共通語との違いを味わうことで、方言の多様性を認め、ひいては守っていこうとする気持ちへとつなげたい。

〈主体的・対話的で深い学びの視点からの授業改善ポイント／言語活動の工夫〉

多くの生徒が目にしたことがあるであろうアニメ作品を使い、同級生たちで会話をしている一場面を、方言でアフレコする。題材に力があるため生徒が興味を持って取り組むことができ、かつ何度も動作や発音をしていく中で次第に方言の心地よさを感じられていくなど、意欲が持続するものと期待する。なお今回は、ICT 機器を活用する。特に、方言辞典として使う場面（「恋する方言変換」というサイトが使いやすい）と、方言を題材にした動画を視聴する場面（たとえば「〜弁で言ってみた」「〜弁対決」「〇〇町観光協会 PR 動画」など多くの動画が存在している）が効果的だと考える。生徒たちは、教室にいながら本物に触れることができる。

単元計画

時	学習活動	学習内容	評価
1	1．地域によって言葉の違いがあることを知る。 2．地域によって、語句・表現、文末表現、発音に違いがあることを知る。 3．共通語の役割を考える。 4．本時の学びを振り返る。	○ p.121「捨てる」の方言分布図を使い、地域ごとに特色があることを確認する。 ○ p.121「片づける」「とても」の方言を調べる。 ○ p.122「書けない」「猫だ」の方言を調べる。 ○ p.122「旗」「雨」を例に、発音の違いを知る。 ○ p.122コラム「雪」の例を音読する。 ○動画「雨ニモマケズ」から、方言の存在自体や違いを認識するとともに、共通語の役割を考える。 ○方言が持つ良さとして感じたことを書く。	❶
2	1．グループで、アフレコに使う言葉と発音の仕方を考える。 2．発表会をする。 3．本時の学びを振り返る。	○作中の会話を、自分の地域の方言に言い換える。 ○ ICT の検索機能や動画を活用し、担当する地域の方言に言い換える。 ○他グループの前で、映像に合わせて発表する。 ○方言がもつ良さとして感じたことを書く。	❷

評価規準

知識・技能	主体的に学習に取り組む態度
❶共通語と方言の果たす役割について理解している。　　　　　　　　　　　　　(3)ウ	❷積極的に方言のよさを考え、学習課題に沿って調べたことを生かし、アフレコしようとしている。

〈指導と評価の一体化を図る見取りのポイント〉

ワークシートを評価の材料とする。❶については、振り返りの記述内容を見取る。2 時間とも「方言が持つ良さとして感じたことを書こう」と設定する。❷については、「共通語」「自分たちの地域の方言」「担当した地域の方言」の 3 つについて、それぞれどのような語句や表現を使ってどのようなイントネーションで述べるかを、並べてメモできるようにしておき、その記述内容を見取る。

方言と共通語

主発問 方言がもつ「良さ」とは、何だろうか。

目標

方言の果たす役割について、理解することができる。

評価のポイント

❶共通語と方言の果たす役割について理解している。（ワークシートなどに本時の振り返りの観点を「方言が持つ良さって何だろう？」と明示しておき、その記述内容から、一人一人がどのような点に目を向けたかを見取る。）　　　　(3)ウ

準備物

・教科書、1人1台端末、1時間を通して使うワークシート⏬01

ワークシート・ICT等の活用や授業づくりのアイデア

・ワークシートを、生徒が生活している地域を基準に考えていけるような体裁にする。
・1人1台端末を持たせ、検索や動画視聴を、自分のペースで行えるようにする。

---

1 導入（学習の見通しをもつ）

〈本時の流れを説明〉

（教師が具体的な話をする。）例：出身地が違う人に「これ、なげてきて」とお願いしたときに、伝わりませんでした。そのとき初めて、自分は方言を無意識に使っているのだという自覚をもちました。この単元では、方言と共通語がもつ役割について、じっくり考えてみましょう。

2 展開

〈方言による違いが表れやすいところについて学ぶ〉

T：先ほどの「なげる」は、他の地域ではどう言うでしょう。教科書 p.121の分布図を見ましょう。
・地域ごとに言い方にまとまりがある。
・全く分からない言葉もある。
T：方言による違いが表れやすいところは、大きく3つあります。
＊ワークシートに記入させながら進めていく。教科書に載っている例だけでなく、生徒にとって馴染みや関心がありそうな言葉も取り上げたい。
T：まず、語句と表現です。「せともの」「片付ける」の違いが、教科書に載っていますね。では、全国の方言で、「とても」はどう表現されているか、思いつくものを挙げて下さい。

---

3 終末（学習を振り返る）

〈学びを振り返る〉

T：方言がもつ「良さ」とは、何だと感じますか？振り返りカードに書きましょう。
・感情が入りやすく、伝わりやすいので、話がスムーズに進む気がします。
・その地域独自の文化が言葉に表れてきて、その土地の印象にもつながっています。

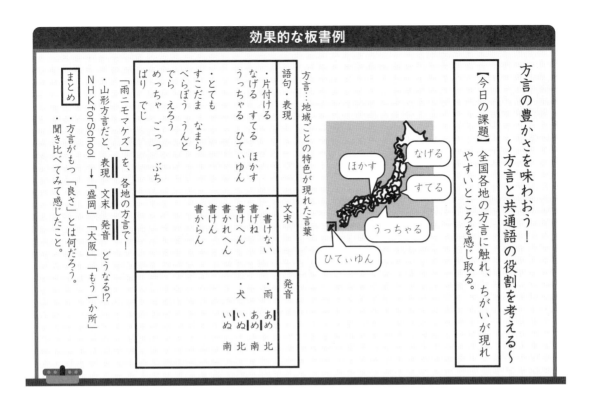

板書（縦書き・右から）

方言の豊かさを味わおう！〜方言と共通語の役割を考える〜

【今日の課題】全国各地の方言に触れ、ちがいが現れやすいところを感じ取る。

（地図・吹き出し）
- なげる
- すてる
- ほかす
- うっちゃる
- ひてぃゆん

方言…地域ごとの特色が現れた言葉

語句・表現	文末	発音
片付ける なげる すてる ほかす うっちゃる ひてぃゆん ・とても すこだま なまら べらぼう うんと でら えろう めっちゃ ごっつ ばり でじ ぶち	・書けない 書けね 書けへん 書けへん 書かれへん 書けん 書からん	・雨 あめ あめ 北 南 ・犬 いぬ いぬ 南 北

・「雨ニモマケズ」を、各地の方言で！
NHK for School → 表現 文末 発音
盛岡 大阪 どうなる!? もう一か所

まとめ
・山形方言だと、表現 文末 発音
・方言がもつ「良さ」とは何だろう。
・聞き比べてみて感じたこと。

・「めっちゃ、ごっつ」「ばりかた」もかな。

T：次に、文末です。検索サイトを使って、「書けない」「猫だ」を、できるだけ多くの方言で言い換えてみましょう。

＊1人1台端末の、検索機能を活用。「恋する方言変換」というサイトが使いやすい。

・「書けん」のエリアが広い。九州、中国、四国、東海あたりまで使うようです。

・同じ近畿地方なのに、「書かれへん」「書けへん」のような違いも出ています。

T：最後に、発音です。たとえば「雨」、イントネーションをどこに置きますか？

・「あ」を強くかな、「め」を強くするとお菓子を指す。

＊教科書に挙げられた「旗」の他、「犬」「箸／橋」「カレー／蝶」なども例にできる。

〈土地の風土をこまやかに映し出す例を知る〉

T：教科書p.122頁のコラムを音読しましょう。

T：「雪」が身近にある地域では、それだけ「雪」に関する言葉にも多様性があるのです。

〈全国各地の方言で「雨ニモマケズ」を聴く〉

T：「雨ニモマケズ」を、自分たちが住む地域の方言に言い換えてみましょう。

・イントネーションの抑揚を平坦にしたり、濁点が多くなります。

・最後のところも、文末の「なりたい」が「なっだい」と言い換えられそう。

T：各地の方言での「雨ニモマケズ」を聴きましょう。賢治の故郷「盛岡」、メディアで馴染みのある「大阪」、好きな地方をもう1か所、聴き比べると分かりやすいです。

＊1人1台端末を使い、各自のペースで「NHK for School」を視聴させる。

・同じ東北地方を比べても、山形と秋田は似ていますが、津軽は全体的に違います。

・語句の使い方の違いがあって、興味深いです。

・違う地域の人と話そうとしても、方言だけでは言葉が通じ合えないかもしれません。

方言と共通語

主発問 方言がもつ「良さ」とは、何だろうか。

目標

　方言の果たす役割について、理解することができる。

評価のポイント

❷方言のよさを考え、積極的にアフレコしようとしている。（アニメの会話場面を文字に起こしたワークシートを配布。体裁は、共通語、自分たちが住む地域の方言、担当する地域の方言の３つを、それぞれどのような表現や発音で述べるかを並べて書けるようにする。その記述内容から、一人一人の着眼点を見取る。）

準備物　・１人１台端末、ワークシート

ワークシート・ICT 等の活用や授業づくりのアイデア

・ワークシートの体裁については、左記「評価のポイント」の通り。

・１人１台端末を持たせ、検索や動画視聴を、自分のペースで行えるようにする。可能であれば、Google Classroom 等に、アフレコする会話場面の動画をアップしておく。

・地域を分担するのは難易度が高い場合は、全員で同じ地域でもよい。

1 導入（学習の見通しをもつ）

〈本時の流れを説明〉

Ｔ：この時間は、アニメ作品に方言でアフレコすることに挑戦します。前の時間に学習した、「語句・表現、文末、発音に、それぞれの方言の特徴が表れやすい」ことと、一人一人が感じた「方言がもつ良さ」を意識しながら、アニメの会話場面を再現してみましょう。

3 終末（学習を振り返る）

〈学びを振り返る〉

Ｔ：方言がもつ良さとは、何だと感じますか？振り返りカードにまとめましょう。

＊２つの方言を比較したことで、自分たちが住む地域の方言がもつ特徴に気付いたり、これからの使い手としての考えに及んだりする生徒が出てくる。それらを取り上げて全体へ還元すると効果的である。

2 展開

〈セリフを、２種類の方言に書き換える〉

Ｔ：まず、自分たちが住む地域の方言と、担当する地域の方言に、書き換えてみましょう。担当する登場人物を割り振って、そこをメインに考えていきましょう。

○ICT 機器を活用する。特に、方言辞典として使う場面が多くなるであろう。（「恋する方言変換」というサイトや「〇〇弁変換」というサイトは、使いやすい）

・文末を「づ」「べ」「っす」に直すと、この地域の方言らしさが出ます。

・「な〜んだ」が、地元だと「なんだづ」、関西だと「なんや」に変わるらしいです。

〈セリフを、２種類の方言で話し分ける〉

Ｔ：イントネーションの違いが出るよ

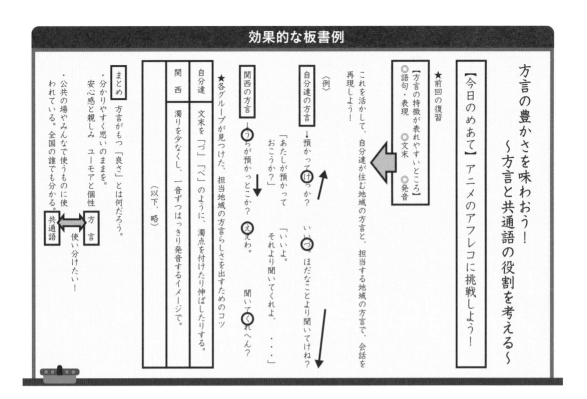

うに意識しながら、各方言で話し分けてみましょう。

○方言を題材にした動画を視聴する中で、リズムやイントネーション等をつかみたい。（例えば「〜弁で言ってみた」「〜弁対決」「○○町観光協会PR動画」など多くの動画が存在しているので、イメージをもつために活用できる）

・「どこに」を、平坦に言うか、「こ」に強いアクセントをもってくるかで、それぞれの特徴が出せる。

・この地域の方言にはなんとなく濁点をつけるイメージで、関西の方言には濁り少なく一音ずつはっきり発音するイメージで、それぞれやってみるとよさそう。

〈**アフレコする（難易度が高い場合は、原稿の読み合わせだけでもよい）**〉

T：各グループが担当した地域の方言を聞き比べましょう。できる班はアニメに合わせる形で、そこまで届かなかった班は書き換えたセリフ原稿を朗読する形で、それぞれ発表しましょう。

＊発表を終えるたびに、担当した地域の方言らしさを出すためのコツを聞く。

〈生徒の振り返りの例〉

・SNSが主流の今、方言をなくしたくないと思った。思いのままを伝えられたり、安心感と親しみがあったりという良さがあるので、同郷の人との間では、意識的に使っていきたい。

・いつも使っている表現が実はこの地域特有の方言だったと、初めて気づいた言葉があった。ユーモアと個性を感じるし、尊重したい。

・共通語があるからこそ、全国どこにいる人とも正確に伝え合うことができると実感した。公共の場やみんなで使うもの等に共通語が用いられていることに目を向けたことがなかったが、もとは必要があって使われるようになったのだと考えるようになった。

❹ 心の動き
漢字の音訓（1時間扱い）

> 指導事項：〔知・技〕(1)イ
> 言語活動例：文脈に合うような短文を作る

単元の目標

(1)学年別漢字配当表に示されている漢字に加え、その他の常用漢字のうち300字程度から400字程度までの漢字を読むことができる。　　　　　　　　　　　　　　〔知識及び技能〕(1)イ

(2)言葉がもつ価値に気付くとともに、進んで読書をし、我が国の言語文化を大切にして、思いや考えを伝え合おうとする。　　　　　　　　　　　　　　　「学びに向かう力、人間性等」

単元の構想

〈単元で育てたい資質・能力／働かせたい見方・考え方〉

　本題材を通して、学習指導要領解説にある「漢字一字一字の音訓を理解し、語句として、話や文章の中において文脈に即して意味や用法を理解しながら読む」力を付けさせたい。合わせて、中西進氏が「日本は昔から地理的な状況から、絶えず外来語を受け入れてきました。それをそのまま自国語に取り入れたり、在来の日本語をあてたりして、積極的に取り込むことで、豊かな文化を築いてきたのです」（『ひらがなでよめばわかる日本語』新潮文庫）と述べているように、文化的に高い価値をもっているという面にも目を向けさせたい。

〈教材・題材の特徴〉

　中心の教材であるp.123、124「漢字の音訓」は、漢字を中国から受け入れる際に、中国語の発音に似せた読み方と、同じ意味を表す日本語の音を当てはめた読み方の二つを両立させたことが理解しやすい構成になっている。それに加えて、日本で独自に生まれた国字（和製漢字）にも触れることとする。漢字の存在が日本の文化に深く根づいているのだと実感させることにつながるであろう。音、訓、国字のいずれにおいても、p.124の練習問題をはじめとする具体例を用いながら考えさせることで、身の回りの漢字の成り立ちや特徴などに注目しようとする態度を養っていくことができるものと考える。

〈主体的・対話的で深い学びの視点からの授業改善ポイント／言語活動の工夫〉

　複数の読み方がある熟語について、文脈の中でどのような意味で使われているかを考えながら使い分けることを目指す。そのため、「生物」「見物」などの複数の意味がある熟語について、誤って理解されることを避ける短文を書き残し方を考える、という学習活動を設定する。実際に話したり聞いたり書いたり読んだりする場面において生きて働く「知識及び技能」として習得させていきたい。

時	学習活動	学習内容	評価
1	1．「音」と「訓」の成り立ちの違いを区別する。 【練習問題①②を活用】	○「間」「行」「下」という漢字を取り上げ、何通りの読み方があるかを考える。 ○ p123「『音』について」「『訓』について」を音読しながら、それぞれの成り立ちや特徴について理解する。 ○練習問題①を使い、同じ漢字でも使用場面によって読み方が変わる例を、具体的に確認する。 ○練習問題②を使い、熟語の中で使われているのと同じ意味を持つように、訓を用いた文を作る。	❶ ❶
	2．国字（和製漢字）について学ぶ。	○国字を一覧にしたプリントを使い、読み方を確認する（なお授業者は、常用漢字表にある「匂」「働」「塀」「峠」「込」「枠」「栃」「搾」「畑」「腺」は、必ず取り上げるよう留意する）。	
	3．複数の読み方をする熟語について学ぶ。 【練習問題③を活用】	○「生物」という熟語ならびに練習問題③を使い、それぞれの読み方で、文脈に合う短文を作る。 ※「誤解を生まないように、短い文を添えたメモを残す」といった場面設定でもよい。 ※他にも「色紙」「風車」「市場」「人気」「寒気」「大事」「仮名」などを取り上げることもできる。	❶❷
	4．本時の学びを振り返る。	○漢字について考えたり、使い方で意識してみようと思ったりしたことを、ノートにまとめる。	

評価規準

知識・技能	主体的に学習に取り組む態度
❶学年別漢字配当表に示されている漢字に加え、その他の常用漢字のうち300字程度から400字程度までの漢字を読んでいる。　　　　(1)イ	❷学習課題に沿って、積極的に漢字を読んだり書いたりしようとしている。

〈指導と評価の一体化を図る見取りのポイント〉

　〔主体的に学習に取り組む態度〕については、学習活動3で作った短文の内容で評価する。文脈に合った使い分けができているかを見取る。〔知識・技能〕については、必要に応じて小テストで確認してもよい。その際も、文脈に即した読み分けができているかを見取れるような出題をする。

漢字の音訓

主発問 文脈に合うような短文を作ろう。

目標

　同じ音訓をもつ漢字や熟語を、正しく読んだり、文脈に即して使ったりすることができる。

評価のポイント

❶漢字熟語を正しく読んでいる。（授業以外の場面での反復や活用も必要であるため、小テストの機会を設けて定着を図る。）　　　　　　(1)イ

❷複数の読みを持つ熟語が誤解を招かず読めるようになっている。（例文から見取る。）

準備物

・国語辞典と漢和辞典（1人につき1冊）、1時間を通して使うワークシート⬇01

ワークシート・ICT 等の活用や 授業づくりのアイデア

ワークシートの体裁として、生徒が視覚的に音訓の往還を確認できること、新たに「国字」「常用漢字」「人名漢字」という捉え方を知れること、の2点を意識する。生徒にとっては、既有の知識を踏まえたり、無意識に使い分けていることを自覚したりする1時間であるため、ワークシートを活用することでテンポよく進めていく。

1 導入（学習の見通しをもつ）

〈本時の流れを説明〉

今日は、いつも無意識に使い分けできている漢字の音訓について、その成り立ちや関係性などを、自覚的に考えていきます。古代の日本人が凝らした工夫を味わえるといいですね。

2 展開

〈音読みと訓読みの成り立ちを学ぶ〉

Ｔ：「間」「下」という漢字の読み方を、すべて挙げてみましょう。どう使い分けますか？

＊列ごとに指名するなど、テンポよく挙げさせる。音と訓に分けて板書する。

Ｔ：音読みとは「中国語での発音を元にした読み方」、訓読みとは「同じ意味を表す日本語の言葉を読みとして当てはめた読み方」です。ワークシートに記入しましょう。

〈音と訓で同じ意味をもつような例文を作る〉

Ｔ：音読みで使われているのと同じ意味を持つように、訓読みを用いた短文を作りましょう。

＊「練習問題②」を使う。音と訓を往還するのが視覚的に捉えられるように板

3 終末（学習を振り返る）

〈学びを振り返る〉

Ｔ：この時間は、いくつかの観点から漢字に関わる学習をしました。漢字について考えたり、使い方で意識してみようと思ったりしたことを、ノートにまとめましょう。

効果的な板書例

漢字の音訓

【今日のめあて】同じ音訓を持つ漢字を、正しく読んだり使ったりする。

★1 漢字の読み方の成り立ち

	音読み→漢字の、中国語での発音を元にした読み方	訓読み→同じ意味を表す日本語の言葉を当てはめた読み方
間	カン（例…空間）ケン（例…世間）	あいだ（例…ものの間）ま（例…間をとる）
下	カ（例…下流）ゲ（例…下山）	した、しも、もと、おります、くだる、さがる

★2
① 難
② 号泣
③ 申告
④ 所望
⑤ 技巧
⑥ 迫力
⑦ 遮断
⑧ 企画

・これは難しい問題だ。
・映画を観て泣いてしまった。
・自分から申し出る。
・私の望みをかなえて！
・巧みなラケットさばき。
・光が迫ってくる。車が迫ってくる。
・光を遮る。
・新たな企てる。

★4
「大事にしてね」→「お大事（ダイジ）にしてね」？「甘く見ないでもっと大事（おおごと）にしてね」？

「中に生物が入ってます」→「中に生き物がいます」？「中になまものがあります」？

※書き言葉でも、誤解のないように伝わるようにしてみよう！

書する。

＊見ただけで内容が推測できるという漢字の特徴を生かした思考をしたことを意識させる。

〈「国字」について学ぶ。〉

T：中国から輸入した「漢字」だけでなく、日本で独自に生まれた「国字」もあるのです。

＊教師が選定した国字を、「常用漢字とされるもの」「人名漢字になっているもの」「その他で、よく使われるもの」に分けて、ワークシートに載せる。

・「働」って、日本人らしい字なのかも！

・そういえば友達の苗字、「富樫さん」です。

〈二通りの読み方ができる熟語を、誤解なく読めるような短文を作る。〉

T：私は、ケガをした生徒へメッセージを渡すとき、「大事にしてね」と書いて違和感をもったことがあります。それはどこから生まれたものか、分かりますか？

・「おだいじに」と伝えたいのに、「おおごとに」と読まれたら、意味が変わってしまう！

T：「生物」「人気」「仮名」「色紙」なども複数の読み方ができます。それぞれ、誤解を招くことなく、意図通りに伝えることができるような例文を作ってみましょう。

〈終末の学びの振り返りのノート例〉

・今までは、一つの漢字についていくつもの読み分けができることを何とも思わずに過ごしてきましたが、見ただけでその字が持つ意味を理解したり、熟語の中でどのような意味として使われているのかを推測したりということを無意識にしているのだと分かり、それは日本のすごい文化なのだと気付きました。

・書き言葉は、その場で補足説明をしたりニュアンスを伝えたりできないので、「この表現や使い方で意図通りに受け取ってもらえるだろうか」というように、一度客観的に考えてから相手に出すことが望ましいと分かりました。

「言葉」をもつ鳥、シジュウカラ

（4時間扱い／読むこと）

指導事項：〔知技〕⑵ア 〔思判表〕C⑴エ
言語活動例：説明や記録などの文章を読み、理解したことや考えたことを報告したり文章にまとめたりする。

単元の目標

⑴筆者の意見とそれを支える根拠との関係を理解することができる。　　　　〔知識及び技能〕⑵ア
⑵文章の構成や展開の効果について、根拠を明確にして考えることができる。

〔思考力、判断力、表現力等〕C⑴エ
⑶言葉がもつ価値に気付くとともに、進んで読書をし、我が国の言語文化を大切にして、思いや考えを伝え合おうとする。　　　　　　　　　　　「学びに向かう力、人間性等」

単元の構想

〈単元で育てたい資質・能力／働かせたい見方・考え方〉

　説明的な文章において、論の展開の仕方が筆者の主張の説得力に大きく影響することを実感させるとともに、論の展開にどのような要素があることによって、またどのような順番で論を展開することによって説得力が高まるのかを具体的に説明できる力を育てていきたい。また、意見と根拠（事実）を読み分けながら、根拠となる事実の信頼性や、意見と根拠のつながりの妥当性などを疑いながら読む学習を行うことで、意見とそれを支える根拠との関係を踏まえながら、筆者の主張を的確に読み取ったり、批判的に読んだりする力を育てていきたい。

〈教材・題材の特徴〉

　本教材は仮説検証型の説明的な文章である。そのため、どのような事実を基に仮説（意見）を設定したのか、またどのような実験や観察（事実）を根拠に仮説の証明を行ったのか丁寧に読み取らせていくことで、意見と根拠の関係について深く理解することができる教材である。また、筆者が仮説を検証する過程に着目し、筆者の仮説（意見）とそれを証明するための実験や観察（根拠となる事実）とのつながりについて吟味することで、論の展開の仕方や図表の取り上げ方が筆者の主張の説得力にどのような影響を与えるかについて深く考えることができる教材である。

〈主体的・対話的で深い学びの視点からの授業改善ポイント／言語活動の工夫〉

　筆者の結論に説得力をもたせるための工夫について自分の考えをまとめる単元であることを明確に示すことで、生徒一人一人に課題意識をもたせたい。また、説得力の検討をさせる際には、実感のともなった学びにするため、初読時の感想（「納得」「疑問」など）を大切にしたい。具体的には、「なぜ自分は納得させられたのか」「なぜ自分は腑に落ちないのか」など、自分の感想を「問い化」し、その「問い」を探究していく中で、自然と論の展開の仕方や図表の取り上げ方に目が向くようにしていきたい。

時	学習活動	学習内容	評価
1	1．学習の見通しをもつ。 2．本文を通読し、感想を書く。 3．文章の構成と内容を捉える。	○単元を通して「結論に説得力をもたせるための筆者の工夫」について考えることを知る。 ○通読後に感想を書き、それを「問い」化する。 例）「納得した」→「なぜ納得させられたのか」 ○本文を役割によって5つの部分に分ける。	
2	4．本論（仮説の検証過程について説明した部分）の展開に着目し、その効果を考える。	○仮説の検証過程について説明した部分の論の展開の仕方とその効果について、グループで話し合う。 ○グループで話し合ったことを発表する。	❷
3	5．結論とそれを支える根拠とのつながりについて考える。	○筆者が行った実験や観察により、仮説は証明されたと言えるかを、具体的な内容（図表も含む）を基にグループで話し合う。 ○グループで話し合ったことを発表する。	❶
4	6．全文を読み返し、筆者の説明の工夫について自分の考えをまとめる。	○「結論に説得力を持たせるための筆者の工夫」について、自分の考えをまとめる。	❸

評価規準

知識・技能	思考・判断・表現	主体的に学習に取り組む態度
❶筆者の意見とそれを支える根拠との関係を理解している。　　　　(2)ア	❷読むことにおいて、文章の構成や展開の効果について、根拠を明確にして考えている。　　　　C(1)エ	❸文章の構成や展開について粘り強く考え、学習課題に沿って自分の考えを文章にまとめようとしている。

〈指導と評価の一体化を図る見取りのポイント〉

　第1時では、記録に残す評価は行わない。ただし、役割に応じて本文を5つの部分に分ける際には、何を根拠に分けているかを机間指導の中で見取り、必要に応じて判断材料となる叙述についてアドバイスをする。第2時では、段落の使い方や説明の順番、統一性などの工夫が、分かりやすさにつながっていることに気付いているかを、話合いや発表の様子から見取る。第3時では、根拠となる図表の信頼性や有効性、また、結論とそれを支える根拠のつながりの妥当性ついて考えているかを、話合いや発表の様子から見取る。第4時では、これまでの学びを整理・分析しながら、「結論に説得力をもたせるための筆者の工夫」について複数の観点から自分の考えをまとめようとしているかを、活動の様子から見取る。活動中に見取れなかった部分については、自分の考えをまとめたワークシートを基に評価する。

「言葉」をもつ鳥、シジュウカラ

主発問 「鳥が言葉をもつ」という筆者の結論をどう思いますか。

目標

筆者の結論に対する自分の立場を明らかにし、単元を通して解決に向かう自分の「問い」を設定することができる。

評価のポイント

語句や表現を手がかりに、本文を役割によって五つの部分に分けることができる。記録に残す評価は行なわないが、活動の様子を観察し、必要に応じて指導や助言を行う。

準備物

・ワークシート1（単元を通して使用する）⏬01

ワークシート・ICT 等の活用や授業づくりのアイデア

○以下の内容を記載できるワークシート（A3判）を準備する。

〔左のページ〕
①初読の感想　②自分の設定した「問い」③第2時の振り返り④第3時の振り返り

〔右のページ〕
⑤第4時のまとめ　⑥自由メモ欄

---

1 導入（学習の見通しをもつ）

〈学習のねらいと言語活動を知る〉

T：今回は「『言葉』をもつ鳥、シジュウカラ」という記録文を読み、「論の展開の仕方」に着目しながら、「結論に説得力をもたせるための筆者の工夫」について考えていきます。そして最後に、その効果について一人一人考えをまとめてもらいます。

2 展開

〈通読し、感想を書く〉

T：題名を見ると、このシジュウカラという鳥が「言葉」をもっているというのが筆者の結論のようです。「鳥が言葉をもつ」なんてにわかには信じがたいですよね。そんな信じがたい結論に説得力をもたせるために、筆者はどのような工夫をしているのでしょうか。まずは本文を読み、筆者の結論に対する素直な感想を、ワークシートに書きましょう。

＊題名を足がかりに、課題意識をもたせる。

T：感想が書き終わったら周りの人と読み合いましょう。

〈「問い」を設定する〉

T：筆者の工夫を探るため、みなさん一人一人に、単元を通して解決を目指

3 終末（学習を振り返る）

〈学習内容を確認する〉

T：みんなで整理したことを基に、筆者はどのような仮説を検証し、最終的にどう結論付けたのかを最後に確認しておきましょう。

効果的な板書例

『言葉』をもつ鳥、シジュウカラ　鈴木俊貴

【学習目標】
論の展開の効果について、根拠を明確にして自分の考えをもつことができる。

【今日のめあて】
○本文を読んで感想をもち、自分の「問い」を設定する。
○本文を役割によって五つの部分に分ける。

「問い」の設定
・なぜ私は文章を読んでなるほどと思わされたのか。
・なぜ私は筆者の考えが腑に落ちないのか。
・なぜ私は筆者の結論に感心させられたのか。

「なぜ私は、●●させられたのか」

◎構成
㋐前提となる知識（1～3段落）
㋑研究のきっかけと仮説（4・5段落）
「二〇〇八年六月……研究の転機が訪れました」
「私は、……仮説を立てました」
序論

※以下省略

す「問い」を設定してもらいます。今回は、自分の感想を「問い化」するという方法を取ります。例えばこのようになります。「なぜ私は文章を読んでなるほどと思わされたのか」「なぜ私は筆者の考えが腑に落ちないのか」「なぜ私は筆者の結論に感心させられたのか」

Ｔ：それでは、問いを立ててみましょう。

＊「私（自分）」を主語に問いをもつことが、学習課題を自分事とし、読みを主体的なものに転換する一つのきっかけになる。

〈文章の構成と内容の大休を捉える〉

Ｔ：「問い」の解決に向かう前に、まずは、この文章の構成を確認しましょう。4人グループで相談しながら、本文を役割によって次の五つの部分（㋐前提となる知識　㋑研究のきっかけと仮説　㋒仮説の検証1　㋓仮説の検証2　㋔結論）に分け、教科書にしるしを付けましょう。その際、手がかりとし

た言葉には必ず線を引きましょう。

○初めに、教科書p.135を使い、「仮説」や「検証」の意味を確認する。

○グループ活動に入る前に、教科書に段落番号を書き込ませる。

＊手がかりとなる言葉を発見できているかを机間指導の中で確認し、必要に応じて以下の言葉への気付きを促す。

　㋑「二〇〇八年六月…研究の転機が訪れました」「私は、…仮説を立てました」㋒「では…調べるにはどうすればよいのでしょうか」

　㋓「そこで今度は…検証しようとしました」

　㋔「ここから…結論づけられます」

Ｔ：グループで考えたことを共有しましょう。

＊手がかりとなる言葉を板書しながら、発表された内容を整理していく。併せて「序論」「本論」「結論」という用語を使い、文章全体の構成を確認する。

「言葉」をもつ鳥、シジュウカラ

主発問 筆者の「論の展開の仕方」にはどんなよさがありますか。

目標

本論における論の展開の仕方を捉え、その効果について、根拠を明確に考えることができる。

評価のポイント

❷本論における筆者の論理の展開の仕方の特徴やよさについて、根拠となる段落や部分などを挙げながら考えている。　　　　　　　　C(1)エ

準備物

・ワークシート1・2 🔽02
・タブレット

ワークシート・ICT 等の活用や授業づくりのアイデア

〇板書例にあるような表が書かれたワークシート2を準備する。観点については、事前に書いておいてもよいが、表のどこに入れるかも含め、生徒自身に書かせてもよい。

〇整理した内容を共有する際は、タブレットで生徒のワークシートを撮影し、スクリーンやテレビで表示し、それを使って説明させるとよい。

---

1 導入（学習の見通しをもつ）

〈本時のねらいの確認〉

Ｔ：はじめに、前回の授業の時に自分が設定した「問い」を確認しましょう。今日はその「問い」を解決する手がかりを見つけるために、『「本論」（⑥～⑭段落）における筆者の「論の展開の仕方」について考えていきます。

3 終末（学習を振り返る）

〈今日の発見をメモする〉

Ｔ：今日は、「本論」における筆者の論の展開の仕方のよさについて考えてきましたが、その中で、みなさん一人一人の「問い」を解決する手がかりは見つけられたでしょうか。学習活動を振り返り、今日の発見をワークシートにメモしておきましょう。

2 展開

〈「論の展開の仕方」を知る〉

Ｔ：みなさんは、「論の展開の仕方」とは何のことだか分かりますか。

〇教科書 p.266を使い、論の展開の仕方について確認する。

Ｔ：つまり、筆者が自分の考えを立証したり、自分の主張の説得力を高めたりするために、どんな情報をどう積み上げて結論までの道筋を作っているかということです。そこで今日は、仮説の検証過程について説明した「本論」における論の展開の仕方とそのよさ（問題点も含む）について考えていきましょう。

＊最初に、論の展開の仕方について理解させておくことが大切。

〈本論の内容を表を使って整理する〉

Ｔ：初めに、次の表を使い、二つの仮

効果的な板書例

「『言葉』をもつ鳥、シジュウカラ」 鈴木俊貴

【今日のめあて】
筆者の論の展開の仕方のよさを、根拠を明確にして考える。

観点	検証1	検証2
検証の目的	「ジャージャー」という鳴き声が…（第6段落）	
検証の方法		
結果		
考察・解釈		
問題点		

※整理した内容を共有する場面では、発表する生徒のワークシートを撮影したものをスクリーンやテレビで表示すると効果的。

論の展開の仕方のよさ
※説得力につながるポイント
・検証の方法や目的などを段落ごと段階的に書いている点
　⇓段落の使い方（※）
・二つの仮説の検証の説明の仕方が同じである点
　⇓説明の順番・統一性（※）

説の検証過程を各自整理しましょう。

＊「検証の目的」「検証の方法」「結果」「考察・解釈」「問題点」という観点が示された表を使い、二つの仮説の検証の内容を整理させる。必要があれば、それぞれの観点の意味について簡単に確認する。

＊表には必ず段落番号を記入させる。

〈整理した内容を全体で共有する〉

Ｔ：整理した内容を全体で共有しましょう。初めに、一つめの仮説の検証について〇〇さん説明をお願いします。

〇生徒のワークシートをタブレットで撮影し、スクリーンやテレビで表示する。

・「検証の目的」は、「ジャージャー」という鳴き声が、ヘビを示す「単語」であることを調べることです。それは、第6段落に書かれていました。「検証の方法」は、…

Ｔ：〇〇さんの説明について何か意見がある人はいませんか。

＊異なる考えが出た場合は、観点の意味と本文の内容を照らし合わせながら、全体で確認していく。

〈論の展開の仕方のよさについて考える〉

Ｔ：整理した表を基に、本論における筆者の論の展開の仕方のよさについてグループごと話し合いましょう。

＊机間指導の際、必要に応じて、「段落の使い方」や「説明の順番」「検証1と2の共通点」などの観点を示す。

・検証の目的や方法などを段落ごと段階的に書いているところがよいです。

・二つの仮説の説明の仕方が同じであるため、分かりやすいです。など

Ｔ：話し合ったことを共有しましょう。

＊生徒の発言内容とともに、板書例の（※）のように抽象化した言葉も板書するとよい。

「言葉」をもつ鳥、シジュカラ

主発問 観察や実験の結果から、仮説は証明されたと言えるでしょうか。

目標

意見と根拠との関係を捉え、筆者の行った観察や実験の根拠としての妥当性について考えることができる。

評価のポイント

❶筆者の意見と根拠との関係を理解している。⑵ア

準備物

・ワークシート 1 ・ 3 ⬇03

ワークシート・ICT 等の活用や授業づくりのアイデア

〇①②③の枠と矢印が書かれたワークシート 3 を準備する。「仮説」「観察・実験」「結論」の言葉は最初から書いておいてもよい。

＊根拠の妥当性について考えさせる際は、「実験方法」や「実験結果と考察・解釈とのつながり」などを観点に、レーダーチャートなどを使って評価させるのもおもしろい。

---

1 導入（学習の見通しをもつ）

〈学習のねらいの確認〉

Ｔ：前回の授業では、筆者の「論の展開の仕方」について考えていく中で、自分の「問い」を解決する糸口を探しました。今回は、筆者の「論の展開の仕方」にさらに深く迫るために、「意見と根拠の関係」に着目していきます。

3 終末（学習を振り返る）

〈今日の発見をメモする〉

Ｔ：今日は、「意見と根拠の関係」について考えてきましたが、その中で、みなさん一人一人の「問い」を解決する手がかりは見つけられたでしょうか。学習活動を振り返り、今日の発見をワークシートにメモしておきましょう。

2 展開

〈意見と根拠を確認する〉

Ｔ：この文章における「意見」また「根拠」とは、それぞれいったい何のことでしょうか。

・結論が「意見」で、観察や実験の結果が根拠。「仮説」も意見でしょうか。

Ｔ：他にはありませんか。

＊前時に作成した表を使い、仮説の検証過程における「考察・解釈、問題点」なども「意見」の一つであることに気付かせていく。

〈根拠の妥当性について考える〉

Ｔ：今日は、「筆者が行った観察や実験の結果は、本当に仮説を証明する根拠になり得るのか」という疑問について考えていきます。観察や実験はやればいいというものではありませんよね。その結果に信頼性がなければ、それは

効果的な板書例

『言葉』をもつ鳥、シジュウカラ　鈴木俊貴

【今日のめあて】
○「意見」と「根拠」との関係を理解する。
○実験の方法や結果の妥当性を、根拠を明確にして評価する。

仮説は証明されたといえるのか？

① 仮説
「ジャージャー」＝意見
「ジャージャー」は、「ヘビ」を意味する「単語」ではないか？

実験1の方法◎
他の天敵がきたときの「ピーツピ」という鳴き声を流した場合との比較実験をしているところがいい。

14羽すべてが地面を見た。
巣箱をのぞいたのもこの場合のみ
実験の結果から「ジャージャー」がヘビを意味する単語である可能性があると考えるのは自然。◎

②観察・実験＝根拠（事実）

③結論
「ジャージャー」＝意見
「ジャージャー」は、「ヘビ」を意味する「単語」である。

その後、他の可能性をなくすために次の実験を行ったところもいい。◎
地面や巣箱を確認しろという命令

根拠にはなりません。また、いくら結果に信頼性があったとしても、その結果が仮説を証明するのに十分ではない場合もあります。そこで今回は、筆者の行った観察や実験の根拠としてのよさや問題点について、グループごとに考えてもらいたいと思います。

○話し合う際は、本文と図表を関連付けながら考える必要があることを確認する。

○グループ活動に入る前に、教科書にあるQRコードの動画を見せる。

Ｔ：それでは話合いを始めてください。

＊グループ活動を観察しながら、必要に応じて以下のような観点を示す。
　◎最初の仮説を証明しようとするうえで、実験①は適切か。
　◎実験②の必要性とは。
　◎実験①②それぞれの実験方法や条件設定などは適切か。
　◎実験①②の結果から他の結論が導かれる

可能性はないか。

〈グループで考えたことを共有する〉

Ｔ：それでは、グループで話し合ったことを発表してもらいます。

・私たちは筆者の行った観察や実験は、十分根拠になると考えます。一つめの実験では、他の天敵がきたときの「ピーツピ」という鳴き声を流した場合と比較実験をしているところがいいと思います。また、p.129のグラフを見るとその結果には明らかに差があるため、「ジャージャー」という鳴き声がヘビを意味する単語である可能性があると考えるは自然なことだと思います。

○意見と根拠の関係を意識しながら板書する。

Ｔ：最後に、「観察や実験により、仮説は証明されたと言えるか」という問いに対する考えを一人一人ワークシートにまとめましょう。

「言葉」をもつ鳥、シジュカラ

主発問 筆者の工夫について自分の考えをまとめましょう。

目標

全文を読み返し、結論に説得力をもたせるための筆者の工夫について、自分の考えをまとめることができる。

評価のポイント

❸文章の構成や展開について粘り強く考え、結論に説得力をもたせるための筆者の工夫について複数の観点から自分の考えをまとめようとしている。

準備物

・ワークシート1

ワークシート・ICT 等の活用や授業づくりのアイデア

○お互いの文章を読み合う際に、自分との共通点や、自分にはない視点に気付きやすくするために、今回はまとめる際の書式を指定したが、必ずしもそうする必要はない。指導者がねらいをもって書かせることが何より大切。

1 導入（学習の見通しをもつ）

〈学習のねらいの確認〉

T：これまで、第一時に設定した自分の「問い」の解決に向けて、「意見と根拠の関係」などに着目しながら、筆者の「論の展開の仕方」について学習をしてきました。今日はいよいよみなさん一人一人に、自分の「問い」に対する答えを出してもらいます。

2 展開

〈全文を読み返す〉

T：まずは全文をあらためて読み返し、様々な観点から「結論に説得力を持たせるための筆者の工夫とその効果」について考えてみましょう。

○生徒には、自分の考えをまとめる際の手がかりになりそうな語句や表現などに線を引かせる。付箋紙などを使わせてもよい。

〈自分の「問い」に対する答えをまとめる〉

T：では、これまで学習してきたことを基に、最初に自分が立てた「問い」に対する答えを文章としてまとめていきましょう。まとめる際の留点は次の通りです。

○まとめる際の留意点を提示する。

3 終末（学習を振り返る）

〈単元の振り返りをする〉

T：最後に単元を振り返りましょう。論の展開の仕方」や「意見と根拠との関係」について学習した今回の単元において、あなたにとっての最も大きな発見とは何でしたか。その発見をしたときのことをぜひ教えてください。

効果的な板書例

〔まとめる際の留意点〕

①各自、次の構成で文章にまとめる。

この文章を読んで私が（　）させられた理由は、次の（　）つと考えます。一つめは、〜二つめは、〜

②「筆者の工夫」はどのような観点から書いてもよい。

ただし、「論の展開の仕方」「意見と根拠の関係」については、必ずどこかで触れること。

③本文の内容に即して書くこと。

【今日のめあて】

結論に説得力をもたせるための筆者の工夫について自分の考えをまとめる。

『「言葉」をもつ鳥、シジュウカラ』　鈴木俊貴

〔まとめる際の留意点〕

①各自、次の構成で文章にまとめる。「この文章を読んで私が●●させられた理由は、次の●つと考えます。一つめは〜、二つめは〜」

②「筆者の工夫」はどのような観点から書いてもよい。ただし、「論の展開の仕方」「意見と根拠の関係」については必ずどこかで触れること。

③本文の内容に即して書くこと。

＊「初読時は納得できなかったけど、単元が進んでいく中で納得できるようになった」など、初読時と立場が変わったという生徒に対しては、「私は初め筆者の結論に納得できなかったが、今は納得できる」などと一文めに書くことを提案する。

・この文章を読んで私が納得させられた理由は、次の三つと考えます。一つめは、筆者が読み手の思考の流れに沿って論を展開している点です。シジュウカラを知らない人が多いことを想定し、最初に前提となる知識を述べ、その後に鳴き声の不思議について説明することで、読み手が自然とその疑問に共感できるようにしています。本論では、二つの実験とも、検証の目的、方法、結果などを、段落ごとに同じ順番で並べています。そのため、一見難しそうな内容であるにも関わらず、とても読みやすくなっています。二つめは、……

＊第2・3時で考えたことの繰り返しになってもよい。ここでは、これまでの学びを文章化（論理化）させることを重視する。

〈書いた文書を互いに読み合う〉

T：書いた文章をお互いに読み合い、気になった点について話し合ってみましょう。

〇自分との共通点や、自分にはない視点を意識させる。

原因と結果（1時間扱い／情報の扱い方に関する事項）

指導事項：〔知技〕(2)ア

単元の目標

(1)原因と結果との関係を理解することができる。 〔知識及び技能〕(2)ア

(2)言葉がもつ価値に気付くとともに、進んで読書をし、我が国の言語文化を大切にして、思いや考えを伝え合おうとする。 「学びに向かう力、人間性等」

単元の構想

〈単元で育てたい資質・能力／働かせたい見方・考え方〉

「原因と結果」の関係（以後、「因果関係」と記載）は、論理的に思考したり表現したりするうえで欠かせない概念の一つであり、因果関係を正しく理解することは、日常生活におけるあらゆる言語活動の質の向上につながる。そこで本単元では、何が原因でどんな結果に至ったのかを、「……によって」「……から」といった接続する語句を参考に捉えたり、因果関係が成立しているか、または破綻しているかなどを判断したりする活動を通し、論理的に物事を考えるための基礎となる力を育てていきたい。そのうえで、情報を的確に捉えたり、適切に表現したりする力の向上につなげていきたい。また、原因と結果の関係は、両者の間に論理的な整合がなければ成立しえないことを認識させ、原因と結果の関係の結びつきの妥当性について問う力をも育てていきたい。

〈教材・題材の特徴〉

本書では、導入時の教材として、データ分析の専門書である※「『データ分析の力 因果関係に迫る思考法』伊藤公一朗（光文社新書）」の p.32の二つのグラフなどを参考にした導入を提案する。「アイスクリームの売り上げ増加はウェブ広告が原因と言い切れるのか」などの生徒にとって身近だが、因果関係が成立しているかを正しく判断することの大切さに気付かせる。展開部分では、教科書の例文を用いる。教科書 p.137の例文は、因果関係を示す接続の語句について知ることができるとともに、因果関係は相対的な関係にあり、どの事実との関係かによって「原因」にもなれば「結果」にもなるということを理解させるのに効果的である。また、教科書 p.137の例文は、因果関係の妥当性について考えさせるのに適している。その他、「思考のレッスン1 意見と根拠」での学習を振り返らせ、ともに「……から」で接続される「根拠」と「原因」の違いについても確認する。

〈主体的・対話的で深い学びの視点からの授業改善ポイント／言語活動の工夫〉

　導入時に、※の教材を使って因果関係について考える学習を行うことで、因果関係について学習することへの必要感を抱かせる。因果関係を表す言葉について学ぶ際には、最初に知識を与え、それから問題を解くのではなく、例文の中にある因果関係を見つけていく中で、原因と結果を判断するうえで手がかりとなる言葉を生徒自身が発見していくような展開にしていく。同様に、原因と結果のつながりについて学んでいく際にも、原因と結果のつながりに無理がある理由を生徒自身が発見し、言語化できるような展開にしていく。いずれにしても、「知識→実践」ではなく、「実践→知識」の順番で活動させることにより、主体的に課題に取り組んだり他者との対話を自ら求めたりする姿を作り出し、深い学びにつなげていく。

単元計画

時	学習活動	学習内容	評価
1	1．原因と結果の関係を考える。	○原因と結果を正しく理解することの大切さについて知る。 ○教科書の例文を使い、原因と結果を表す言葉について知る。 ○教科書の例文を基に、原因と結果のつながりの妥当性について考える。 ○教科書の例文を基に問題（解答、解説も含む）を作成し、お互いに解き合う。	❶ ❷

評価規準

知識・技能	主体的に学習に取り組む態度
❶原因と結果との関係について理解し、問題（解答・解説も含む）を作成している。　　(2)ア	❷因果関係について考えながら、進んで問題を作成しようとしている。

〈指導と評価の一体化を図る見取りのポイント〉

　本単元では、「原因と結果を表す言葉」と「原因と結果のつながりの妥当性」を問える問題を一人一題作らせる。その際、併せて解答と解説も作らせる。その問題と解答及び解説をもとに評価を行う。

思考のレッスン２　原因と結果

主発問 **原因と結果との関係は成立しているでしょうか。**

目標

原因と結果との関係を理解することができる。

評価のポイント

❶原因と結果との関係について理解し、問題（解答・解説も含む）作成している。　　　　(2)ア

❷因果関係を考えながら進んで問題を作成しようとしている。

準備物

・ワークシート⤓01　・問題作成カード

ワークシート・ICT 等の活用や授業づくりのアイデア

〇以下の内容を載せたワークシートを準備する。

①『データ分析の力　因果関係に迫る思考法』p.32などを参考にしたグラフ

②教科書 p.136・137の例文

③教科書 p.136・137の問題１・２

＊③の問題１・２については、宿題として取り組ませる。

1　導入（学習の見通しをもつ）

〈授業のねらいを知る〉

Ｔ：「原因」という言葉の対義語を知っていますか。そうです。「結果」ですね。今日は「原因と結果の関係」についてみんなで考えていきましょう。

〇「原因」「結果」という言葉の意味、また原因と結果の関係を「因果関係」ということを確認する。

3　終末（学習を振り返る）

〈活用場面をイメージする〉

Ｔ：今日の学習で特に印象に残ったこと、そして、今日学んだことを今後どのような場面で役立てていきたいかを考え、ノートにまとめましょう。

2　展開

〈因果関係を学ぶ意義を考える〉

Ｔ：次の二つのグラフ（『データ分析の力　因果関係に迫る思考法』）を見てください。このデータから、「ウェブ広告を出したからアイスクリームの売り上げは増加した」と結論づけることは妥当だと言えるでしょうか。周りの人と話し合ってみましょう。

・できる。ウェブ広告を出した年に売り上げが増加しているから。

・できない。その年たまたま経済状況が上向きになっていた可能性があるから。例年に比べて暑い日が多かった可能性があるからです。

＊因果関係を学ぶ必要感をもたせる。

〈因果関係を表す言葉を考える〉

Ｔ：ワークシートの例文Ａ（教科書 p.136の上段）を読み、因果関係を見

思考のレッスン2　原因と結果

【学習目標】
原因と結果との関係を理解する。

【今日のめあて】
○原因と結果との関係を理解し、問題を作成する。

「原因」＝何かを引き起こす元になるもの
「結果」＝ある原因によってもたらされた状態
　　　　　↓
　　　「因果関係」

『データ分析の力
因果関係に迫る思考法』
p.32などを参考にした
グラフ

(1) 因果関係を表す言葉や言い回し
「～によって…」「～から…」
「…。なぜなら～」「～。そのため…」　など

(2) 因果関係のつながりの妥当性を問う
① 全くの偶然ではないか？
② 原因と結果が逆ではないか？
③ 隠された別の原因はないか？

付けましょう。

・割引券を公園の入り口で配布したことが原因で、公園の前が混雑したことが結果。

・公園の前が混雑したことが原因で、子供たちが迷子になったことが結果。他2つ

＊因果関係は相対的な関係にあり、どの事実との関係かによって「原因」にもなれば、「結果」にもなることを理解させる。

T：その二つの事実が因果関係にあることを、あなたはどの言葉を手がかりに考えましたか。

・「によって」「が原因として考えられる」

＊例文にある二つ以外にも因果関係を表す言葉や言い回しがないかを考えさせ、「～から」や「…となったのは、～のため」など、多様な言葉や言い回しがあることに気付かせる。

〈因果関係の妥当性について考える〉

T：因果関係で大切なのは、原因と結果のつながりが妥当であることです。ワークシートの例文B（教科書p.137）を読み、それぞれ原因と結果のつながりに無理がないかを周りの人と考えてみましょう。

・「田口さんは」から始まる例文は妥当とは言えない。新しい鉛筆を使ったから成績が上がったとは言い切れない。など

＊話をしたり文章を読んだりするとき、因果関係に無理がないかを確かめることはあらゆる言語活動を行う際に大切であることを理解させる。

〈問題を作成して解き合う〉

T：因果関係が成立しているかどうかを問う問題を一人一題作成し、お互いに解き合いましょう。

○解答や解説も作成させる。

＊解説を書く場合は、「全くの偶然」「原因と結果が逆」「隠された別の原因がある」のうちどれに当てはまるかを明確にさせるとともに、読み手が納得するわかりやすい説明の仕方を工夫させる。

5　筋道を立てて
根拠を示して説明しよう（5時間扱い／書くこと）

指導事項：〔知技〕⑵イ　〔思判表〕Ｂ⑴イ、ウ
言語活動例：本や資料から文章や図表などを引用して説明したり記録したりするなど、事実や
　　　　　　それを基に考えたことを書く。

単元の目標

⑴比較や分類、関係づけなどの情報の整理の仕方、引用の仕方や出典の示し方について理解を深
　め、それらを使うことができる。　　　　　　　　　　　　　　　　〔知識及び技能〕⑵イ
⑵書く内容の中心が明確になるように、段落の役割などを意識して文章の構成や展開を考えること
　ができる。　　　　　　　　　　　　　　　　　　　　〔思考力、判断力、表現力等〕Ｂ⑴イ
⑶根拠を明確にしながら、自分の考えが伝わる文章になるように工夫することができる。
　　　　　　　　　　　　　　　　　　　　　　　　　　〔思考力、判断力、表現力等〕Ｂ⑴ウ
⑷言葉がもつ価値に気付くとともに、進んで読書をし、我が国の言語文化を大切にして、思いや考
　えを伝え合おうとする。　　　　　　　　　　　　　　　　　　「学びに向かう力、人間性等」

単元の構想

〈単元で育てたい資質・能力／働かせたい見方・考え方〉

　本単元では、「中学生の実態」を共通のテーマに二人で一枚レポートを作成させる。「課題」「仮
説」「調査方法」「調査の結果」「考察」という一般的なレポートの構成に基づいて情報を並べてい
くことで、それぞれの項目に沿った情報を適切に判断したり、項目間のつながりを意識しながらま
とめたりする力を育てていきたい。

　また、根拠を明確にして自分の意見を述べることが説得力を高めるうえで重要であることは生徒
も知っているだろう。そのうえで、本単元では、根拠となる情報の確かさや量、情報の取り上げ方
などに目を向けさせ、根拠となる情報が自分の主張を支えうるものなのかを適切に判断できる力を
育てていきたい。その際、根拠となる情報を引用する際のルールなどについても確認していく。

〈教材・題材の特徴〉

　本単元では、仮説の立てやすさ、情報の集めやすさから、教科書にある題材をそのまま使用す
る。「中学生は今、何に興味をもち、どのような生活を送っているのだろうか」という共通のテー
マの基、各ペアに具体的なテーマを設定させ、レポートを書かせる。

〈主体的・対話的で深い学びの視点からの授業改善ポイント／言語活動の工夫〉

　第一時において、「思考のレッスン１　意見と根拠」「思考のレッスン２　原因と結果」の学習
を振り返り、根拠となる情報が自分の主張を支えうるものなのかを疑うことの大切さを感じさせる。

　また、レポートを作成する過程において、対話を繰り返しながら思考・判断・表現が繰り返され
るよう、本単元では二人一組でレポートを作成させる。情報を集める際は、タブレットや他教科の
テキストを活用させることで、教科にとどまらない学習活動にしていきたい。

時	学習活動	学習内容	評価
1	1．課題を決め、調査を行う。	○中学生について調査したいことを考え、課題を決める。 ○課題に対して仮説と調査項目を決め、調査する。	
	※必要に応じて情報収集の期間を設ける。		
2 3	2．調査結果を整理し、書く内容を決める。	○調査結果を、比較・分類・関係づけなどして整理する ○書く内容を決め、全体の構成を考える。	❶ ❸
4	3．図表などを引用してレポートを作成する。	○引用の仕方を確認する。 ○レポートの構成に沿ってまとめる。	❶ ❷
5	4．レポートを評価し合い、学習を振り返る。	○レポートを読み合い、課題設定、引用したデータの適切さ、意見の説得力などについて、コメントを伝え合う。 ○相互評価を踏まえて、レポートの書き方について学んだことを振り返る。	❹

評価規準

知識・技能	思考・判断・表現	主体的に学習に取り組む態度
❶比較や分類、関係づけなどの情報の整理の仕方、引用の仕方や出典の示し方について理解を深め、それらを使っている。　　　⑵イ	❷書く内容の中心が明確になるように、段落の役割などを意識して文章の構成や展開を考えている。　　　B⑴イ ❸根拠を明確にしながら、自分の考えが伝わる文章になるように工夫している。　　　B⑴ウ	❹文章の構成や展開や引用する資料の効果などについて粘り強く考え、学習の見通しをもってレポートを作成しようとしている。

〈指導と評価の一体化を図る見取りのポイント〉

　第 1 時では、記録に残す評価は行わず、すべてのペアが仮説や調査項目を設定できるようアドバイスをする。第 2 時では、思考ツールの使い方や、記号や符号を使った情報の整理の仕方を指導したうえで、どのような目的でどのような整理を行っているかを、ペアでの話し合いの様子やワークシートへの記述内容で見取る。第 3 時では、引用しようとしている資料が主張を支えるものになっているのかを、情報の確かさや量、情報の取り上げ方の観点で見取る。第 4 時では、ルールに基づいて正しく引用できているかを確認するとともに、レポートの構成に沿って伝えたいことの中心が明確になるように記述できているかを見取る。第 5 時では、他のペアのレポートを読んで、内容や構成、文章や図表の引用の仕方などについて自分の考えをもとうとしているかを、コメントを伝え合う活動の中で見取る。活動中に見取れなかった部分については、レポートの内容を基に評価する。

根拠を示して説明しよう 資料を引用してレポートを書く

主発問 中学生の実態について調査してみたいことは何ですか。

目標

　課題を設定し、その課題に対する「仮説」と仮説を証明するための「調査項目」を決めることができる。

評価のポイント

　記録に残す評価は行なわないが、活動の様子を観察し、必要に応じて指導や助言を行う。

準備物

・パソコン
・レポート作成の過程⏬01を拡大したもの
・A3判のプリントと思考ツールを印刷したB5判のプリント（教卓に置いておき自由に使わせる）

ワークシート・ICT等の活用や授業づくりのアイデア

○レポートはパソコンで作成するため、技術科の授業などにおいてパソコンの操作の仕方について指導が行われた後に実施することが望ましい。
○アルファベット（グループ）と番号を組み合わせてペアの名前を決める。「A1」であれば「Aグループの1のペア」となる。3つのペアを同じグループにする。

---

1 導入（学習の見通しをもつ）

〈学習のねらいと言語活動を知る〉

T：今回は、二人一組になり、パソコンを使って「レポート」を作成します。ところでみなさんは「レポート」とはどんなものか知っていますか。

＊教科書 p.140を使い、「仮説」や「考察」「参考文献」など、レポートの一般的な構成について確認する。

3 終末（学習を振り返る）

〈次時の見通しをもつ〉

T：最後にペアで相談し、次の授業までに調べておくことを確認しましょう。

＊家でインターネットを使って調べる際は、調査元が信頼できる機関なのかを慎重に判断することが大切であることを全体で確認する。

---

2 展開

〈レポートについて知る〉

T：レポートとは、調べたり、研究したりしたことを、他の人に報告することを目的として書きまとめた文章のことです。レポートはその性格上、読み手から高く評価されることに価値をもちます。つまり、大切になるのは「説得力」です。優れたレポートは時に、社会の発展や科学の進歩に大きく貢献することもあるんですよ。

T：では、どうやったら説得力を高めることができるのでしょう。

・根拠を明確にすること
・論の展開を工夫すること　など

T：そうですね。説得力を高める方法は様々あります。その中で今回は「根拠をしっかりと示すこと」を特に意識してもらいたいと思います。では、

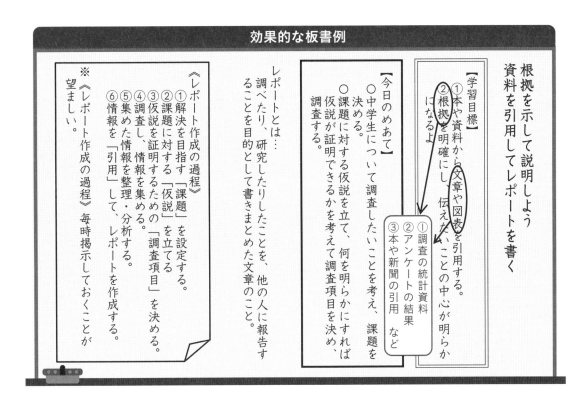

効果的な板書例（板書内容）

根拠を示して説明しよう
資料を引用して説明しよう
レポートを書く

【学習目標】
①本や資料から文章や図表を引用する。
②根拠を明確にし、伝えたいことの中心が明らかになるよ

①調査の統計資料
②アンケートの結果
③本や新聞の引用　など

【今日のめあて】
○中学生について調査したいことを考え、課題を決める。
○課題に対する仮説を立て、何を明らかにすれば仮説が証明できるかを考えて調査項目を決め、調査する。

レポートとは…
調べたり、研究したりしたことを、他の人に報告することを目的として書きまとめた文章のこと。

《レポート作成の過程》
①解決を目指す「課題」を設定する。
②課題に対する「仮説」を立てる
③仮説を証明するための「調査項目」を決める。
④調査し、情報を集める。
⑤集めた情報を整理・分析する。
⑥情報を「引用」して、レポートを作成する。

※《レポート作成の過程》毎時掲示しておくことが望ましい。

「根拠」とは一体どのようなものを指すのでしょうか。

○教科書 p.52「思考のレッスン１」を使い、根拠とは何か、また意見と根拠の結び付きの重要性について確認する。

T：客観的なデータや情報を上手く引用し、根拠のしっかりとした説得力の高いレポートを作成しましょう。

〈レポート作成の見通しをもつ〉

T：レポート作成の主な過程は次の通りです。

○レポート作成の過程を黒板に表示する。

T：今日は作成過程の①②③を考え、決まった人から随時④の調査を開始しましょう。

〈課題を設定する〉

T：レポートの共通テーマは、教科書 p.138と同様「中学生の実態について」です。そのテーマの基、二人で調査したいことを考え、レポートの課題を決めましょう。

＊課題は「〜（なの）か」という疑問の形で設定することで、探究すべきことがはっきりすることを伝える。

○活動中は、以下の観点をもちながら机間指導を行う。

◎仮説を立てられる具体性のある課題か。

◎複数の調査結果を関連付けて考察する必要性のある課題か。

〈仮説を立て、調査項目を決める〉

T：課題が決まったら仮説を立て、何を明らかにすれば仮説が証明できるかを考えて調査項目を決めましょう。

＊仮説は「〜ではないか」といった予想を表す表現にするとよいことを伝える。

T：調査項目が決まったら、早速調査を開始しましょう。

根拠を示して説明しよう　資料を引用してレポートを書く

（主発問）　集めた情報を、どのように整理すればよいですか。

目標

　明らかにしたいことを明確にし、集めた情報を適切な方法を用いて整理・分析することができる。

評価のポイント

❶集めた情報を適切な方法で整理・分析し、そこから何がいえるかを明らかにしている。　　　⑵イ

＊必要なデータや情報の集め方についても、必要に応じて指導や助言を行う。

準備物

・付箋紙　他は前時と同じ

ワークシート・ICT 等の活用や授業づくりのアイデア

○情報を整理するためのプリントや付箋紙などを教卓に置いておき、各ペアの必要に応じて自由に使わせる。

○教科書の本単元に関係するページを教師用タブレットで撮影しておくと、スライドやテレビに拡大して表示したり、机間指導の際に必要な部分を拡大して示しながら説明したりすることができる。

1　導入（学習の見通しをもつ）

〈学習の見通しをもつ〉

　Ｔ：今日と次の一時間で、レポートに書く内容をはっきりさせていきます。この時間は、集めた情報を整理・分析し、根拠となる情報、つまり、レポートに引用する資料に見通しをつけることを目標に、各ペアの計画に沿って活動を進めていきましょう。

3　終末（学習を振り返る）

〈次時の見通しをもつ〉

　Ｔ：最後に自分たちのペアの進み具合を振り返り、次の時間に行うこと、また次の授業までにそれぞれがやっておくことを確認し、ワークシートにメモしておきましょう。

2　展開

〈情報の整理の仕方を確認する〉

　Ｔ：初めに情報の整理の仕方・まとめ方について全体で確認しましょう。

○p.271・62を使って、情報の整理の仕方、まとめ方について説明する。

　Ｔ：情報の整理の仕方やまとめ方は、何を明らかにしたいのか、どんな情報を発信したいのかによって変わります。それぞれの整理の仕方・まとめ方の特徴を踏まえ、自分たちの目的に合った方法を考えてみましょう。

○教卓の上に、情報を整理するための思考ツールを印刷したプリントや付箋紙を乗せておき、自由に使わせる。

〈計画に沿ってレポートを作成する〉

　Ｔ：それでは、各ペアの計画に沿って、活動を始めましょう。

根拠を示して説明しよう
資料を引用してレポートを書く

【今日のめあて】
何を明らかにしたいかを明確にし、集めた情報を
比較・分類・関係づけなどして整理・分析する。

情報の整理の仕方

教科書p．27ーを拡大
したものを掲示する

情報のまとめ方

教科書p．62を拡大
したものを掲示する

○机間指導を行う際、各ペアの進捗状況及び学習状況をみとり、以下のような助言を行う。

◎調査項目の検討が必要なペア

→この調査で何が明らかになるかを生徒とともに確認したうえで、必要な情報を集めるための調査内容について一緒に考える。

◎具体的な調査方法に迷っているペア

→調査方法について以下のような助言を行う。

①インターネットを使って、自分たちの設定した課題のキーワードとなる言葉と「調査」「研究」「学術論文」「省庁」などという言葉を組み合わせて検索する。

②インターネットで見つけた手がかりとなる言葉や専門家の名前などを、図書館の検索システムで探し、関連する本を探す。

③学級の生徒が簡単に答えられそうなアンケートの作成を勧める。その際、アンケートの書式を教師が事前にパソコンで作成し、各ペアが自由に編集して使えるように

しておくと時間の短縮につながる。

◎情報の整理の仕方に迷っているペア

→何を明らかにしたいかを確認し、それにふさわしい情報の整理の仕方を提案する。

◎情報のまとめ方に迷っているペア

→どんな情報を発信したいのかを確認し、それにふさわしいまとめ方を提案する。

○同じグループ間（A同士、B同士）の交流は自由に行わせる。

＊情報の収集がすべて完了してから一気に整理を行うペアもあれば、情報の収集と整理を並行して行うペアもいる。各ペアが自分たちのペースで学習過程を自由に行き来できるよう、ある程度のまとまりで学習活動を設定することが「学びを調整している姿」を表出させるポイントとなる。教師は机間指導の中で、それぞれのペアの計画や進捗状況に応じた支援を行うことが大切になる。

根拠を示して説明しよう　資料を引用してレポートを書く

主発問　その情報は仮説を証明する根拠になっていますか。

目標

　情報の整理・分析の結果を基に根拠を明らかにし、「調査結果」と「考察」に書く内容を明らかにすることができる。

評価のポイント

❸「仮説」や「考察」との整合性を考えながら、引用しようとしている情報（資料）の効果について考えている。　　　　　　　　　　B(I)ウ

準備物

・前時と同じ

ワークシート・ICT等の活用や授業づくりのアイデア

〇引用しようとしている情報（資料の効果について話し合う活動は、グループごとに行わせる。本時は本単元の核となる時間であるため、観点を明確に示してしっかりと話し合わせる。

---

1 導入（学習の見通しをもつ）

〈学習の見通しをもつ〉

Ｔ：今日のゴールは、集めた情報を整理・分析した結果を基に、「調査結果」と「考察」に書く内容を明確にすることです。途中で、引用しようとしている情報（資料）は仮説を証明する根拠になっているのかをグループごとに検討する時間を設けます。

2 展開

〈「調査結果」と「考察」の内容について確認する〉

Ｔ：初めに「調査結果」と「考察」の内容について確認しましょう。

＊p.140の「調査結果」と「考察」の部分を拡大したものを表示し、それぞれの項目にどのようなことが書かれているかを確認する。その際、「調査結果」と「考察」の関係に着目させる。

〈計画に沿って、レポートを作成する〉

Ｔ：それでは、各ペアの計画に沿って、活動を始めましょう。

＊机間指導の際は、引用しようとしている情報（資料）が仮説を証明する根拠になっているかを以下の観点でみとり、必要に応じて助言をする。

◎「情報の確かさ」

3 終末（学習を振り返る）

〈次時の見通しをもつ〉

Ｔ：最後に自分たちのペアの進み具合を振り返り、次の時間に行うこと、また次の授業までにそれぞれがやっておくことを確認し、ワークシートにメモしておきましょう。

効果的な板書例

根拠を示して説明しよう
資料を引用してレポートを書く

【今日のめあて】
情報の整理・分析の結果を基に根拠を明らかにし、「調査結果」と「考察」に書く内容を明らかにする。

P140の「調査結果」と「考察」の部分を拡大したものを表示する。

引用しようとしている情報は
仮説を証明する根拠になるのか？

〈アドバイスの観点〉
①根拠となる情報の確かさ
②根拠となる情報の量
③根拠となる情報の取り上げ方
④根拠となる情報の関連付け方

→情報元・調査方法・回答者数・データの新しさなどが、根拠として十分に信頼できるものなのかを確認させる。

◎「情報の量」
　→その情報だけで十分な根拠になるかを考えさせ、必要に応じて他の調査をさせる。

◎「情報の取り上げ方」
　→なぜその図表を引用しようとしているのか、そのデータのどの部分（特徴的な数値、変化、違い）に注目しているのかなどと質問し、取り上げる意味や効果を自覚させる。

◎「情報の関連付け方」
　→引用しようとして複数の情報のどこに関連を見出しているのかを質問し、それらの関係性を自覚させる。

〈引用しようとしている情報（資料）の効果について話し合う〉

T：自分たちが引用しようとしている情報が仮説を証明する根拠になっているかを客観的な目で評価してもらいましょう。

○評価及びアドバイスの観点を板書する。

T：グループ（AやB）ごと、引用しようとしている情報（資料）のよさや問題点について話し合いましょう。

・この2つの資料を引用して○○という「考察」をしようと思っているんだけどどう思う。

・「仮説」は正しかったとするのは結論付けるのは妥当だと思う。ただ、引用するデータは資料①②より、資料①③の方が説得力が高まると思うんだけど。

○10分～15分間はじっくりと話し合わせる。

〈レポートに書く内容を整理する〉

T：次の時間から打ち込みを開始できるように、レポートの各項目に書く内容を整理しておきましょう。

根拠を示して説明しよう　資料を引用してレポートを書く

主発問　伝えたいことが明確になるように内容や表記、叙述の仕方を工夫しましょう。

目標

　仮説を証明する根拠となる資料などを引用し、構成に沿ってレポートをまとめる。

評価のポイント

❶引用の仕方や出典の示し方を正しく理解している。　　　　　　　　　　　　　　　　　　　(2)イ

❷根拠となる資料を適切に引用し、伝えたいことの中心が明確になるようにレポートをまとめている。　　　　　　　　　　　　　　　　　B(1)イ

準備物

・前時と同じ

ワークシート・ICT 等の活用や授業づくりのアイデア

○完成したレポートはプリントアウトさせ、この時間の最後のレポートと次の時間の最後のレポートを比較できるようにする。教室でプリントアウトができない場合は、パソコン上にコピーを作らせる。

1　導入（学習の見通しをもつ）

〈学習の見通しをもつ〉

Ｔ：いよいよ今日、レポートを完成してもらいます。前の時間にグループで話し合ったことを思い出しながら、仮説を証明する根拠となる資料などを適切に引用し、根拠のしっかりとした説得力の高いレポートを完成させましょう。

3　終末（学習を振り返る）

〈学習を振り返る〉

Ｔ：最後に、読み手を意識して工夫したことをノートに書きましょう。

＊時間があれば、何人かの生徒に発表させてもよい。

2　展開

〈引用の仕方について確認する〉

Ｔ：初めにデータや情報の正しい引用の仕方、出典の示し方について確認しましょう。

○p.63を使い、引用の仕方と出典の示し方について確認する。その際、著作権についても説明する。

〈レポートをまとめる〉

Ｔ：それでは、引用するデータや情報が決まったペアからレポートをまとめていきましょう。まとめる際に大切なのは「読み手を意識する」ということです。書いた文章を何度も読み返しながら、伝えたいことの中心が明確になっているかを確かめ、内容はもちろん、記述や表記の仕方を工夫しましょう。

根拠を示して説明しよう
資料を引用してレポートを書く

【今日のめあて】
仮説を証明する根拠となる資料などを引用し、説得力のあるレポートを書く。

P65を拡大したものを表示する。

ここ工夫しました！

「調査結果」
・二つの調査結果を合わせて表で表した。
・対応する資料番号を書いて、読み手が図表と関連付けて読めるようにした。

「考察」
・文末表現を意識して、事実なのか意見なのかがはっきりと区別した。
・専門家の言葉を引用し、自分たちの考えに説得力をもたせた。

＊各項目の記述や表記の仕方については、p.140を参考にさせる。

＊次時にお互いのレポートを読みコメントを書く際、誰が書いたかが分かっていると正直なコメントを書きにくくなる。そのため、この段階ではレポートに名前は記入せず、グループ名（AやB）のみを記載させる。

○作成中のレポートの内容や記述、表記の仕方から、伝えたいことの中心が明確になっているかを以下のような観点でみとり、必要に応じ助言する。

◎「調査結果」について

→根拠となる資料を適切に引用しているか、具体的な数値を明記しているか。出典を明記しているか、対応する資料番号を明記しているか、何の調査かを明記しているか　など

◎「考察」について

→自分たちの考えを書いているか、論の展開はわかりやすいか、文末表現は適切か、対応する資料番号を明記しているか　など

◎「参考文献」について

→署名、著者名、出版社名、発刊した年などを記しているか　など

◎全体の構成について

→各項目に沿った内容、項目間のつながりを考えた内容になっているか　など

〈工夫点した点を共有する〉

Ｔ：では、伝えたいことがしっかりと読み手に伝わるように工夫したことを共有しましょう。

＊レポート作成の進捗状況によっては、全体での共有は行わず、グループ間での共有にとどめてもよい。

〈プリントアウトして推敲する〉

Ｔ：書き終わったらプリントアウトし、表記のミスなどがないかを確認しましょう。

根拠を示して説明しよう　資料を引用してレポートを書く

主発問 他のペアのレポートの気になったところはどこですか。

目標

　他のペアのレポートの特徴や、読み手を意識した工夫のよさを発見する。

評価のポイント

❹他のペアのレポートを読み、文章や図表の引用の仕方など、読み手を意識した様々な工夫に気付き、具体的にコメントを書いている。

準備物

・コメント用紙（パソコンのコメント機能を使うことが難しい場合）

ワークシート・ICT 等の活用や授業づくりのアイデア

○コメントを書く際や最後に推敲を行う際は、パソコンの「コメント機能」や「校閲機能」を使わせたい。「校閲機能」の中の「履歴」を使うと生徒の推敲状況を細かくみとることができる。本単元では使えなくても、どこかのタイミングで使い方を指導し、教師と生徒ともに使いこなせるようにしていきたい。

1 導入（学習の見通しをもつ）

〈学習の見通しをもつ〉

Ｔ：今日は完成したレポートをお互いに読み合い、内容や構成、文章や図表の引用の仕方などについて、説得力があると思った点や、もっと詳しく知りたいと思ったことを伝え合いましょう。

2 展開

〈レポートを読み、コメントを書く〉

Ｔ：お互いにレポートを読み合い、コメントを送り合います。様々な観点からよさを見つけ、コメントを書きましょう。

＊パソコン上ですべてのレポートを共有できるようにしておき、パソコンのコメント機能を使ってコメントを記入する。それが難しい場合は、コメント用紙を使う。

＊少人数のクラスは読むレポートを自由に選ばせてもよいが、生徒数の多いクラスは以下のような工夫を図り、すべてのペアがコメントをもらえるようにする。

> Ａグループ →Ｂ・Ｃグループのレポート
> Ｂグループ →Ｃ・Ｄグループのレポート
> Ｃグループ →Ｄ・Ｅグループのレポート

3 終末（学習を振り返る）

〈単元を振り返る〉

Ｔ：最後に単元全体を振り返りましょう。今回の単元ではレポートを書きましたが、そのレポートを書く過程の中でもっとも印象に残っている場面や学んだこと、今後役立てようと思っていることをまとめましょう。

効果的な板書例

根拠を示して説明しよう
資料を引用してレポートを書く

【今日のめあて】
他のペアのレポートの特徴や、読み手を意識した
工夫のよさを発見する。

ここが素晴らしい！

B
クラスのアンケートの結果だけでなく、全国中
学生の図書館の利用状況を示しているところ。
⇓複数の資料を根拠にしている

クラスの結果と全国の中学生の結果を比較し、
数値化して示しているところ。
⇓複数のデータを関連させている

専門家の言葉を引用しているところ。
⇓引用の仕方も適切
⇓作成者の考えを支えている

A
調査結果を円グラフで示している。
⇓全体における割合が一目で分かる。
⇓明らかにしたいことに合っている。

---

*レポートにはグループ名しか記載されていな
　いことになっている。名前を出さないことに
　よって、より客観的にレポートのよさや課題
　点を判断できるようになる。

〈読んだレポートの特徴やよさを紹介する〉

T：では、自分が読んだレポートの中で特に
　気になったものを１点選び、紹介してもら
　います。誰か紹介してくれる人はいませんか。

・私は、Bグループの中の「中学生の一カ月の
　図書室の利用状況」についてのレポートが素
　晴らしいと思いました。「調査結果」の部分
　で、クラスでとったアンケートの結果と、全
　国の中学生の利用状況について調べた結果の
　二つ資料を根拠としていることで、とても説
　得力があると感じました。

T：なるほど、複数の資料を用いているとこ
　ろですね。同じレポートが気になったという
　人は他にいますか。

・このレポートは「考察」も素晴らしいと思い

ました。調査結果を踏まえ、中学生にとって
の読書の大切さを専門家の言葉を引用して説
明しているところもすごいと思いました。

T：なるほど。ところで、専門家の言葉とは具
　体的に誰のどんな言葉を引用してるのですか。

*出来る限り具体的に答えさせることが大切。

T：ではいったいこのレポートを書いたペア
　は誰でしょう。作成者は手を挙げてください。

*書き手が分かった瞬間、拍手や驚嘆の声があ
　がることが予想される。その反応を見ること
　が満足感や達成感ややりがいにつながると考
　える。

〈もらったコメントを読む〉

T：それでは、自分たちがもらったコメント
　を基に、パソコンの校閲機能を使って最後の
　推敲を行いましょう。すべてが終了したら、
　プリントアウトをして提出してください。

*校閲機能を使うことが難しい場合は、普通に
　推敲をさせる。

5 筋道を立てて
漢字に親しもう
（１時間扱い／言葉の特徴や使い方に関する事項）

指導事項：〔知技〕⑴イ

単元の目標

⑴小学校で学習した漢字に加え、その他の常用漢字のうち300字程度から400字程度までの漢字を読むこと。また、学年別漢字配当表の漢字のうち900字程度の漢字を書き、文や文章で使うことができる。　　　　　　　　　　　　　　　　　　　　　　　　　〔知識及び技能〕⑴イ

⑵自然を表す語句の量を増やし、語感を磨き語彙を豊かにすること。　　　〔知識及び技能〕⑴ウ

⑶言葉がもつ価値に気付くとともに、進んで読書をし、我が国の言語文化を大切にして、思いや考えを伝え合おうとする。　　　　　　　　　　　　　　　　「学びに向かう力、人間性等」

単元の構想

〈単元で育てたい資質・能力／働かせたい見方・考え方〉

　教科書に掲載されている漢字を正しく読み書きができるようにするとともに、漢字の意味についての理解も深め、使える語彙の量を増やしていきたい。本単元では「自然」に関する言葉集めを行うことを通して、自然に関する美しく豊かな日本語を知るとともに、日本語そのものの奥深さを再認識できるような機会にしていきたい。

〈教材・題材の特徴〉

　本ページ上段では、自然に関する熟語が取り上げられている。また、下段では同じ音読みの漢字が取り上げられている。その特徴を生かし、ある特定の分野（本単元では「自然」）に関する熟語を集める活動を通して言語感覚を磨いたり、同音または同訓の漢字を調べ、それぞれの漢字がもつ意味の違いについて学んだりする学習が考えられる。そのうち、本単元では、自然に関する熟語を取り上げる。自然に関する熟語を集める活動を行う際は、はじめにp152の「季節のしおり　秋」を使い、日本語には自然現象に関する言葉が多いことや、四季のある日本では自然物を対象とした様々な表現が生まれたことについての自覚を促していく。

〈主体的・対話的で深い学びの視点からの授業改善ポイント／言語活動の工夫〉

　漢字の読み書きと新たな語句の習得とを連動させることで、漢字の読み書きに対しての必然性を作り出したい。本単元では、自然に関する熟語を集め、「語彙カード」を作成する活動を設定する。学級で一冊の「『自然』に関する美しい言葉集」を作成するという課題の基、生徒一人一人が自然に関する熟語を書籍やインターネットで探し、気に入った熟語について一人一枚「語彙カード」を作成する。そのような言語活動を仕組むことで、単なる漢字の読み書きの学習ではなく、日本語に対する関心を高め、新たな言葉と出会うことへの喜びを感じさせたい。

単元計画

時	学習活動	学習内容	評価
1	1．自然に関する熟語を集め、語彙カードを作成する。	○教科書の問題に取り組む。 ○自然に関する熟語を本やインターネットで調べ、気に入った言葉について「語彙カード」を書く。 ○自分が選んだ言葉について、グループ内で紹介し合う。	❶ ❷ ❸

評価規準

知識・技能	主体的に学習に取り組む態度
❶小学校学習した漢字に加え、その他の常用漢字のうち300字程度から400字程度までの漢字を読むこと。また、学年別漢字配当表の漢字のうち900字程度の漢字を書き、文や文章で使うことができる。　　　　　　　　　　　　　　(1)イ ❷自然に関する語句の量を増やし、語感を磨き、語彙を豊かにすること。　　　　　　　(1)ウ	❸自然に関する語句を進んで集め、「語彙カード」を作成しようとしている。

〈指導と評価の一体化を図る見取りのポイント〉

　漢字の読み書きについては、単元後に行う漢字テストで評価する。自然に関する語句については、「語彙カード」の記載内容で評価する。

漢字に親しもう3

主発問 日本語には「自然」に関するどんな言葉があるのでしょうか。

目標

　自然物や自然現象を表す多様な言葉を知り、語感を磨き語彙を豊かにすることができる。

評価のポイント

❶p.144の漢字を正しく読み書きしている。　　(1)イ

❷❸自然に関する言葉の魅力を「語彙カード」に書いたり、紹介したりしている。　　　　　　(1)ウ

準備物

・タブレット　・「語彙カード」の台紙

・「語彙カード」の見本⬇01

ワークシート・ICT 等の活用や授業づくりのアイデア

○言葉集めには書籍やタブレットを使用するため、通信環境の整った図書室を使うのが望ましい。

○「語彙カード」はタブレットで作成し、クラウドに保管するなどの方法も考えられる。この方法は、他の学級や学年との共有や蓄積という点において有効である。

---

1 導入（学習の見通しをもつ）

〈学習の見通しをもつ〉

Ｔ：今日は「言葉」そのものに関する学習です。今回は、心に刺さる「自然」に関する熟語を探し、一人一枚「語彙カード」を作成していきます。そして最後に、それを一冊にまとめた〇組オリジナルの「『自然』に関する美しい言葉集」を作ろうと思います。

3 終末（学習を振り返る）

〈自分の言語感覚を自覚する〉

Ｔ：今日は、『自然』に関するたくさんの言葉に出会いました。その中からどの言葉を「語彙カード」に載せるか迷ったのではないでしょうか。今日は、「自分が心惹かれる言葉の傾向」というテーマで振り返りをしましょう。

---

2 展開

〈p144の問題に取り組む〉

Ｔ：まずは p144 の問題の答え合わせをしましょう。

○宿題にし、授業では答え合わせのみを行う。

○教科書の上段にある漢字は「自然」に関する言葉であることを確認する。

〈自然物や自然現象を表す美しく豊かな日本語があることを知る〉

Ｔ：p152ページを見てください。ここには、「月」をテーマに秋を描いた俳句や和歌が掲載されています。みなさんはどの作品が好きですか。

＊自分の言語感覚を規準に作品を選ばせることが、言葉の面白さや表現の豊かさを主体的に味わおうとする態度を育てることにつながる。

語彙カード例

寝待月（ねまちづき）

《意味》
　陰暦19日の夜の月の呼び名。19日の座して待つ「居待月」よりも月の出がやや遅いので、寝て待つ月ということ。「臥待月」や「寝待の月」などとも言われる。

《作品例》
　又ことし松と<u>寝待の月</u>出でぬ　小林一茶

〜選者コメント〜
　昔の人が、家の縁側で横になりながら、ゆったりと、でも内心わくわくしながら月の出を待っているっている様子が目に浮かぶ。虫やカエルの鳴き声も聞こえる日本の原風景が想像され、都会に住む私にとっては憧れでもあり、なぜか懐かしさをも感じる不思議な言葉だ。
選者（●●●●）

【今日のめあて】
○自然に関する熟語の「語彙カード」を作る

【学習目標】
語感を磨き語彙を豊かにする

漢字に親しもう

Ｔ：下段を見てください。単に「月」と言っても、姿形や人間の行動と関連付けた様々な呼び名があるんですね。聞いたことのある呼び名はありますか。

〈「自然」に関する熟語を本やインターネットで集め、「語彙カード」を作る〉

Ｔ：本やインターネットを使って心にグッとくる「自然」に関する熟語をたくさん探しましょう。その中で、これぞという熟語の「語彙カード」を、一人一枚作りましょう。

○「語彙カード」の見本を黒板に掲示する。

＊「語彙カード」には以下のことを記載させる。

①選んだ熟語（読み方も含む）

②選んだ熟語の意味

③選んだ熟語が使われている作品

④選者（生徒）のコメント

（その熟語から想像した情景、その熟語に惹かれた理由など）

○②③について、引用する場合には出典を書くよう指導する。

＊④を特に重視する。想像した情景を描写させるだけではなく、「自分がその熟語に惹れた理由」や「自分が発見したその熟語の魅力」などを書かせることで、自分自身の言語感覚の自覚につなげていきたい。

〈選んだ熟語の魅力を紹介し合う〉

Ｔ：４人グループで自分の選んだ熟語の魅力を紹介し合いましょう。

○「語彙カード」を見せながら、自分が選んだ熟語の魅力を説明する。

Ｔ：他の人がどんな熟語を選んだのか気になりますよね。席を立ってもいいので、他の人と自由に交流し、選んだ熟語の魅力を伝え合いましょう。

○最後に生徒二・三人に発表させてもよい。

5 筋道を立てて
話し合いの展開を捉える
（1時間扱い／話すこと・聞くこと）

> 指導事項：[知技]⑵ア　[思判表] A⑴オ　A⑵イ
> 言語活動例：意見と根拠の関係を理解し、話題や展開を捉えて話し合い、意見を結び付けて考
> 　　　　　　えをまとめる。

単元の目標

⑴意見と根拠など、情報と情報との関係について理解することができる。〔知識および技能〕⑵ア
⑵話し合いの目的を見失わずに話題や展開を捉えながら話し合い、互いの発言を結びつけて考えを
　まとめることができる。　　　　　　　　　　　　　　〔思考力、判断力、表現力等〕A⑴オ
⑶言葉がもつ価値に気付くとともに、進んで読書をし、我が国の言語文化を大切にして、想いや考
　えを伝え合おうとする。　　　　　　　　　　　　　　　　　　「学びに向かう力、人間性等」

単元の構想

〈単元で育てたい資質・能力／働かせたい見方・考え方〉

　少人数での話し合いにおいては、自分の意見ばかりでなく、話の展開や他者の発言をふまえて状
況に応じて自分の振る舞い方を瞬時に判断しなければならないため、その目的を見失うことなく、
話題や流れを捉えて議論することは非常に難しい。本単元ではまず、身近な話題を取り上げて少人
数の話し合いを普段通りに行わせ、いくつかの観点からその話し合いを振り返らせることで意見どう
しを結びつけながら考えをまとめる方法について学んでいく場としたい。また、「展示のしかた
を考える」という具体例を使って話し合いを体験することで、さらに定着を図っていきたい。

〈教材・題材の特徴〉

　本教材で生徒たちは、「話題について理解」し、「展開を捉えながら議論する」ための留意点につ
いて考えていくことになるだろう。いつも通りの話し合いをし、その振り返りを行って自分たちの
話合いのよい点や改善点を理解した上で、具体例として載せられている話し合いの参加者として自
分の意見を述べるという体験をすることになる。述べた意見に対する教師からのコメントを聞くこ
とで「話し合い【上達のポイント】」を知り、展開や流れを捉えた話し合いの際に気を付けること
や発言のしかたを学ぶことができる教材となっている。

〈主体的・対話的で深い学びの視点からの授業改善ポイント／言語活動の工夫〉

　まず、導入として、身近な話題についての話し合いを少人数で普段通り行わせたい。その話合い
をふまえて、「目的を見失わず行えたか」「話題や流れを捉えて話し合えたか」「なぜ、それができ
た（できなかった）か」について振り返らせたい。そこから見えてきた問題点をもとに本時の目的
である「話し合いの目的を見失うことなく、話題や流れを捉えて議論するにはどうしたらよいか」

を体感するために、「登山研修の思い出の学級展示内容」の話し合い例の空欄①②に自分の意見を書き込み、小集団で発表し合ったり教師からのコメントを聞いたりする。ここで大切なのは教師からのコメントである。教師は話合いの【上達ポイント】5つを事前によく読み込んでおき、生徒たちから出された意見に即座に対応して、そのよい点、改善点等が伝えられるように準備しておかねばならないだろう。【上達のポイント】を知った生徒たちに今後の話合いで気を付けたいポイントを自分なりに考えさせることによって学習を広げたいと考える。

単元計画

時	学習活動	学習内容	評価
1	1．身近な話題で普段の話し合いをする。	○自分の余命が知りたいか知りたくないか。 欲しいのは、100人の友達か1人の親友か。 タイムマシンで行くなら過去か、未来か。	
	2．話合いを振り返る。	○・話合いの目的を見失わなかったか。 ・話題や流れを考えて議論したか。 ・「なぜ、それができ（できなかっ）たか」の観点で振り返る。	❷
	3．話合いの例①②に当てはまる言葉を書き込む。	○小集団で言葉を発表し合い、【上達のポイント】を見ながら評価し合う。 ○全体の前でも数名が発表し、意見を発表した生徒は、教師からコメントをもらう。	❶
	4．今後、気を付けたいポイントを選ぶ。	○今後、自分が気をつけたいポイントはどれかを選び、他にも上達ポイントを増やせないか考える。	❸

評価規準

知識・技能	思考・判断・表現	主体的に学習に取り組む態度
❶意見と根拠など情報と情報の関係、話の流れや状況について理解しながら話し合い、【上達のポイント】を自分の表現に生かしている。　　　(2)ア	❷「話すこと・聞くこと」において、話し合いの目的を見失わず話題や方向を捉えて的確に話したり、相手の発言を注意して聞いたりして自分の意見をまとめ、課題に沿った発言内容を考えている。　　　A(1)オ	❸話し合いの中で用いられている語彙について関心をもち、話題の展開を捉えながら学習課題に沿った発言の上達ポイントを見付け出そうとしている。

〈指導と評価の一体化を図る見取りのポイント〉

　導入の身近な話題での話し合い活動においては、なるべく多くの問題点を見つけさせるというねらいから、生徒たちが流れを意識せずに意欲的に発言したくなるような課題を設定することが望ましい。その振り返りをもとに問題点を実感させ、教科書の具体例の話合い活動に参加させる。その際、上達の5つのポイントという視点を与えることで、ねらいに沿って参加できているかどうかを見取ることが大切である。

話し合いの展開を捉える

主発問 意見と根拠の関係を理解し、話し合いの展開を捉え、意見を結びつけて考えをまとめよう。

目標

　話題や展開を捉えながら話し合い、互いの発言を結びつけて考えをまとめることができる。

評価のポイント

❶意見どうしの関係を理解して話し合い、【上達のポイント】を生かして表現している。　　　(2)ア

❷話題の展開を捉えて的確に話し、相手の話も聞きながら発言内容を考えている。　　　A(1)オ

準備物

・話し合いの観点を書いた模造紙・話し合い DVD

ワークシート・ICT 等の活用や授業づくりのアイデア

○話題に使われている言葉の中で分かりづらいものに関しては国語辞典を使って調べさせるとよい。

○導入の身近な話題の話合いでは、生徒たちが話合いの流れを気にせずに意見が言いたくなるような話題を選ぶとよい。

---

1 導入（学習の見通しをもつ）

〈身近な話題での話し合い〉

Ｔ：今から言う課題について、各班で話し合い、どちらかを選びましょう。

・自分の余命は知りたいか知りたくないか。

・欲しいのは100人の友達か、１人の親友か。

・タイムマシンで行くなら過去か、未来か。

＊生徒たちからより多くの意見が出てきそうな課題を選ぶ。

3 終末（学習を振り返る）

〈本時の振り返りをする〉

Ｔ：今日は、話題の目的を見失わず、流れを考えながら、意見を結び付けて話し合う方法について考えました。今日の授業で、これからよりよい話し合いをしていくために気を付けなければならないと思ったことをノートに書いてください。

2 展開

〈話合いを振り返る〉

Ｔ：今、行われた話し合いを、前に貼ってある３つの観点から振り返ってみましょう。

・話し合いの目的を見失わなかったか。

・話題や流れを捉えて話し合えたか。

・なぜ、それができた（できなかった）のか。

＊お互いが「自分の言いたいことを好き勝手に言い合うだけでは話し合いにならないこと」「意見を言うことだけに集中し、目的が忘れられてしまったら、本当の話合いにはならないこと」について押さえたい。

〈本時の目的を知る〉

Ｔ：今日は、p.145の例を使って、話題や流れを捉えて話し合うための方法を考えていきます。

効果的な板書例

「話し合いの展開を考える」

【学習目標】
話し合いの目的を見失わず、展開を捉え、意見を結びつけて考えをまとめることができる。

【今日のめあて】
話し合いの目的を見失わず、流れを捉えながら意見を結びつけて考えをまとめる。

話し合いの振り返り・・・
①目的を見失わなかったか。
②流れを捉えて話し合えたか。
・なぜ、できたか（できなかった）か。

【上達のポイント】
①根拠を述べる。
②前の人の意見を受けて話す。
③自分の意見と比較しながら話す。
④意見を整理する。
⑤話がそれたときは元に戻す。

〈話し合いの例について考える〉

T：p.145の学級展示の話合いを読んでください。これは登山研修の思い出を文化祭で発表する方法についてクラスで話し合っているものです。みなさんなら□の①②番にどんな言葉を入れますか。教科書の例の話合いの音声を聞きながら、空欄に入る言葉を考えて発表してください。（DVDの音声を流す）

＊適宜音声を止め、各自の言葉を考えさせる。

T：では、①について発表してください。発表された意見に対しては「上達のポイント」を参考にしながらコメントしていきます

・俳句を短冊にするのは、よいと思います。
　→前の人の意見をきちんと受け止めていますね。

・俳句を短冊にするのはよい意見だと思います。5・7・5に簡潔にまとめられていると思いが伝わりやすいです。見る人も、文が短いと読みやすいと思います。

　→前の人の意見を受けながら根拠も伝えているので、説得力があります。

・私は新聞の形がよいと思いましたが、俳句の方が気持ちを表せるし、読む人にとっても見やすくて、わかりやすいと思います。

　→自分の意見と比較して伝えることができましたね。

②について

・見た目についての改善点という話題からそれてしまわないよう、まずは見た目について話し合いましょう。

　→今の意見は話がそれそうになったのを元に戻そうとしていますね。

○指導者は「上達のポイント」をよく読んでおき、生徒の意見に対してすぐコメントできるよう準備しておく。

T：さっき自分が考えた①、②の意見について、今後自分はどのポイントについて気を付けたらよいかとその理由を発表してください。

5 筋道を立てて

話題や展開を捉えて話し合おう
グループ・ディスカッションをする

（４時間扱い／話すこと・聞くこと）

指導事項：〔知技〕(2)ア　　〔思判表〕Ａ(1)オ
言語活動例：話題や展開を捉えながらグループ・ディスカッションをする。

単元の目標

(1)意見と根拠など、情報と情報との関係について理解することができる。〔知識および技能〕(2)ア

(2)話題や展開を捉えながら話し合い、互いの発言を結びつけて考えをまとめることができる。

〔思考力、判断力、表現力等〕Ａ(1)オ

(3)言葉がもつ価値に気付くとともに、進んで読書をし、我が国の言語文化を大切にして、想いや考えを伝え合おうとする。　　　　　　　　　　　　　　　　　　「学びに向かう力、人間性等」

単元の構想

〈単元で育てたい資質・能力／働かせたい見方・考え方〉

　話し合い活動では、自分の意見を伝え、相手の考えを受け入れることで共通点や相違点を明確にすることや、自分とは違う視点を知り、それを取り入れることで新たな考えや解決策を見付けることができる。普段は結論を出したり考えをまとめたりするための手段である話し合いを目的として考えることで、話し合いの力を付け、他者の中で自己有用感を味わう機会を作っていきたい。

〈教材・題材の特徴〉

　「話し合いの展開を捉える」の単元で、生徒たちは話し合い上達の５つのポイントを学んだ。本単元では、話題や展開を捉えて話し合うために１つ１つの意見を付箋紙に書き、１枚の模造紙上に集約して意見を分類しながら話し合いを進める方法を学習する。意見を分類し、発言の内容と関係性を可視化することで、今、何が話題でどのように議論が展開しているかについての認識を共有しながら話し合いの流れや状況を把握することが可能となる。さらに、模造紙を使ってグループごとの話し合いの結果を報告し、記録を比較することで、話し合い活動の仕組み自体が捉えやすくなる。また、視覚化された記録は話し合いのポイントを押さえる際に指導者を支援する材料ともなるため、生徒、教師ともに「話し合い活動」の質の向上をめざすことのできる教材である。

〈主体的・対話的で深い学びの視点からの授業改善ポイント／言語活動の工夫〉

　話し合いをすると、参加者としての自分に意識が集中しがちである。しかし、話し合いを客観的に見つめ、その状況や展開に冷静に目を向ける場面も必要である。本教材では、付箋紙に書いて模造紙に貼った意見をグループごとに丸で囲んだり見出しをつけたり、矢印でつないだりすることで、積極的に互いの発言を結び付けて考えをまとめ、学習の見通しをもってグループ・ディスカッションをしていこうとする意欲を引き出したい。

単元計画

学習活動	学習内容	評価
1．これまでの話し合いを振り返る。 2．話題例の言葉の意味を共有し、目的を明確にする。 3．本時の学習で気付いたこと、学んだことを書く。	○「話合いをしてよかった（うまくいかなかった）こと」についてこれまでの経験を思い出す。 ○クラスで決めた話題例の言葉を別の言い方で定義することで意味を共有し、目的を明確にした話合いをする。 ○話し合いの進め方、発言の仕方についての気付きをはじめ、よりよい話し合いになるために必要なこと等を考えて書く。	❶
1．前時の活動を振り返る。 2．自分の意見を付箋紙に書く。 3．意見の根拠を考える。 4．話し合いの仕方を学ぶ。	○数名の前時の振り返りを聞く。 ○1，2枚の付箋の意見について根拠を考える。 ○司会者、参加者の役割や参加のしかたを学び、ポイントをメモしておく。	❶
1．小グループで話し合う。 2．グループで意見の関係を模造紙に書き込む。 3．意見を結び付け、結論をまとめる。 4．本時を振り返る	○司会、書記を決め、グループにおける話合いの目的を決める（教員が司会と書記を担当し、数名の生徒と進める話し合いの例を見る）。 ○模造紙に付箋紙を貼っていき、グループの目的を意識して意見を分類する。話合いの展開を捉え、互いの意見を結び付けながら考えをまとめ、気付いたことを伝え合う。	❶ ❷ ❸
1．報告会の仕方を学ぶ。 2．グループごとに発表する。 3．学習を振り返る。	○動画を見て、報告の仕方をグループで話し合う。 ○自分たちと比較し、メモしながら発表を聞く。 ○今後に生かしたい話し合いの効果的な方法等を伝え合う。	❶ ❷ ❸

評価規準

知識・技能	思考・判断・表現	主体的に学習に取り組む態度
❶意見と根拠など情報と情報の関係、話の流れや状況について理解しながら話し合い、自分の考えをまとめる際に、意見に対する根拠を考えている。　　　(2)ア	❷「話すこと・聞くこと」において話題や展開を捉えながら話し合い、互いの発言を結びつけながら考えをまとめている。　　A(1)オ	❸状況を捉えながら話し合い、積極的に互いの発言を結び付けてまとめようとするなど、学習の見通しをもってグループ・ディスカッションをしようとしている。

〈指導と評価の一体化を図る見取りのポイント〉

　本来ならば結論を導き出すための手段である「話合い」を目的としている本教材では、主に2つの点について見取りを行いたい。1つは話し合いへの参加のしかた、もう1つは、記録の視覚化への取組である。話し合いの場面では根拠をもとに流れを捉えながら参加しているかどうかや、司会、書記、参加者などの役割に応じた活動ができているかが評価のポイントとなり、報告のための資料作成では積極的にまとめ方を工夫しようとしているかどうかがポイントとなる。机間指導を行うことでそれぞれの活動への参加の様子を見取っていきたい。

グループ・ディスカッションをする

主発問 話合いの話題を決め、何をめざして話し合うのかを明確にしよう。

目標
　話合いの話題に使われている言葉の意味を共有し、目的を明確にするための話し合いができる。

評価のポイント
❶意見と根拠など情報と情報の関係や話合いの展開を理解しながら参加し、意見を伝えるときは根拠を考えながら発言している。　　　　　　(2)ア

準備物
・普段の話し合いの動画

ワークシート・ICT 等の活用や授業づくりのアイデア

○導入の場面では普段の話し合いの様子を録画しておき、それを流して改善点を出させるのもよい。

1　導入（学習の見通しをもつ）

〈これまでの経験を振り返る〉

Ｔ：これまでの話合いで、「うまくいった場合」と「うまくいかなかった場合」について発表してください。

・おもしろい課題だと発言しやすいです。

・意見を言う人が決まっていて、その人が発言するのを待っています。

＊普段の話し合いの動画を見せてもよい。

3　終末（学習を振り返る）

〈本時の振り返りをする〉

Ｔ：今の話合いの進め方で気付いたことをノートに書いてください。

・意見が多いのはよかったが、司会者がまとめづらそうでした。

・発言する人が決まってしまい、その人だけの意見に決まってしまいそうになりました。

2　展開

〈クラスで話合いの話題を決める〉

Ｔ：では、クラスで話し合ってみたい話題を決めましょう。まず、個人で考えてみてください。

・１年○組の授業態度、３つの改善点

・効率よいテスト勉強、３つの方法

○クラスの実態を捉え、生徒たちが話し合いたいと感じる話題を選ぶ。

＊意見の出にくい場合には、話題例の中から選ぶ。

〈話合いの目的を明確にする〉

Ｔ：目的がはっきりしていないと、よい話合いはできません。教科書の「よい話し合いにするために」の話し合いのように、話題例の言葉の意味を共有できるよう、具体的な３つの言葉に言い変えてみましょう。

効果的な板書例

「グループ・ディスカッション」をする

【学習目標】
話題や展開を捉えながらグループ・ディスカッションをする。

【今日のめあて】
話し合いの話題を決め、目的を明確にする。

「話し合い」
○うまくいったこと
・自分とは違う考えに気付くことができた。
・意見の出しやすい課題だと、発言しやすい。
○うまくいかなかったこと
・意見が出すぎて、まとめられない。
・言い争いのようになってしまった。
・発言する人が決まっている。

「今日の話し合い」
☆言葉の意味を共有して、話し合いの目的を明確にする。
・全員が一度は発言する。
・発言は温かく受け入れる。

（例）【部活動の意義とは】

＊教科書、指導書で２つの例が示されている。ここでは、もう一つ別の例を取り上げておく。

T：では、グループごとに相談してください。

『部活動の意義』とは

・技術を向上させることだと思います。それぞれの分野の技術を上げるために、部活動はあると思います。

・部活動をする意義は、技術の向上だけではありません。仲間とのつながりも必要です。チームワークが大切だと思います。

・私は、３年間やり通すことが大事だと考えます。「『継続は力なり』」という言葉を聞いたことがあるので、続けることが大切だと思います。

・私は、部活動によって、将来、社会で生きていくための力を育てることができると考えます。

挨拶など、部活動には社会で必要となることも多いです。

『では、このグループでは』

・部活動の意義を「技術を向上させ、仲間と団結することで社会に必要な力を養うもの」として、今後の参加のしかたを考えていきましょう。

○話し合いを始める前に、「グループ全員が１度は発言すること」「発言は温かく受け入れること」を指導しておく

＊できるだけたくさんの意見が出るよう、また、グループの全員がなにか発言できるよう、机間指導の際、助言する。

グループ・ディスカッションをする

主発問 意見と根拠を明確にして、自分の考えをまとめよう。

目標

　自分の意見を付箋紙に書き出し、それぞれの根拠を考えることができる。

評価のポイント

❶意見と根拠など情報と情報の関係について理解している。　　　　　　　　　　　　　　　　　　　(2)ア

準備物

・グループ・ディスカッションの動画（QR）、付箋紙

ワークシート・ICT 等の活用や授業づくりのアイデア

○グループ・ディスカッションの例（教科書の QR コード）の動画を準備し、話し合いのしかたを説明するときに使用する。

---

1 導入（学習の見通しをもつ）

〈前時の学習を振り返る〉

T：では、前の時間に書いてもらった振り返りのうち、何人かのものを読みます。

・自分とは違う考えを聞くことができました。

・意見が出すぎて、まとめられなくて困りました。

○本時のめあてにつながっていきそうな振り返りを選んでおく。

3 終末（学習を振り返る）

〈本時の振り返りをする〉

T：今の話し合いの進め方で気付いたことをノートに書いてください。

・意見が多いのはよかったが、司会者がまとめづらそうでした。

・発言する人が決まってしまい、その人だけの意見に決まってしまいそうになりました。

2 展開

〈自分の意見を付箋紙に書く〉

T：次の時間にはみなさんが付箋紙に書いた意見を模造紙を使って分類していきます。今日はその準備として、自分の意見を付箋紙に書いていってもらいます。

＊「よい話し合い」の例は、教科書で参照できるので、ここでは「部活動の意義」の例を取り上げる。

T：では、「練習に積極的に参加し、社会に必要な力を身につけるための部活動参加のしかた３か条」を決めていきます。まずはどのように参加していくべきか、各自で考えてみてください。1枚の付箋紙に１つの意見を書きます。意見はなるべく短く、簡潔に書きましょう。意見は、質よりも量です。なるべくたくさん書きましょう。

「グループ・ディスカッション」をする

【学習目標】
話題や展開を捉えながらグループ・ディスカッションをする。

【今日のめあて】
意見と根拠を明確にして、自分の考えをまとめる。

「意見の書き方」
○○○一枚の付箋紙に一つの意見を書く。
・意見は短く、簡潔に書く。
・質より量→なるべくたくさん意見を書く。

「グループ・ディスカッション」への参加の仕方
・司会者→話題や共通理解の確認
・参加者→意見だけでなく、根拠も述べる
・参加者→立場を明らかにして意見を話す

・「手を抜かずに練習する」「ともに喜びや挫折を味わう」「感謝の心をもつ」「楽しみながら活動する」「目標をもつ」「大きな声で挨拶する」などが出てくると思われる。

〈主張したい意見の根拠を書く〉

Ｔ：では、今書いた個人の意見の内、グループの話し合いで主張したいものを１〜２枚選び、その根拠を考えてください

○自分の意見と根拠をつなぐ考えも明確にさせておく。

・「感謝の心をもつ」
　【根拠】相手がいるからプレーできる。自分たちを支えてくれる人がいるから、活動することができる。

・「目標をもつ」
　【根拠】目標がないと、練習に力が入らず、技術も伸びない。また、同じ目標をもつことで団結力も強まる。

・「一緒に喜びや挫折を味わう」
　【根拠】うれしいことも苦しいことも、ともに乗り越えてこそ、本当の仲間になれる。

〈話合いの仕方を確認する〉

Ｔ：それでは今から、「グループ・ディスカッションの例」の動画を見ます。司会者、参加者それぞれの参加のし方をよく見ていてください。次の時間には皆さんにも実際に話合いをしてもらいます。

○グループ・ディスカッションの例（QR）の動画を見せる。

＊司会者→話題や共通理解の確認
　参加者→意見だけでなく、根拠も述べる。
　参加者→立場を明らかにして意見を話す。
　以上、３つのことを押さえる。

グループ・ディスカッションをする

主発問 話し合いの展開を捉え、互いの意見を結び付けながら考えをまとめるには、どうしたらいいだろうか。

目標

　司会と書記を決め、グループで話し合い、結論をまとめることができる。

評価のポイント

❶意見と根拠など情報と情報の関係について理解している。 (2)ア

❷付箋紙と模造紙を使って発言を結びつけ、整理しながらまとめる方法を理解している。

A (1) オ

準備物

・付箋紙、模造紙、画用紙

ワークシート・ICT 等の活用や授業づくりのアイデア

○前の時間に「各自が書き込んだ付箋」と、「グループで付箋紙を整理し、まとめるための模造紙」、「グループの話し合いでの結果を記入するための画用紙」を準備しておく。

---

1 導入（学習の見通しをもつ）

〈前時の学習を振り返る〉

T：では、前の時間に書いてもらった振り返りのうち、何人かのものを読みます。

・意見が出すぎて、司会者がまとめづらそうでした。

・よく発言する人の意見がすぐにグループの意見になってしまいました。

○本時の内容につながりそうなものを読む。

3 終末（学習を振り返る）

〈本時の振り返りをする〉

T：話合いを記録した模造紙を見て、話し合いの進め方や発言のしかたで気付いたことや考えたことを書いてください。

○よりよく話し合うための意識の持ち方等について、今回の話し合いでつかんだことを言語化させたい。

2 展開

〈役割を確認する〉

T：では、今からグループになって、前時に書いたみなさんの意見を分類し、「意義をふまえての部活動参加のしかた 3 か条」を考えていこうと思います。

○前時各自が書いた付箋紙と、グループに 1 枚の模造紙を分ける。

T：グループ内の役割をもう 1 度確認します。

「司　会」・論点を整理する。

　　　　　・平等に発言させる。

　　　　　・目的に沿った話し合いをさせる。

　　　　　・時間配分を意識する。

「参加者」・意見とともに根拠も述べる。

　　　　　・展開を捉えて発言する。

　　　　　・自分の立場をはっきりさせて

効果的な板書例

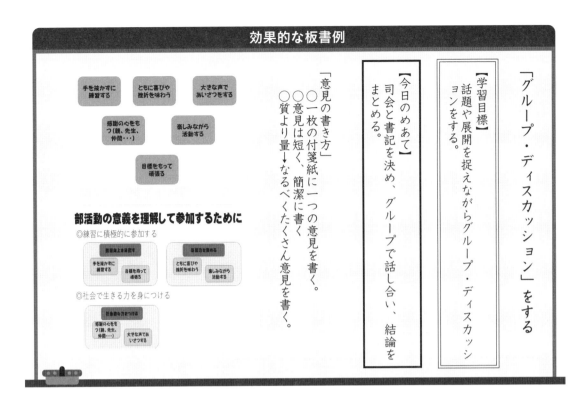

「グループ・ディスカッション」をする

【学習目標】
話題や展開を捉えながらグループ・ディスカッションをする。

【今日のめあて】
司会と書記を決め、グループで話し合い、結論をまとめる。

「意見の書き方」
○一枚の付箋紙に一つの意見を書く。
○意見は短く、簡潔に書く
○質より量→なるべくたくさん意見を書く。

手を抜かずに練習する　　ともに喜びや挫折を味わう　　大きな声であいさつをする

感謝の心をもつ(親、先生、仲間・・・)　　楽しみながら活動する

目標をもって頑張る

部活動の意義を理解して参加するために

◎練習に積極的に参加する

◎社会で生きる力を身につける

発言する。

・自分の意見の書かれた付箋紙を模造紙に貼って可視化する。

「書　記」・付箋をグループごとに囲んだり、見出しや補足説明を書き込んだり、矢印で意見どうしをつないだりする。

T：ではまず、先生とグループの代表1名ずつで話し合いをやってみます。先生が司会と書記の係をやります。グループの代表は参加者となります。

○各グループの中で活発に意見を出しそうな者を指名する。特に、司会者が意見をどうつないでいくか、書記がどのように意見をグループ分けするかについて、分かりやすく演技する。

T：グループで話し合いが進むうちに、それまでなかった意見が出てきた場合は、新しい付箋紙に書き込み、模造紙に貼っていきましょう。書記は、思い付くままに意見をわける

るのではなく、話し合いを始める前にグループで共有した目的を意識して分けてください。

T：では、話し合いを始めてください。

○グループ内での3か条が決まったら、画用紙に記入する。

○結論の出ないときは、以下のようにアドバイスする。

・意見のよい点、問題点を考え優先順位を決める。

・意見の一致している点と違っている点を考える。

○本編での課題は『部活動の意義をふまえての参加のしかた3か条』であるため、「手を抜かずに練習する」「ともに喜びや挫折を味わう」「感謝の心を持つ」「楽しみながら活動する」「目標をもつ」「大きな声で挨拶する」について、まとめ方例を板書欄に記しておく。

グループ・ディスカッションをする

主発問 報告会を行い、話し合いの結果を報告しましょう。

目標

　グループでの話合いの結論とその根拠をクラス全体に報告することができる。

評価のポイント

❶動画を見て、話合い結果の報告方法を考えている。　　　　　　　　　　　　　　　　(2)ア

❷メモを取り、各グループの意見と自分たちの意見を比較しながら聞いている。　　　　A (I)オ

準備物

・付箋紙、報告のしかた例の動画、メモ用紙

ワークシート・ICT 等の活用や授業づくりのアイデア

○「グループ・ディスカッションの例④」（教科書の QR コード）を準備しておく。

---

1 導入（学習の見通しをもつ）

〈前時を振り返り、本時の目的を知る〉

T：では、前の時間にグループで作成した模造紙を見ながら、何人かの振り返りを紹介します。

○意見を分類しながら組織化し、結論を導いた過程を復習する。

T：今日は、グループでの話し合いの結果を、全体の前で報告してもらいます。

2 展開

〈報告のしかたを話し合う〉

T：今日のめあては、「話し合いの結果を共有し、よりよい話し合いとはどういうものかについて考える」ということです。

T：では、まず、話し合いの結果報告のやり方を、動画で見てみましょう。

○「グループ・ディスカッションの例④」を視聴する。

T：どのグループも前の時間までの話し合いを振り返り、みんなの前で自分たちのグループの結論をどのように報告するか、考えてみましょう。結論と、その根拠を伝えるのですが、話し合いの大まかな流れや、分類したときのポイントなども説明できるといいと思います。ひと班、２分を発表時間のめどとします。報告するときには、

3 終末（学習を振り返る）

〈本時の振り返りをする〉

T：話し合いによって、話題への認識が深まったり、問題が解決したりしましたか。これまでよりも意見の深まる話し合いができたでしょうか。話し合いの効果や、難しい点について、ここで、もう一度考え、メモ用紙に書いてください。

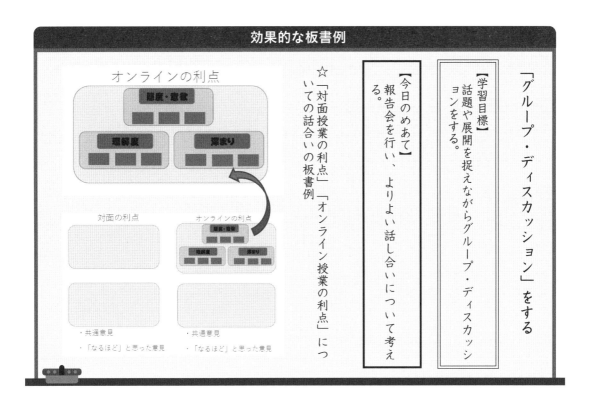

効果的な板書例

「グループ・ディスカッション」をする

【学習目標】
話題や展開を捉えながらグループ・ディスカッションをする。

【今日のめあて】
報告会を行い、よりよい話し合いについて考える。

☆「対面授業の利点」「オンライン授業の利点」についての話合いの板書例

オンラインの利点

対面の利点　オンラインの利点

・共通意見
・「なるほど」と思った意見

・共通意見
・「なるほど」と思った意見

制限時間を守ることも大切です。制限時間を越えてもよくないですが、短すぎてもいけません。だいたい、2分を守って発表してください。

＊発表時間の指定は、どうしてもしなければならないものではないが、プレゼン等にも役立つので、クラスの実態に合わせた制限時間を設定し、それを守るように指示するとよい。

Ｔ：この前の話し合いではまだ結論がでなかったというグループも、どこまで決まったかについて報告してください。

Ｔ：では、○○グループのメンバーは前へ出てください。聞いている人たちは、発表しているグループと自分たちのグループのまとめ方いや意見の違いに注意し、メモを取りながら聞きましょう。

○3か条の報告の模造紙については、それぞれのグループが黒板に模造紙を掲示し発表する。（教科書参照）

＊話し合いの方法として、今回の単元では話題について3か条を出し合うという方法であったが、次のようなやり方も考えられる。

【その他の話し合いの例】
◇「対面授業の利点」と「オンライン授業の利点」

・クラスの半分が「対面の利点」について、もう半分が「オンラインの利点」について話し合う。

・あくまでも自分の担当した授業の「利点」について考える。

・意見どうしをつなげたりまとめたりして分類する。

・報告するときは、「対面」どうしを縦に並べ、「オンライン」どうしを縦に並べ、「対面」と「オンライン」が隣どうしに並ぶ形で掲示する。（板書例参照）

5 筋道を立てて
音読を楽しもう　大阿蘇（1時間扱い／読むこと）

指導事項：〔知技〕⑴ウ　〔思判表〕C⑴エ
言語活動例：詩歌や小説などを読み、引用して解説したり、考えたことなどを伝え合ったりする。

単元の目標

⑴事象や行為、心情を表す語句の量を増やすとともに、語句の辞書的な意味と文脈上の意味との関係に注意して話や文章の中で使うことを通して、語感を磨き語彙を豊かにすることができる。

〔知識及び技能〕⑴ウ

⑵文章の構成や展開、表現の効果について、根拠を明確にして考えることができる。

〔思考力、判断力、表現力等〕C⑴エ

⑶言葉がもつ価値に気付くとともに、進んで読書をし、我が国の言語文化を大切にして、思いや考えを伝え合おうとする。　　　　　　　　　　　　　　「学びに向かう力、人間性等」

単元の構想

〈単元で育てたい資質・能力／働かせたい見方・考え方〉

　朗読を通して、一語一語がもつ言葉の美しさや、言葉を重ねることによって生まれる表現のおもしろさなどを実感しながら、詩に描かれている情景や語り手の思いや考えなどを豊かに想像し、読み味わう力を育てていきたい。そのうえで、日常生活で何気なく使っている言葉について、辞書的な意味だけではなく、その言葉のもつ味わいや音声面でのおもしろさなどへの自覚を促すことで、語感を磨き語彙を豊かにすることにつなげていきたい。

〈教材・題材の特徴〉

　本教材は、一見叙景詩のように見えるが、「もしも百年が　この一瞬の間にたったとしても　なんの不思議もないだろう」という語り手の心情が表れた一行に着目することにより、淡々と描かれている阿蘇草千里浜の風景が、単なる情景描写ではなく語り手の心情を反映しているものであることに気付く。語り手の心情を踏まえつつこの詩をどのように朗読するかを考えることにより、一語一語がもつ言葉の意味や表現の効果がより際立って感じられるようになると考える。淡々とした描写から映像化される美しくも切ない情景に思いを馳せ、語り手の思いや考えを想像することにより、言葉のもつ新たな価値に気付くことが期待できる。

〈主体的・対話的で深い学びの視点からの授業改善ポイント／言語活動の工夫〉

　詩に描かれている世界観を朗読で表現するという単元の課題について共有する。その際、同じ詩を異なる人が朗読した際に、そこにはそれぞれの解釈が浮き彫りになることを確認し、「自分なりの詩の解釈を朗読に反映させよう」という課題意識を持たせる。朗読の仕方を検討する際、自分の着眼点や解釈を振り返ることができるように、本文を印刷したワークシートを準備し、メモを取りながら朗読の仕方について考えさせる。

時	学習活動	学習内容	評価
1	1. 描かれている情景を思い浮かべたり、言葉の響きやリズムを味わったりしながら朗読する。	○詩に描かれている情景や語り手の思いなどを想像しながら朗読の仕方を各自考える。 ○グループで朗読を発表しあい、工夫点とそこに至った過程について交流する。 ○学習の振り返りをする。	❸ ❶と❷は授業後にワークシートで評価

評価規準

知識・技能	思考・判断・表現	主体的に学習に取り組む態度
❶事象や行為、心情を表す語句の量を増やすとともに、語句の辞書的な意味と文脈上の意味との関係に注意して話や文章の中で使うことを通して、語感を磨き語彙を豊かにしている。　　　(1)ウ	❷「読むこと」において、文章の構成や展開、表現の効果について、根拠を明確にして考えている。　C(1)エ	❸進んで表現の効果について考え、今までの学習を生かして朗読しようとしている。

〈指導と評価の一体化を図る見取りのポイント〉

　授業時においては、主に「主体的な態度」の評価を行う。どのように朗読を工夫すればよいか悩んでいる生徒に対しては、以下の着眼点を提示する。

・「……ている」という文末が繰り返されていることによる効果について

・「粛々と」「濛々と」などの言葉の意味と、その言葉がもたらす効果について

・読者の視点の移動について

・「もしも百年が、この一瞬の間にたったとしても、なんの不思議もないだろう」という語り手の心情が表れた一行について

　また、ワークシートに書き込みのある生徒に対しては、メモの内容について質問したり、用いた記号や符号の意味を聞いてみたりするなどして、着眼点や解釈のよさへの自覚を促す。

　「知識及び技能」「思考力・判断力・表現力等」についての評価は、朗読の発表の場面で行うが、すべての生徒の見取りができない可能性があるため、見取れなかった生徒については、学習後に、ワークシートへの書き込み内容を基に評価する。

音読を楽しもう　大阿蘇

主発問　あなたはこの詩をどう朗読しますか。

目標

　情景を思い浮かべたり、言葉の響きやリズムを味わったりしながら、朗読することができる。

評価のポイント

❸進んで表現の効果について考え、今までの学習を生かして朗読しようとしている。

準備物

・全文を印刷したワークシート　・赤と青のペン

> **ワークシート・ICT 等の活用や授業づくりのアイデア**
>
> ○朗読の様子をタブレットで撮影するさせ、工夫点等を説明する際に使用させる。
>
> ○ワークシートは全文をコピーしたものを準備し、朗読の工夫点や他の生徒の詩の解釈などを気軽に書き込めるようにする。メモの仕方は指定しないが、ペンの色のみ指定（前半は赤、後半は青）する。

1　導入（学習の見通しをもつ）

〈授業展開とゴールを説明〉

Ｔ：今回は詩の朗読を行います。朗読には、読んだ人それぞれがその文章をどう理解し、どう解釈したかが反映されます。みなさん一人一人がこの詩を読んで詩の中にある言葉や表現を手がかりに、詩が描かれている世界観を豊かに想像し、朗読で表現しましょう。

2　展開

〈朗読の仕方を考える〉

Ｔ：まずは一度朗読をしてみましょう。

Ｔ：気になった言葉や表現はありませんでしたか。

・「…ている」が繰り返されています。

Ｔ：そうですね。なぜ作者は「…ている」という言葉を繰り返し使ったのでしょうか。また、最初と最後の「…ている」の意味は同じなのでしょうか。こんなふうに、疑問をもちながら、この詩を自分なりに解釈し、朗読の仕方を考えていきましょう。ワークシートには朗読の仕方とそのように朗読しようと考えた理由を赤ペンでメモしましょう。

＊活動中はワークシートへの書き込みの状況を見取り、書き込みのある生徒には、メモの内容について質問したり、

3　終末（学習を振り返る）

〈詩の解釈をまとめる〉

Ｔ：朗読の仕方を考える中で、みなさんはこの詩をどんな詩だと思いましたか。最後に、自分なりの詩の解釈をまとめましょう。

○時間があれば、代表生徒数名に振り返りを発表させる。

効果的な板書例

「音読を楽しもう　大阿蘇」　三好達治

【学習目標】
表現の効果について考える

【今日のめあて】
○描かれている情景を思い浮かべたり、言葉の響きやリズムを味わったりしながら、朗読する。

気になった表現
・「……ている」が繰り返されている。
　⇩どんなに時間が経ってもその光景は変わらないことを意味しているのではないか。

・「雨は降っている　粛々と降っている」
　⇩周りのことなど関係ないかのように、ずっと同じリズムで雨が降る様子が想像できる。
　⇩淡々としているところが、作者の寂しさや孤独感のようなものの感じさせる。

・「もしも百年が　この一瞬の……」
　⇩作者の考えが表れている部分。

疑問
この詩は、単に阿蘇千里浜の風景を描いたものなのか？

用いた記号や符号の意味を聞いてみたりするなどして、着眼点や解釈のよさへの自覚を促す。詩の解釈や朗読の仕方に悩んでいそうな生徒に対しては、以下のような問いかけをする。

◎作者はなぜ「…ている」を多用したのか。

◎作者は「馬」の表記をなぜ途中で「彼ら」に変えたのか。

◎作者はなぜ「いっしゅん」という修飾語を付けたのか。　　など

〈グループで朗読を発表し合う〉

T：少し練習した後、4人グループで朗読を披露し合いましょう。全員の朗読が終ったら、一人ずつ順番に動画を見せながら、工夫点とその工夫に至った経緯について説明をしましょう。

○朗読をしている人をグループの一人に撮影させる。その際、朗読している本人のタブレットを使用させる。

・私は、自然の描写の部分については、できるだけ抑揚をつけず、淡々と読むことを心がけました。なぜなら、「不安定」な作者の気持ちと、いつも「安定」している自然を対比しているように感じたからです。

〈気になった表現について全体で話し合う〉

T：授業の最初に気になった表現として「…ている」の繰り返しが挙げられましたが、他に気になった表現はありませんでしたか。

＊生徒から挙げられた言葉や表現が意味するものについて考えていく中で、この詩が単なる叙景詩ではないことに気付かせていく。

〈朗読の仕方をもう一度考える〉

T：では、もう一度朗読の仕方を考えてみましょう。新たな工夫点が見付かった人は、ワークシートに青ペンでメモしましょう。

○二人ペアになり、再度朗読を撮影し合う。

6 いにしえの心にふれる
いろは歌／古典の世界（1時間扱い／伝統的な言語文化）

> 指導事項：〔知技〕(3)ア・イ
> 言語活動例：音読に必要な文語のきまりや訓読のしかたを知り、古典特有のリズムを通して古
> 　　　　　　典の世界に親しむ

単元の目標

(1)音読に必要な文語のきまりや訓読のしかたを知り、古典特有のリズムを通して古典の世界に親し
　むことができる。　　　　　　　　　　　　　　　　　　　　　　　　〔知識および技能〕(3)ア
(2)古典にはさまざまな種類があることを知ることができる。　　　　　　〔知識および技能〕(3)イ
(3)言葉がもつ価値に気付くとともに、進んで読書をし、我が国の言語文化を大切にして、想いや考
　えを伝え合おうとする。　　　　　　　　　　　　　　　　　　　　　「学びに向かう力、人間性等」

単元の構想

〈単元で育てたい資質・能力／働かせたい見方・考え方〉

　生徒たちは小学校で古文の暗唱等を経験してはいるが、あくまでも意味がよく分からない昔の文
章だと感じている者も少なくないだろう。本単元では特に、「いろは歌」を繰り返し音読すること
で、古文特有のリズムに慣れていく場を設定していきたい。また、自分が知っている古典作品や昔
話などを思い起こしながら古典に親しみをもつことで、古典は過去のものではなく、現代の自分た
ちとも深くつながっているという点にまで目を向ける姿勢を育てていきたい。

〈教材・題材の特徴〉

　「古典の世界」では、年表や各作品の説明などによって中学3年間で触れるさまざまな古典作品
の種類が確認できるように構成されており、知っている作品を見つけ出す生徒も多いであろう。
「いろは歌」については「昔の50音図」という認識はもっているだろうが、暗唱できるのは最初の
7・5音くらいであろう。本単元では音読を繰り返してそのリズムを楽しむことを主眼としてい
るが、楽しむ基盤としては、おおよその意味内容を知ることも大切である。教科書では「いろは
歌」を「今様」としての歌謡の形に戻して口語訳が付けてあるため、歌に意味があることに初めて
気付いたり、その深い内容に目を向けたりすることができる教材である。

〈主体的・対話的で深い学びの視点からの授業改善ポイント／言語活動の工夫〉

　中学校の古典学習の入り口としての意味をもつ本教材では、年表や各作品の説明などから中学校
3年間で学ぶさまざまな古典作品（和歌、物語、随筆など）を確認することができる。「いろは
歌」の音読で古文のリズムに慣れるとともに、その本来の意味を捉え、古典を身近なものとして感
じとらせていきたい。また、「この時代の人はどんなことを考えていたのだろう」「なぜ、古典を学
ぶのだろう。今の自分とつながりはあるのかな」といった問いを投げかけることで、古典を学習す
る意味について考える機会をつくっていきたい。

時	学習活動	学習内容	評価
1	1．「いろは歌」に興味をもつ。 2．仮名遣いの違いについて知り、「いろは歌」を音読する。 3．「いろは歌」の現代語訳、アレンジ訳を聞く。 4．「古典の世界」を見て３年間で学ぶ作品を知り、学習の見通しをもつ。	○「いろは歌」を知っているところまで暗唱する。 　「いろは歌」について知っていることを発表する。 ○「ゐ」と「ゑ」の読み方や歴史的仮名遣いと現代仮名遣いの違いを知る。 ○「いろは歌」の原文を歴史的仮名遣いのまま、７・５調のリズムを意識して繰り返し音読する。 ○ペアやグループ、列で、１行ずつ、スピードを変えてなど、パターンを変えて何回も音読する。 ○現代語訳と、それを現代風にアレンジしたものの板書を見て、その意味の理解を深める。 ○３年間で学ぶ教材にはさまざまな種類があることを知り、興味のある作品を発表する。	❶ ❷ ❸

知識・技能	主体的に学習に取り組む態度
❶文語のきまりを知り、言葉の調子や間の取り方などを意識しながら音読している。(3)ア ❷知っている古典を思い起こし、古典にはさまざまな種類があることを理解している。(3)イ	❸これまでの学習を生かして古文を音読しようとし、古典にはさまざまな種類があることを積極的に知ろうとしている。

〈指導と評価の一体化を図る見取りのポイント〉

　歴史的仮名遣いを丸で囲むなどの指示を与えると、生徒たちは意識して仮名遣いに目を向けるようになる（「ゐ」と「ゑ」については、書く練習をさせるとよい）。また、「いろは歌」の特徴と大まかな意味を説明することで、単なるひらがなの羅列ではなく、意味のある今様という歌謡であることに気付くであろう。それをふまえた上で、間の取り方に気を付け、独特のリズムを味わいながら音読することができているかどうかを見取っていきたい。

いろは歌／古典の世界

主発問 「いろは歌」の意味を知って音読し、古典の文章を楽しもう。

目標

　文語のきまりを知り、「いろは歌」の意味を捉えながら音読を楽しみ、古典に興味をもつことができる

評価のポイント

❶歴史的仮名遣いについて知り、「いろは歌」を音読している。　　　　　　　　　　　(3)ア

❷これまでの経験を思い出し、古典にはいろいろな種類があることを知り、3年間の古典学習の見通しをもつ。　　　　　　　　　　(3)イ

準備物

・「いろは歌」を印刷したプリント

ワークシート・ICT 等の活用や授業づくりのアイデア

デジタル教科書・教材を活用し、「いろは歌」に関する資料を見せてもよい。

---

1 導入（学習の見通しをもつ）

〈「いろは歌」に興味をもつ〉

Ｔ：「いろは歌」を、知っているところまで暗唱してみましょう。

　この単元では、「いろは歌」をはじめ、中学校3年間でどんな古典を学習するか、確かめていきます。

2 展開

〈仮名遣いの違いを知る〉

Ｔ：教科書を見て、「いろは歌」の全文を確認してみましょう。今のひらがなと違うものを見つけてください。

・「ゐ」と「ゑ」

　この2つの文字はノートに3回ずつ練習してみましょう。

＊形が取りにくいので、机間指導できちんと書けているかどうか確認する

〈「いろは歌」を音読する〉

Ｔ：「いろは歌」を音読してみましょう。

・近くの人とペアになって

・列ごとに1行ずつ担当して

・歩いているような速さで

〈「いろは歌」の特徴を知る〉

○「いろは歌」の作者、形式、作られ方

3 終末（学習を振り返る）

〈中学3年間の古典学習の見通しをもつ〉

○年表にある古典作品のジャンルを伝える。

Ｔ：・「竹取物語」　　　…物語

・「枕草子」「徒然草」　…随筆

・「万葉集」「古今和歌集」

　「新古今和歌集」　…和歌集

・「平家物語」　　…軍記物語

・「おくのほそ道」　…紀行文

効果的な板書例

「いろは歌」

【学習目標】
「いろは歌」のおおよその意味をつかんで音読し、古典作品について知る。

【今日のめあて】
「いろは歌」の音読を楽しみ、中学校で習う古典作品を知る。

○今のひらがなと違うもの
「ゐ」「ゑ」

アレンジ訳…若いころはあんなに美しかったのに、今ではしわだらけの……

「いろは歌」→平安時代
作者不明
仮名の手本
「今様」…五音、七音を四回
繰り返す歌謡形式

「竹取物語」→物語
「枕草子」「徒然草」→随筆
「万葉集」
「新古今和歌集」「古今和歌集」→和歌集
「平家物語」→軍記物語
「おくのほそ道」→紀行文

の特徴を説明する。

〈いろは歌の意味を知る〉

T：「いろは歌」の現代語訳を全員で読みましょう。
分かりやすくアレンジした訳を板書します。

＊生徒たちが理解しやすい言葉で現代生活に例えた訳を提示する

○【若いころはあんなに美しかったのに今はしわだらけの老人になってしまった
私たち全世界の誰が
永遠に若さを保っていられるだろうか
人生の苦しい山（壁）を
今日も頑張って越え
苦労なくしてうまくいくなどという
甘い考えはもたない
いろいろなことにフワフワと迷わされて落ち着かないような生活もしない】

＊生徒たちの理解を助ける現代語訳を心がけ

る。

〈いろいろな古典作品を知る〉

T：教科書 p.156「古典の世界」の年表の中で、知っている古典作品はありますか。

＊生徒たちの発表を聞いて、どのくらい古典作品に対する知識があるか確認する。

T：では、他に、昔話も含めて、知っている作品を発表してください。

○生徒たちから出てきた昔話等で、教科書に載っていないものを板書する。

蓬莱の玉の枝──「竹取物語」から

（4時間扱い／読むこと）

指導事項：〔知技〕⑶ア　〔思判表〕C⑴イ
言語活動例：古典を読み、登場人物の関係や思いについて話し合ったり伝え合ったりする。

単元の目標

⑴音読に必要な文語のきまりや訓読のしかたを知り、古文や漢文を音読し、古典特有のリズムを通して、古典の世界に親しむことができる。　　　　　　　　　　　　　　〔知識および技能〕⑶ア

⑵場面の展開や登場人物の相互関係、心情の変化などについて、描写をもとに捉えることができる。　　　　　　　　　　　　　　　　　　　　　　〔思考力、判断力、表現力等〕C⑴イ

⑶言葉がもつ価値に気付くとともに、進んで読書をし、我が国の言語文化を大切にして、想いや考えを伝え合おうとする。　　　　　　　　　　　　　　　　　　「学びに向かう力、人間性等」

単元の構想

〈単元で育てたい資質・能力／働かせたい見方・考え方〉

　古典の文章を繰り返し音読することにより、そのリズムのよさを肌で感じること、また、仮名遣いのきまりや現代とは違う意味で使われている言葉の意味を確かめることから、古文の面白さを味わう機会としたい。時代を超えて相通じる感情などに気付いていくような読みの力を育て、それを発信していける場をつくっていきたい。

〈教材・題材の特徴〉

　翁が竹の中から女の子（後のかぐや姫）を得る冒頭場面と、姫に求婚した「くらもちの皇子」の冒険談、かぐや姫の昇天後に不死の薬を燃やすという帝の行動を描いた三場面で構成されている。本作品から生徒たちは、悪だくみをしてまでも愛する人を手に入れようとする策略が失敗に終わることなど、今と時代は大きく違っていても、心のあり方に共通点が多いということに気付くであろう。「竹取物語」は中学校で初めて本格的に学習する古典教材として、生徒たちが話の続きに関心をもちながら、どの場面に対してもワクワクした気持ちで、その面白さを肌で感じることのできる作品である。

〈主体的・対話的で深い学びの視点からの授業改善ポイント／言語活動の工夫〉

　描かれている古典の世界を想像するときには、登場人物の思いや行動と現代の自分たちとの間に通じるところを見つけ出し、交流する場面では、特にくらもちの皇子の策略を取り上げ、皇子がたどり着いた蓬莱山を絵に描くなどの工夫をしてみると、その場の状況を想像しやすいだけでなく、山の様子を詳しく表現するために文章に立ち返る機会ともなるであろう。また、皇子の姫への思いを考えさせることで、同じ場面や心情予想でも人によってさまざまなとらえ方があることに気づき、自分のとらえ方とどう違うのか、自分の理解に足りなかった点は何だったかを深く考えられることだろう。

単元計画

時	学習活動	学習内容	評価
1	1．「竹取物語」の結末を知る。 2．歴史的仮名遣いに注意して冒頭部分を音読する。 3．本文を通読し、あらすじをつかむ。	○物語の結末を聞く。 ○いろいろな形態で冒頭部分を音読する。 ・全員、列ごと、ペア、グループ　等 ○時代、作者、作品の特徴などについて知る。 ○３つの場面に注意しながら読み、話の大まかな内容を理解する。	❶
2	1．３つの原文部分を音読する。 2．古文と現代文の違いを知る。	○歴史的仮名遣いに注意し、形態を変えながら繰り返し音読する。（冒頭部分は暗唱する） ○歴史的仮名遣いのきまりの基本を理解する。	❶
3	1．あらすじを確認する。 2．描かれている物語の世界を想像する。	○３つの原文を音読し、その大意を確認する。 ○自分が注目した登場人物の言動に対し、共感できる部分とできない部分を考え、グループで交流する。	❷ ❸
4	1．興味をもった部分の原文を選び、原文を音読する。 2．学習を振り返る。	○興味ある場面を音読する。 ○古典を読んで興味をもったことやもっと知りたいことをグループで伝え合う。	❶ ❷

評価規準

知識・技能	思考・判断・表現	主体的に学習に取り組む態度
❶音読に必要な文語のきまり、古文特有のリズムについて理解し、その世界に親しんでいる。　　　　(3)ア	❷「読むこと」において、「蓬莱の玉の枝」に登場する人々の関係や思いに着目し、現代の自分たちと比べ、古典の世界と現代の人々に共通する部分を考えている。　　　　C(1)イ	❸登場人物の心情を自分たちと比べたり重ねたりし、共感できる部分とできない部分を交流することでさらにはっきりと人物像をつかもうとしている。

〈指導と評価の一体化を図る見取りのポイント〉

　まずは、古典の基礎的な知識（仮名遣いや、文末、現代とは意味の違う言葉等）を身に付け、物語のあらすじをつかんだ上で、音読することができるかどうかが大切である。次に、あらすじをもとに登場人物の関係や思いに着目しながら現代の自分たちと比べ、共通する部分を探したり、共感できるかできないかを考えたりしてグループ内で交流し合い、さらに詳しく人物像を理解しようとしているかどうかを見取りのポイントとしたい。

蓬莱の玉の枝——「竹取物語」から

主発問 「竹取物語」のあらすじを知り、音読を楽しもう。

目標

　文語のきまりを知り、「竹取物語」の意味を捉えながら音読を楽しみ、古典に親しむことができる。

評価のポイント

❶歴史的仮名遣いに注意して、「竹取物語」を繰り返し音読している。 (3)ア

準備物

・CD 等の朗読の音声データ

ワークシート・ICT 等の活用や授業づくりのアイデア

○ICT
　朗読 CD を活用する。

1　導入（学習の見通しをもつ）

〈「竹取物語」に興味をもつ〉

Ｔ：「竹取物語」がどんな話か、昔話の何という話か知っていますか？
　　「竹取物語」の結末を知っている人？

○生徒たちから、あらすじを聞き出す。

＊結末まで知っている生徒は案外いないので、昇天の場面について丁寧に説明する。

3　終末（学習を振り返る）

〈次時の学習内容を聞く〉

Ｔ：今日の学習で、「竹取物語」のことがだいぶ分かったと思います。次の時間には古文と現代文の違いについて詳しく学習します。

2　展開

〈作品を通読する〉

Ｔ：では、作品の冒頭を音読してみましょう。まず、CD を聞いてください。（CD を聞く。）
　　では、古文の右横に（　）で仮名遣いが直されている部分に注意しながら声を出して読みましょう。

・全員で
・近くの人とペアで
・列ごとに
・近くの3〜4人のグループで

○声を出して読んでいるか机間指導で確認する。

〈「竹取物語」について知る〉

Ｔ：「竹取物語」「かぐや姫」について、話の内容以外に、どんなことを知っていますか。

効果的な板書例

「竹取物語」

【学習目標】
古典を読み、登場人物の関係や思いについて話し合ったり伝え合ったりする。

【今日のめあて】
「竹取物語」のあらすじを知り、楽しみながら古文を音読する。

「かぐや姫」の物語
○結末…（竹の中から見つかった）姫が月に帰ってしまう

「竹取物語」
・平安時代に作られた
・日本最古の物語
・作者不明
・物語の出で来はじめの祖（おや）

①かぐや姫の誕生と成長
②五人の貴公子の求婚と失敗
③月に帰るかぐや姫
④富士山の名前の由来

・平安時代
・日本最古の物語
・物語の出で来はじめの祖（おや）
・作者不明　　　　　　　…等を説明する

〈物語のあらすじをつかむ〉
Ｔ：物語はだいたい次のような内容になっています。今から全文を読むので、黒板に書かれた内容に注意しながら聞きましょう。
○教師の範読かCDによる通読をする。
　①かぐや姫の誕生と成長
　②５人の貴公子の求婚と失敗
　③月に帰るかぐや姫
　④富士山の名前の由来
＊読みのポイントを事前に準備しておく

〈作品を何度も音読する〉
Ｔ：では、古文の文章の所をすべて音読してみます。リズムに気をつけながら何度も読み

ましょう。
＊朗読CDを使用する。
○楽しく音読できそうな状況を設定して、何度も音読させる。

蓬莱の玉の枝──「竹取物語」から

主発問 古典の文章と現代の文章との違いはなんでしょう。

目標

　歴史的仮名遣いや文末の特徴など古文の特徴を知り、現代の文章との違いに気付くことができる。

評価のポイント

❶歴史的仮名遣いの基本的なきまりを理解している。　　　　　　　　　　　　　　　　　　　(3)ア

準備物

・３つのポイントの掲示物⤓01
・仮名遣いプリント

ワークシート・ICT 等の活用や授業づくりのアイデア

○①「仮名遣いの違い」
　②「文末の言葉の違い」
　③現代とは違う意味で使われている言葉」「現代では使われなくなった言葉」
と書かれた掲示物を準備し、活動の前に張り出す。

---

1 導入（学習の見通しをもつ）

〈３つの原文部分を音読する〉

Ｔ：今から、教科書の「竹取物語」の原文を音読します。１文ずつ読んでいくので、後に続いて読んでください。

＊分かち読みから一文読みへと進める。

Ｔ：音読してみて、仮名遣いや言い回しなど、今と表現が違うと思う箇所に線を引きましょう。

3 終末（学習を振り返る）

〈学習を振り返る〉

Ｔ：それぞれの観点から、「古典の文章の言葉遣いの特徴」について分かったことをノートにまとめましょう。

2 展開

〈現代の文章との違いを確かめる〉

Ｔ：教科書で右横カタカナ表記されている現代仮名遣いや、口語訳を参考にして、原文中から、次の３つの違いを見つけ、色わけしてもらいます。
　ラインマーカーや、色ペンを使って分類しましょう。

①仮名遣いの違い　　→　赤
②文末の言葉の違い　→　青
③「現代とは違う意味で使われている言葉」、「現代では使われなくなった言葉」　→黄

＊色は一例なので、生徒たちの色ペン等の状況に応じて変更する。

○３つのポイントの掲示物を黒板に貼る。

○机間指導をして、作業の進まない生徒には説明を加える。

効果的な板書例

「竹取物語」

【学習目標】
古典を読み、登場人物の関係や思いについて話し合ったり伝え合ったりする。

【今日のめあて】
仮名遣いや文末の特徴など、古文の特徴を見つけ、現代文との違いを知る。

古文と現代文の違い

①仮名遣いの違い
②文末の言葉の違い
③現代とは違う意味で使われている言葉
「現代では使われなくなった言葉」

①山ならむ　→　山ならん
　問ふ　　　→　問う

②「たり」「けり」「なり」……

③「あやし」「よそほひ」「あまた」……
　　→今と違う意味

「いと」「わろし」「そばひら」「まうで」「おぼえて」
　→今は使われていない

〈古文のきまりを理解する〉

T：では、見つけ出した部分について発表してもらいます。自分の気付かなかった所は加えていってください。まず、①の観点について見つけた部分を発表してください。

＊「どの観点について発表してもいいですよ。」と指示してもよいが、板書で観点別にまとめるのに時間がかかる可能性があるため、観点別に出させるのがよい。

＊仮名遣いなどで、見つけ出しにくいものについては、机間指導の際にできている生徒を見つけておき、意図的に指名するとよい。

①いふ　→　いう
　思ひて　→　思いて
　よそほひ　→　よそおい

＊特に「まうで」→「もうで」等、ア段＋ふ（う）　→　同じ行のオ段＋うの変化については丁寧に押さえる。

②「たり」

「けり」
「なり」
→「○り」で終わることが多い。
＊ここで、「○る」の終わり方（係り結び）についても簡単に触れておくとよい。

③今とは意味が違う
「あやし」　→　「不思議」
「よそほひ」　→　「服装」
「あまた」　→　「たくさん」

今は使われていない
「いと」
「わろし」
＊押さえるべき言葉については事前に確認し、準備しておく。

蓬莱の玉の枝──「竹取物語」から

主発問 文章に書かれている状況や登場人物の気持ちはどんなものでしょうか。

目標

本文を読み、場面の様子や登場人物の心情を捉え、描かれている古典の世界を想像することができる。

評価のポイント

❶歴史的仮名遣いに注意しながら、いろいろな形態で音読している。　　　　　　　　　　　(3)ア

❷物語に登場する人物の心情を捉え、古典の世界を想像している。　　　　　　　　　　　C(1)イ

準備物

・画用紙（別展開例参照）

ワークシート・ICT 等の活用や授業づくりのアイデア

○場面絵を描くための画用紙をグループに1枚準備する。

---

1 導入（学習の見通しをもつ）

〈3つの原文部分を音読する〉

T：まず、教科書の「竹取物語」の原文を音読します。いろいろ、読み方のパターンを変えて練習しましょう。
　・全員で
　・ペアで
　・列ごとに

2 展開

〈あらすじを確認する〉

T：青字で書かれた口語訳を参考にして、物語のあらすじをつかんでいきましょう。

○教師が本文を読み、適宜、状況の説明を加える

T：物語に登場する人物の思いや行動のうち、現代の自分たちの考えや行動と変わらないなと思う部分をノートに書き出してみましょう。

・子供を授かったのを翁がとても喜んでいるところ。

・嘘をついてまで、好きな人を振り向かせたいと考えているところ。

・好きな人がいないなら、貴重な不死の薬など意味がないと思うところ。

＊発表させ、現代と通じた見方や考え方が多いことに気付かせていく。

3 終末（学習を振り返る）

〈学習を振り返る〉

T：「竹取物語」は、現代まで長年の間読み継がれていますが、その魅力はどんなところだと思いますか。

・竹の中から生まれたり、数か月で成長したりする不思議なところ。

・今の人とやっていることが変わらなくて、身近に感じられるところ。

効果的な板書例

「竹取物語」

【学習目標】
古典を読み、登場人物の関係や思いについて話し合ったり伝え合ったりする。

【今日のめあて】場面の様子や登場人物の心情を捉え、古典の世界を想像する。

○現代の自分たちの考えや行動と変わらないところ
・子供を授かったとき、とても喜ぶ
・うそをついてでも、好きな人を振り向かせる
・好きな人がいない世界→貴重なものにも価値はない

○言葉遊び…
「はぢ（恥＝鉢）を捨つ」
「あへ（え）なし」
　・あえなく見破られた。
「た（堪＝食）へ（べ）がたし」
「かひ（甲斐＝貝）なし」
　・頑張った甲斐なく負けた。

魅力　→不思議な話
　　　今の人と行動や考えが似ている

＊色ペン等で線を引かせてもよい。

〈言葉遊びに気付く〉

T：p.166、167を読んで、５人の貴公子たちがどのように難題に挑み、どのような結末を迎えたか確認していきましょう。

T：これらの失敗談からできた言葉遊びがあります。
「はぢ（恥＝鉢）を捨つ」
「あへ（え）なし」
「た（堪＝食）へ（べ）がたし」
「かひ（甲斐＝貝）なし」

T：これらの言葉をどんなときに使うか、考えてみましょう。

・死ぬ気で練習したのに頑張った甲斐なく１回戦で負けた。

・手伝いをしてバイト代を儲けようと計画したのに、母にあえなく見破られてしまった。

【古典の世界を想像するための、別展開例】

１：蓬莱山の様子をよく読みながら、山の様子をグループで相談し、絵に描いてみましょう。

＊絵に表すためには原文をよく読み直さなければならないため、生徒たちは自ずと本文に立ち返ることになる。

２：蓬莱山の絵を使いながら、「姫へのプロポーズ大作戦」を行います。どのグループが１番うまく姫をだませるでしょうか。
本文をよく読んで、蓬莱山の様子や航海の苦しさを冒険談として語り、場面の絵も描いて、グループごとに姫にプロポーズしてもらいます。

＊発表当日は、手すきの先生に見に来てもらい、プロポーズを聞いてもらい、最高のプロポーズだったグループを選んでもらってもよい。

蓬莱の玉の枝──「竹取物語」から

主発問 「竹取物語」の学習を通して考えたことを伝え合おう。

目標

　学習を振り返り、古典の文章の特徴を挙げたり、乾燥を伝え合ったりすることができる。

評価のポイント

❶現代の文章と古典とを比べ、気付いた違いを挙げている。　　　　　　　　　　　　　　　(3)ア

❷古典の物語を読んで、興味をもったことや、もっと知りたいことを伝え合っている。　C(1)イ

準備物

・ホワイトボード

ワークシート・ICT 等の活用や授業づくりのアイデア

○グループでのまとめの時に使うホワイトボードを準備しておく。

---

1 導入（学習の見通しをもつ）

〈興味をもった場面を選び、音読する〉

　Ｔ：①冒頭部分

　　　②くらもちの皇子の冒険談

　　　③「ふじの山」の由来

　の原文部分３つの中から、１番心に残った場面をグループで選び、音読しましょう。

　○協力して音読に取り組むよう指示する。

2 展開

〈グループで学習を振り返る〉

　Ｔ：現代の文章と古典の文章を比べ、気づいた違いをグループで話し合いましょう。

　○第２時の学習での書き込み等を見ながら話し合うことを指示する。

　・仮名遣い

　・文末

　・今の言葉との意味の違い

　・今は使われていない言葉

　＊第２時の書き込み等に加え、第３時までに学んで身に付けた知識を付け加え、その違いや分かったこと等をなるべくたくさん出させるとよい。

3 終末（学習を振り返る）

〈学習を振り返る〉

　Ｔ：古典の学習を終えて思ったこと、感じたことを発表しましょう。

　　次に古典を習うとき、どんなことに気をつけていきたいですか。

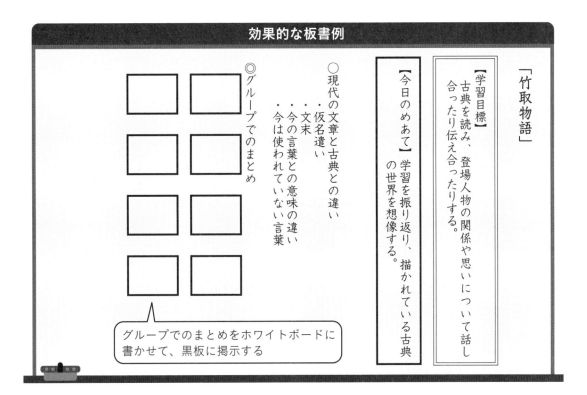

効果的な板書例

「竹取物語」

【学習目標】
古典を読み、登場人物の関係や思いについて話し合ったり伝え合ったりする。

【今日のめあて】
学習を振り返り、描かれている古典の世界を想像する。

○現代の文章と古典との違い
　・仮名遣い
　・文末
　・今の言葉との意味の違い
　・今は使われていない言葉

◎グループでのまとめ

グループでのまとめをホワイトボードに書かせて、黒板に掲示する

〈言葉遊びに気づく〉

T：古典の物語を読んで分かったこと、これから知りたいと思うことについてグループで話合い、ボードにまとめましょう。

・今では使われなくなってしまった言葉がある。

・今では違う意味で使われている言葉がある。

・主語が省略されることが多い。

・「〜を」や「〜は」などのひらがなが省略されることが多い。

・いろいろなジャンルのものを読んでみたい。

＊なるべく他多方面から意見を出させるよう、机間指導の際にグループの考えを見て歩き、意図的にグループを指名してもよい。

T：グループごとにホワイトボードを使ってまとめたことを発表しましょう。

【古典の世界を想像するための、別展開例】

1：蓬莱山の様子をよく読みながら、山の様子をグループで相談し、絵に描いてみましょう。

＊それぞれのグループの山の絵を黒板に貼り、とらえ方の違いや微妙な意味の違い等に注目する。

2：蓬莱山の絵を使いながら、「姫へのプロポーズ大作戦」を行います。どのグループが1番うまく姫をだませるでしょうか。本文をよく読んで、蓬莱山の様子や航海の苦労を冒険談として語り、場面の絵も描いて、姫にプロポーズしてください。

＊発表時、他の教師に見に来てもらいNO.1のグループを選んでもらったり、簡単な評価表で評価させたりするとよい。

＊前時からの継続でこの時間を発表会にしてもよい。

6 いにしえの心にふれる
今に生きる言葉（2時間扱い／読むこと、書くこと）

> 指導事項：〔知技〕(3)ア　〔思判表〕C(1)オ　　B(1)イ
> 言語活動例：漢文を音読し、故事成語をもとに体験文を書く。

単元の目標

(1)漢文を音読し、漢文特有のリズムや言い回しに親しむとともに、故事成語の意味や由来を理解することができる。　　　　　　　　　　　　　　　　　　　　　　　〔知識および技能〕(3)ア

(2)文章を読んで理解したことを自分の生活と結びつけて考え、故事成語を使って体験文を書くことができる。　　　　　　　　　　　　　　　〔思考力、判断力、表現力等〕C(1)オ　　B(1)イ

(3)言葉がもつ価値に気付くとともに、進んで読書をし、我が国の言語文化を大切にして、想いや考えを伝え合おうとする。　　　　　　　　　　　　　　　　　　「学びに向かう力、人間性等」

単元の構想

〈単元で育てたい資質・能力／働かせたい見方・考え方〉

　現代語訳を利用するなどしておおよその内容を理解しながら「矛盾」の書き下し文を繰り返し音読することで、その独特の調子に慣れる場としたい。また、自分の体験を言い表すのにふさわしい故事成語を探し、5W1Hを明確にして書くことでその理解を確実なものとし、適切な使い方を身につけて、今後の表現の中に生かしていく力を育てたい。

〈教材・題材の特徴〉

　書き下し文を繰り返し音読することで、生徒たちは漢文特有のリズムや言い回しに親しんでいくことになり、現代語訳を読むことで「矛盾」の言葉の由来となった故事や意味についても理解することができる。また、「矛盾」以外の故事成語の意味を便覧等で調べ、自分の体験と重ね合わせて短い文章を書くという活動を取り入れることで知識をより確実なものとしていける教材である。

〈主体的・対話的で深い学びの視点からの授業改善ポイント／言語活動の工夫〉

　漢文の言い回しに親しむことができるよう、いろいろな形態を工夫し、楽しみながら音読に臨ませたい。また、いくつかの故事成語の中から1つを選び、自身の体験と結びつけて書いた文章をグループ内で交流し合うことで意味の理解を深め、日常生活で適切に使うことのできる力を育てたい。

単元計画

時	学習活動	学習内容	評価
1	1．目標を確認し、学習の見通しをもつ。 2．本文を通読する。 3．「矛盾」の上段の書き下し文を音読する。 4．「矛盾」の由来となった故事や意味を理解する。	○学習の大まかな流れを知る。 ○朗読 CD を聞いて、だいたいの内容を捉える。 ○個人、列ごと、男女別など、いろいろな形態で音読する。 ○訓読のしかたや書き下し文の成り立ちを理解する。 ○便覧等を使い、「矛盾」以外の故事成語の意味と基となった故事を調べる。	❶
2	1．前時の復習をする 2．「矛盾」を使った文章を考える。 3．「矛盾」以外の故事成語を使って体験文を書く。 4．授業を振り返る。	○「矛盾」の書き下し文を音読し、意味と基になった故事を確認する。 ○意味をふまえ、表現の中で適切に使用する。 ○故事成語の意味と似た体験を思い出し、５Ｗ１Ｈに気を付けながら文章を書く。 ○グループで交流し合う。 ○漢文特有の言い回しと、日常生活の中での故事成語の使われ方を振り返る。	❷ ❸ ❹

評価規準

知識・技能	思考・判断・表現	主体的に学習に取り組む態度
❶漢文特有のリズムや言い回しに親しみ、文語のきまりを理解しながら音読している。　　　　　　　⑶ア	❷「読むこと」において、「矛盾」について理解したことをふまえ、自分の表現としてまとめている。　　Ｃ⑴オ ❸「書くこと」において、「矛盾」以外の故事成語を使い、体験文を書いている。　　　　　　Ｂ⑴イ	❹登場人物の心情を自分たちと比べたり重ねたりし、共感できる部分とできない部分を交流することでさらにはっきりと人物像をつかもうとしている。

〈指導と評価の一体化を図る見取りのポイント〉

　音読によって書き下し文のリズムに親しんだ後、現代語訳を使って「矛盾」の由来となった故事やその意味を知ることを１つ目のねらいとする。その上でいくつかの故事成語の中から自身の体験と結びつけて文章を書き、意味の理解を深めることが次のねらいとなる。それをグループで交流し合うことで体験と故事成語の内容が微妙に違っている作文に気づいて助言したり、よりよい表現を模索したりして、故事成語の意味への理解が確実なものとなっているかどうかを見取っていきたい。

今に生きる言葉

主発問 漢文を音読して、その独特のリズムに触れるとともに、故事成語について理解しよう。

目標

漢文を音読し、独特のリズムや言い回しに親しむとともに、故事成語の意味や由来を知ることができる。

評価のポイント

❶独特のリズムや言い回しに親しんで積極的に音読している。　　　　　　　　　　　　　(3)ア

❷書き下し文と現代語訳を読み、「矛盾」の由来とその意味を理解している。　　　　　　　C(1)オ

準備物

・朗読 CD（QR）、故事成語調べのプリント

ワークシート・ICT 等の活用や授業づくりのアイデア

○ICT
　朗読 CD（QR）を準備しておく。

---

1 導入（学習の見通しをもつ）

〈学習の見通しをもつ〉

T：p.170の学習目標を見てください。この単元の目標は、２つあります。まずは、リズムに注意しながら漢文を音読して、「故事成語」について理解することです。もう一つは、故事成語を自分の体験を結びつけて、体験文を書くことです。

3 終末（学習を振り返る）

〈次時の学習内容を聞く〉

T：次の時間は、「矛盾」を使った短文と、他の故事成語を自分の生活と結びつけた体験分を書いてもらいます。

2 展開

〈本文を通読する〉

T：まず、本文を読みます。

＊範読か、朗読 CD（QR）を聞かせ、大まかに内容を捉えさせる。

T：新出語句、分からない言葉については、辞書で調べましょう。
　p.170の説明で故事成語について、だいたいわかりましたか。

〈「矛盾」の書き下し文を音読する〉

T：では、次に漢文を読んで、その独特のリズムと言い回しをつかみましょう。何回か、繰り返し読んでみます。

○「矛盾」上段朗読 CD（QR）を聞く。いろいろな形態で音読する。

・全員で列ごとにグループごとに

○声を出して読んでいるか机間指導で確認する。

効果的な板書例

「今に生きる言葉」

【学習目標】
漢文を音読し、故事成語をもとに体験文を書く。

【今日のめあて】
漢文を音読して、そのリズムに触れ、故事成語について理解する。

「故事成語」
→主に中国の故事(事実やエピソード)が由来となってできた言葉。

「故事成語」の意味を調べよう。
「推敲」「蛇足」「四面楚歌」

☆進んで調べよう
「五十歩百歩」「漁夫の利」
「画竜点睛(を欠く)」「背水の陣」
「大器晩成」

教科書p、174
白文(漢字だけで書かれた原文)」

「訓読文(白文+句読点+返り点【読む順序を表す】)
☆送り仮名→漢字の右下にカタカナで
＊句読点→「、」「。」
【返り点】
○レ点→下の一字から、すぐ上の一字に返る
○一・二点→二字以上を隔てて、上に返る

「書き下し文」→日本語として読める

〈「矛盾」の意味と由来を知る〉

T：今から「矛盾」という故事成語について勉強します。まず、この４コマ漫画を見てください。

○矛盾の４コマ漫画を拡大したものを黒板に掲示する。

T：これは、さっき読んだ「矛盾」の本文を漫画にしたものです。漫画を見て、「矛盾の意味をつかみましょう。

○「矛盾」の現代語訳を読む。

○「矛盾」の由来となった故事と、使われている意味を説明する。

T：教科書に載っている、「推敲」「蛇足」「四面楚歌」の意味を便覧（資料集等）で調べて、プリントに書き込みましょう。

○ここで、よく出題される故事成語も調べておくとよい。

＊「五十歩百歩」「漁夫の利」「塞翁が馬」「画竜点睛（を欠く）」「背水の陣」「大器晩成」

等についても、ここで調べる。

〈漢文の基礎知識を理解する〉

T：では、漢文について、知っていてほしいいくつかのきまりを説明します。学年が上がっても必要なことなので、しっかり聞いていてください。

＊「白文」→「訓読文」→「書き下し文」
・レ点
・一・二点
・送り仮名（カタカナで漢字の右下に）
・句読点
については、ここで説明しておく。

今に生きる言葉

主発問 故事成語を使って、体験文を書こう。

目標

　自分の生活と結び付けて考え、故事成語を使って体験分を書くことができる。

評価のポイント

❶「矛盾について理解したことをふまえ、短文を作っている。　　　　　　　　　C(I)オ
❷自身の生活と結び付けて、故事成語を使った体験文を書いている。　　　　　　B(I)イ

準備物

・朗読CD（QR）、付箋紙
　故事成語の意味を調べたプリント、原稿用紙

ワークシート・ICT等の活用や授業づくりのアイデア

○ICT
　朗読CD（QR）を準備しておいて、もう一度聞かせてもよい。

---

1 導入（学習の見通しをもつ）

〈学習の見通しをもつ〉
T：今日は、故事成語を使って体験文を書きます。まず、「矛盾」を音読します。
○前時の学習を思い出しながら、何度か音読する。
＊形態を変えて何度か音読させる。
T：「矛盾」の故事と意味をプリントで確認してください。

3 終末（学習を振り返る）

〈学習を振り返る〉
T：漢文独特の言い回しで感じたことや、故事成語が現在の日常生活でどのように使われているかという点に注意しながら、授業の感想を書いてください。
＊中国由来の言葉であるが、今では私たちの生活に根付いたものも多いことに気付かせたい

2 展開

〈「矛盾」を使った文章を作る〉
T：「矛盾」という故事成語を、今後自分たちの表現として使っていけるよう、短文作りをします。では、プリントに短文を作ってください。
○机間指導により各自の短文づくりを見て、意味のとらえ方が微妙にずれている生徒には助言を与える。
T：では、矛盾を使った短文を発表してください。
＊数名の生徒に発表させる
＊机間指導の際、うまく作れている生徒に目星を付けておき、意図的に指名するのもよい。

〈故事成語を使って体験文を書く〉
T：前時に意味を調べた故事成語の中から1つを選び、自分の生活と結び

効果的な板書例

「今に生きる言葉」

【学習目標】
漢文を音読し、故事成語をもとに体験文を書く。

【今日のめあて】
自分の生活と結び付けて考え、故事成語を使って体験文を書く。

○「故事成語」を、自分の生活と結びつけて、体験文を書こう。
「いつ」「どこで」「だれが」「どうした」をはっきりさせて書くこと

○グループでお互いに発表し合い、よいところを伝えよう。

つけて体験文を書きます。

○自分の体験が想起しやすい故事成語を選ぶ。

○体験が思いつかない場合は創作でもよいことを伝える。

○どうしても書けない生徒には、p.173の体験文の例の人物や「ケーキ」等の設定を変えて書いてもよいことを助言する。

T：まずは、「いつ」「どこで」「だれが」「どうした」をはっきりさせましょう。

○場面の設定を明確にし、文章に表す準備を整える。

T：会話文を使って書くと、さらに気持ちや状況の伝わりやすい文章になりますよ。
では、原稿用紙に書き始めてください。

○会話文を使うとさらに文章としてよいものになることを伝える。

＊意味の取り違えがなく、早く書けた者には、いくつかの故事成語について書かせてもよい。

〈グループで伝え合う〉

T：今から、4人のグループでお互いに体験文を読み合って評価してもらいます。聞いている人は発表した人の体験文の「よかった点」を付箋紙に書いて渡してあげてください。

○あくまでも「よかった点」について評価することを徹底する。

T：すべての発表が終わったら、もらった付箋紙をプリントに貼ってください。

【文章にする以外の体験の発表方法】

☆自身の体験と結び付けて、4コマ漫画を書く。

☆故事成語の意味を「起承転結」で組み立て、劇で表現させる。（せりふや動作の苦手な生徒もいると思われるので、故事成語の意味を最初に言ってから劇に移るといった約束事を決め、意味の朗読をする係を担当させる、などの工夫をする。）

7 価値を見いだす

「不便」の価値を見つめ直す

（４時間扱い／読むこと❸、書くこと❶）

> 指導事項：〔知技〕⑵ア、イ　〔思判表〕Ｃ⑴ウ、オ／Ｂ⑴ウ
> 言語活動例：意見文を読み、筆者の主張を要約し、根拠を明確にして自分の考えを文章にまとめる。

単元の目標

⑴　必要な情報を取り出して整理し、要約や引用を示すことができる。〔知識及び技能〕⑵ア、イ

⑵　必要な情報に着目しながら筆者の主張を要約し、それに対する自分の考えを確かなものにすることができる。　　　　　　　　　　　　　　　　　〔思考力、判断力、表現力等〕Ｃ⑴ウ、オ

⑶　根拠を明確にしながら、自分の考えが伝わる文章になるように工夫することができる。

〔思考力、判断力、表現力等〕Ｂ⑴ウ

⑷　言葉がもつ価値に気づくとともに、進んで読書をし、我が国の言語文化を大切にして、思いや考えを伝えあおうとする。　　　　　　　　　　　　　　　　「学びに向かう力、人間性等」

単元の構想

〈単元で育てたい資質・能力／働かせたい見方・考え方〉

　筆者は固定概念に疑問をもち、新たな視点を投げ掛けている。このように、一見正しいと思えていることも、視点を変えてみると、必ずしもそうではないという可能性に気付くことがある。筆者の見方を指標としつつ、常識と呼ばれる考えを自分の視点で捉え直し、価値基準を明確にしながら評価したり判断したりする読みの力、ひいては新たな価値を創出しうる読みの力を育てていきたい。

〈教材・題材の特徴〉

　筆者は「不便益」という語を使い、「不便のよい面」と「便利の悪い面」という常識とは異なる視点からの問い掛けで論を起こしている。さらに、具体例を挙げながら根拠を示し、結論でも課題を投げ掛けるという構成である。具体例のナンバリングや、図や写真、絵の挿入など、文章を分かりやすくするための工夫について考えられる教材である。また、筆者が言葉の定義、発想の根拠などの情報をどのように組み立て、主張として構成しているかを捉えながら読ませたい。

〈主体的・対話的で深い学びの視点からの授業改善ポイント／言語活動の工夫〉

　生徒は、疑問を投げ掛けられ、筆者の主張に対して主体的に考えることを促される。しかし、文脈を正しく理解しなければ、自分の考えをもつには至らない。そのため、文章に書かれている情報を付箋紙に書き、結び付けて要約をするという手立てを取る。要約の過程の中で、生徒が文意と文脈を行き来しながら考えを整理し、文章全体の概要を正確に捉えることをねらう。さらに、筆者の主張に対する自分の考えを書く際にも、どの部分に対する意見なのか視覚化できるようにする。

時	学習活動	学習内容	評価
1	1．学習の見通しをもち、本文を通読する。 2．筆者の定義する「不便益」の部分に線を引く。	○本単元の導入に際して、題名にある「不便」について普段どのように考えているかを振り返る。 ○『「言葉」をもつ鳥、シジュウカラ』等の学習を想起し、定義の文型を確認する。	❶
2	3．文章に書かれている情報について、箇条書きで付箋紙に書き出す。	○「不便のよい面」と「便利の悪い面」について考える。特に「不便のよい面」の具体例を確認し、付箋紙にまとめる。	❶
3	4．筆者の考えを要約する。 5．筆者の考えに対する自分の考えをもつ。	○段落ごと、どのような情報が書かれているかを箇条書きに簡潔にまとめる。 ○付箋紙をもとに、二百字程度で要約する。 ○付箋紙をもとに、筆者の考えについて賛成か反対か考える。また、筆者の考えのどの部分に対する意見なのか意識しながら整理する。	❸ ❹
4	6．この文章を読んだことのない人に対して自分の考えを分かりやすく書く。	○筆者の考え（要約・引用）と自分の考えを区別して明示する。 ○教科書 p.185の条件に従って文章を書く。	❷ ❺ ❻

知識・技能	思考・判断・表現	主体的に学習に取り組む態度
❶意見と根拠の関係に着目して、必要な情報を取り出し、整理している。　⑵ア ❷情報の整理の仕方、引用の仕方や出典の示し方について理解を深め、それらを使っている。　⑵イ	❸必要な情報に着目して筆者の主張を要約し、内容を解釈している。　C⑴ウ ❹文章から理解したことに基づき、自分の考えを確かなものにしている。　C⑴オ ❺根拠を明確にしながら、自分の考えが伝わる文章になるように工夫している。　B⑴ウ	❻積極的に必要な情報に着目し文章の内容を理解したり、学習課題に沿って自分の考えを文章にまとめようとしたりしている。

〈指導と評価の一体化を図る見取りのポイント〉

　要約する際には、この文章を読んだことのない人が理解できるかという観点で読み直しをさせる。その場合、付箋紙と要約した文章を見比べ、必要な情報か、不要な情報なのかをもう一度検討させることも有効である。また、自分の考えを書く際にもこの文章を読んだことのない人に対して書くことを意識させる。「根拠となる事例を挙げているか」「筆者の考えのどの部分に対する意見か」「意見と要約・引用を分けて書いているか」など、自己確認できるシートを用意しておくとよい。

「不便」の価値を見つめ直す

主発問 筆者の考える「不便益」とは、どのようなことでしょうか。

目標

文章の内容を捉え、「不便益」の定義を確かめる。

評価のポイント

❶定義の文型に着目して必要な情報を取り出し、言葉の定義について整理して確かめている。　(2)ア

❻積極的に必要な情報に着目し、文章の内容を理解しようとしている。

準備物

・（必要であれば）本文の「朗読CD」

ワークシート・ICT等の活用や授業づくりのアイデア

本時の前半では、題名の「『不便』の価値」の意味について考えさせたいが、直接的にそのことを問う発問を行っても、生徒はなかなか考えが思いうかばないと予想される。日常に目を向け、「不便」だと感じる物事を想起させることで、「不便」ということはどういうことか考えさせ、さらに「不便益」について考える手がかりにしたい。

---

1 導入（学習の見通しをもつ）

〈単元の目標と学習の見通しを確認する〉

T：この単元を通して、まずは、言葉の定義や論の根拠など、必要な情報を取り出して結び付けて文章を要約することで筆者の主張を捉えます。さらに、それに対する自分の考えをもつことが目標です。自分の考えは、文章に書いてまとめます。

＊言語活動についても見通しをもたせる。

2 展開

〈題名にある「不便」について考える〉

T：この文章の題名にある「『不便』の価値」の「不便」という言葉に注目しましょう。自分たちの日常で、どんなもの物事に対して「不便」だと感じるでしょうか。

・エレベーターやエスカレーターの設置されていない商業施設

・水が自動で出てこない蛇口

＊多くの場合、本文（教科書p.176、l.5）にあるように「『不便は悪いこと』という価値観」をもっていると予想される。その考えと、その不便に「価値」や「益」があるとする筆者の主張とを比較しながら本文を読ませたい。

〈本文を通読する〉

T：本文の音読を聞き、内容を捉えま

3 終末（学習を振り返る）

〈本時を振り返り、次時の見通しをもつ〉

T：今日は、筆者の考える「不便益」の定義を確認しました。授業の前半で、日常で「不便」だと感じる物事を思い起こしましたが、次回は、筆者のいう「不便のよい面」と「便利の悪い面」について考えます。ぜひ、日常の中で、そのような面を感じる物事を探しておきましょう。

効果的な板書例

『「不便」の価値を見つめ直す』　川上　浩司

【学習目標】
必要な情報を取り出し、結び付けて要約することで筆者の主張を捉え、それに対する自分の考えをもつ。

【今日のめあて】
文章の内容を捉え、「不便益」の定義を確かめる。

日常で感じる「不便」について考えよう
・エレベーターやエスカレーターの設置されていない商業施設
・水が自動で出てこない蛇口
→『不便は悪いこと』という価値観

定義の文型の例
・○○を□□という　（よぶ）。
・○○を□□することを△△という　（よぶ）。

筆者の考える定義
「不便益」＝不便だからこそ得られるよさ
「不便」＝手間がかかったり、頭を使って考えなければならなかったりすること

しょう。段落番号を振ったり、読めない漢字に振り仮名を書いたりしながら聞きましょう。

○（教師の範読、または「朗読CD」で）本文の音読を聞き、おおまかな内容を捉える。

〈筆者の「不便益」の定義を捉える〉

T：筆者の考える「不便益」とは、どのようなことでしょうか。定義が書かれている部分に線を引きましょう。

○定義の文型の例を参考にしながら、定義が書かれている文を探し、線を引く。

＊「比喩で広がる言葉の世界」や「『言葉』をもつ鳥、シジュウカラ」の学習を想起し、定義の文型を確認し、定義が書かれている部分を探す手がかりとする。（上記板書例参照）

＊「不便益」の定義の確認ができたら、続けて「不便」の定義が書かれている部分にも線を引かせ、確認したい。各定義が書かれている文は次の通り。

・「不便益」の定義

「私は、不便だからこそ得られるよさを『不便益』とよび……」（p.177、l.14）

・「不便」の定義

「つまり、手間がかかったり、頭を使って考えなければならなかったりすることを『不便』と……する。」（p178、l.3〜4）

＊「不便」の定義については、「ここでは、何かをするときにかかる労力が多いことを『不便』とよぶこととしたい。」（p178、l.1〜2）に線を引く生徒もいるであろう。教師用教科書では、その後のl.3〜4の文を「段落の中心となる文。『不便』と『便利』の定義を示す。」としており、本時案でもそれに従っている。しかし、l.1〜2に線を引いたことを不適切とすることは妥当ではないと考える。その生徒には「つまり」という接続詞に着目させ、l.3〜4の方が、より筆者の考える定義がまとまっている文であると説明したい。

「不便」の価値を見つめ直す

どのような事例のどのようなことを「不便のよい面」「不便益」と言っているのでしょうか。

目標

　筆者のいう「不便のよい面」と「便利の悪い面」について考え、筆者の主張を読み取る。

評価のポイント

❶定義の文型に着目して必要な情報を取り出し、言葉の定義について整理して確かめている。　(2)ア

準備物

・付箋紙（可能であれば、電子デバイス上のもの）

ワークシート・ICT 等の活用や授業づくりのアイデア

　本時では、ノートではなく付箋紙に考えを書かせる。付箋紙は、紙の付箋紙でもよいが、用意できれば、電子デバイスの付箋紙機能を使うと、全体での確認や共有が容易になる。次時は、文章全体で他の段落についても付箋紙に情報を書き出す。このような情報整理の学習活動では、自由に貼ったりはがしたりできる付箋紙は有効なツールだ。

1 導入（学習の見通しをもつ）

〈前時を想起し、本時の見通しをもつ〉

Ｔ：前回確認した、「不便益」の定義を確認しましょう。

Ｔ：では「不便益」と同じ意味で使われている表現はどれでしょうか。

・「不便のよい面」（教科書 p.178の l.12）

Ｔ：今日は、その「不便のよい面」、そして「便利の悪い面」について考えます。

2 展開

〈筆者のいう「不便のよい面」＝「不便益」の具体例を確認する〉

Ｔ：本文の中で、「不便のよい面」つまり「不便益」の具体例を三つ確認しましょう。どのような事例のどのようなことを「不便のよい面」「不便益」と言っているのでしょうか。

〇本文の中から「不便のよい面」＝「不便益」の具体例が書かれている段落を探し、内容を簡潔に付箋紙にまとめる。

＊次時の学習につなげるため、ここでは付箋紙に書かせるとよい。付箋紙は、紙の付箋紙でもよいが、もし用意できれば、電子デバイスの付箋紙機能を使うと、その後の全体での確認や共有が容易になる。

①移動方法の事例で、徒歩は時間がかかったり疲れたりするが、人や景色と

3 終末（学習を振り返る）

〈本時を振り返り、次時の見通しをもつ〉

Ｔ: 今日は、特に本文の９段落〜11段落に注目して、筆者の考える「不便のよい面」と「便利の悪い面」の内容を確認しました。次回は、他の段落にも目を向け、文章全体でどの段落にどのような内容が書かれているのか付箋紙に情報を書き出してまとめます。今日書いた付箋紙も使います。

効果的な板書例

「不便」の価値を見つめ直す　川上　浩司

【学習目標】
必要な情報を取り出し、結び付けて要約すること
で筆者の主張を捉え、それに対する自分の考えを
もつ。

【今日のめあて】
「不便のよい面」と「便利の悪い面」
について考え、筆者の主張を読み取
る。

「不便のよい面」を説明しよう

（例）　不便とされている物事
　　　○　○○は　　　　　　　（悪い面）
　　　　　　　　　　　△　なぜ不便なのか
　　　□　その物事のよい面　△
　　　□　　　　　　　　　　だが、
　　　　　　　　　ことがよい。

「不便のよい面」の具体例
① 徒歩は時間がかかったり疲れたりするが、人や景色との出会いを楽しめ、出会いや発見の機会が広がることがよい。
② バリアフリーにしないことは施設を利用する入居者や園児に労力をかけるが、身体能力の低下を防いだり、身体能力を向上させたりすることがよい。
③ セル生産方式は、作業者一人一人にかかる負担は大きくなるが、全体を見渡して自分なりに工夫できる余地が大きくなり、作業者のモチベーションや技術力を高めることにつながることがよい。

〈筆者のいう「便利の悪い面」について考える〉

T：次に「便利の悪い面」について考えます。「不便のよい面」の表現を使って「便利の悪い面」の事例を三つ説明しましょう。

○ペアやグループ内で、「便利の悪い面」の事例を三つ説明する。

＊さきほどの説明の反対の内容を説明させればよい。事例の「○○は」にあたる部分は、各段落で便利だと思われるものとして挙げられている物事に入れ替える。

①乗り物は時間がかからず疲れないが、人や景色との出会いを楽しめず、出会いや発見の機会も広がらない。

②バリアフリーは労力がかからないが、身体能力が低下したり、身体能力を向上させる機会を失ったりする。

③ライン生産方式は一人一人の負担は小さくなるが、工夫できる余地がなく、モチベーションや技術力を高めることにつながらない。

の出会いを楽しめ、出会いや発見の機会が広がることがよい。（第9段落）

②施設デザインの事例で、バリアフリーにしないことは施設の利用者に労力をかけるが、身体能力を向上させたり、低下を防いだりすることがよい。（第10段落）

③工場での生産方式の事例で、セル生産方式は、全体を見渡して自分なりに工夫できる余地が大きくなり、作業者のモチベーションや技術力を高めることにつながることがよい。（第11段落）

＊「不便のよい面」という語に着目すれば、まず、前半（棒線部）でその「不便」とされる事例はなぜ不便なのか（＝悪い面）を述べ、後半で（波線部）でその事例のよい面を述べるという説明の型を授業者が示しておくことも有効である。

○生徒が書き終えたら、授業者は全体で記述例を共有し、必要な内容確認する。

「不便」の価値を見つめ直す

主発問 筆者の考えを要約するために、必要な情報はどれでしょうか。

目標

この文章を読んだことのない人に説明するつもりで、筆者の考えを要約する。

評価のポイント

❸必要な情報を取り出し、結びつけて、筆者の主張を要約している。　　　　　　　　C(1)ウ

❹理解をもとに自分の考えをもっている。　　C(1)オ

❻積極的に必要な情報に着目し文章を要約して、自分の考えを文章にまとめようとしている。

準備物

・付箋紙　・教科書本文のコピーやデジタル教科書

ワークシート・ICT 等の活用や授業づくりのアイデア

本時では、筆者の考えを要約することが主な目標であり、学習活動である。しかし生徒は、本単元で重点を置いて要約を学ぶ。段落ごとに文章に書かれている情報（内容）を付箋紙に書き、結び付けて要約をするという丁寧な展開の中で、文章全体の概要を正確に捉えながら要約することをねらう。教科書 p.184〜185下段も参照させたい。

1 導入（学習の見通しをもつ）

〈前時を想起し、本時の見通しをもつ〉

Ｔ：前回は「不便のよい面」、「不便益」について、第９〜11段落注目して考えました。今日は、文章全体で、どの段落にどんな内容が書かれているのか、付箋紙に情報を書き出します。それらを結びつけ、この文章を読んだことのない人に説明することを想定して要約しましょう。

2 展開

〈文章全体を通読し、各段落での書かれている内容（情報）把握する〉

Ｔ：第９〜11段落以外の段落についても付箋紙に情報を書き出します。どの段落に、どのような内容が書かれているでしょうか。

〇各自、本文を通読しながら、各段落の内容を簡潔にまとめて付箋紙に書く。

＊手が止まっている生徒には、各段落の内容を要約させる前のステップとして段落の見出しを書かせてもよい。

＊進捗状況によっては、３人程度のグループ内で分担させてもよいだろう。

・第１段落…「不便でよかった。」と感じたことはないかという問いかけ。

・第２段落…「便利はよいこと」で「不便は悪いこと」という一般的な価値観。

・第３段落…手間を省き、便利を追求

3 終末（学習を振り返る）

〈本時を振り返り、次時の見通しをもつ〉

Ｔ：今日は、文章全体でどの段落にどのような内容が書かれているのか、付箋紙に情報を書き出し、それらを結びつけて要約しました。その要約に加え、筆者の主張に対して賛成・反対か、また、筆者の考えのどの部分に対して意見があるかなど、次回、自分の考えを、文章にまとめます。

効果的な板書例

「『不便』の価値を見つめ直す」　川上　浩司

【学習目標】
必要な情報を取り出し、結び付けて要約することで筆者の主張を捉え、それに対する自分の考えをもつ。

【今日のめあて】
この文章を読んだことのない人に説明するつもりで、筆者の考えを要約する。

各段落の内容
第1段落…「不便でよかった。」と感じたことはないかという問いかけ。
※　板書例では中略。詳細は、下記の授業展開を参照。

第16段落…不便だと避けてきた物事に新しい気づきや楽しみが隠れているかもしれない。これまでの常識とは異なる視点をもつことで、世界を多様に見ることができるようになる。

☆ この文章を読んだことのない人に説明することができるようになる。……必要な情報 は？

・第5段落…「不便益」の定義が書いてある
・第9～11段落…「不便益」の具体例が書いてある
・第14～16段落…筆者の主張のまとめが書いてある

← 結び付けて要約する

不便だからこそ得られるよさを「不便益」という。ここでの「不便」とは、手間がかかったり、頭を使って考えなければならなかったりすることである。例えば、徒歩は時間と労力がかかるが、道の途中で出会いや発見の機会が広がるというよさがある。これらの「不便益」は「不便」だからこそ得られるもので ある。「不便」だと思ってさけてきた物事の中に、実は、新しい気づきや楽しみが隠されてるかもしれない。※189字

することが生活を豊かにすると考えられてきた。
・第4段落…に便利さばかりを追求し続けることで生活や社会は本当に豊かになるのか。
・第5段落…不便だからこそ得られるよさを「不便益」とよぶ。
・第6段落…手間がかかったり、頭を使って考えなければならなかったりすることを「不便」と定義する。
・第7段落…「便利」の中にも「不便」の中にもよい面と悪い面がある。
・第8段落…不便のよい面＝不便益の導入。
※　第9～11段落は前時の付箋紙を使用する。
・第12段落…事例を整理して浮かび上がってくる「不便益」とは何かの導入。
・第13段落…「不便益」のまとめ。(1)発見や出会いの機会が増える。(2)体力や知力、技術力の維持・向上を促す。(3)モチベーションが高まり・達成感が大きくなる。
・第14段落…「便利」だけを追求すれば、本

来得られていたはずの楽しさや喜びが失われたり、能力を発揮する機会が奪われたりする。
・第15段落…「不便」だからこそ得られるよさがあることを認識し、それを生かした新しいデザインを創り出すのが不便益の考え方だ。
・第16段落…不便だと避けてきた物事に新しい気付きや楽しみが隠れているかもしれない。常識とは異なる視点をもつことで、世界を多様に見ることができるようになる。

〈必要な情報を選び、結び付けて要約する。〉
Ｔ：第1～15段落の中で、要約する際に必要な情報はどれでしょうか。それらを結びつけ、二百字程度で要約しましょう。
・必要な情報の例…第5、9～11、14～16段落

〈筆者の主張に対する自分の考えをもつ〉
Ｔ：筆者の主張に賛成・反対か、また筆者のどの考えに対して意見をもっているのか、付箋紙とともに自分の考えをノートに書きましょう。

「不便」の価値を見つめ直す

 筆者の主張に対して賛成ですか、反対ですか。また、筆者の考えのどの部分に対し、どんな意見をもっていますか。

目標

立場や根拠を明確にして、筆者の主張に対する自分の意見をまとめる。

評価のポイント

❷要約や引用を明確にし、まとめている。　　(2)イ

❺立場と根拠を明確にし、筆者の主張に対する自分の考えを分かりやすいように書いている。B(1)ウ

❻学習課題に沿って自分の考えを文章にまとめようとしたりしている。

準備物

・前時までの付箋紙やノート　・作文用紙

ワークシート・ICT等の活用や授業づくりのアイデア

本時は、前時までの学習（情報を書き出す、要約する、筆者の主張に対する自分の立場を明らかにする、など）を下地とし、筆者の主張に対する自分の意見を文章にまとめる。パズルで喩えれば、前時までの学習がピースとなり、それを意見文の形に組み立てていくという単元のイメージである。ぜひ生徒とも共有し、単元全体を総括したい。

1 導入 （学習の見通しをもつ）

〈前時を想起し、本時の見通しをもつ〉

Ｔ：前回、文章を要約し、要約することで捉えた筆者の主張に対して賛成・反対か、また、筆者の考えのどの部分に対して意見があるかなど、ノートに書きました。今日は、それらを使って、自分の考えを、文章にまとめます。

3 終末 （学習を振り返る）

〈単元を振り返り、学びを整理する〉

Ｔ：今回の単元を振り、教科書p185の二点について自分の考えを書きましょう。

①「不便の価値」のように、固定概念にとらわれずに考えたとき、価値が見いだせるものは他にどんなものがあるか。

②日常生活や他教科等の学習で、要約が役立つ場面は、他にどんな場面があるか。

2 展開

〈筆者の主張に対する自分の意見を確認する〉

Ｔ：前回の付箋紙やノートを見返し、筆者の主張と、それに対する自分の意見を確認しましょう。賛成ですか、反対ですか。また、筆者の考えのどの部分に対し、どんな意見をもっていますか。

＊自分の意見が、筆者の考えのどの部分（どの付箋紙に書かれている内容）に対するものなのか意識させたい。貼り直しが自由であるという付箋紙の特性を活かし、要約する際に使った付箋紙を移動させ、自分の考えを記述した欄の近くに貼らせておくことで、生徒は自分の思考を可視化できるだろう。

〇前時の学習振り返り、必要に応じて付箋紙を整理したり、自分の考えを加

効果的な板書例

『「不便」の価値を見つめ直す』　川上　浩司

【学習目標】
必要な情報を取り出し、結び付けて要約することで筆者の主張を捉え、それに対する自分の考えをもつ。

【今日のめあて】
立場や根拠を明確にして、筆者の主張に対する自分の意見をまとめる。

文章の構成の例

（初　め）・筆者の考えに賛成か反対かを明確に述べる。

（中　　）・何に対する意見であるかを要約や引用で示す。
・自分の考えの根拠となる事例を挙げる。

（終わり）・自分の視点や考えを含めつつ、書き出しと対応した内容を述べる。

筆・修正したりする。

〈自分の意見を文章に書きまとめる〉

T：次のような条件と文の形式で、自分の意見を文章に書きまとめましょう。条件については、教科書 p.185の学習③を読みましょう。

＊教科書 p.185学習③に、文章の条件が書いてあるので参照させる。それをもとにして、文章の形式として示したものを、上記板書例に書いた。生徒は意見文の書き方を学習していないため、このような基本となるモデルを授業者から提示しておくと、生徒の書くことへの負担感を減らすことができるだろう。

＊要約や引用する際の注意点として、次の点について合わせて指導する。

(1)要約や引用は、自分の意見と分けて書く。

(2)引用は、表記や句読点も正確に写すこと。

(3)引用は、必要な部分だけにとどめること。なお、既習の「情報を引用しよう」（教科書 p.64）も参照させたい。

〇生徒の文章の例

・筆者の「不便益」という考えに賛成だ。筆者は「不便益」の特徴をいくつか挙げているが、中でも「時間や道のりが多くなる分、発見や出会いの機会が増える」（p.181のl17〜p.182のl.1）という意見に納得した。電車で祖母の家まで出かけたことを思い出したからだ。普段は、新幹線で移動するため、2時間半ほどで到着する。今回は、各駅停車の電車を乗り継いで祖母の家の最寄り駅まで向かったため半日近くかかり、大変だった。新幹線と比べる「不便」である。しかし、その途中で地元の方に声をかけられた。……

＊自分の考えを書く際にもこの文章を読んだことのない人に対して書くことを意識させ、見直しをさせるとよい。「根拠となる事例を挙げているか」「筆者の考えのどの部分に対する意見か明確か」「意見と要約・引用を分けて書いているか」などを確認させたい。

7 価値を見いだす

助言を自分の文章に生かそう　作品の書評を書く（2時間扱い／書くこと）

指導事項：〔知技〕(3)オ　〔思判表〕B(1)オ
言語活動例：選んだ作品について観点を決めて書評を書き、読み合って助言し合う。

単元の目標

(1)　書評を書き、交流するという言語活動を通して、自分の考えや読書の幅を広げることができる。
〔知識及び技能〕(3)オ
(2)　読み手からの助言を基に、自分の文章のよい点や改善点を見いだすことができる。
〔思考・判断・表現力等〕B(1)オ
(3)　言葉がもつ価値に気付くとともに、進んで読書をし、我が国の言語文化を大切にして、思いや考えを伝えあおうとする。
「学びに向かう力、人間性等」

単元の構想

〈単元で育てたい資質・能力／働かせたい見方・考え方〉

　本単元ではまず、「書評」を書く学習を行う。書評とは、教科書に示されている通り「一冊の本を取り上げ、その内容や魅力などを評価する文章」を指す。まずは、書評を書くことで、本来は個人的な体験である読書の域を脱し、読書を通じて個人内に想起された様々な思いや考えを言葉にして表現する力を育てていきたい。次の段階として、書いた書評を友人と読み合い、助言し合う学習を行う。読書は個人的な体験であると述べたが、だからこそ他の人の視点を知ることで、その作品の新たな価値に気付くことができる機会としたい。

〈教材・題材の特徴〉

　書評は単に感想を述べるだけではなく、作品に対する「評価」と、そう評価した「根拠」が明示されるべきである。しかし本教材では、対象を「思い出に残る作品」とし、「内容や魅力を分析する」もの限定することで、発達段階を踏まえた難易度を設定するとともに、「批評」への入り口にあたる教材と位置付けている。また「作品を分析するときの観点」や「書評に使う言葉」などが示されているため、初めて書評を読んだり書いたりする生徒たちにとって、文章の例や助言の例が具体的にイメージできる。「語彙を豊かに」（教科書 p.300）も合わせて指導することが可能な教材である。

〈主体的・対話的で深い学びの視点からの授業改善ポイント／言語活動の工夫〉

　書評について助言する活動では、書評を読んで助言を考えることに加えて、分からなかったことを直接書き手に聞く場を設けてもよい。そうすることで、「助言」が表記の誤りの指摘ではなく、書き手の気持ちに寄り添った上で、よい点と改善点を見いだそうという姿勢を引き出すことをねらう。

なお、本単元では中学校1年で教科書読んだ作品を対象とした。作品の魅力を分析するには、本文の描写と自分の評価とを照らし合わせることが必要である。教科書の通り「小学校のときに教科書読んだ作品」から選んでもよいが、作品の本文が、生徒の手元にある状態にしておく必要がある。中学校1年で読んだ作品であれば、手元にある教科書がそのまま利用できるという手軽さがある。

単元計画

時	学習活動	学習内容	評価
1	1．教科書を読み、学習の見通しをもつ。 2．中学校1年生の教科書から作品を選び、その魅力を分析して書評を書く。	○書評の例を読み、どのような文章を書くのかを具体的にイメージする。 ○選んだ作品の一番の魅力は何かを考え、その魅力を書き出しとして原稿用紙に書く。 （例）「星の花が降るころに」の魅力は主人公の心情の変化にある。 ○「書評に使う言葉」や「語彙を豊かに」を参考にしながら四百字程度で書評を書く。	❶ ❸
2	3．グループ内で書評を読み合い、助言し合う。 4．学習を振り返る。	○「助言の様子の例」を読み、書評を読んでよいと思ったことをあげ、続けて改善点を述べることをあらかじめ知ったうえで書評を読み合う。 ○書評を読んで分からなかったことは質問する。 ○助言をもとに、自分の書評のよさと改善点についてまとめる。（必要に応じ加筆・修正をする。）	❷ ❸

評価規準

知識・技能	思考・判断・表現	主体的に学習に取り組む態度
❶読書が、知識や情報を得たり、自分の考えを広げたりすることに役立つことを理解している。　　　(3)オ	❷根拠の明確さなどについて、読み手からの助言などを踏まえ、自分の文章のよい点や改善点を見いだしている。 B(I)オ	❸読み手からの助言などを踏まえ、自分の文章のよい点や改善点を進んで見いだし、学習課題に沿って書評を書き、助言し合おうとしている。

〈指導と評価の一体化を図る見取りのポイント〉

　学習の振り返りでは、単に友人からの助言を列記するだけではなく、自分の文章の叙述と重ね合わせて、具体的にどこがどのようによかったのか、どこをどのように改善するとよりよくなるのかを考えさせる。また友人への助言が形に残るよう、カードや付箋紙に書かせ、評価の材料としたい。

助言を自分の文章に生かそう　作品の書評を書く

主発問 思い出に残る作品の魅力を作り上げているものは何でしょうか。

目標

思い出に残る作品を選び，観点を決めて作品の内容や魅力を分析して書評を書く。

評価のポイント

❶読書が知識や情報を得たり自分の考えを広げたりすることに役立つと理解していると分かる表現が書評にある。　　　　　　　　　　(3)オ

❸読み手を意識しながら、学習課題に沿って書評を書こうとしている。

準備物

・作文用紙（枠外に、作品の魅力を書く欄を付ける）

ワークシート・ICT 等の活用や授業づくりのアイデア

教科書 p.187の例を参考にしながら〔初め〕〔中〕〔終わり〕という段落構成をモデルとして示すとよい。書くことに抵抗感を感じる生徒には、書き出しを教師が提示することも有効である。例えば、〔初め〕は「この作品の魅力は」、〔中〕は「具体的には・特に・例えば」、〔終わり〕は「このように」などが考えられる。

1 導入（学習の見通しをもつ）

〈2回の授業展開とゴールを説明〉

T：思い出に残る作品の書評を書き、より作品の魅力が伝わるような書評にするために助言し合います。皆さんは「書評」を読んだことがありますか。書評は、本の内容や魅力などを評価する文章です。1年生の国語の教科書に載っている作品の中で思い出に残る作品を選びましょう。

2 展開

〈作品を選び、その魅力を考える〉

T：中学1年生の教科書に載っている作品の中で一番思い出に残っている作品はどれでしょうか。教科書を読み返しましょう。また、その作品の魅力を作り上げているものは何でしょうか。

○作品の魅力についての考えを書く。

＊上記発問で考えが思い付かない場合、「どこに魅力を感じるか」「どこに特徴があると思うか」と補助発問を行う。

・生徒の考えの例

生徒A『星の花が降るころに』は主人公が銀木犀を捨てると決心する場面にが魅力だ。」→登場人物の心情の変化

生徒B「『ちょっと立ち止まって』は三つの図が説明の文章と対応しているという特徴がある。」→図表の使い方

＊下線（魅力をひと言で表す語）が生徒

3 終末（学習を振り返る）

〈書評を見直す〉

T：最後に、自分の書評で漢字や語句の間違いがないかについて見直しましょう。次回、内容に関して助言をしあいます。

＊上記のように自分の書評を見直す時間を設けてもよい。その際、書写・表記の点で見直しをさせるとともに次時の見通しをもたせる。

効果的な板書例

助言を自分の文章に生かそう

【学習目標】
思い出に残る作品の内容や魅力を分析して書評を書き、助言をし合いよりよい書評にする。

【今日のめあて】
思い出に残る作品を選び、観点を決めて作品の内容や魅力を分析して書評を書く。

どんなところに魅力があるか。
（＝特徴）

・「星の花が降るころに」は、主人公が銀木犀を捨てる決心をする場面に心ひかれる。
↓登場人物の心情の変化が魅力。

・「ちょっと立ち止まって」は、三つの図が効果的に使われていて、どんな風に見えるのかついつい考えてしまう面白さがある。
↓挿絵（図）の使い方が魅力。

☆書評の段落構成の例
（初め）書き出しに魅力を簡潔に（ひと言で）書く
（中）魅力の根拠を具体的に説明する
（終わり）魅力のまとめや、読み手への呼びかけなど

からは出ないことも予想される。その場合は p.187「作品の魅力を分析するときの観点」を参考に、ある観点から見た作品の魅力を生徒に述べさせるとよいだろう。例えば、「場面の展開」という観点から、「その作品では場面の展開がどう魅力的なのか？」と焦点化した補助発問を行うことも有効だ。

○教師が生徒の考えを分類し、抽象化して、作品の魅力を端的に表す語を示す。

〈書評を書く〉

Ｔ：次に、書評を書きます。作品の魅力を表す語の中を参考にして、作品の魅力を〔初め〕の段落の書き出しの一文にひと言で書きましょう。続けて、〔中〕の段落で、その魅力の根拠を具体的に説明しましょう。文章やキーワードを引用しても構いません。最後に〔終わり〕の段落で、魅力のまとめや読み手への呼び掛けなどを書きましょう。

＊教科書の書評の例は「構成」という観点での

例であり、そのままでは分かりにくい可能性もある。どの観点でも共通する段落構成に整に整理し直して、提示するとよいだろう。

○段落構成の例を参考にして、書評を書く。

生徒Ａ「この『星の花が降るころに』という作品の魅力は、登場人物の心情の変化にある。特に主人公が、こだわっていた銀木犀の花を捨てる決心をする場面で、主人公の成長を感じる。そこで主人公はこう言っている……」

生徒Ｂ「この『ちょっと立ち止まって』という作品の魅力は、図表の使い方だ。具体的には、三つの図が段落ごとに述べられた見え方の説明と対応して使われており、その図には他にどんな見え方があるか、つい考えてしまう面白さがある。……この作品は、はっとさせられたい人におすすめだ。……」

＊手が止まる生徒には p.187「書評に使う言葉」や p.300〜301「語彙を豊かに」なども参考にさせるとよい。

助言を自分の文章に生かそう　作品の書評を書く

主発問　友だちの書評と自分の書評のよい点と改善点はどんな点でしょうか。

目標

　書評を読み合い、よい点や改善点についてお互いに助言し合う。

評価のポイント

❷自分の意図が伝わったか確かめ、自分の文章のよい点や改善点を具体的に整理している。　B(1)オ

❸読み手からの助言を基に、自分の文章について考えることができたか、また、他の人の書評に適切な助言をすることができたかなど振り返っている。

準備物

助言のための付箋紙やカード　振り返りの用紙

ワークシート・ICT 等の活用や授業づくりのアイデア

助言をする学習の評価として、助言のための付箋紙やコメントカードを用意し、口頭ではなく、助言が形に残るようにする。また助言を自分の文章に生かす学習の評価として、振り返りの用紙に、もらった付箋紙やカードを貼り、それらを基に気付いたこと（自分の文章のよい点や改善点）を、自分の文章中の記述とともに具体的に整理させる。

1　導入（学習の見通しをもつ）

〈前時を振り返り今日の目標を確かめる〉

Ｔ：前回は思い出に残る作品を選び、その作品の魅力を分析して書評を書きました。今日は、グループで書評を読み、助言し合います。他の人の書評や、自分の書評がよりよいものとなるように助言したり、助言を受け止めたりしましょう。

＊助言が目的ではないことを確認する。

3　終末（学習を振り返る）

〈単元を振り返る〉

〇単元を振り返り、自己評価する。

＊自己評価の項目の例としては、根拠を挙げて作品の魅力を説明できたか（感想やおすすめの本の紹介ではなく、書評であると再認識させたい）、適切で具体的な助言ができたか、助言を基に自分の文章について考えることができたかなど。

2　展開

〈助言すべき内容をつかむ〉

Ｔ：教科書の例を読み、どのような内容を助言すればよいのか、確認しましょう。前半と後半でどのような点を指摘していますか。

・前半で、書評を読んでよいと思ったところを挙げ、後半ではこうするともっと伝わるのではないかと感じた改善点を挙げています。

＊この他、書評の具体的な記述を取り上げて指摘している、書き手の意図をくみ取った上で助言しているなど、助言する際の工夫についても確認したい。

＊書写・表記についてだけではなく、内容に目を向けて助言するよう伝える。

〈書評を読み合い、助言をし合う〉

Ｔ：他の生徒の書評のよい点と改善点はどんな点か考えて助言をし合いま

効果的な板書例

助言を自分の文章に生かそう

【学習目標】
思い出に残る作品の内容や魅力を分析して書評を書き、助言をし合いよりよい書評にする

【今日のめあて】 書評を読み合い、よい点や改善点についてお互いに助言し合う。

助言すべき内容
○よいと思ったところ
・〜を「魅力」として捉えているのがいい。
・最初に自分の考えを示しているので〜
・〜という解釈がとても新鮮だった。
○こうするともっと伝わるのではないかと感じたところ
・〜の根拠になる部分を引用するといいと思った。
・そう感じた理由を加えるといいのでは。

助言する際の工夫
・書評の具体的な記述を取り上げて指摘している。
・書き手の意図をくみ取った上で助言している。
☆書写・表記についてだけではなく、内容に目を向けて助言している。

しょう。助言を受け、自分の書評のよい点と改善点はどんな点か考えましょう。

○3〜4人程度のグループで助言をし合う。

＊付箋紙やカードを用意し、口頭だけではなく、助言が形に残るようにする。

＊助言が問題点の指摘に終始せず、書き手の気持ちに寄り添ったものになることをねらう。

○読み手は、助言を書き終えた付箋紙やカードを、書き手に渡す。書き手はもらった付箋紙やカードを振り返り用紙に貼り、助言を読んで気付いたことを整理する。

○読み手の生徒の助言の例

生徒C「Aさんは主人公の心情の変化を、台詞を引用しながら説明しているのがいいと思いました。『こだわっていた銀木犀の花』という部分は、なぜこだわっていたのかを加えると、より主人公の『心の成長』が明確に伝わると思います。」

生徒D「Bさんの三つの図と段落ごとの文章の対応関係に気づき、読者の興味を引く効果があるという指摘に納得しました。『はっとさせられたい人』という部分は、例えば『はっと気づかされたい人』のように言葉を付け加えると、どんな人に読んでほしいのか、より詳しく伝わるのではないでしょうか。」

○書き手の生徒の整理の例

生徒A「Cさんからの助言にあったように、主人公のその場面での言動を引用することで、説得力が出たところがよかった。また、主人公の言動の意味や理由を加えると、心情の変化がよりはっきり伝わるので改善したい。」

生徒B「Dさんからの助言の通り、図表の効果を簡潔にまとめたことが、読んでいる人にとって分かりやすくてよかった。さらに、どんな人におすすめの本か、驚かされたい、気付かされたいというように言葉を付け加えるとよいと分かったので改善したい。」

＊複数の助言に共通点があれば、着目させたい。

漢字に親しもう４ （１時間扱い／知識・技能）

指導事項：〔知・技〕(1)イ
言語活動例：国語辞典や漢和辞典を活用して、漢字について調べる。

単元の目標

(1) 漢字を正しく読んだり、正しく書いて文や文章の中で使ったりすることができる。

〔知識及び技能〕(1)イ

(2) 言葉がもつ価値に気付くとともに、進んで読書をし、我が国の言語文化を大切にして、思いや考えを伝えあおうとする。 「学びに向かう力、人間性等」

単元の構想

〈単元で育てたい資質・能力／働かせたい見方・考え方〉

　「指導要領解説　国語編」によると、学年別漢字配当表の漢字に加え、その他の常用漢字のうち300字程度から400字程度の漢字を読むこと、また、学年別漢字配当表の漢字のうち900字程度の漢字を書き、さらに文や文章の中で使うことが求められている。ただ漢字を読める、書けるだけではなく、日常の言語生活（音声言語、文字言語問わず）の中で適切に使うことができる段階の知識・技能の定着を図りたい。

〈教材・題材の特徴〉

　①では小学校で習った漢字の書きに関する練習問題、②では中学校で習う漢字の読み（様子・心情）に関する練習問題、③では同じく中学校で習う漢字の訓読みに関する練習問題が設定されている。巻末資料を参照しながら問題を解かせることも可能であるが、辞書を引かせて、辞書の使い方の指導とも合わせて行うことが可能な教材である。特に、「現役」の「役」や「素直」の「素」などのように、設問の対象ではないが、中学校で新しく学習する音訓を、取り立てて指導することも語彙の指導には効果的である。

〈主体的・対話的で深い学びの視点からの授業改善ポイント／言語活動の工夫〉

　漢字の読みと書きに関する事項の定着のためには、ただ練習問題を解くだけではなく、国語辞典や漢和辞典を活用して調べたり、その漢字を使った短文を書いたりするなどの言語活動が必要である。今回の単元では、①に文章を作る問題が設定されており、その問題を有効に活用したい。また、例えば「意欲」単体で使われた時と「意欲的」と「的」という接尾辞が付いた時との意味の変化などについても考えさせ、語彙を広げる手立てをとることも考えられる。

時	学習活動	学習内容	評価
1	1. 国語辞典や漢和辞典を活用して、漢字について調べて練習問題を解く。	○教科書の練習問題を解く。 ○巻末資料や、国語辞典、漢和辞典を活用し、漢字について調べる。	❶ ❷

評価規準

知識・技能	主体的に学習に取り組む態度
❶学年別漢字配当表に示されている漢字に加え，そのほかの常用漢字のうち300字程度から400字程度までの漢字を読んでいる。また，学年別漢字配当表の漢字のうち900字程度の漢字を書き，文や文章の中で使っている。　　　(1)イ	❷粘り強く漢字を正しく読んだり書いたりできるように練習問題に取り組んだり、今までの学習を活かして国語辞典や漢和辞典を活用して漢字を調べたりしている。

〈指導と評価の一体化を図る見取りのポイント〉

　問題の正誤だけではなく、その過程を丁寧に見取りたい。そのためには、問題を一読して分からなかった問題や、答えに自信のない問題等に印を付けさせ、その問題に解答するためにどのような学習を行ったのか学びの跡は残しておくように提案する。そのために、ただ問題を解くだけではなく、漢字のノートなどを用意し、そこに意味を記録したり、反復練習したり、生徒が必要感に応じて自由に学習できるように習慣をつけておくとよい。

漢字に親しもう4

主発問 分からない漢字や言葉は、何を使って調べればよいのでしょうか。

目標

　国語辞典や漢和辞典を活用しながら、漢字や言葉を正しく理解して使うことができる。

評価のポイント

❶設問の漢字を正しく読んだり書いたりし、また、設問の言葉を使って文を作ってる。　　　　(1)イ

❷漢字を正しく読んだり書いたりできるように粘り強く考えたり、今までの学習を活かして国語辞典や漢和辞典を活用して漢字を調べたりしている。

準備物

・国語辞典・漢和辞典（必要な場合）漢字のノート

ワークシート・ICT 等の活用や授業づくりのアイデア

分からない漢字や言葉は、既習事項を想起させる。生徒は、教科書 p.19「言葉を調べる」で学習したように、国語辞典、漢和辞典を使って調べることができる。さらに、p.38〜39「漢字の組み立てと部首」で学習した漢字の部首を手がかりに、部首索引で調べることができる。解答の正誤だけでなく、その過程の指導も大切にしたい。

1 　導入（学習の見通しをもつ）

〈今日の授業展開とゴールを説明〉

Ｔ：今日は、漢字の練習問題を解きます。分からない漢字や言葉が出てきたら、国語辞典や漢字辞典を使って調べ、正しく読んだり、書いたり、その漢字や言葉を使って文を作ったりしましょう。

＊正誤だけではなく、練習問題を通してつけたい知識・技能を確認する。

3 　終末（学習を振り返る）

〈問題の振り返りと復習〉

〇印を付けておいた問題（分からなかった問題、自信のない問題）はどの問題だったか、正誤と合わせて各自で把握する。

〇時間がある場合は、漢字のノートを使い、各自、必要だと考える方法で復習をさせるとよい。

2 　展開

〈練習問題の取り組み方を確認〉

Ｔ：練習問題は①〜③の大きく三つです。それぞれどのようなことを問われている問題か確認しましょう。また、分からない問題は、何を使って調べればよいのでしょうか。

＊①と③は、漢字の読み方とともに意味も正しく理解している必要がある。さらに、①は「文章を作ろう」という問題なので、二文以上にする必要がある。（必要に応じ、p.59「言葉のまとまりを考えよう」、並びに p.238〜241「文法1　言葉の単位」との関連指導も可能である。）

＊②は、漢字の読み方を正しく理解している必要がある。

・漢字の読み方が分からないときは、漢和辞典（部首索引・総画索引）を使う。

漢字に親しもう4

【学習目標】
国語辞典や漢和辞典を活用しながら、漢字や言葉を正しく理解して使う。

【今日のめあて】
国語辞典や漢和辞典を活用して、練習問題を解く。

分からない問題があったときには……

・国語辞典を使って意味や用例を調べる
（例）意欲
　　　積極的な気持ち。
　　　意欲的
　　　積極的な気持ちを持って、物事を
　　　なしとげようとするさま。

☆「的」＝～に関する、～の傾向がある、～の状態の
　　　という意味を付け加える。

・漢和辞典を使って読み方を調べる
　→部首が分かれば部首索引
　　画数が分かれば総画索引

・言葉の意味を知りたいときは国語辞典を使う。

〈練習問題を解く〉

Ｔ：では、練習問題を解いてみましょう。

〇生徒は、練習問題を解く。

〇授業者は、巡回しながら質問に答えたり、手が止まっている生徒には何を使って調べればよいか助言を行ったりする。

・生徒の①の解答例（教師用教科書より）
危険をものともせず、困難な挑戦に成功した登山家の本を読んだ。深く感激し、日々意欲的に生活したいと思った。

＊上記の解答例のように、「意欲」に接尾辞「的」を付け加えて「意欲的」とし、文章中で使用する生徒、「危険」に接尾辞「性」を付け加えて「危険性」として解答する生徒がいるかもしれない。これらの接尾辞については中学２年「漢字１　熟語の構成」で学習するが、もし、本単元の中でその違いについて着目した生徒がいた場合は、その違いを取り上げることも知識・技能の定着には有効であると考える。その際は、国語辞典を使ってそれぞれの意味を調べ、「的」や「性」の働きについて考えさせたい。

なお、上記板書例で取り上げた「意欲」「意的」の意味は、以下を引用。

『明鏡国語辞典　第二版』大修館書店、2001年

〈正しい解答を確かめる〉

Ｔ：答えを確かめる前に、分からなかった問題や、自信のない問題に印をつけておきましょう。

＊正しい解答の確認が終わった後の振り返りの学習や、家庭での学習において、分からなかった問題、自信のない問題はもう一度練習したり、その漢字・言葉の意味や用例を調べたり、その漢字・言葉を使って文や文章を作ったりすることで、知識・技能の確かな定着を図る。生徒の必要感に応じて自由に使える漢字のノートなどがあるとよい。

文法への扉2　言葉の関係を考えよう

（2時間扱い）

> 指導事項：〔知・技〕(1)エ
> 言語活動例：文節どうしの関係、連文節、文の組み立てについて理解し、文を書き直す。

単元の目標

(1)　文節どうしの関係、連文節、文の組み立てについて理解することができる。

〔知識及び技能〕(1)エ

(2)　言葉がもつ価値に気付くとともに、進んで読書をし、我が国の言語文化を大切にして、思いや考えを伝え合おうとする。　　　　　　　「学びに向かう力、人間性等」

単元の構想

〈単元で育てたい資質・能力／働かせたい見方・考え方〉

　文の組み立てを正しく理解することで、その文がどのような意味をもっているのかを正確に解釈したり、自分の言い表したい内容を文で的確に表現したりする力の育成を図りたい。文の組み立ては、述語を基本とし、そこに主語、修飾語、接続語、独立語が結び付いて成り立っている。いずれかの要素が省略されていても文としては成り立つため、生徒にとっては難しくもあるが、そこに日本語の面白さや奥深さを感じる機会ともなるだろう。

〈教材・題材の特徴〉

　教材の導入として、小説『二十四の瞳』について書いた山田さんの感想文が「なんだかわかりにくい」とされ、その分かりにくさについて考えるという課題が設定されている。この課題に従って「私（山田さん）」が「どうした」のかが分かるように書き直すと、読みにくい文が読みやすくなることが実感される。この冒頭の課題を通して、教科書にある通り「文の多くは複数の文節が互いに関係をもつことによって成り立っていること」について気付かせるとともに、文節どうしが適切に対応していることは、分かりやすい（意味を捉えやすい）文を作ることになるとを理解させることができる教材である。また、「文の組み立て」（教科書 p.242〜246）と合わせて詳細に指導することができる。

〈主体的・対話的で深い学びの視点からの授業改善ポイント／言語活動の工夫〉

　導入の山田さんの感想文の例のように、他にもいくつか「わかりにくい」文を用意して生徒に書き直しをさせるという言語活動を設定することが有効である。可能であれば、それらの文は、生徒が実際に書きそうな文例（前単元の「書評」の作品など）であると、より現実の使用場面が想定され、生徒の主体性や意欲を引き出すことができるであろう。また、実際に生徒が見聞きした「わかりにくい」文をいくつか事前に挙げさせて、それを練習問題として提示することも考えられる。

時	学習活動	学習内容	評価
1	1．教科書を読み、導入の課題について考える。	○山田さんの感想文の例を読み、「私（山田さん）」が「どうした」のかが分かるように書き直すことで、山田さんの文の分かりにくさの理由について考える。	❶
	2．文節どうしの関係と文の成分について理解する。	○「文の組み立て」の中の「①文節どうしの関係」（教科書 p.242〜244）を読み、文節どうしの関係と文の成分について理解する。 〈文節どうしの関係〉〈文の成分〉 1 主・述の関係 …主語・述語 2 修飾・被修飾の関係…修飾語 3 接続の関係 …接続語 4 独立の関係 …独立語	
2	3．連文節と文の組み立てについて理解する。	○「文の組み立て」の中の「②連文節」（p.245）「③文の組み立て」（p.246）を読み、文節どうしの関係と文の成分について理解する。 〈連文節〉 ・並立の関係 ・補助の関係	❶ ❷
	4．身近にある「わかりにくい」文を書き直す。	○実際に見聞きした文や、取り組んだことのある言語活動を想定した文を適切に書き直す。	

評価規準

知識・技能	主体的に学習に取り組む態度
❶文節どうしの関係、連文節、文の組み立てについて理解している。　　　　　　(1)エ	❷単語の種別を理解するために、今までの学習を生かして、積極的にその前提となる文の組み立てについて理解しようとしている。

〈指導と評価の一体化を図る見取りのポイント〉

　問題の正誤だけではなく、なぜその解答になるのかを合わせて考えさせ、その学習の様子を見とることが重要である。例えば、上記の単元計画であれば、4の学習活動で文の書き直しをさせる際に、なぜ分かりにくいと感じるのか、なぜそのように書き直すと分かりやすくなるのかを、1〜3の学習活動で理解した語を使って説明させることなどが考えられる。

文法への扉2　言葉の関係を考えよう

主発問 どのように書き直せば、わかりやすい文になるのでしょうか。

目標

文節どうしの関係と文の成分について理解する。

評価のポイント

❶導入の感想文の修正点を考えたり、練習問題を解いたりして、文節どうしの関係、文の成分について理解を深めている。　　　　　　　(1)エ

準備物

・電子黒板・デジタル教科書

ワークシート・ICT 等の活用や授業づくりのアイデア

本単元では、図や線を使い、視覚的に理解させることが有効である。例えば主語は〇で、述語は□で囲む（板書例参照）、修飾・被修飾の関係にある複数の文節を→で結ぶなど。そこで、練習問題の解答を全体で確認する際には問題文に図や線を直接書き込めると、生徒が理解しやすいだろう。電子黒板やデジタル教科書をぜひ活用したい。

---

1 導入（学習の見通しをもつ）

〈2 回の授業展開とゴールを説明〉

T：文法 1 で、日本語の文章には複数の文節が含まれていると学習しました。今回は、その複数の文節どうしがどのように関係し合っているのか、また、それらについて正しく理解しないと、どのような文章になってしまうのか、練習問題や例文を通して考え、理解を深めましょう。

3 終末（学習を振り返る）

〈今日の学習内容を振り返り、次回の学習内容を確認する〉

T：今日は、文節どうしの関係と文の成分について学習しました。いずれも一つずつの文節で文を組み立てていましたね。二つ以上の文節がまとまって文を組み立てることもあります。次回は、二つ以上の文節がまとまった場合を学習します。

2 展開

〈導入の課題について考える〉

T：山田さんの感想文の例を読みましょう。これを読んだ友だちはわかりにくいと感じたようです。なぜわかりにくいのでしょうか。また、どのように書き直せば、わかりやすい文になるのでしょうか。

・「私（山田さん）」が「どうした」のかが対応していないからわかりにくい。

・「私は……感じました」か「私は……思いました」に書き直すとよい。

＊教科書 p.189 を読むと、山田さんの感想文のわかりにくさの理由や、どのように書き直せばよいか書かれているため、この導入の課題を提示する際は、黒板に文を書くなど工夫が必要である。

＊主語と述語に関しては、小学校で既に学習している。山田さんの感想文の例

文法への扉2　言葉の関係を考えよう

【学習目標】
文節どうしの関係を理解し、わかりやすい表現について考える。

【今日のめあて】
文節どうしの関係と文の成分について理解する。

山田さんの感想文

私は　この作品を読んで、分校の子供たちを思いやり、大石先生は　長い間、とてもすばらしい。

←　どのように書き直せば、分かりやすい文になるか？

（主語）
私は　―
大石先生は　―　すばらしい

（述語）
―　感じました・思いました

☆わかりやすい文とは……
☆文節どうしが適切に対応している
☆わかりやすい文に書き直すとは……
☆文節どうしの関係＝文の組み立て　を修正する

で、まず「主語」の働きをしている文節をあげさせ、続いて、それに対応する「述語」の働きをしている文節もあげさせる。そこで「大石先生は」という主語に対応する述語は「すばらしい」であるのに対し、「私は」という主語に対応する述語がないことに気付かせ、生徒の考えを引き出す手立てとする。

〈教科書を読み、どのような文がわかりやすい文なのかを理解する〉

○教科書 p.189下段を読む。

＊「文の多くは複数の文節が互いに関係をもつことによって成り立っていること」ついて気付かせるため、例えば p.59「文法への扉1 言葉のまとまりを考えよう」の導入にある「おじいさんは（主語）おむすびを（修飾語）落としました（述語）」のように、既習の例文を参考に紹介するとよい。

＊教科書を読み、文節どうしが適切に対応している文は、わかりやすい（意味を捉えやすい）文であること、また、わかりやすい文に書き直すということは、文節どうしの関係、つまり、文の組み立てを修正することであると、全体で確認する。

〈文節どうしの関係についてと、文の成分について理解する〉

○教科書を読んで、それぞれの関係について理解し、練習問題を解く。

＊p.242〜244「文法2　文の組み立て」の中の「①文節どうしの関係」の各項目を読み、下記一覧にある、文節どうしの関係と文の成分について理解させるとともに、下段の練習問題に取り組ませ、正しい解答を確認する。

〈文節どうしの関係〉　〈文の成分〉

1　主・述の関係　　　…主語・述語
2　修飾・被修飾の関係…修飾語
3　接続の関係　　　　…接続語
4　独立の関係　　　　…独立語

文法への扉2　言葉の関係を考えよう

 一つの文が二通りに解釈できます。どのような意味でしょうか。また、その違いが出てくるのはなぜでしょうか。

目標

前時の内容を踏まえて連文節と文の組み立てについて理解する。

評価のポイント

❶練習問題を解いたり、身の回りの分かりにくい文の修正点を考えたりして、連文節と文の組み立てについて理解を深めている。 (1)エ

❷今までの学習を生かして、積極的に文の組み立てについて理解しようとしている。

準備物

・電子黒板・デジタル教科書　生徒の作文例など

ワークシート・ICT 等の活用や授業づくりのアイデア

前時同様、電子黒板やデジタル教科書をぜひ活用したい。さらに、可能であれば本時の後半で、他の分かりにくい文を用意して生徒に書き直しをさせる。知識・理解の定着を図るとともに、より現実に近い文法の使用場面が想定され、生徒の主体性や意欲を引き出すことができるであろう。事前に生徒の身の回りから例文を用意できるとよい。

1 導入 （学習の見通しをもつ）

〈前時と本時の学習内容の確認〉

Ｔ：前回、文節どうしの関係と文の成分について学習しました。いずれも一つずつの文節で文を組み立てていましたね。今回は、二つ以上の文節がまとまった場合と文の組み立てについて学習します。最後に、学習を生かして、「わかりにくい文」を書き直してみましょう。

3 終末 （学習を振り返る）

〈本単元の学習事項を振り返り、次の文法の単元で学習する内容を予告する〉

Ｔ：今回、「文節」という言葉の単位に関わる学習でした。次の文法の単元では、さらに小さい言葉の単位「単語」について学習します。

＊今回の学習を前提として、次回の単語の種別の学習につながることを意識させる。

2 展開

〈連文節について理解する〉

○教科書を読んで、連文節について理解し、練習問題を解く。

＊p.245「文法2　文の組み立て」の「②連文節」を読み、連文節の働きと文の成分について理解させ、練習問題に取り組み正答を確認する。

→その後、同ページを読み、常に連文節となる関係（並立の関係、補助の関係）について理解させ、下段の練習問題に取り組んで正しい解答を確認する。

※　以下、発展的な発問として、可能であれば生徒に考えさせたい。

Ｔ：p.245（中段左端）の「補助の関係」の例を見てみましょう。どのような形の下に「補助の関係」にある文節が続くことが多いでしょうか。

・「寒く一ない」のような「ない」の場合を

文法への扉2　言葉の関係を考えよう

【学習目標】
文節どうしの関係を理解し、わかりやすい表現について考える。

【今日のめあて】
連文節と文の組み立てについて理解する。

〈例〉猫は必死でにげるねずみを追いかけた。
←二通りの意味に解釈できる

書くことに生かす

①
主語　　　連用修飾部　　　　　　　述語
猫は　必死で　にげる　ねずみを　追いかけた。
☆①の場合…「必死」なのは、ねずみ

②
主語　連用修飾部　　　　　　　　　述語
猫は　必死で　にげる　ねずみを　追いかけた。
☆②の場合…「必死」なのは、ねこ

除くと、「〜て（で）」の形の下に補助の関係にある文節が続いている例が多いと思います。

＊これらの例はあくまでも一例であり、例えば、練習問題では「〜（て）－くる」「〜（て）－あげる」が「〜（て）－きた」「〜（て）－あげた」と活用された語も補助の関係であることを確認しておく。

〈文の組み立てについて理解する〉

〇教科書を読んで、文の組み立てについて理解し、練習問題を解く。

＊p.246「文法2　文の組み立て」の「③文の組み立て」を読み、文の組み立てについて理解させ、下段の練習問題や「書くことに生かす」に取り組んで、正しい解答を確認する。

＊「書くことに生かす」の例文は、上記板書例のような二通りの解釈が可能である。本単元で学習した語を使いながら説明することで、本単元の学習を復習させたい。

T：「必死」なのはどちらか、二通りの意味を説明してください。また、なぜその違いが出てくるのでしょうか。

・①で「必死」なのはねずみです。「必死でにげる　ねずみ」と三つの文節が連用修飾部となり、述語の「追いかけた」もの（何を追いかけたのか）を説明しているからです。

・②で「必死」なのはねこです。「必死で」は一つの文節で連用修飾語となり、述語である「追いかけた」様子（どのように追いかけたのか）を説明しているからです。

＊教科書の書き換えの例のように、語順を入れ替えるほか、「猫は、必死で」「猫は必死で、」のように読点をうつ方法も紹介する。

※　可能であれば以下のようなわかりにくい例文を他にも身の回りから用意し、書き直しやなぜわかりにくいのか説明させるとよい。

（例）司会をするとき、僕が意識するのは常に論点を明確にする。

（例）試合に出る田中さんの弟が来た。

少年の日の思い出

（6時間扱い／読むこと・書くこと領域）

指導事項：〔知技〕(1)ウ 〔思判表〕B(1)イ　C(1)エ、オ
言語活動例：小説を読んで考えたことや感じたことをもとに、物語を創作する活動

単元の目標

(1)事象や行為、心情を表す語句の文脈上の意味に注意しながら読むことができる。

〔知識及び技能〕(1)ウ

(2)文章の構成や展開、表現の効果について、根拠を明確にして考えをもち、多角的に検討することを通して、自分の考えを確かなものにすることができる。〔思考力、判断力、表現力等〕C(1)エ、オ
書く内容の中心が明確になるように書き換える場面を選び、展開を考えて書くことができる。

〔思考力、判断力、表現力等〕B(1)イ

(3)言葉がもつ価値に気付くとともに、進んで読書をし、我が国の言語文化を大切にして、思いや考えを伝え合おうとする。「学びに向かう力、人間性等」

単元の構想

〈単元で育てたい資質・能力／働かせたい見方・考え方〉

　楽しむ読書から、考える読書へと質を高めていくために、「何が書かれているか」だけではなく「どのように書かれているか」に着眼した読み方を学ぶ機会としたい。また、初読後に感じた「引っ掛かり」を手放さずに、読み直したり、視点を変えて考えたりすることで感想や考えを更新し、さらに仲間と交流することで妥当性や明確さに磨きをかけ、自分の考えをより確かなものにする姿勢を育てたい。

〈教材・題材の特徴〉

　本教材は、「私」が友人にチョウ収集を見せる物語現在と、友人の語りによる回想から構成されている。読者の多くは、チョウ収集にのめりこみ、ついには盗みを犯してしまう少年の心の動きを生々しく感じながら読み進め、やるせない思いで読了するだろう。それは、回想の語り手「僕」が、大人になった少年自身であるという仕掛けによるものである。回想されている出来事が、誰によってどのような言葉で語られているかにに着眼し、語られていないことにも想像力を働かせて読むことで、文学的文章の多角的な読み方を学んでいける教材である。

〈主体的・対話的で深い学びの視点からの授業改善ポイント／言語活動の工夫〉

　初読で抱いた感想や考え、疑問等から課題を設定し、読み返したり解釈を交流したりすることで、自分の考えを更新していく面白さを味わわせたい。その過程に、自分の考えを反映させ、語り手を変えて場面を書き換える言語活動を位置付ける。リライトした作品を読み合う際は、同じ課題に取り組む人、語り手を同じくする人、選んだ場面が同じ人等、共通項をもちながら差異がある者同士の交流を意図的に仕組み、理解の深まりとともに読みの広がりを実感させたい。

単元計画

時	学習活動	学習内容	評価
1	1．学習を見通し、通読する。 2．初発の感想を書く。	○「調べたい言葉」に線を引きながら通読する。 ○読後の感想を交流し、「疑問に思ったこと」「考えてみたいこと」をカードに書く。 ○「調べたい言葉」の意味を国語辞典で調べる。	❶
2	3．作品の構造を捉える。 4．取り組む課題を設定する。	○人物相関図を書いて、作品全体の構造、語り手、作中人物の相互関係を捉える。 ○初読後の感想を基にした課題一覧から、自分が取り組む課題を選ぶ。	
3	5．課題についての自分の考えをもつ。 6．考えを交流する。	○補助的な問いを立てながら、課題に対する自分の考えをノートに書く。 ○同じ課題や近い課題に取り組んでいる人同士で考えを交流する。	❷
4	7．語り手と場面を決めてリライトする。	○自分の考えを反映させるのにふさわしい場面を選び、語り手を決めて場面を書き換える。	❸
5	8．リライト作品を読みあう。	○共通点（場面、語り手、課題）がある人と作品を読み合い、感想を交流する。	❹
6	9．各自の課題に対する最終的な考えをまとめる。 10．学習を振り返る。	○課題について、最終的な自分の考えを書く。 ○学習を振り返り、「小説を味わうには」というテーマで自分の考えを書く。	❷

評価規準

知識・技能	思考・判断・表現	主体的に学習に取り組む態度
❶事象や行為、心情を表す語句の文脈上の意味に注意しながら読み、理解や表現に必要な語句を使って説明したり書いたりしている。 　　　　　　　　(1)ウ	❷「読むこと」において、構成や展開、表現の効果について根拠を明確にして考え、交流や再考を経て自分の考えを確かなものにしている。　C(1)エ、オ ❸「書くこと」において、書く内容の中心が明確になるように場面を選び、展開を考えている。　　　　B(1)イ	❹自分が設定した課題の解決に向けて、視点を変えて読み直したり、交流したりしながら、自分の考えを確かなものにしようとしている。

〈指導と評価の一体化を図る見取りのポイント〉

　語り手を変えて書き換えることで、どのようなことが変わるのかを理解する場面を学習過程に位置付ける。元の文章と書き換えた文章を読み比べ、元の文章では語られていない作中人物の心情や、行動の描写などがリライトによって表現できることを具体的に理解した上で、書く活動やリライトした作品を読み合う活動に取り組むようにすることが大切である。

少年の日の思い出

主発問 通読して「疑問に思ったこと」や「考えてみたいこと」はどんなことですか。

目標

本文を通読し、確認が必要な語句等を明らかにするとともに、疑問や考えてみたいことを出し合う。

評価のポイント

❶事象や行為、心情を表す語句の文脈上の意味に注意しながら読んでいる。　　　　　　　　(1)ウ

準備物

・単元の計画、感想カード

ワークシート・ICT 等の活用や授業づくりのアイデア

○単元全体の目標と計画を示したプリントを用意し、学習の見通しがもてるようにする。

○感想は、観点毎に整理して示すことで、着眼点に気づかせる。

○初読後の感想は次時、一覧に整理して示す。カードの様式を各自にデータで配信し、データで回収することも考えられる。

---

1 導入（学習の見通しをもつ）

T：この単元では、小説を読んで考えたことや感じたことをもとに、小説の一部を書き換える「リライト」をします。これまでも、物語には詳しく書かれていない登場人物の気持ちを考えたり、物語の続きを考えたりしたことがあると思います。「リライト」は、それと似た活動です。

＊言語活動の大まかなイメージをもたせる。

2 展開

〈**学習の見通しをもって通読する**〉

T：ドイツの作家であるヘルマン・ヘッセによる『少年の日の思い出』を読みます。題名から、どんな内容を予想しますか。

＊予想させることで、関心を高めて作品と出会うことが期待できる。

T：後から調べたい言葉に、線を引きながら聞いてください。また、通読後、「疑問に思ったこと」や「考えてみたいこと」をカードに書きます。

＊CD の朗読を聞かせてもよいが、生徒が線を引いたり読み仮名を書き込んだりできる速さで授業者が範読したいものである。また、本時の見通しが持てるように、通読後の活動を予告する。

〈**初読後の感想を交流する**〉

T：読んでみて、印象に残ったことや

3 終末（学習を振り返る）

T：次の時間は、作品の全体像を整理してから、じっくり考えてみたい課題をそれぞれ決めます。家庭学習の課題は、線を引いた「調べてみたい言葉」の意味を調べてノートに書くことです。辞典には複数の意味が書いてあるものもありますが、本文での意味を選んで書きましょう。

＊家庭学習と授業の内容を連動させる。

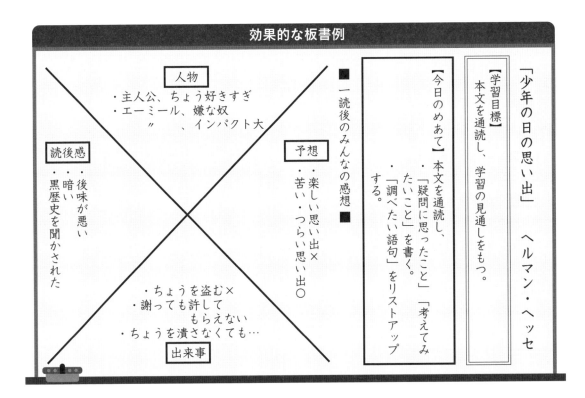

効果的な板書例

「少年の日の思い出」　ヘルマン・ヘッセ

【学習目標】
本文を通読し、学習の見通しをもつ。

【今日のめあて】本文を通読し、
・「疑問に思ったこと」「考えてみたいこと」を書く。
・「調べたい語句」をリストアップする。

■ 一読後のみんなの感想 ■

人物
・主人公、ちょう好きすぎ
・エーミール、嫌な奴
　　〃　　　、インパクト大

読後感
・後味が悪い
・暗い
・黒歴史を聞かされた

予想
・楽しい思い出×
・苦い・つらい思い出〇

・ちょうを盗む×
・謝っても許してもらえない
・ちょうを潰さなくても…

出来事

感じたことを交流しましょう。

＊生徒の実態によっては、ペアで交流したうえで全体で交流するという展開も考えられる。

＊Xチャートなどを用いて整理して板書する。
次の学習活動（「疑問に思ったこと」や「考えてみたいこと」を書く）の際に、手掛かりにする生徒がいるだろう。

・楽しい思い出の話だと予想したが、違いました。

・主人公のチョウに対する思いが強すぎます。

・「エーミール」が印象に残りました。

・人のチョウを盗むのは、まずいです。

・最後のチョウをつぶす場面が印象的でした。

・最後にチョウをつぶしたのはなぜなのでしょうか。

・読んだ後、暗い気持ちになります。

〈「疑問に思ったこと」や「考えてみたいこと」をカードに書く〉

T：感想にも疑問が出てきましたが、他にも疑問に思ったことはありませんでしたか？

また、じっくり考えてみたいことや、友達に考えを聞いてみたいことはありませんか？カードに書いて提出してください。

＊この段階では、語句の意味に関することや、誤読によるものもあると考えられるが、実態把握にもつながるので、軌道修正せずに、そのまま受け止める。

〈予想される疑問・考えてみたいこと〉

・「友人」はなぜ、「私」に少年時代の思い出を語る気になったのでしょうか。

・「エーミール」は「僕」のことをどう思っていたのでしょうか。

・犯人が「僕」だと分かったときのエーミールの気持ち。

・「すんでのところであいつの喉笛に飛びかかるところだった」ときの「僕」の気持ち。

・最後、ちょうをつぶしているとき何を考えていたのでしょうか。

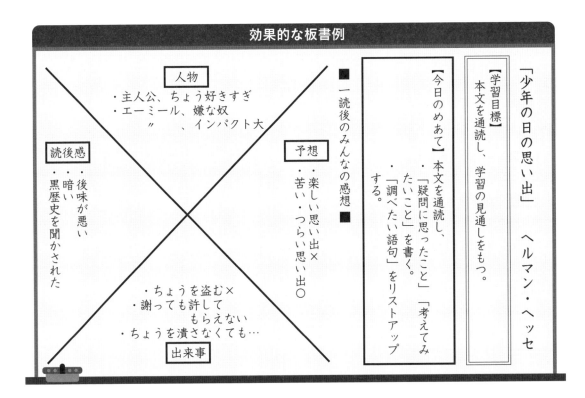

少年の日の思い出

 主発問 それぞれの場面に、どんな人物が登場しますか。また、どのような関係でつながっていますか。

目標

作品の構造を捉え、読み深めるための課題を設定する。

評価のポイント

次時の❷の評価に向けて、構成や展開を適切に捉えることができているかどうか、ワークシート（人物相関図）の記入内容から評価する。【形成的評価】

準備物

・ワークシート⤓01、生徒全員「課題一覧」

ワークシート・ICT 等の活用や授業づくりのアイデア

○作品の構造を捉えるために、様式が同じワークシートを 2 枚ずつ配布し、前半と後半について、場面の概要と登場人物が書き込めるようにする。

○次時に向けた課題の選択については、学習支援アプリのアンケート機能などを利用して把握・集約することも考えられる。

---

1 導入（学習の見通しをもつ）

Ｔ：今日は、まず、「人物相関図」を書きながら、作品の全体像を捉えます。そのうえで、前回、皆さんが出してくれた「考えてみたいこと」をもとにした「課題一覧」から、自分が、作品を深く理解するために考えたい課題を選びます。

＊「人物相関図」を書いた学習経験を想起させ、イメージがもてるようにする。

3 終末（学習を振り返る）

Ｔ：◎を付けた問いを教えてください（挙手を求める）。次の時間は、その問いに対する自分の考えをもち、同じ問いや近い問いについて考えている人同士で、考えを交流します。一覧表は、記名して提出してください。

＊生徒の一覧表を回収し、次の時間のグルーピングや支援の計画に役立てる。

2 展開

Ｔ：前の時間、作品を通して読みました。この作品は前半と後半、大きく二つに分かれています。どこで分かれるか、教科書で確認しましょう。……なぜ、ここで場面が変わるのでしょう？

＊行が空いているため、教科書 p.200l.10が境になることは、多くの生徒が指摘できるだろう。「なぜ、ここが空いている？」「前半と後半、何が違う？」等、問うことで、この作品が物語現在と回想による 2 部構成であることに気付かせたい。

Ｔ：前半の場面について、みんなでまとめてみましょう。

＊後半を個人・グループでまとめる際のモデルとなるよう、教師が問いかけ、生徒の応答を板書しながら進める。場所・時・登場人物・人物相互の関係・

「少年の日の思い出」　ヘルマン・ヘッセ

【学習目標】作品の構造を捉え、読み深めるための課題を設定する。

【今日のめあて】
・作品が二つの大きな場面からなることを確認し、「人物相関図」を書いて、語り手・登場人物同士の関係を捉える。
・読み深めるための課題を設定する。

〈前半　初め～P200 L10〉の人物相関図

【場所】「私」の書斎
【時】現在（大人になってから）、夜
【語り手】「私」

・父親…息子がいる
・幼年時代にやっていたちょう集めを再開
・収集を友人に見せる

客　　友人関係　　私

（客＝彼＝友人）

・「私」の家を訪問している
・幼年時代、熱情的なちょうの収集家だった
・見たいと言ったのに、収集をよく見ない
・たばこを吸う
・「思い出」をこれから話す

語り手を捉えさせる。

T：後半の場面をまとめます。まずは、各自で前半と同様に、場所・時・登場人物・人物相互の関係・語り手を整理してみましょう。その後、グループで確認・情報交換をします。

＊後半は、10歳の頃と12歳の頃のことが中心に語られるので、場所や時を複数書く必要がある。また、「僕」と「エーミール」の人物像や関係については、さまざまな捉えが考えられる。グループでの確認・情報交換では、内容を統一するのではなく、気付きを増やしたり、捉え方の違いに気付いたりすることがねらいであることを生徒に伝える。

T：（場所・時・語り手を確認し）語り手の「僕」は前半の登場人物でいうと、誰ですか？

＊「客」が「私」に対して子供のときのちょう収集の思い出を語ることにしたことを確認し、前半が物語現在、後半が物語過去（回想）であることを確認する。

T：（登場人物を確認した上で）グループの中人物同士の関係の捉えは同じでしたか？

・「僕」と「エーミール」の関係

→友人関係／友達ではない、「僕」は憎んでいる、嫌っている／憧れている、尊敬している、「エーミール」は、認めている、信じている、憎んでいる、軽蔑している

・「僕」と「母」の関係

→「母」は「僕」に厳しい、厳しいが愛情がある、ガッカリしている、理解している

T：登場人物がどのような人物なのか、また、互いをどう思っているのかじっくり考えてみる必要がありそうですね。

T：前回の授業で、「考えてみたいこと」を一覧表にしました。自分が考えてみたい課題を選びましょう。まず、一つ選んで◎を付けてください。その解決に役立ちそうな課題を見つけた人は、その課題に〇を付けてください。

少年の日の思い出

主発問 課題に対して、あなたはどのように考えますか。本文のどこに着眼したのかを明らかにして、あなたの考えを説明しましょう。

目標

文章の構成や展開を踏まえて、自分が設定した課題について考えをもつ。

評価のポイント

❷「読むこと」において、構成や展開、表現の効果について根拠を明確にして考えている。（ワークシートの記入内容や交流の様子から評価する。）

C（1）エ、オ

準備物

・ワークシート⬇02、生徒全員「課題一覧」

ワークシート・ICT 等の活用や授業づくりのアイデア

○大きな課題を考えるにあたって、筋道を立てて解決していくことを意識できるようにしたい。そのために、手掛かりとなる問いを立てることを提案し、流れが可視化されるようなワークシートを用意する。

○交流の目的を明確に伝え、進度に差が出ても、次の活動ができるようにする。

---

1 導入（学習の見通しをもつ）

T：前回の授業で、「考えてみたい課題」を決めて提出してもらいました。今日は、前半に課題に対する自分の考えをまとめ、後半は、課題についての考えを交流します。自分の課題を確認して下さい。……自分の考えはまとまりそうですか？

＊選んだ課題を確認するとともに、課題解決の見通しをもてるようにする。

3 終末（学習を振り返る）

T：今日まとめた自分の考えは、本文中には書かれていないことだと思います。どの場面を詳しくした内容ですか？また、誰の心情を深く考えましたか？次の時間、「リライト」をするために、考えてきてください。

＊本時を振り返り、次時とつなぐ視点を示すとともに、次時の予告をする。

2 展開

T：選んだ課題を考えるために、いくつかの問いを立てて考えてみることから始めてみましょう。

〈例〉

◎「エーミール」は「僕」のことをどう思っているのだろう。

T：どの場面について、考えてみるとよさそうですか？

・「僕」がコムラサキを見せたとき

・クジャクヤママユが台無しにされた日の夜、「僕」が訪ねてきたとき

・「僕がやったのだ」と言われたとき

・「僕」から「自分のちょうの収集を全部やる」と言われたとき

T：この中のいくつかを考えてみると、選んだ課題についての考えがまとまりそうですね。

＊前回、メインの課題（◎）とその解決

「少年の日の思い出」　ヘルマン・ヘッセ

【学習目標】
文章の構成や展開を踏まえて、自分が設定した課題について考えをもつ。

【今日のめあて】
・考える手掛かりとなる問いを立てて、自分が選んだ課題に対する考えをまとめる。
・交流を通して、自分の考えをより確かなものにする。

《例》
○課題を考える手掛かりになる問いを立ててみよう

課題：：「エーミール」は「僕」のことをどう思っているのだろう

←　手掛かりになりそうな場面
・「僕」がコムラサキを見せたとき
〈クジャクヤママユが台無しにされた夜…〉
・「僕」が訪ねてきたとき
・「僕」がやったのだ」と言われたとき
・「自分のちょうの収集を全部やる」と言われたとき

エーミールは、どう思ったのだろう？

に役立ちそうな課題（○）を選んでいた生徒を取り上げて、その意図を全体で考えたり、本人に説明を求めたりすることも考えられる。

Ｔ：では、ワークシートに課題を書き、自分の考えをまとめていきましょう。

＊本文に当たらずに考えを書いている生徒や、鉛筆が止まっている生徒を中心に、手掛かりとなる問いを立てる着眼点を示したり、問いを示したりするなどの支援をする。

Ｔ：考えをさらに明確にするために、グループで考えを交流します。交流の後、自分の考えに対してもらった感想や質問、仲間の考えを聞いて納得したことなどを生かして、自分の考えを再考する時間をとります。

＊選んだ課題が同じ、または、関連するという観点で３人程度のグループを作っておく。必要に応じて、発表順等を指示する。

Ｔ：交流で得たアイデアを生かして、必要に応じて付け足したり、整えたりして、自分の考えを更新しましょう。

Ｔ：選んだ課題について、どんな考えに至ったか、発表してください。

＊交流によって、構成や展開、表現の効果などへの着眼が明確になった生徒や、複数の問いを立てることで、心情などの変化を捉えている生徒に発表させたい。

〈例〉

生徒Ａ：私は、「『僕』が最後にちょうを潰したのはなぜか」について考えました。「クジャクヤママユがつぶれてしまったとき、僕はどんな気持ちだったのか」「『結構だよ。…』とエーミールに言われたとき、僕はどんな気持ちだったのか」の二つの問いを立ててみました。ちょうの収集家として、美しい、珍しいチョウをつぶしてしまったショックと、エーミールから謝罪を拒絶され軽蔑されたことで、自分はもうちょうを収集する資格がないと思ったのではないかと考えました。

課題に対するあなたの考えを反映するために、どの場面を、誰の視点からリライトしますか？

目標
書く内容の中心が明らかになるように、書き換える場面を選び、展開を考えて書くことができる。

評価のポイント
❸「書くこと」において、書く内容の中心が明確になるように書き換える場面を選び、展開を考えて書いている。　　　　　　　　　　B(1)イ

準備物
・リライト作品のモデル、ワークシート（1人1台端末を使う場合は、データ配信できるようにする）03

ワークシート・ICT 等の活用や授業づくりのアイデア
○本時の活動のみならず、次時の読み合う活動まで見通せるように、生徒が記入するワークシートを使ってモデルを示す。

○1人1台端末の文書作成機能を利用してリライト作品を書くことも考えられる。その場合、本文のデータを活用できるようにするなど、書き手の立場で手間を省く工夫をするとよい。

1 導入（学習の見通しをもつ）

〈前時と本時をつなぐ〉

T：どの場面を誰の視点で書き換えるか考えてきましたか？候補を教えて下さい。

＊場面・語り手を意識させるための確認なので、「前半（初め~p.200l.10）」「後半①（~p.203.l.14）」「後半②（~p.207l.5）」「後半③（~最後）」「未定・考え中」のように、ざっくりと確認すればよい。

3 終末（学習を振り返る）

〈進捗状況を確認し、次時を見通す〉

T：書き上がった人は提出してください。途中の人は、仕上げてきましょう。何か困っている人は、どんなことで困っているかをメモして、提出してください。次回は、リライトした作品を読み合います。

＊進捗状況に個人差が出ることが予想されるので、状況をつかんで指示を出す。

2 展開

＊多くの生徒が作品の後半から場面を選ぶことが考えられるため、予め後半から場面を選ぶように指示し、前半の場面をモデルに使うことも考えられる。

〈モデルからポイントをつかむ〉

T：私も、リライトをしてみました。ポイントを確認しましょう。

＊教師が書いたモデルをプリントし、配布する。少人数ならば、大型画面に映して共同注意できるようにするとよい。

①場面・語り手を選ぶポイント

T：どの場面を誰の視点から書き換えていますか？

・語り手の「私」が、友人である「客」にちょうの収集を見せる場面を、「客」の視点から書き換えています。

T：私は、「『客』はなぜ、この思い出を語ろうと思ったのだろう」という課題に

「少年の日の思い出」　ヘルマン・ヘッセ

【学習目標】
課題について自分が考えたことが伝わるように、場面・語り手を決め、物語の展開に沿ってリライトする。

【今日のめあて】
・リライトする際のポイントを捉える。
・ポイントを踏まえ、場面・語り手を決めてリライトする。

◎リライトする際のポイントを捉えよう

○自分が考えた課題や自分の考えと関連付けて……
〈場面を選ぶ〉
・どの場面に関する課題？
・課題を考えると読んだのはどこ？
・自分の考えとつながるのはどこ？
〈語り手を決める〉
・誰の言動、心情を中心に書く？
・誰を語り手にすると、自分が考えたことを表現できる？

○「本文」の表現や展開に沿って……
〈書き換える〉
・語り手の一人称は？
・本文をそのまま使うところは？
・本文から削るところは？
・本文に書き足すところは？

ついて考えました。そこで、前半の P.199l.3〜p.200l.6を書き換えることにしました。この場面で、「客」が思い出話を話すことを思い立ったのではないかと考えたからです。

②書き換えるポイント

T：元々の場面と、私がリライトした文章を読み比べて、気付いたことはありませんか？

・会話文のところはそのままです。
・会話文の中で「僕」と言っているので、語り手の「客」の一人称が「僕」になっています。
・元々の場面にあった文がなくなっているところもあります。
・書かれていなかった「私が箱をしまって戻ってくる」間のことが書かれています。
・もともとの場面には書かれていなかった「客」の心情が、地の文の中で語られています。

＊出された気付きをポイントとして整理して黒板に示す。

〈場面・語り手を決めてリライトする〉

T：では、今出されたことを参考にして、場面と語り手を決めてリライトしてみましょう。

＊生徒の実態等に応じて、次のような指示を出すことも考えられる。

・ワークシートに手書きで書いても、1人1台端末の文書作成機能を使ってもよい。
・場面と語り手が決まったら、黒板に名前を書く。同じ場面や語り手を選んだ人に、相談してもよい。

【支援のポイント】

＊書き出せないでいる生徒には、まず、状況を確認した上で、必要に応じて支援する。

■場面が選べない生徒に対して■

〈例〉前時に取り組んだ課題を確認し、課題となっている場面や解決のための手掛かりとなった場面を確認する。

■語り手が決められない生徒に対して■

〈例〉前時に取り組んだ課題を確認し、誰の言動の理由・心情を考えたのか確認する。

少年の日の思い出

 主発問 仲間のリライト作品を読んで、どんなことが分かりましたか？
また、どんな点について理解が深まりましたか？

目標

課題に対する自分の考えをより確かなものにするために、リライト作品を読み合う。

評価のポイント

❹互いのリライト作品を読んで感想を述べ合ったり、自分の作品について意見を求めたりすることを通して自分の考えをより確かなものにしようとしている。

準備物

・各自が書いたリライト作品、各自が書き換えた場面の本文のコピー、付箋紙（2色）、交流グループ一覧、課題選択者一覧

ワークシート・ICT 等の活用や授業づくりのアイデア

○交流活動は意図的に仕組む。支援が必要な生徒や、さらに力を高めたい生徒の学習状況を見取り、効果的に支援することが可能になる。

○コメントは、チームズ等のツールを活用することも考えられる。しかし、少人数の場合や、生徒が交流活動に慣れている場合は、口頭でのコメントの方が適している。

1 導入（学習の見通しをもつ）

〈本時のねらいと活動内容の確認〉

Ｔ：書いたリライト作品を読み合います。課題に対する自分の考えをブラッシュアップするためです。友達の作品からアイデアが得られるとよいですね。

＊交流のねらいを明確に示す。これまでの単元の学習過程を振り返り、リライトした目的を確認する。

2 展開

〈交流の準備・進め方の確認〉

Ｔ：ワークシートの上段に、書き換えた場面の本文のコピーを貼って、下段に書いたリライト作品と読み比べられるようにしましょう。

Ｔ：これから、15分間の交流を2回行います。1回目は、同じ場面を選んだ人同士のグループで、2回目は、フリー交流です。ただし、課題は同じだけれど、リライトした場面が異なる人とは、ぜひ読み合ってみてください。黒板の「課題選択者一覧」を参考にして交流できるとよいですね。

＊事前に4人〜5人グループをつくり、掲示したり大画面に写したりできるように準備する。また、交流②の相手を意図的に探せるように、課題選択の一覧を示しておく。

3 終末（学習を振り返る）

〈本時を振り返り、次時とつなぐ〉

Ｔ：自分の考えが深まった、という仲間の作品を紹介してください。…自分の考えが深まったり、自信がついたりしたコメントをもらったという人、手を挙げてください。…次の時間は、課題に対する自分の考えをブラッシュアップして、学習のまとめをします。

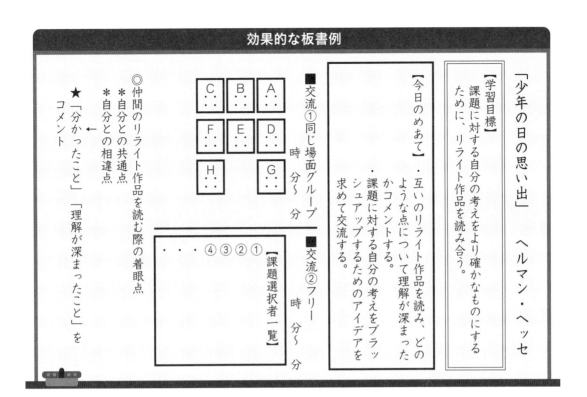

効果的な板書例

「少年の日の思い出」　ヘルマン・ヘッセ

【学習目標】
課題に対する自分の考えをより確かなものにするために、リライト作品を読み合う。

【今日のめあて】
・互いのリライト作品を読み、どのような点について理解が深まったかコメントする。
・課題に対する自分の考えをブラッシュアップするためのアイデアを求めて交流する。

■交流①同じ場面グループ
　　　　時　分〜　分

■交流②フリー
　　　　時　分〜　分

【課題選択者一覧】
①②③④・・・

```
C  B  A
F  E  D
H     G
```

◎仲間のリライト作品を読む際の着眼点
＊自分との共通点
＊自分との相違点

★「分かったこと」
　コメント　　←
「理解が深まったこと」を

T：グループの中で、時計回りにワークシートを回して読みます。一つ読んだら、「読んで分かったこと・理解が深まったこと」をピンクの付箋紙に書いて、ワークシートの裏側に貼ります。自分の作品との共通点や相違点に注目すると、わかったことや理解が深まったことが明確になると思います。自分のワークシートが手元に戻ってきたら、付箋のコメントを読みましょう。時間に余裕があるグループは、フリートークで言葉を補いましょう。

＊着眼点は、生徒とのやり取りの中で出されることが望ましい。読み合いの時間を確保するために、進め方の説明は簡潔に行う。掲示できるようにして黒板等に貼ってもよい。

〈交流①　グループで互いの作品を読み合う〉

T：では、1回目の交流を始めましょう。

＊生徒がじっくり読めるように、基本的に黙って活動を見守る。付箋に記入し始めたら、何を書いたらよいかわからないでいる生徒や、

抽象的なコメントになっている生徒に対して、次のように問いかけることが考えられる。

・上段の本文よりも詳しくなっているところは、自分と同じ？…内容に違いはない？

・「エーミールを語り手にしているので、エーミールの気持ちが分かった」→どんな気持ちが分かった？

・「ちょうを潰した理由が分かった」→どんな理由だった？自分の考えとは違っている？

〈交流②　フリー交流で互いの作品を読み合う〉

T：交流①でもらった付箋紙は、ワークシートからはがしてノートに貼っておきましょう。準備ができたら、2回目の交流を始めます。黄色の付箋紙を使ってください。

＊生徒の動きを観察し、必要に応じてコーディネートする。また、3/6にC評価だった生徒や、B評価の生徒でさらに引き上げたい生徒には、交流の相手を勧めるなど、意図的に支援したい。

少年の日の思い出

 主発問 課題に対して、最終的にどのような考えに至りましたか？また、熟読後の今、どのような感想を持っていますか？

目標

元の学びを振り返り、課題に対する自分の最終的な考えをまとめる。

評価のポイント

❷「読むこと」において、構成や展開等について根拠を明確にして考え、単元の学びを振り返りながら自分の考えを確かなものにしている。

C(1)エ、オ

準備物

・3/6で用いたワークシート、5/6で仲間からもらったコメント、最終的な自分の考えを書くカード

ワークシート・ICT 等の活用や授業づくりのアイデア

○ワークシートやノートなどを見返し、学びの深まりや広がりを実感できるようにする。また、単元の中で意図的に同じ様式のワークシートを用いたり、同じ様式で板書したりすることも、気づきや実感につながる。

○生徒のリライト作品を、承諾を得た上で残しておくと、他の単元や次年度の授業で学習材として活用できる。

---

1 導入（学習の見通しをもつ）

〈振り返りのスタート地点をそろえる〉

Ｔ：まとめの時間です。単元を通して、考えてきた課題について、最終的に自分はどう考えるか、考えをまとめます。3時間目にワークシートに記入した自分の考えを改めて読み直してみましょう。…今はどう考えていますか？

＊問うことで、思考の取っ掛かりをつくる。

3 終末（学習を振り返る）

〈単元を価値付け、読書を広げる〉

Ｔ：一読後の感想と比べて、見方が広がりましたね。視点を変えてみると、新たな気付きがあるということですね。ヘッセの他の作品が図書館にありますので、興味をもった人は読んでみてください。

＊本時で書いたカードを3/6のワークシートに貼って提出するように指示する。

2 展開

〈最終的な自分の考えをまとめる〉

＊最終的な自分の考えを書くカードを配る。3/6のワークシートの「自分の考え」を書く欄と同じ様式のカードを用意し、配布する。

Ｔ：カードに最終的な自分の考えを書いてください。リライト作品や、友達のコメントを読みながら、まとめましょう。考えが変わらない人は、作品のどこからそう考えたのか、3時間目よりも明らかになるとよいですね。

＊無理に考えの変容を求めず、言葉を吟味したり、考えの根拠を補強したりすることを「考えの更新」として大切にする。また、5/6の交流②で支援した生徒の記入状況や記入内容を観察し、必要に応じて個別に支援する。

〈最終的な考えをグループで交流する〉

効果的な板書例

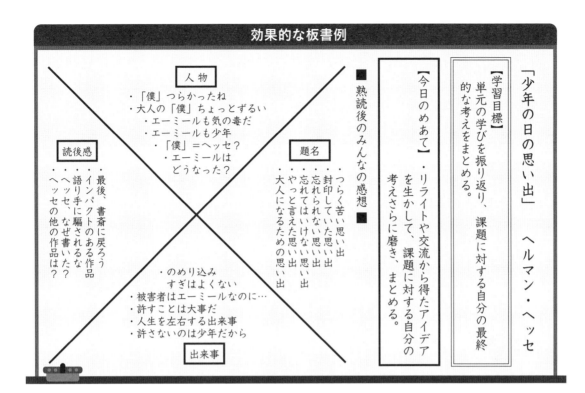

「少年の日の思い出」　ヘルマン・ヘッセ

【学習目標】
単元の学びを振り返り、課題に対する最終的な考えをまとめる。

【今日のめあて】・リライトや交流から得たアイデアを生かして、課題に対する自分の最終の考えさらに磨き、まとめる。

■熟読後のみんなの感想■

人物
・「僕」つらかったね
・大人の「僕」ちょっとずるい
・エーミールも気の毒だ
・エーミールも少年
・「僕」＝ヘッセ？
・エーミールはどうなった？

題名
・つらく苦しい思い出
・封印していた思い出
・忘れられない思い出
・忘れてはいけない思い出
・やっと言えた思い出
・大人になるための思い出

読後感
・最後、書斎に戻ろう
・インパクトのある作品
・語り手に騙される
・ヘッセ、なぜ書いた？
・ヘッセの他の作品は？

出来事
・のめり込みすぎはよくない
・被害者はエーミールなのに…
・許すことは大事だ
・人生を左右する出来事
・許さないのは少年だから

T：では、最終的な考えを生活班で交流します。進行は班長にお願いします。課題の番号が一番若い人が最初の発表者です。発表をよく聞いて、自分の考えとのつながりを感じたら、挙手をして、次の発表者になります。

＊考えを検討する段階ではないので、生活班などの交流でよい。自分の考えと比べながらクラスメートの考えを聞き、発言のタイミングをつかむことができる生徒を育てたい。

〈全体で交流する〉

T：グループで交流した中で、みんなにも聞かせたいという考えを教えてください。

＊上記のように発表させる場合は、発表者の考えのよさを推薦者に価値付けさせたり、教師が補足的に価値づけたりすることが大切である。生徒の実態に応じて、教師が「リライトや交流を通して考えが変わった生徒」や「リライトや交流を通して、自分の考えがより確かなものになった生徒」等を指名してもよい。

〈例〉

生徒A：私は、「『僕』が最後にちょうを潰したのはなぜか」について考えました。リライトを読み合うまでは、美しい、珍しいちょうをつぶしてしまったショックと、エーミールから謝罪を拒絶され軽蔑されたことで、自分は収集家の資格がない思ったのではないかと考えました。でも、「僕」がエーミールに謝罪する場面をエーミールの視点からリライトしたBさんの作品を読んで、エーミールの味わった気持ちを理解しようという気持ちもあったのではないかと、考えが広がりました。

〈熟読後の感想を一言ずつ述べる〉

T：課題を立てて考えたり、リライトしたり、また課題につい考えたり、いろいろな角度からこの作品を読んできました。最後に、熟読後の感想を一言ずつ発表しましょう。

＊一読後の感想を画像等で記録しておき、大画面などに映して比較できるようにするとよい。

漢字に親しもう 5 （1時間扱い）

〈指導事項：〔知・技〕⑴イ、ウ
言語活動例：─

単元の目標

⑴学年別漢字配当表に示されている漢字に加え、その他の常用漢字のうち、300字程度から400字程度までの漢字を読むことができる。　　　　　　　　　　　　　〔知識及び技能〕⑴イ

　事象や行為、心情を表す語句の量を増し、話や文章の中で使うことを通して語感を磨き語彙を豊かにすることができる。　　　　　　　　　　　　　　　　　　　　　〔知識及び技能〕⑴ウ

⑵言葉がもつ価値に気付くとともに、我が国の言語文化を大切にして、思いや考えを伝え合おうとする。　　　　　　　　　　　　　　　　　　　　　　　　　「学びに向かう力、人間性等」

単元の構想

〈単元で育てたい資質・能力／働かせたい見方・考え方〉

　生活や社会の中で使用する漢字や熟語に目を向け、自らの語彙の量や質を豊かにしようとする態度を育む機会としたい。漢字や熟語の読み書きや意味を学ぶことで終わらせず、使用場面と結び付けて捉えることで、言語生活の多面性を認識し、有用性を感じながら語彙の獲得に主体的に取り組む姿勢を育てていきたい。

〈教材・題材の特徴〉

　「漢字に親しもう1〜6」の①②は、「芸術」「運動」「自然」「様子・心情」「食生活」「社会」といったカテゴリーを示して漢字の使用と読みの問題を出題しており、語彙のまとまりを意識して漢字を身に付ける学習に適した教材と言える。また、③で取り上げられている四字熟語には、生徒が目にしたり耳にしたりしたことがあるものだけではなく、初めて出会うであろうものも含まれている。答え合わせをするだけでなく、意味を調べたり使用場面を考えたりすることで、生活や社会で使われているものとして捉えさせたい。

〈主体的・対話的で深い学びの視点からの授業改善ポイント／言語活動の工夫〉

　本時の学習課題を「どんな場面で使う語句なのか、具体的に考えよう」とし、生活経験や語彙力の個人差を生かすために小グループで課題に取り組ませる。カテゴリーが示されている教科書の問題❶❷をウォームアップと位置付け、❸の四字熟語の読みを確認したうえで、Yチャートを用いて使用場面を考える。具体的な使用場面を考える話し合いでは、辞書で意味を確認したり、文例を考えたりするように促し、四字熟語を実際に使える言葉として認識させたい。

時	学習活動	学習内容	評価
1	1．学習課題を確認し、学習の見通しをもつ。	○学習課題を確認し、ノートに書く 「どんな場面で使う語句なのか、具体的に考えよう」 ○❶❷の解答をノートに記入し、グループで答え合わせをする。	❶
	2．❶❷の問題に取り組み、「食生活」に関わる漢字であることを確認する。	○「１年生で学習した漢字」（教科書 p.302〜）から、食生活に関わる漢字を挙げる。	❶
	3．❸の問題に取り組む。	○❸の解答をノートに記入し、グループで答え合わせをする。	❸
	4．グループで、四字熟語の使用場面を考える。	○グループで、Ｙチャートを用いて❸の四字熟語を三つに分類し、具体的な使用場面を考える。 ・こんな場面で使っている ・こんな場面で使っているだろう ・こんな場面で使ってみたい ※❸のほかに知っている四字熟語があれば、書き加える。	
	5．全体で交流する。	○Ｙチャートを見せ合い、必要に応じて意味や使用場面を確認する。	❷
	6．学習を振り返る。	○新しく覚えた四字熟語や使ってみたい四字熟語を意味や使用場面を含めてノートに書く。	

評価規準

知識・技能	主体的に学習に取り組む態度
❶学年別漢字配当表に示されている漢字に加え、その他の常用漢字のうち、300字程度から400字程度までの漢字を読んでいる。　　　(1)イ ❷事象や行為、心情を表す語句の量を増し、話や文章の中で使うことを通して語感を磨き語彙を豊かにしている。　　　(1)ウ	❸辞書で意味を調べたり、具体的な場面に当てはめてみたりしながら、漢字や四字熟語の使用場面を話し合ったり考えたりしようとしている。

〈指導と評価の一体化を図る見取りのポイント〉

　四字熟語の辞書的な意味を調べるだけでなく、「例えば、どんな様子（行動）なのか」「言い換えると、どんな気持ちなのか」等、どのような事象・行為・心情を表す語句なのか、具体的に捉えることができるように働きかけることが大切である。

漢字に親しもう

主発問 その四字熟語は、どのような場面で使われるのでしょう。

目標

漢字や四字熟語を読み、事象や行為、心情を表す語句の量を増やし、語感を磨き語彙を豊かにすることができる。

評価のポイント

❶小学校で学んだ漢字や新出の漢字を正しく読んでいる。　　　　　　　　　　　　　　　(1)イ

❷❸四字熟語の意味を理解し、どのような場面で使う語句なのか具体的に捉えるために、話し合ったり考えたりしている。　　　　　　　　　(1)ウ

準備物

・Ｙチャートを印刷した画用紙（四つ切）

ワークシート・ICT 等の活用や授業づくりのアイデア

○使用場面を具体的に考える際に、手元に辞書を用意し、必要に応じて意味を確かめられるようにする。

＊生徒の実態によっては、グループ間での交流を、各グループで出された考えを全体で共有する活動とすることも考えられる。

＊グループ活動やグループ間の交流にICTを用いることも考えられる。

---

1 導入（学習の見通しをもつ）

〈学びを想起し今日の目標を確かめる〉

Ｔ：「漢字に親しもう5」です。4までと同様、一つ一つの漢字を読み書きできるようにするだけではなく、どのような場面で使う語句なのか、具体的に考えてみましょう。

＊何のために学ぶのか、ねらいを明示する

3 終末（学習を振り返る）

〈学習を振り返り、生活に広げる〉

Ｔ：新しく覚えた四字熟語や使ってみたい四字熟語を意味と使用場面も含めて書き留めておきましょう。

＊時間があれば、振り返りをペアで交流させるなど、言語化させることでさらに習得を促すことも考えられる。

＊ノートを回収し、学習評価に生かす。

2 展開

〈ねらいを理解するためのウォームアップをする〉

Ｔ：の問題の解答を、ノートに書きましょう。書き終わったら、グループごとに答え合わせをしましょう。

Ｔ：「1年生で学習した漢字」から、食生活に関する漢字を挙げてみましょう。

＊ページごと、「牛丼の丼」「甘い味付けの甘い」のように、用例を挙げて発言させるとよい。

〈グループごとに課題の答えを考える〉

Ｔ：の問題の解答を、ノートに書きましょう。書き終わったら、グループごとに答え合わせをしましょう。

Ｔ：❸の四字熟語を使ったことがありますか？Ｙチャートを使って、3つに分類してみましょう。そのうえで、具体的な使用場面を考えて書き込んでみ

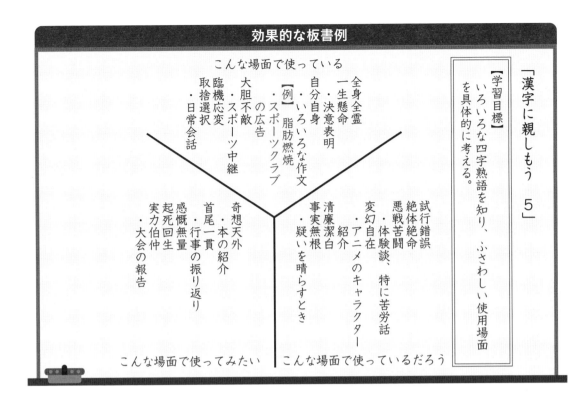

効果的な板書例

「漢字に親しもう 5」

【学習目標】
いろいろな四字熟語を知り、ふさわしい使用場面を具体的に考える。

こんな場面で使っている

【例】
・脂肪燃焼
　のスポーツクラブ
　の広告
・スポーツ中継
・日常会話

一生懸命
全身全霊
決意表明
自分自身
・いろいろな作文

大胆不敵
臨機応変
取捨選択

試行錯誤
絶体絶命
悪戦苦闘
変幻自在
清廉潔白
・体験談、特に苦労話
・アニメのキャラクター
　紹介

事実無根
・疑いを晴らすとき

奇想天外
首尾一貫
起死回生
感慨無量
実力伯仲
・本の紹介
・行事の振り返り
・大会の報告

こんな場面で使ってみたい　　こんな場面で使っているだろう

ましょう。教科書の四字熟語以外にも、知っている四字熟語を挙げて、考えてみましょう。

＊活動の手順を確認するだけではなく、実際に何をするのか、たどってみることが有効である。例えば、❷⑥をもとに「脂肪燃焼」を示し、学習活動のモデルを示すことも考えられる。

〈学習状況に応じた指導のポイント〉

■使用場面の具体性が乏しい

〇使用場面として「スピーチ」「会話」等と記入しているグループには、「例えば、どんな場面でのスピーチ？」と問うなど、生活場面や経験を想起させる。また、文脈に当てはめた例示ができた際には、「用例」として記入させる。

■使用場面や使用例が不適切

〇例えば、「試行錯誤」の使用場面を「失敗談」としている場合などは、国語辞典で意味を調べるよう促し、意味を踏まえて再度考えさせる。

■教科書の四字熟語以外が出てこない

〇資料集や漢和辞典等を活用することで、四字熟語のページがあることに気付かせることも大切である。また、教室の掲示物や教科書の既習の教材から収集することも考えられる。

〈交流のポイント〉

Ｔ：交流のねらいは、使える四字熟語を増やすことです。他のグループのＹチャートから、四字熟語の使用場面のアイデアや、知らなかった四字熟語を収集しましょう。

＊正誤を確認するのではなく、アイデアや知識を収集することを確認し、ノートにメモをするよう指示する。

＊意味が分からない四字熟語については、記入したグループのメンバーに確認したり、国語辞典で調べたりするように促す。

＊交流の様子を観察し、何人かの生徒に、ノートにメモした内容を板書させる。

文法への扉3　単語の性質を見つけよう

（2時間扱い）

> 指導事項：〔知・技〕⑴エ、⑵イ
> 言語活動例：―

単元の目標

⑴単語の類別について理解することができる。　　　　　　　　　　〔知識及び技能〕⑴エ

　比較や分類などの情報の整理の仕方について理解を深め、使うことができる。

　　　　　　　　　　　　　　　　　　　　　　　　　　　〔知識及び技能〕⑵イ

⑵言葉がもつ価値に気付くとともに、我が国の言語文化を大切にして、思いや考えを伝え合おうと

　する。　　　　　　　　　　　　　　　　　　　　　　「学びに向かう力、人間性等」

単元の構想

〈単元で育てたい資質・能力／働かせたい見方・考え方〉

　日常で無意識に用いている言葉を文法的な視点から捉え直すことで、国語に対する言語的な関心を高めたい。また、単語を類別する知識が、暗記やドリル的な学習の対象に止まらぬよう、これまでに学んだ「言葉の単位」「文の組み立て」の知識を想起させ、関連付けて理解させたい。

〈教材・題材の特徴〉

　本教材は、学習課題を「単語の性質を見つけよう」とし、導入で、さまざまな単語が書かれたカードを示し、それらを使って文を作る学習活動を設定している。生徒たちは「言葉の単位」の学びを想起し、つながりを意識しながら主体的に学習に取り組むことができるだろう。また、品詞分類へのステップとして「自立語・付属語」、「活用の有無」を観点とした単語の分類を位置付けている。品詞名とその品詞に属する主な単語の暗記に終始することなく、分類の仕方を学ぶことができる教材である。

〈主体的・対話的で深い学びの視点からの授業改善ポイント／言語活動の工夫〉

　「どうしてそうなるのか」を理解して品詞分類ができるようにするには、練習問題に取り組む前に、実際に単語を分類する活動をしてみることが有効だと考える。そこで、各自が作った文を物理的に切り分けて単語のカードを作り、必要に応じて文節や文に戻すなどの操作をしながら分類できるようにする。また、「自立語・付属語」「活用の有無」などの観点を教科書の説明を読むだけで理解するのは、容易ではない。仲間と協働で分類することで、分かりにくい点を確かめたり、複数の事例で捉え直したりする場をもつことを大切にしたい。

時	学習活動	学習内容	評価
1	1．学習課題を確認し、学習の見通しをもつ。 2．共通の単語から文を作り、言葉の単位について復習する。 3．「自立語・付属語」について理解する。	○学習課題「単語の性質を見つけよう」を確認し、言葉の単位としての「単語」の位置付けを思い出す。 ○教科書 p.215上段に示された単語を組み合わせて文を三つ作り、ノートに書く。三つのうち、文節の数が最も多い文を短冊に書く。 ○４人グループを作り、短冊に書いた文を文節に区切り、単独の単語による文節か複数の文節による文節か確認する。 ○教科書 p.247の「自立語・付属語」を読み、短冊の文を作っている単語を分類する。 〔家庭学習〕短冊に書いた文以外の２つの文の単語を自立語と付属語に分類する。	❷❸
2	4．前時を振り返る。 5．単語を「活用の有無」で分類する。 6．品詞分類表をもとに、それぞれの単語の品詞名を確認する。 7．練習問題に取り組み、学習を振り返る。	○グループで、家庭学習を確認する。 ○短冊の文を単語に切り分けてカードにし、自立語と付属語に分ける。 ○教科書 p.248の「活用の有無」を読み、自立語のカードを分類する。付属語にも活用の有無があることを確認する。 ○教科書 p.249の「品詞」を読み、「品詞分類表」をたどりながら、カードを分類する。 ○教科書 p.250の「体言と用言」を読んで、それぞれに当たる単語のグループを確認する。 ○教科書 p.247、248の練習問題に取り組み、理解できたこととできていないことを明らかにする。	❷❸ ❶

評価規準

知識・技能	主体的に学習に取り組む態度
❶単語の類別について理解している。　　(1)エ ❷比較や分類などの情報の整理の仕方を理解し、使っている。　　(2)イ	❸既習の知識を生かしたり、分類の観点を仲間と確認したりしながら、単語を分類しようとしている。

〈指導と評価の一体化を図る見取りのポイント〉

　「自立語・付属語」とはどのようなもので、「活用の有無」とはどういうことなのかを理解するステップで、分からない言葉を確認したり、具体的な事例で説明させたりすることが大切である。

単語の性質を見つけよう・単語の分類

主発問 文節を作っている単語には、どのような性質があるのだろう

目標

単語が自立語と付属語に分けられることを知り、それぞれの性質について理解する。

評価のポイント

❶単語の類別について理解している。 (1)エ

❷❸比較や分類などの情報の整理の仕方を理解し、既習の知識を生かしたり、分類の観点を仲間と確認したりしながら、単語を分類しようとしている。 (2)イ

準備物

・短冊、サインペン

ワークシート・ICT 等の活用や授業づくりのアイデア

○本提案では、ノートを活用したが、右の板書イメージを基にしたワークシートを用いることも考えられる。

＊ワークシートを用いる場合には、穴埋めを避け、学習の流れに沿った項目のみを示して、記入スペースをたっぷりとることで、生徒の思考の妨げにならないようにすることが大切である。

---

1 導入（学習の見通しをもつ）

〈学びを想起し、今日の目標を確かめる〉

Ｔ：「文法への扉３」は「単語」を学習します。「単語」とはどんな言葉の単位だったか、５つの単位を大きい方から並べてみましょう。…言葉の意味を壊さないように、文節をさらに細かく分けたものが単語でしたね。どのような性質の単語があるのか、学んでいきましょう。

3 終末（学習を振り返る）

〈学習を振り返り、次時につなげる〉

Ｔ：今日の学習で分かったこと、疑問に思ったことなどをノートに書き留めておきましょう。また、ノートに書いた２つの文に含まれている単語が、自立語なのか、付属語なのか、授業で確認したように書き込んできてください。

＊p.247の練習問題に取り組ませてもよい。

2 展開

〈文・文節・単語の具体を復習する〉

Ｔ：教科書p.215の上段の単語を組み合わせて文を３つ作り、ノートに書きましょう。

Ｔ：作った文は、それぞれいくつの文節からできていますか。区切ってみましょう。

＊区切り目に「ね」「さ」などを入れてみるなどの方法を確認する。

〈グループごとに文節と単語の関係を分析する〉

Ｔ：４人グループで、それぞれが作った文を使って、文節を分類してみましょう。

①自分が作った一番文節が多い文を短冊に書く。

②それぞれの文を赤ペンで文節に区切る。

③各文節の単語の数を青ペンで傍線を引

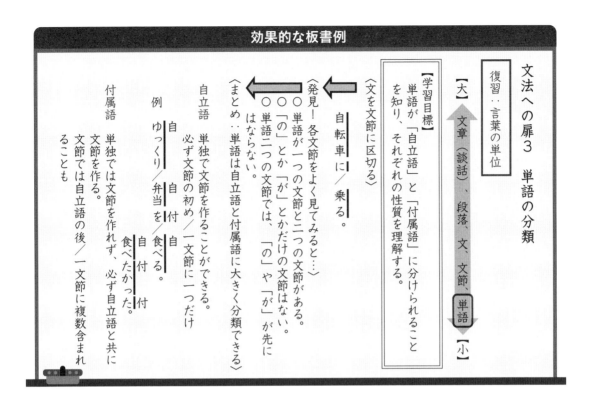

効果的な板書例

文法への扉3　単語の分類

復習：言葉の単位

【大】

文章（談話）、段落、文、文節、**単語**

【小】

【学習目標】
単語が「自立語」と「付属語」に分けられること
を知り、それぞれの性質を理解する。

〈文を文節に区切る〉

自転車に／乗る。

〈発見！各文節をよく見てみると…〉
○単語が一つの文節と二つの文節がある。
○「の」とか「が」とかだけの文節はない。
○単語二つの文節では、「の」や「が」が先に
　はならない。

〈まとめ：単語は自立語と付属語に大きく分類できる〉

単独で文節を作ることができる。
必ず文節の初め／一文節に一つだけ

例
ゆっくり／弁当を／食べる。
　自　　自付　　自付
　　　　　　　　　食べたかった。
　　　　　　　　　自付　付

自立語
単独で文節を作れる。
文節では自立語の後／一文節に複数含まれ
ることも

付属語
単独では文節を作れず、必ず自立語と共に
文節を作る。

いて確認する。

④発見したことを出し合う。

＊活動の手順を確認するだけでなく、実際に何
をするのか、たどってみることが有効であ
る。例えば、全体で、教科書の挿絵を表す一
文「自転車に乗る」を用いて、②③を確認
し、黒板に示しておくことなどが考えられる。

〈学習状況に応じた指導のポイント〉

＊例えば、次のような「発見」が予想される。

ア　単語が一つの文節と、二つの文節がある。

イ　形が変わっている単語がある文節は、単語
が二つだ。

ウ　単語二つの文節は、文の最後に多い。

エ　「の」とか「が」とかだけの文節はない。

オ　単語二つの文節では、「の」とか「が」と
かが先にはならない。

＊生徒から出される発見を予想し、自立語・付
属語の理解に関わるもの、活用の理解に関わ
るもの、品詞分類に関わるものに整理してお

くことが大切である。そうすることで、本時
では、ア・エ・オを取り上げ、イ・ウ・は次
時に取り上げる判断ができる。また、必要な
ものが生徒から出されなかった場合は、気付
きを促したり、教師が補ったりする。

〈発見を基に自立語・付属語を理解する〉

Ｔ：１班から発見したことを発表してくださ
い。２班以降は、全体での発表をよく聞
き、まだ出ていない発見を発表してください。

＊自立語・付属語の理解に関わるもの以外は、
部分黒板やミニホワイトボードなどに板書
し、次時に用いる。

Ｔ：板書したのは、「自立語・付属語」に関わ
る発見です。教科書 p.247 で確認しながらま
とめましょう。

＊生徒の書いた短冊を板書の例示に用いる。ま
た、分類の観点を確認する際に、該当する文
節や単語を具体的に確認することが理解につ
ながる。

単語の性質を見つけよう・単語の分類

主発問 自立語・付属語の単語には、それぞれどのような性質があるのだろう

目標

単語が自立語と付属語に加え、活用の有無によっても分けられることを知り、品詞や体言・用言について理解する。

評価のポイント

❶単語の類別について理解している。 (1)エ

❷❸比較や分類などの情報の整理の仕方を理解し、既習の知識を生かしたり、分類の観点を仲間と確認したりしながら、単語を分類しようとしている。 (2)エ

準備物

・拡大した品詞分類表、はさみ

ワークシート・ICT 等の活用や授業づくりのアイデア

○単語を品詞に分類する道筋が理解できるよう、品詞分類表を活用する。

＊教科書 p.249の表を拡大し、単語カードを移動させながら分類できるようにすることで、試行錯誤しながら協働的に学べるようにする。

＊デジタル教科書を使用している場合は、文の成分の再確認など、ヒント機能を活用することも考えられる。

1 導入（学習の見通しをもつ）

〈前時の学びを振り返り、本時の目標を確かめる〉

Ｔ：家庭学習をペアで確認し、自立語と付属語の性質を思い出しましょう。

＊確認後、生徒が作った文を用いて、自立語・付属語の性質を全体で確認する。

Ｔ：学習課題をノートに書きましょう。今日のポイントは、「活用」「品詞」です。

3 終末（学習を振り返る）

〈学習を振り返り、次時につなげる〉

Ｔ：今日の学習を振り返り、単語を分類する観点として理解して使えるようにしておきたい言葉を品詞分類表で確認し、ノートに書き留めておきましょう。

＊家庭学習として、書き留めた言葉についてまとめ直したり、p.248の練習問題に取り組ませたりすることで定着を図る。

2 展開

〈活用について理解し、分類の観点をもつ〉

Ｔ：前回使った短冊とはさみを出してください。単語を自立語と付属語に分けます。まずは、文節で切り、さらに単語に切り分けて、カードを自立語と付属語に分けましょう。

Ｔ：自立語のカードを見てください。（「乗る」を示し）手元に同じカードがある人は手を挙げてください。

＊「乗る」「乗り」「乗っ」が予想される。「乗る」が形を変えていることを確認する。

Ｔ：このように、文の中で使われるとき、単語の形が変化することを「活用」と言います。

〈グループごとに、活用の有無を観点に、単語カードを分類する〉

効果的な板書例

文法への扉3　単語の分類

復習…自立語と付属語

〈分類の観点①…「自立語」か「付属語」か〉
自
自　付
自
赤い／自転車に／乗る。

【学習目標】
単語が「活用」の有無によっても分けられること
を知り、品詞分類について理解する。

〈分類の観点②…「活用」の有無〉
活用　文の中で使われるとき、単語の形が変化する
こと
例　乗る。乗り（たい）。乗っ（て）、

〈まとめ…単語は品詞に分類できる〉
【品詞分類表】

（教科書P249の表を拡大して貼る）

T：グループで、自立語のカードを出し合って、「活用する」ものと「活用しない」ものに分けてみましょう。

＊文の中での使い方によっては、形容詞や形容動詞を「活用しない」ものに分類することも考えられるが、この時点で正す必要はない。

T：自立語は、さらに、文中でどのような文の成分になるのか、また、活用する単語の場合は、言い切りの形がどうなるのかによって、「品詞」に分類されます。品詞分類表を使って、自立語のカードを分類してみましょう。できれば、付属語も分類してみましょう。

〈学習状況に応じた指導のポイント〉

＊分類の観点として「文の成分」の知識を活用することが求められる。日々の授業の中で意図的に使うことで、使用語彙にしておくことが大切だが、復習する絶好の機会でもある。切り分けたカードを短冊の状態（文）に戻して、グループ内で確認し合ったり、p.242〜244で確かめたりする時間を十分に取る。

＊形容詞や形容動詞を「活用しない」ものと判断していたグループの分類の状況を観察し、判断を変えた理由を聞いたり、「ない」や「人」などが後に付くときどうなるか問うたりする。

＊観点を適切に理解して分類しているか、生徒同士で説明する言葉を聞き取ったり、説明を求めたりして評価する。

〈全体での確認で理解を補う〉

T：グループ内では分類できなかった単語や、意見が分かれた単語があったら、教えてください。…分類できたグループから、説明をお願いします。

＊グループ学習時の学習状況の評価を生かし、まず、生徒に説明させ、必要に応じて教師が補うようにする。

T：品詞分類表に出て来る「用言」「体言」とは何か、教科書p.250で確認しましょう。

8 自分を見つめる

随筆二編（2時間扱い／読むこと）

> 指導事項：〔知・技〕⑴ウ 〔思判表〕C⑴ウ、エ
> 言語活動例：随筆を読み、考えたことを記録したり伝え合ったりする活動

単元の目標

⑴事象や行為、心情を表す語句の辞書的な意味との関係に注意して読み、話や文章の中で使うことを通して、語感を磨き語彙を豊かにすること。 〔知識及び技能〕⑴ウ

⑵場面と描写などを結び付けて内容を解釈し、文章の構成や展開、表現の効果について根拠を明確にして考えること。 〔思考力、判断力、表現力等〕C⑴ウ、エ

⑶言葉がもつ価値に気付くとともに、進んで読書をし、我が国の言語文化を大切にして、思いや考えを伝え合おうとする。 「学びに向かう力、人間性等」

単元の構想

〈単元で育てたい資質・能力／働かせたい見方・考え方〉

　随筆に表れている筆者のものの見方や感じ方、表現の仕方に触れ、辞書的な意味を超えて「随筆」を捉える機会としたい。また、文章全体の雰囲気の基となるのが、筆者の語感による選ばれた言葉、文体や文の長さであることに気付くことで、文章を対象化して読む姿勢につなげていきたい。そして、もっと随筆を読んでみたい、自分もこんなふうに書いてみたいという意欲を喚起したい。

〈教材・題材の特徴〉

　二編の随筆は、いずれも日常的な体験を題材としているだけに、作者の感性・語感の豊かさが際立っている。本単元の後には「体験を基に随筆を書く」学習が続く。「随筆とはどのような文章なのか」「これまで書いてきた『作文』とどう違うのか」といった問いを立てて読むことを通して、用いられている言葉や文体に着眼し「随筆らしさ」を捉えることができる教材である。

〈主体的・対話的で深い学びの視点からの授業改善ポイント／言語活動の工夫〉

　本単元の後に続く「体験を基に随筆を書く」学習への意欲と具体的なイメージをもたせたい。そのために、二つの随筆のいずれかを選び、「こんなふうに書きたい一文」を紹介しあう「一文紹介読書会」を言語活動として位置付ける。それぞれの感性で取り上げた一文のよさを説明することを通して、この作品の「随筆らしさ」にあたる「簡潔な文体」「吟味された言葉」「独創的な比喩」等について具体的に理解させたい。また、各自の気付きを伝え合うことを通して、随筆を書く際に取り入れてみたいことを広げられるようにしたい。

時	学習活動	学習内容	評価
1	1．学習を見通し、二編の随筆を通読する。	○次の単元で随筆を書くこと、そのために本単元では、読書会を通して随筆を知ることを確認する。 ○工藤直子氏の作品であることを確認し、詩や小説との違いを考えながら通読する。	❹
	2．課題を捉える。	○国語辞典に示された意味を手掛かりにして、「随筆」について「わかること」と「わからないこと」を明らかにする。 〈わかること〉見聞・体験・感想などが題材 〈わからないこと〉どんなふうに書くと「随筆」？	
	3．どちらかの随筆を選び、読書会に向けて自分の考えをもつ。	○選んだ随筆を読み返し、「こんなふうに書きたい一文」を短冊に書き抜き、その良さを説明するメモを作る。	❶
2	4．「一文紹介読書会」を開く。	○同じ随筆を選んだ者同士で5人程度のグループをつくり、「こんなふうに書きたい一文」を紹介しあう。 ○グループごとに、ホワイトボードに短冊を並べて貼り、注目点や説明で出されたキーワードなどを書き足す。	❷ ❸
	5．読書会で見出したよさや気付きを全体で交流する。	○ホワイトボードを使って、見出したよさや気付きを具体的に紹介しあう。	
	6．学習を振り返り、次の単元への見通しをもつ。	○学習を振り返り、次の単元に向けて「随筆を書くとき取り入れたいこと」について自分の考えを書く。	❹

評価規準

知識・技能	思考・判断・表現	主体的に学習に取り組む態度
❶事象や行為、心情を表す語句の文脈上の意味に注意しながら読んでいる。　（1）ウ	❷「読むこと」において、場面と描写などを結び付けて内容を解釈している。　　　　　　　　　C（1）ウ ❸「読むこと」において、文章の構成や展開、表現の効果について、根拠を明確にして考えている。　C（1）エ	❹随筆を書くことを念頭におき、作品を魅力的にしている要素を言葉に着眼して具体的に見いだそうとしている。

〈指導と評価の一体化を図る見取りのポイント〉

　読書会で紹介し合う一文が、これから随筆を書く際に、自分が「こんなふうに書きたい」と感じる表現であることを生徒と共有することが大切である。また、そのよさを説明する際に、文章全体や前後の文との関係や、取り上げた一文の中で注目した言葉など、言葉による見方・考え方が働くように、教師が必要に応じて働きかけることも大切である。

随筆二編

主発問 「うまいなあ、こんなふうに書きたい」と感じた一文はどれですか。

目標

二編の随筆を通読し、随筆らしい語句や表現の工夫を具体的に見いだす。

評価のポイント

❶事象や行為、心情を表す語句の文脈上の意味に注意しながら読んでいる。 (1)ウ

❹随筆を書くことを念頭におき、作品を魅力的にしている要素を、言葉に着眼して具体的に見いだそうとしている。

準備物

・短冊

ワークシート・ICT 等の活用や授業づくりのアイデア

○次の単元で随筆を書く学習をすることを念頭に随筆を読み、「こんなふうに書きたい」と感じる一文を短冊に視写して、その表現のよさを説明できるようにする。

＊文脈の中での言葉の意味や表現の効果を考えやすくするために、語句ではなく文を抜き出させる。

---

1 導入 （学習の見通しをもつ）

〈単元の全体像と本時の目標を確かめる〉

Ｔ：次の単元で「随筆」を書きます。そのために、この単元では、随筆とはどのような文章なのか、理解するために読書会をします。今日は、読書会の準備をします。

＊読む目的を明示し、言語活動のイメージが持てるようにする。

3 終末 （学習を振り返る）

〈次回は、同じ随筆を選んだ人同士で読書会を行うことを予告する〉

Ｔ：一文を書いた短冊を提出してください。次回は、同じ随筆を選んだ人同士でグループを作り、選んだ一文を紹介し合う読書会をします。

＊提出された短冊を整理し、多様な気付きが期待できるようにグループ編制をする。

2 展開

〈「随筆」であることを意識し、二編の随筆を通読する〉

Ｔ：工藤直子さんの二編の随筆を読みます。 4月に工藤さんの詩を読みましたね。「随筆」が、詩や小説とどう違うのか、まずは、国語辞典で調べてみましょう。

＊辞典によって、説明が違っていることを生かし、出版社の異なる複数の辞典の意味を確認するとよい。

【辞典 a】心に浮かんだ事、見聞きした事などを筆にまかせて書いた文章。そういう文体の作品。

【辞典 b】見聞・経験・感想などを気の向くままに記した文章。

Ｔ：では、随筆とはどのような文章なのか、考えながら読んでみましょう。

Ｔ：読んでみて「随筆」について、分

---

8 自分を見つめる

効果的な板書例

随筆二編
「空」「えんぽう」
工藤直子

【学習目標】
二編の随筆を通読し、随筆らしい語句や表現の工夫を具体的に見いだす。

【今日のめあて】
・二編の随筆を読んで、「随筆」とはどのような文章なのか捉えよう。
・随筆の中から「こんなふうに書きたい」一文を抜き出し、よさをまとめよう。

〈「随筆」とは…〉
見聞・経験・感想などを　気の向くままに記した文章。

何を書くか　　どのように書くか

思い出＝体験したこと
自分にとって特別なこと
自分にとってどんな出来事なのか

どんな出来事なのか　どのように書いてある？

〈一文紹介読書会に向けて〉
①どちらかの随筆から、「こんなふうに書きたい」一文を選ぶ。
②その一文のよさを紹介するメモをつくる

かったことを挙げてみましょう。

＊辞典で調べた言葉の具体がイメージできるとよい。次のような反応が予想される。

・思い出＝体験したことを書いている。

・自分にとって特別なことを書いている

・その出来事が、自分にとってどんな出来事なのかを書いている。

Ｔ：「何を書くか」はイメージできそうですね。

〈ヒントにしたい一文を見付け、そのよさを考える〉

Ｔ：次の時間の読書会の目的は、「どう書くか」のヒントを得ることです。「うまいなあ、こんなふうに書きたいなあ」という一文を、グループの中で紹介し合います。そのための準備をしましょう。

【準備すること】

①紹介する一文を見付ける。

②一文を短冊に丁寧に視写する。

③選んだ一文の良さを説明するメモをつくる。

〈予想される生徒の反応と指導例〉

■生徒ａ（「空」）

　私は、あんな美しい「青空」を見たことがなかった。

☞「青空」と「　」がついていることで、特別なものだと分かる。

Ｔ：この一文が最後の一文だということは、どう感じますか？

■生徒ｂ（「えんぽう」）

　のんびりした父の気配に包まれて、安心していられたから。

☞文末が「から」で終わっているのが、他と違っている。

Ｔ：確かにここだけですね。文体を統一すると、どうなりますか？…「から」だと、どんな感じがしますか。

＊気に入った言葉や述べ方などに着眼している生徒には、文脈の中で捉えなおすよう促したり、作者の意図を考えさせたりすることが大切である。

随筆二編

主発問 その一文の良さから、どんなヒントが得られますか。

目標

よさを感じた一文について、場面と描写などを結び付けて説明したり、そう考えた根拠が明らかになるように、表現の効果を説明したりする。

評価のポイント

❷「読むこと」において、場面と描写などを結び付けて内容を解釈している。 C(1)ウ

❸「読むこと」において、文章の構成や展開、表現の効果について、根拠を明確にして考えている。 C(1)エ

準備物

・ホワイトボード、短冊

ワークシート・ICT 等の活用や授業づくりのアイデア

○各自の発表を通して、作品の優れた点を多角的に捉えた上で、随筆を書く際のヒントとして生かせるように読書会を進める。話し合ったことが記録として残るように、ホワイトボードを利用する。

＊一人一台端末のカメラ機能を使って、ホワイトボードの記録を共有できるようにしてもよい。

---

1 導入（学習の見通しをもつ）

〈単元の全体像と本時の目標を確かめる〉

T：今日は、「一文紹介読書会」をします。どんな一文が、随筆を魅力的にしているのか、お互いの考えを聞きあいましょう。

＊同じ随筆を選んだ生徒によるグループを編成しておく。できるだけ、選んだ一文が異なる生徒によるグループにする。

3 終末（学習を振り返る）

〈次の単元に向けて、「随筆を書くときに取り入れたいこと」を書く〉

T：次の時間から随筆を書く単元に入ります。今日の学びを振り返り、随筆を書くときに自分が取り入れたことをノートに書きましょう。随筆の題材についても、考えてきてくださいね。

2 展開

〈読書会の目的と進め方を確認する〉

T：読書会の目的は、ヒントにしたい優れた表現を具体的に見つけることです。進め方を確認します。

①発表の順番（文章の展開に沿った順）を確認し、ホワイトボードに短冊を並べて貼る。

②発表者は、選んだ一文が文章のどこに出てくるのか、教科書で確認してからよさを説明する。

③聞き手は、発表者が選んだ一文に線を引いて話を聞く。次に発表する人は、発表者の注目点や説明で出されたキーワードなどをホワイトボードに書き足す。

④発表を聞いて、書くときのヒントになりそうな気付きを出し合う。

＊読書会の進行と全体での発表者を決め

効果的な板書例

随筆二編
「空」「えんぽう」　工藤直子

【学習目標】
選んだ随筆の中の良さを感じた一文について、内容と結び付けて役割を捉えたり、表現の効果を説明したりする。

【今日のめあて】
・「一文紹介読書会」で、作品の優れた表現を具体的に捉えよう
・随筆を書くときに生かせるアイデアを獲得しよう

【各グループが見つけた「書くためのヒント」】

■書き出し
・エピソードの背景から書き始める。
　北陸の山奥に住んだのは、小さい頃からの憧れであった雪のそばにいたかったせいかもしれない。
・題名になるようなキーワードを登場させる。
　忘れられない言葉群をたどってみると、最も古い記憶の中から現れるのは「えんぽう」という言葉だ。

> 「一文」は、生徒が書いた短冊を貼る。

■展開〜話を進める〜
・「いつ」が分かる表現を入れる。
　最初の冬である。
　四、五歳の頃、父と私だけで暮らす時期が二、三年あった。
・心情を表す語句を吟味する。
　ああ、これが「風花」というものか！
　　　　　……以下、省略

てから始めるように指示する。

＊活動のイメージを具体的にもたせるために、教師が発表のモデルを示し、生徒に気付きを出させるなど考えられる。

〈グループ毎に読書会を行う〉

■活動のイメージと教師の支援■

進行：「空」の表現を味わう一文紹介読書会を始めます。まず、文章の最初の一文を取り上げたaさん、お願いします。

a：私は「北陸の山奥に住んだのは……雪のそばにいたかったせいかもしれない」がよいと思いました。私は、文章の書き出しで困るのですが、こんなふうに突然始めるのもありなんだと思いました。「〜せいかもしれない」という文末も、断言していなくておもしろいと思いました。

進行：文章の書き出しの一文に目を付けたのですね。発表を聞いて、書く時に役立ちそうな気付きがあった人はいませんか？

b：僕も書き出しが決まらなくて、いつも時間がかかります。随筆は「気の向くままに書いたもの」だと辞書にあったとおり、まず、思いついたことから書き始めてみるとよいのかなと思いました。

＊早く終わってしまうグループは、一文の紹介だけになっている可能性がある。ホワイトボードへの記入状況を確かめ、必要に応じて、教師が問いを投げかける。

・その一文の全体の中の役割は？
・前（後）の文とどうつながっている？
・今までの自分だったら、どう表現しそう？

〈読書会での気付きを全体で交流する〉

T：読書会で見えてきた「書く時のヒントになりそうなこと」について、全体で交流します。「空」の1班からお願いします。

＊互いにホワイトボードを見合う時間を取り、全体では指名したグループだけに発表させることも考えられる。

構成や描写を工夫して書こう

（4時間扱い／書くこと）

指導事項：〔知技〕(1)ウ 〔思判表〕B(1)イ、ウ
言語活動例：随筆を書くことを通して、感じたことや考えたことを書く

単元の目標

(1)事象や行為、心情を表す語彙の量を増すとともに、語句の辞書的な意味と文脈上の意味との関係に注意して話や文章の中で使うことを通して、語感を磨き語彙を豊かにできる。

〔知識及び技能〕(1)ウ

(2)書く内容の中心が明確になるように、段落の役割などを意識して文章の構成や展開を考えることができる。 〔思考力、判断力、表現力等〕B(1)イ

根拠を明確にしながら、自分の考えが伝わる文章になるように工夫できる。

〔思考力、判断力、表現力等〕B(1)ウ

(3)言葉がもつ価値に気付くとともに、進んで読書をし、我が国の言語文化を大切にして、思いや考えを伝え合おうとする。 「学びに向かう力、人間性等」

単元の構想

〈単元で育てたい資質・能力／働かせたい見方・考え方〉

　随筆を書くという言語活動は、言い換えると書き手の個人的な経験から考えたことや得たこと、内省や意味付け、価値付けなどを文章で表現するということである。書き手の主観的な出来事が述べられるからこそ、読み手を意識した文章の構成や展開、表現、さらに心情などを的確に表現できる言葉を選ぶことなどを意識させたい。

〈教材・題材の特徴〉

　随筆とは単なる体験談ではない。客観的事実としての出来事などを忠実に再現する文章ではなく、書き手が主観的に捉え直して語る文章であることが大切である。よって、上記の見方・考え方を働かせるためにも、自分にとって興味深い出来事や体験などをじっくり思い起こすことや、自分自身と深く向き合う過程を大切にさせたい。自分の中から湧き出てくる想いなどを的確に表現するために、言葉を吟味して伝え合うのに適した教材だと言える。

〈主体的・対話的で深い学びの視点からの授業改善ポイント／言語活動の工夫〉

　随筆を書くことを通して資質・能力を育成するために、書く過程での取組が大切になってくる。文章を書き終えてから交流するのではなく、構想の段階から他者の助言を踏まえ、常に読み手を意識して文章を書くことを心掛けさせたい。さらに、表現や言葉の選択による伝わり方の違いなどにも着目させ、書き手の思いを的確に表現できるような工夫をするように促したい。

時	学習活動	学習内容	評価
1	1．本単元の学習内容を確認し、見通しをもつ。 2．本単元における随筆を書くためのポイントを確認する。 3．随筆の題材を決める。 4．随筆を書くための材料を書き出す。	○随筆を書く活動を通して育成したい資質・能力、について確認し、学習に見通しをもつ。 ○p.216「随筆二編」などを参考に、書き出し、段落の構成、具体的な描写の仕方、言葉のリズムなどの工夫について確認する。 ○これまでの自分の体験を想起し、随筆で取り上げたい話題を決める。材料となるキーワードを付箋紙に書き出す。	❷
2	5．付箋紙に書き出した話題について深める。 6．随筆の構成を考える。 7．構成について他者と交流する。	○キーワードに具体的なエピソードなどを付け加えていく。読み手に伝わるような構成になるように考える。 ○考えた構成の意図などを説明しながら、構成について検討する。	❷
3	8．随筆を書く。 9．文章を推敲する。	○書き出しや描写、語彙の使い方などを工夫して随筆を書く。 ○自分の伝えたいことが伝わる構成、書き出し、描写、適切な語彙が使われているかなどを確認する。	❸ ❶
4	10．互いの文章を読み合う。 11．学習を振り返る。	○書き出しや語彙に着目しながら随筆を読み合う。 ○学習の過程を想起しながら振り返りをする。	❹

知識・技能	思考・判断・表現	主体的に学習に取り組む態度
❶事象や行為、心情を表す語彙の量を増すとともに、語句の辞書的な意味と文脈上の意味との関係に注意して話や文章の中で使うことを通して、語感を磨き語彙を豊かにしている。　(1)ウ	❷「書くこと」において、書く内容の中心が明確になるように、段落の役割などを意識して文章の構成や展開を考えている。　　　　　　B(1)イ ❸「書くこと」において、根拠を明確にしながら、自分の考えが伝わる文章になるように工夫している。　　B(1)ウ	❹書く内容の中心が明確になるように粘り強く文章の展開を考え、学習課題に沿って、随筆文を書こうとしている。

〈指導と評価の一体化を図る見取りのポイント〉

　随筆での話題は自分の経験や体験に基づくものであり、自分にしか書けないものである。随筆を通して表現したいことを、誰が読んでも伝わるようにするために、文章の構想段階で交流を行っていく。教師は、生徒が伝えたいことを引き出したり、言葉を吟味させて表現を深めたりできるような支援を心掛けたい。

構成や描写を工夫して書こう

主発問 身近な出来事について、読み手に工夫して伝えるには。

目標

教科書の随筆を読み、身近な出来事を読み手に工夫して伝える方法を見つけることができる。

評価のポイント

❷書く内容の中心が明確になるように、段落の役割などを意識して文章の構成や展開を考えている。

B(1)イ

準備物

・付箋紙

ワークシート・ICT 等の活用や授業づくりのアイデア

○「書くこと」の単元では、書き手が書きたいという気持ちをもてるような題材の準備や展開の工夫が大切である。ここでは身近な経験や体験を想起する際に他者と交流するなど、自由な発想で随筆の話題を決めさせたい。

＊授業に役立つワークシート集を用いて、随筆の話題を決めてもよい。

---

1 導入（学習の見通しをもつ）

〈単元の目標と言語活動を確認する〉

T：本単元では随筆を書くことを通して、構成や描写を工夫して文章が書けるようになることを目標とします。

　それでは、まず「随筆」とはどのような文章なのか。教科書で確認してみましょう。

2 展開

〈「随筆二編」を読み工夫を見つける〉

T：次に、実際の随筆を読んでみましょう。教科書 p.216「随筆二編」をグループで音読をしましょう。この単元では構成や描写を工夫して書くことができるようになることが目標です。読んでいて、構成や描写の工夫を見つけたら色ペンで線を引きましょう。線を引き終わったらグループで共有しましょう。

＊机間指導では、生徒が工夫を見つけられるように支援する。

T：各グループ、様々な工夫を見つけていますね。次に全体で共有します。グループで見つけた工夫を発表してください。

（例）・書き出し　・段落の構成
　　　・描写の仕方・言葉のリズムなど

3 終末（学習を振り返る）

〈本時のまとめと次回の見通しを確認する〉

T：今日は単元の目標を確認し、具体的に随筆を書くための話題決めまで行ってきました。次回は、構成を決めるところまで学習を進めたいので、付箋紙に書ける情報がないか等、事前に考えておくとよいかもしれません。

効果的な板書例

構成や描写を工夫して書こう

【学習目標】
構成や描写を工夫して随筆が書けるようになる。

【今日のめあて】
教科書の随筆を読んで、文章の工夫を見つける。

○随筆…経験や見聞きしたことを基に、自分にとっての意味や考えを書いたもの

○見つけた工夫
（例）
・書き出し（状況や場の説明）
・構成（出来事や状況の説明と内面や心情の段落を分けているなど）
・描写・表現（「──」「ひらひら・ひら」「透明な膜に包まれている」など）
・言葉のリズム（「後から後から」「エンポーエンポー」など）

○随筆の話題を決めよう
（例）・忘れられない体験 ・成長を感じた体験
・自分にとっては意味をもつ体験

〈随筆の話題を決める〉

T：一つの文章（随筆）でもたくさんの工夫がされていることが確認できましたね。みんなも随筆を書く際には、このような工夫を心がけましょう。

では、実際に随筆を書いていこうと思いますが、まずはどんな話題について書くか。書くための材料を集めていこうと思います。教科書 p.220 を参考にしながら、どんな話題で随筆が書けそうかなと考え、ノートに書きましょう。

＊最初に教科書の例をいくつか板書し、考えやすい雰囲気を作ってもよい。

T：いくつくらい思い付きましたか。では、近くの人とノートを見せ合い交流しましょう。他の生徒の考えは色ペンで自分のノートに加筆しましょう。

＊書くことが苦手な生徒も取り組めるように、複数の話題を出させ共有したい。

T：さらに全体で共有したいと思います。近くの人と共有した随筆の話題について、発表してください。

＊机間指導では随筆の話題として書きやすいものを確認し、全体の共有で挙ってくるようにする。

T：はい。様々な話題が挙がりましたね。では、ここからは実際に随筆を書いていきますが、黒板に書いてある話題の中から、自分が書きたいもの（もしくは、この話題についてだったら書ける）を選び、その話題についてさらに掘り下げていきましょう。

話題を選んだ人は、付箋紙に話の構成の材料（５Ｗ１Ｈを意識して）を書いていきましょう。

＊すぐに付箋紙に書き始める生徒もいれば、なかなか決まらない生徒もいて、進捗に差が出やすいポイントになるので、支援する手立てを考えておくとよい。

構成や描写を工夫して書こう

主発問 内容が明確に読み手へ伝わる随筆の構成とは

目標

伝えたい内容が明確に伝わる構成を考えることができる。

評価のポイント

❷書く内容の中心が明確になるように、段落の役割などを意識して文章の構成や展開を考えている。

B(I)イ

準備物

・付箋紙・辞書など

ワークシート・ICT 等の活用や授業づくりのアイデア

○本時は随筆の構成を考えていくのに、付箋紙を使う。付けて剥がすのが簡単な付箋紙を使うことで、何度も構成を練ることができる。

＊PC などの端末の機能で、付箋紙を代用することも可能。

＊授業に役立つワークシート集を用いて、随筆の構成を整理させてもよい。

---

1 導入 （学習の見通しをもつ）

〈本時の見通しを確認する〉

T：この時間は前回の付箋紙を使って随筆の構成について考えていきます。付箋紙には随筆の話題について、５Ｗ１Ｈなどを参考にしながら整理していると思います。この時間では随筆の構成に必要なその他の材料について検討し、その後、構成を考えていきます。

2 展開

T：では、それぞれが決めた話題について、もう少し材料を増やしていきたいと思います。例えば、誰かとの会話やその中で出てきた言葉、そのときの周りの様子であったり、情景だったり、五感で何が感じられるかなど、付箋紙に書いて材料を増やしましょう。

＊説明をしながら板書をするか、事前にスライド等で示せるように準備しておくとよい。

T：材料が増えていくと「あれ？似たような内容があるな」と感じるかもしれません。話がより具体的になってくると他の付箋紙との関連が出てくることがあるので、その場合は付箋紙をくっつけて一つのまとまりとして考えましょう。

＊机間指導では増えてきた付箋紙を整理

3 終末 （学習を振り返る）

〈本時のまとめと次回の見通しを確認する〉

T：今日の交流でもらった助言や感想などを参考すると、よりよい構成や展開につながっていくと思います。次回はこれまでの学習を生かして随筆を書いていきます。迷ったり困ったりしたら、交流の際のメモが役立ちますので覚えておきましょう。

効果的な板書例

構成や描写を工夫して書こう

【今日のめあて】
伝えたい内容が明確に伝わる構成を
考えることができる。

○随筆を書くための材料
（例）
・5W1H　　・会話や言葉
・周りの様子・情景（天気や気温、季節など）
・五感
（見えるもの、匂いや音、味、触った感覚など）
（※関連する付箋紙はくっつけよう）

※随筆…経験や見聞きしたことを基に、
自分にとっての意味や考えを書いたもの

○話題について意味付けをする
（例）
・そのときの思い　　・体験の意味や価値
・今、思うこと
・気付いたこと、考えたこと

し、随筆の構成を考えるように促す。

T：そろそろ随筆の大枠が見えてきたと思います。さて、前回の授業で随筆とはどのような文章か確認したと思います。大切なのは、話題としている内容に対して「自分にとっての意味や考え」がどのように表現されているかです。改めて自分にとってどのような出来事であったのかを意味付けしましょう。

＊意味付けに難しさを感じている生徒には、p.221を参考にさせたり、板書で例示をしたりしながら支援していく。

T：おおよそ、随筆を書くために必要な材料がそろってきたと思います。次は実際に書くことをイメージして材料の付箋紙を並べてみましょう。今日のめあてをもう一度確認してください。伝えたい内容が明確に伝わるように構成を考えることが今日の学習のポイントになります。

＊p.221のように、意図をもたせて構成を考え

るように促し、支援していく。

〈構成を検討していく〉

T：それでは、今の段階での随筆の構成をグループで交流していきます。並べた付箋紙を見せ合うだけではなく、どのような意図をもって構成したのかを伝え合いましょう。聞き手は、伝えたい内容が明確に伝わってくるかを確認し、助言や感想を返しましょう。

＊単元で設定した言語活動は教師も事前に取り組んでおくことが大切である。例えば、ここで教師の書いた付箋紙をモデルとして扱い、どのような意図をもって構成を考えて伝えたいことを明確にしようとしたかを生徒にモデルとして示すと有効である。交流のモデルを教師自らが示すと、生徒も安心して活動に取り組むことができる。

＊交流でもらった助言や感想などはノートにメモを取るように促す。

構成や描写を工夫して書こう

主発問 印象に残る随筆にするために、どのような工夫が考えられるか。

目標

自分にとって、どのような意味のある出来事だったのか、随筆を書くことを通して表現することができる。

評価のポイント

❶事象や行為、心情を表す語句の量を増すとともに、随筆文の中で使うことを通して語彙豊かにしている。 (1)ウ

❷根拠を明確にしながら、自分の考えが伝わる文章になるように工夫している。 B(1)ウ

準備物

・学習で使ってきた付箋紙・辞書等

ワークシート・ICT 等の活用や授業づくりのアイデア

○本時の学習活動の中心は随筆を書くことである。書く内容の中心が明確になるように、構成を考えたり、表現を粘り強く工夫する生徒の姿を目指したい。そのため、文章の推敲をしやすくするために、ワープロソフトなどを積極的に活用したい。

1 導入 （学習の見通しをもつ）

〈本時の見通しを確認する〉

T：この時間はこれまでの学習を生かして随筆を書いていきます。前の時間までに考えてきた構成を参考にしましょう。書いていて困ったり、迷ったりした場合は、付箋紙を読み返し、交流を思い出しましょう。

2 展開

〈書きだしを工夫して随筆を書く〉

T：今回の随筆では個人的な経験が、自分とってどのような意味があったのかを表現していきます。読み手の印象に残るような随筆を書くためには、書き出しを工夫できるとよいですね。教科書 p.222を参考にして、書き出しを工夫して書いてみましょう。

・わく組から書きだす

・描写から書きだす

・会話・心の声から書きだす

＊説明をしながら板書をするか、事前にスライド等で示せるように準備しておくとよい。

＊教師が説明する時間と生徒が書く時間を明確に分け、生徒が書いているときは、個別に支援するように心掛ける。

＊端末を使うと、書き出しを何度も書き

3 終末 （学習を振り返る）

〈本時のまとめと次回の見通しを確認する〉

T：本時は随筆の書き出しの工夫や、使われる言葉を吟味していくことを行ってきました。ここまでの学習過程の中で語彙を豊かにしたり、自分の考えが伝わるように工夫したりしながら文章を書いてきました。次回はお互いの成果を読み合い、学習の振り返りをします。

効果的な板書例

構成や描写を工夫して書こう

【今日のめあて】自分にとって、どのような意味のある出来事だったのか、随筆を書くことを通して表現することができる。

○書き出しの工夫
（例）
・わく組から書きだす
（時間・場所・言葉・人物の紹介など）
・描写から書き出す
（情景描写・行動描写・心情描写など）
・会話・心の声から書き出す
・自分の考えから書き出す
（随筆のテーマ・意見や考え・問題のなげかけなど）

○言葉を吟味する
（例）
・語感を表緒する言葉
・オノマトペ（擬音語・擬態語）
・比喩などの表現技法
・類義語

直したり、表現を工夫したりして、粘り強く学習に取り組ませることができる。

〈言葉を吟味して随筆を書く〉

T：随筆を書き終えた人は、教科書P223を参考にしながら言葉を吟味しましょう。今回の随筆は自分だけの特別な体験や経験を文章にしているので、より的確に、より正確に伝えられる言葉を吟味して伝えていきましょう。

＊国語辞典に加え、類義語や対義語、オノマトペ辞典などを用いたり、端末を使って言葉を調べさせるとよい。

〈文章を読み合い誤字脱字などを確認し、互いの文章のよいところを探す〉

T：それでは、完成した随筆文に誤字脱字などがないかを各自で確認しましょう。

次に、グループでも読み合って確認をしていきます。自分では完璧だと思っても気付けないことがあるので、お互いの文章を確認しましょう。ただ誤字脱字を確認するだけでな

く、文章の中でよい表現や、工夫されている語句、文章全体の構成など、互いの文章を読み合う中で見つけられるとよいですね。

＊交流で発見された誤字脱字は、付箋紙などを使って書き手に知らせる。

＊文章を読み合う中で見つけた互いの文章のよいところも、付箋紙などを使って書き手とその他の読み手と共有する。

＊文書作成ソフトなどを活用した場合、誤字脱字や文章のよいところなどをコメント機能などを用いて共有してもよい。

T：お互いの文章のよいところはたくさん発見できましたか。最後に、自分の文章をよりよくできないか、確認しましょう。交流で他者の文章を読んで気付いたことや、言葉の吟味についてもう一度考えてみたり、書き出しを見直してみたりしてみましょう。

構成や描写を工夫して書こう

主発問 自分の考えが伝わる文章にするにはどのような工夫が必要か

目標

これまでの学習を想起しながら、自分の考えが伝わる文章について自分なりに価値付けができる。

評価のポイント

❹書く内容の中心が明確になるように粘り強く文章の展開を考え、学習課題に沿って、随筆文を書こうとしている。

準備物

・付箋紙・辞書等

ワークシート・ICT 等の活用や授業づくりのアイデア

○本時は単元の振り返りを行うので、これまでの学習の過程を一覧できるようにワークシートに示したり、スライドなどで投影し確認できるようにしたり工夫があるとよい。

＊授業後にはクラスの随筆集としてまとめ、全員で共有してもよい。

---

1 導入（学習の見通しをもつ）

〈本時の見通しを確認する〉

T：この時間は本単元のまとめの時間になります。これまでの学習を思い出しながら、それぞれの書いた随筆文を読み、最後に単元の振り返りをします。

＊本単元で身に付けたい力を確認できるように板書したり、ワークシート等に示したりする。

3 終末（学習を振り返る）

T：では単元の学習の最後に学習の振り返りをしましょう。学習を振り返る際は、これまでの学習の過程に注目し、どのような場面や活動が書く力の向上につながったのかを考え振り返りましょう。

＊学習を振り返るだけでなく、これからの生活の中でどのように学習を生かしていくかという視点も大事にしたい。

2 展開

〈学習の過程を振り返る〉

T：それではここまでの学習の過程を振り返ってみましょう。

・随筆を読み、工夫を見つける。
・随筆の話題を決める。
・随筆を書くための材料を集める。
・話題について意味付けをする。
・書き出しを工夫する。
・言葉を吟味する。

＊事前に板書したり、振り返りのワークシートに示したりするなど工夫するとよい。

〈文章を読み合う〉

T：これまでの学習の過程の確認ができましたか。このような過程の中で皆さんは試行錯誤して随筆文を書きました。それでは、単元の最後に互いの随筆文を読み合おうと思います。ただ読

構成や描写を工夫して書こう

【学習目標】
構成や描写を工夫して随筆が書けるようになる。

【今日のめあて】これまでの学習を想起しながら、自分の考えが伝わる文章について自分なりに価値付けができる。

○本単元の学習過程
・随筆を読んで工夫を見つける
・随筆の話題を決める
・随筆を書くための材料を集める
・話題について意味付けをする
・書き出しを工夫する
・言葉を吟味する

○お互いの文章を読み合う

○本単元の振り返りをする

み合うだけでなく、互いの文章のよいところを伝えあってもらおうと思います。交流の手順を確認します。

〈交流の手順を確認する〉

・机に随筆文を置く。
・付箋紙と筆記用具と辞書を持って立ち上がる。
・空いている他の人の席に座り随筆を読む。
・分からない語句があったら辞書で調べる。
・よいと思ったことを付箋紙に書いて貼る。
・立ち上がり別の座席に移動し、繰り返す。
＊上記の交流は色々な授業で取り入れることができる。

Ｔ：交流では他の人の文章を読んで、よいところをたくさん見つけられましたか。気が付いたこと等を発表でいくつか聞いてみたいと思います。

・日常の何気ない経験から自分なりに価値付けて随筆が書けている。

・書き出しが色々と工夫されていて、どの随筆を読んでいても面白かった。

・前の時間に交流したときよりも語句などが工夫されていて、伝えたいことがより明確になっている気がした。

・ここまで構成を気にして書く機会が普段は少ないけど、これからは伝えたい内容の中心が明確になるように工夫していきたいと思う。

・表現する語句も様々で、読んでいるだけでも自分の語彙が豊かになっていくように感じた。

＊身に付けたい資質・能力や学習の過程と関連させた感想などを引き出したい。

＊読んできた感想だけでなく、貼られた付箋紙などからの気付きも引き出していきたい。

Ｔ：学習を通して様々な学びがあったことが確認できますね。振り返りでも今出てきたような気付きなども参考にしましょう。

8 自分を見つめる
さまざまな表現技法（2時間扱い／書くこと）

指導事項：〔知技〕(1)オ 〔思判表〕B(1)エ
言語活動例：詩の創作を通して、感じたことや考えたことを書く

単元の目標

(1)比喩、反復、倒置、体言止めなどの表現の技法を理解し使うことができる。

〔知識及び技能〕(1)オ

(2)読み手の立場に立って、表記や語句の用法、叙述の仕方などを確かめて、文章を整えることができる。
〔思考力、判断力、表現力等〕B(1)エ

(3)言葉がもつ価値に気付くとともに、進んで読書をし、我が国の言語文化を大切にして、思いや考えを伝え合おうとする。 「学びに向かう力、人間性等」

単元の構想

〈単元で育てたい資質・能力／働かせたい見方・考え方〉

　本単元では、比喩などのように日常生活でもよく使われている表現技法のよさに気付かせたい。そのために書き手としてさまざまな表現技法を積極的に使って詩を創作したり、読み手の立場に立って表現技法の効果について推敲したりすることが大切である。また、表現技法が使われているときとそうでないときの違いについて比較することなどを通して、書く力を育んでいきたい。

〈教材・題材の特徴〉

　本単元の知識及び技能の目標である表現技法は、詩や短歌、俳句などの韻文で扱われることが多い。詩や短歌、俳句は「書くこと」「読むこと」における言語活動例にも示されており、ここで扱う表現技法を身に付けることは、それぞれの言語活動を充実させることにつながると言える。そのため、本単元で扱う表現技法については、単に用語を覚えるだけにならないように留意する必要がある。教科書の詩を例にしたり、いろいろな例を探してみたりと、自分なりにこれらの表現技法を生かした作品を作ることを通して、知識・技能を活用できる力を育てていきたい。

〈主体的・対話的で深い学びの視点からの授業改善ポイント／言語活動の工夫〉

　本単元は、詩を創作することを通して資質・能力の育成すること狙った授業である。単元における目標と言語活動が分かりやすいため、生徒は見通しをもって学習に取り組みやすくなっている。交流では、表現技法を用いたときと、そうでないときを比較し、表現技法の効果について確かめることなどを意識して取り組ませたい。学習の振り返りでは、これからの学習につなげるだけでなく、日常生活の中で本単元の学習がどのように生きてくるかなど、表現技法を使うことのよさや、学ぶことの意義について、生徒に一人一人に見いださせたい。

時	学習活動	学習内容	評価
1	1．本単元の学習内容を確認し、見通しをもつ。 2．教科書 p.224でさまざまな表現技法について確認する。 3．本単元での課題として、詩を創作する。	○育成したい資質・能力、本単元における学習活動について確認する。 ○小学校での学習を想起しながら、体言止め・倒置・反復・対句・省略・比喩（直喩・隠喩・擬人法）などの表現技法の意味について確認する。 ○詩を創作するためにマッピング等を用いて、題材を決める。 ○伝えたい・表現したい内容に合わせて表現技法を用いて詩を書く。	❶
2	4．創作した詩を他者と交流する。 5．交流を参考に、読み手の立場に立って詩を整える。 6．詩を発表し合う。 7．本単元の学習の振り返りをする。	○伝えたい内容に合わせて用いた表現技法の効果について確かめるなど、目的をもって交流する。 ○交流を振り返り、読み手の立場に立って詩を整える。 ○読み手の立場に立って整えた表記や語句、表現技法について説明して、紹介する。 ○本単元の学習の振り返りをする。	❸ ❷

評価規準

知識・技能	思考・判断・表現	主体的に学習に取り組む態度
❶比喩、反復、倒置、体言止めなどの表現の技法を理解し使っている。　　(1)オ	❷「書くこと」において、読み手の立場に立って、表記や語句の用法などを確かめて、詩を整えている。　　B(1)エ	❸読み手の立場に立って粘り強く表現技法などを確かめ、学習課題に沿って、詩を創作しようとしている。

〈指導と評価の一体化を図る見取りのポイント〉

　ここでは表現技法の用語や用法の意味を一つ一つ覚えることが目的ではなく、思考・判断・表現する中で、どのように活用すると効果的な使い方ができているかなどをポイントとして指導し、見取っていきたい。今回は詩を創作するという言語活動を設定したが、p.68「詩の世界」や、p.73「比喩で広がる言葉の世界」なども参考にして、「読むこと」と「書くこと」の指導事項を往還しながら、自分が創作した詩について推敲させたい。また、交流では意図して用いた表現技法などの効果について確認したり、どのような視点を大切にしながら他者の詩を読むか考えさせたりして、目的をもたせてから交流をさせたい。そうすることによって、交流後に作り手自らが読み手の立場に立って詩を整えることにつながり、学習の調整が図りやすくなると考えられる。自らの資質・能力がさらに高まるような交流となるよう支援していきたい。

さまざまな表現技法

主発問 表現技法にはどのような働きがあるか。

目標

これまでに学習してきた表現技法について理解し、創作する詩の内容に合わせて使うことができる。

評価のポイント

❶比喩、反復、倒置、体言止めなどの表現技法を理解し使っている。　　　　　　　　　(1)オ

準備物

・資料集など

ワークシート・ICT 等の活用や授業づくりのアイデア

○教科書 p.68「詩の世界」や、p.73「比喩で広がる言葉の世界」など、既習の題材と関連させて授業を展開させてもよい。

○詩を創作させる際は、p.35のマッピングなどを用いて情報の整理をさせるとよい。

＊授業に役立つワークシート集を用いて、学習の確認を行ってもよい。

---

1 導入（学習の見通しをもつ）

Ｔ：この単元では表現技法について学習していきます。表現技法については、これまでにも学習をしてきたと思いますが、ここでは種類と働きについて確認するだけでなく、実際に使ってみることを通して、表現技法の効果について考えてみたいと思います。

3 終末（学習を振り返る）

Ｔ：今日は表現技法について、どのような働きをするのか確認しました。授業の後半では、表現技法を使って詩を創作しました。次回は、伝えたい内容に合わせて効果的に表現技法が使われているかどうかを考えていきたいと思います。

＊「知識」として知っているだけでなく、表現技法を使えるようにしていきたい。

2 展開

〈表現技法について確認する〉

Ｔ：では、これまでに学習してきた表現技法について、知っているものをノートに思いつくだけ書いてみましょう。また、表現技法の効果についても知っていたら書きましょう。

＊机間指導で、どのくらい表現技法について知っているか確認する

Ｔ：表現技法について書いたものを近くの人と共有しましょう。自分のノートにないものは加筆しましょう。

＊机間指導で、これまでに表現技法が使われていた作品などを想起しながら共有するように促す。

Ｔ：実はこれまでの学習で、多くの表現技法について学習していたのが確認できたと思います。では、改めて教科書 p.224で確認してみましょう。

効果的な板書例

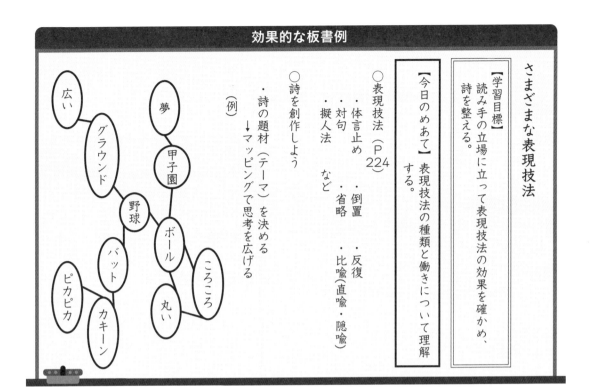

さまざまな表現技法

【学習目標】
読み手の立場に立って表現技法の効果を確かめ、詩を整える。

【今日のめあて】表現技法の種類と働きについて理解する。

○表現技法（P224）
・体言止め　・倒置
・対句　・省略　・反復
・擬人法　など　・比喩（直喩・隠喩）

○詩を創作しよう

（例）
・詩の題材（テーマ）を決める
→マッピングで思考を広げる

（マッピング図：野球を中心に、甲子園—夢、グラウンド—広い、バット—ピカピカ・カキーン、ボール—丸い・ころころ）

＊生徒が教科書で確認している間に、共有で挙がった表現技法を板書する。

T：表現技法の働きについて確認できましたか。では次は実際に表現技法を使って詩を書いてみようと思います。いきなり詩を書くのは難しいと思いますので、これまでの学習を生かしながら取り組んでいきましょう。では、まず詩の題材（テーマ）を決めましょう。詩のテーマを決めたらマッピング（p.35）を使って思考を広げていきましょう。例えば私は、「野球」を題材にして詩を書こうと思います。ノートに「野球」と書いてみましょう。では、皆さんも一緒に思考を広げてみましょう。時間は1分間です。始めてください。

T：マッピングを使うと一つの題材から色々な言葉が連想されますね。詩を創作していく上でそれが大切な材料になるので、自由な発想で言葉を広げていきましょう。では、どの

ような題材で詩を創作していくかを考えましょう。題材が決まった人は、ノートを使ってマッピングし、思考を広げましょう。

＊書く題材がなかなか決まらない生徒には、教科書のp.68「詩の世界」などを読ませたり、自分の興味や関心が高いものから発想してみたりするように促す。

＊マッピングを他者と交流させるのも効果的な手立てである。自分にはない発想が見つかり、創作の幅が広がり、語彙も増える。

T：マッピングで思考が広がったら教科書などを参考に詩を書いてみましょう。詩が書けたら、表現したい内容に合わせて表現技法が使えないか考えてみましょう。使ってみて、どのような効果が生まれるか考えてみるのも面白いですね。教科書やノートを参考に、積極的に表現技法を使ってみてください。

さまざまな表現技法

主発問 詩で表現したい内容に合わせて、表現技法を効果的に使えているか。

目標

詩で表現したい内容に合わせて、効果的に表現技法が使えるようになる。

評価のポイント

❷読み手の立場に立って、表記や語句の用法などを確かめて、詩を整えている。　　　　　　B(1)エ

❸読み手の立場に立って粘り強く表現技法などを確かめ、学習課題に沿って、詩を創作しようとしている。

準備物

・資料集など

ワークシート・ICT等の活用や授業づくりのアイデア

○本時の板書は活動を支える役割をするので、活動中の生徒がいつでも確認できるようにしたい。（プロジェクター等のICT機器でも代用も可）

＊本時の板書は生徒が見通しをもって活動に取り組むことに役立たせるとともに、学習を振り返る際にも役立てることができる。

1　導入（学習の見通しをもつ）

〈本時の学習のポイントを確認する〉

T：この時間は前回作った詩をお互い読み合って、表現したい内容に合わせて効果的に表現技法が使われているかどうかを確認し合います。交流の方法とポイントを確認して、見通しをもって活動に取り組むようにしましょう。

3　終末（学習を振り返る）

〈本単元の学習を振り返る〉

T：本単元では表現技法の効果について考え、実際に技法を使って詩を創作しました。本単元の学習が今後の日常生活の中でどのように生きていくか考えましょう。

＊文章を書く日常の場面や他の教科等の学習を想起して考えるように促す。

2　展開

T：それでは交流のポイントに沿って学習の流れを確認していきます。この単元の目標である、効果的に表現技法が使えるようになるための確認ですので、疑問があったり不安があったりする場合は解決できるように交流に見通しをもちましょう。

まず最初に、書き手は表現技法が使われている箇所に＿＿＿線を引いて技法の名称を書きましょう。

＊机間指導で、＿＿＿線や表現技法の名称が適切かどうかを確認する。

T：次に表現技法を使うことで、どのような効果をねらったのか、簡単に説明ができるように　　　線の近くにメモをしましょう。

＊付箋紙などを使ってもよい。

＊表現技法を使って読み手に何を・どの

効果的な板書例

さまざまな表現技法

【学習目標】
読み手の立場に立って表現技法の効果を確かめ、詩を整える。

【今日のめあて】
詩で表現したい内容に合わせて、効果的に表現技法が使えるようになる。

〈交流の仕方とポイント〉

① 書き手は表現技法が使われている箇所に線を引き、技法の名称を書く。

② 書き手は表現技法を使うことで、どのような効果をねらったのか、説明できるようにする。

③ 読み手は、表現技法が効果的に使われているか詩を読んだ感想などを書き手に伝える。

④ グループ全員で、表現技法の使い方や表現の効果について、よりよい表現の方法はないか検討する。

← （交流後）

⑤ 交流を踏まえ、読み手の立場に立って、詩を整える。表現技法の使い方を確かめて、詩を整える。

ように伝えたかったのかを明確にさせる。

T：交流では、書き手が表現したい内容に合わせて表現技法が効果的に使われているかどうかを確認していきます。書き手は読み手からの感想や意見などを踏まえて、より効果的に表現技法を使ったり、よりよい表現はないかを考えていきましょう。

　それでは交流を行います。グループに分かれて始めて下さい。交流の時間は20分です。

＊一人一人を時間で区切るのではなく、交流の時間が全体で20分であることを伝え、時間に見通しをもって交流させる。

T：読み手はまず詩を読みましょう。そして、書き手からの説明を聞いて、感想や意見などを伝えましょう。書き手はメモなどを取りながら読み手からの感想や意見などを聞くようにしましょう。

＊読み手は単なる感想だけにならないように、表現技法の働きなどを確認させ、詩の中でどのよう効果があるかを伝え合うよう促す。

T：読み手から感想や意見などを伝えたら、詩がよりよくならないか検討をしてください。書き手は伝えたい内容を基に、メモを取りながら一緒に考えてください。残り時間を確認しながら全員の詩を読んで検討できるようにしましょう。

＊交流のポイントを踏まえ、それぞれが交流できているかを確認する。

＊残り時間を声掛けしながら、時間に見通しをもたせて活動に取り組ませる。

T：充実した交流ができましたか。これから、交流を踏まえて読み手の立場に立って表現技法の効果を確かめ、詩を整えていきます。交流の時のメモを参考にしながら、ノートに詩を書きましょう。

＊詩で使われている表現技法の効果について、交流の前後でどのように変わったかを意識しながら詩を整えるように促す。

8 自分を見つめる
漢字の成り立ち／漢字に親しもう６
（１時間扱い／言葉の特徴や使い方に関する事項）

指導事項：〔知技〕⑴イ
言語活動例：漢和辞典を使って身近な漢字を調べる

単元の目標

⑴小学校学習指導要領第２章第１節国語の学年別漢字配当表に示されている漢字に加え、その他の常用漢字のうち300字から400字程度の漢字を読むこと。また、学年別漢字配当表の漢字のうち900字程度の漢字を書き、文や文章の中で使うことができる。　　　〔知識及び技能〕⑴イ

⑵言葉がもつ価値に気付くとともに、進んで読書をし、我が国の言語文化を大切にして、思いや考えを伝え合おうとする。　　　　　　　　　　　　　　　「学びに向かう力、人間性等」

単元の構想

〈単元で育てたい資質・能力／働かせたい見方・考え方〉

　漢字の成り立ちについては小学校のときにも学習してきているが、ここではもう一度、漢字の成り立ちについて学ぶことの大切さや意義について触れたい。大切なポイントとして、以下の３点を確認したい。

　①漢字の成り立ちを学習することによって、漢字のもつ意味がはっきりし、その漢字をより的確に使えるようになる。同音・同訓異字語においても、意味がはっきりしていれば、文脈の中でどの漢字を使うのが適切かどうかを推測して、使うことができる。

　②漢字の成り立ちを学習することによって、知らない漢字でも意符と音符から意味や読み方を類推することができる。

　③漢字の成り立ちを学習することによって、日本の文化として漢字の面白さを知り、上記の①と②を踏まえて、意欲的かつ効率的に漢字の学習に取り組むことが期待できる。

〈教材・題材の特徴〉

　本教材は一年生の漢字の学習のまとめとして位置付けられている。漢字の成り立ちを出発点に、日常的に使われているひらがな・カタカナについても漢字がもとになっていることを再確認したい。また、新学習指導要領では、「学び方」についても言及されており、この教材を通して、改めて漢字を学ぶ意義や学び方について考えるよい契機となる。

〈主体的・対話的で深い学びの視点からの授業改善ポイント／言語活動の工夫〉

　本単元は漢字の成り立ちについて学び、その知識・技能をどのように活用して日常の学習につなげられるかを大切にしたい。生徒に興味をもった身近にある漢字に着目させ、漢和辞典などを活用しながら、本単元で漢字の成り立ちを学習する意義について考えさせたい。

時	学習活動	学習内容	評価
1	1．本単元の学習内容を確認し、見通しをもつ。	○育成したい資質・能力、本単元における学習活動について確認する。	
	2．教科書（p.227）で漢字の成り立ちを確認する。	○象形・指事・会意・形声などの用語の意味を確認する。	
	3．練習問題（p.228）に取り組む。	○漢和辞典や国語辞典を使いながら練習問題に取り組む。	
	4．漢字に親しもう6（p.229）の問題に取り組む。		
	5．漢和辞典を用いて身近な漢字について調べる。	○自分が興味のある地名などに使われている漢字について漢和辞典を使って成り立ちを調べる。	
	6．調べた漢字の成り立ちについて紹介する。	○漢字の成り立ちや漢字の意味、音読みや訓読みなどの読み方について調べる。	
	7．これまでの学習や学校生活の中で書いてきた自分の文章を読み、適切に漢字が使われているかを見直す。	○漢和辞典や国語辞典などを用いて、これまでに書いた自分の文章について、漢字の表記や使い方などが適切かどうかを見直す。	❶
	8．本単元の学習の振り返りをする。	○本単元の学習を通して、自分にどのような学びがあったか振り返りをする。	❷

評価規準

知識・技能	主体的に学習に取り組む態度
❶学年別漢字配当表の漢字のうち900字程度の漢字を書き、文や文章の中で使っている。 　(1)イ	❷漢字の成り立ちについて進んで理解し、今までの学習を生かして身近な漢字について調べようとしている。

〈指導と評価の一体化を図る見取りのポイント〉

　本単元で指導と評価の一体化を図るために、身に付けた資質・能力をどのように発揮させるかが大切なポイントとなる。資質・能力を発揮させるために、本単元ではこれまでの学習で書いてきた自分の文章を読んで、適切に漢字が用いられているか、漢和辞典や国語辞典を使って確認させたい。これから生徒自身が学習を進めていく中で、文章を書く時に、文脈にあった漢字を適切に使えているか考えたり、文章を読んでいて、知らない漢字と出会った時に、読み方や意味を推測して文意を考えたりできるような場面を想定しながら授業に臨みたい。

　また、漢字そのものについて興味や関心をもたせることも重要である。そのために身近な漢字（地名や名前で使われている漢字など）の成り立ちや意味に着目させ、漢字の成り立ちを学習する意義について考えさせたり、自らの漢字の学習の改善に繋がる視点はないかを考えさせたりして、これからの日常生活でどのように学びが生きていくかを振り返らせたい。

漢字の成り立ち

主発問 学習してきた漢字を適切に読んだり書いたりしているだろうか。

目標

様々な場面で漢字を適切に読んだり、書いたりできる。

評価のポイント

❶学年別漢字配当表の漢字のうち900字程度の漢字を書き、文や文章の中で使っている。 (1)イ

❷漢字の成り立ちについて進んで理解し、今までの学習を生かして身近な漢字について調べようとしている。

準備物

・ 漢和辞典・国語辞典・自分が書いた文章等

ワークシート・ICT 等の活用や授業づくりのアイデア

○個人の興味や関心、調べるスピードに合わせて学習を進められるように、調べた漢字はノートにまとめる。

○漢和辞典や国語辞典、電子辞書や個人の端末など、調べるツールを複数選択できるようにしてもよい。

＊授業に役立つワークシート集を用いて、本単元の学習の確認を行ってもよい。

---

1 導入（学習の見通しをもつ）

Ｔ：この単元では漢字の成り立ちについて学習していきます。自分の文章を読み返して適切に漢字が使われているか確認したり、これから出会うたくさんの漢字について、学び方の工夫を考えたりできるとよいですね。

2 展開

〈漢字の成り立ちについて確認する〉

Ｔ：漢字の成り立ちは、六つの種類に分類され、それは「六書」と呼ばれています。「六書」は「作り方」と「使い方」で大きく分類されています。それぞれどのように分類されているのか、教科書で確認してみましょう。

〈漢字の成り立ちを学ぶ意義について〉

Ｔ：漢字の分類について確認できましたね。では、本単元の学習が身近でどのように生きてくるか考えてみましょう。教科書を参考に、少し考え、近くの人と一緒に考えてみましょう。

＊生徒の言葉でまとめられるように机間指導で支援する。

○漢字の成り立ちを学ぶ意義について、生徒の発言から整理する。

〈身近な漢字について調べる〉

3 終末（学習を振り返る）

〈本単元の学習を振り返る〉

Ｔ：最後に、本単元の学習を通して、どのような学びがあったか振り返りましょう。今後、学習を生かせそうな場面や漢字を学習していく際の工夫の仕方など、身近な場面を具体的にイメージして書けるとよいですね。

漢字の成り立ち3

【学習目標】
学習してきた漢字を適切に使える。

【今日のめあて】これまでに書いてきた文章を振り返り、適切に漢字が使われてきたか振り返る。

漢字の分類「六書」
・作り方→象形・指事・会意・形声
・使い方→転注・仮借

○身近な漢字について調べてみよう。
（例）・人名や地名、意味が分からない漢字
　　　…など

○これまでに書いてきた文章を読み返し、適切に漢字が使われているか確認してみよう。
「生きる」と「活きる」
「聞く」と「聴く」（「訊く」）

○本単元の学習を通して、どのような学びがあったか振り返りましょう。

T：漢字の成り立ちを学ぶことで、私たちの学び方も工夫できそうですね。それでは、次は身近な漢字について実際に調べてみましょう。調べる漢字は人名や地名、意味の分からない漢字など、何でもよいです。調べるときは漢和辞典、国語辞典（電子辞書・端末）などを使い、漢字の意味や読み方、部首などについてノートにまとめましょう。

＊調べるツールは環境に合わせて選択する。

○調べた漢字について，ノートを見せ合って共有する。

〈自分の文章を読み返す〉

T：これまで漢字の成り立ちについて学習してきました。では次に、自分がこれまでに書いてきた文章を読み返してみましょう。適切に漢字が使えているかな、という視点だけではなく、文脈に合っている漢字が使えているかどうかまで確認できるとよいですね。例えば、「生きる」と「活きる」や、「聞く」と「聴く」について、それぞれどのような文脈で使うのが適切なのか考えたことはありますか。これからは文脈にあった、また、伝えたい内容に合わせて漢字を選択していけるとよいですね。ちなみに「訊く」という漢字もあります。

では、適切な漢字が使われているかどうか、また、文脈に合った漢字が使われているかどうか、この二つの視点で自分の文章を読み返してみましょう。

＊必要に応じて適宜、辞典や辞書などを使うように促す。

＊誤字脱字だけでなく、例のような漢字の使い分けについて見直しがないか確認するように促す。

○色ペンなどで、適切な漢字に直す。

＊迷ったり困ったりしたら、近くの人と確認して進めるように促す。

8 自分を見つめる
一年間の学びを振り返ろう
（5時間扱い／話すこと・聞くこと）

> 指導事項：〔知技〕(1)ア、(2)イ　〔思判表〕A(1)ウ
> 言語活動例：「私」の1年間の国語の学びについて発表する

単元の目標

(1)音声の働きや仕組みについて、理解を深めることができる。　　　　　　〔知識及び技能〕(1)ア

　比較や分類、関係付けなどの情報の整理の仕方、引用の仕方や出典の仕方について理解を深め、

　それらを使うことができる。　　　　　　　　　　　　　　　　　　　　〔知識及び技能〕(2)イ

(2)相手の反応を踏まえながら、自分の考えが分かりやすく伝わるように表現を工夫することができ

　る。　　　　　　　　　　　　　　　　　　　　　　　　〔思考力、判断力、表現力等〕A(1)ウ

(3)言葉がもつ価値に気付くとともに、進んで読書をし、我が国の言語文化を大切にして、思いや考

　えを伝え合おうとする。　　　　　　　　　　　　　　　　　　　「学びに向かう力、人間性等」

単元の構想

〈単元で育てたい資質・能力／働かせたい見方・考え方〉

　本単元では、「相手の反応を踏まえながら、自分の考えが分かりやすく伝わるように表現を工夫する」という目標を達成するために、自分の言葉が相手にどのように受け取られているかを確認し、分かりやすく伝わるようにするためにはどうすればよいのかを考えさせたい。相手や目的、場の状況に応じて、声の大きさや表現について、調整しながら発表する姿が見られるようにしたい。

〈教材・題材の特徴〉

　生徒は発表に向けて課題に取り組みながらも、これまでに学習してきたことや、自身の学習の成果と課題を整理することができる教材である。生徒一人一人が観点を設定して、ノートや学習の記録などから一年間の学習を振り返り発表することで、自らの学びについて価値付けすることができる機会となる。また、振り返りだけにとどまらず、生徒が新たな課題を発見したり、言葉の力を再発見したりすることで、次年度での国語の学習への期待感をもたせたい。

〈主体的・対話的で深い学びの視点からの授業改善ポイント／言語活動の工夫〉

　本単元の目標の「相手の反応を踏まえながら」話すことは、日常の生活の中でも行われているが、今回は特に聞き手を意識させることが大切なポイントとなる。そのためには単元のスタートでの見通しが重要である。発表に向けて、聞き手を意識しながらフリップなどの資料を作成したり、聞き手にとって分かりやすい構成や展開、言葉を選択しながら発表の練習をしたりと、十分な準備をさせたい。十分な準備をした上で、相手にうまく伝わっていない場合には、補足をしたり、言い換えたりなどの調整が適切に行えるようにさせたい。また、生徒自身に自覚させるためにも、1人1台端末の録画機能を使うことも有効な手立てである。5時では、その映像を見ながら振り返りをさせることで、資質・能力の高まりについて、より自覚的に振り返ることができる。

時	学習活動	学習内容	評価
1	1. 本単元の学習内容を確認し、見通しをもつ。 2. 発表する観点を決める。 3. 観点に沿って発表の材料を集める。	○1年間の学びについて発表することを通して育成したい資質・能力を確認する。 ○これまでに使った教科書やノート等から、印象に残っていることや興味があることを振り返り、1年間の学習を振り返る観点を決める。 ○観点ごとに情報を付箋紙に書き出し、情報を集める。	❹
2	4. 集めた材料を整理し、発表する内容を決める。	○集めた材料を分類したり、比較したりして情報を整理し、発表内容を決める。	❷
3	5. 話の構成を考え、フリップを作成する。 6. 発表の練習をする。	○付箋紙を並び替え、何をどのような順番で発表するか、構成を考える。 ○話の要点をまとめたフリップを作成する。 ○顔を上げて、聞き手に届く声の大きさで練習する。	❶
4	7. グループの中で発表する。	○フリップを使って発表をする。 ○発表について質疑応答をする。	❸
5	8. 本単元の学習を振り返る。	○発表を想起しながら、相手の反応を踏まえながら発表をどのように調整したかを振り返る。	❹

評価規準

知識・技能	思考・判断・表現	主体的に学習に取り組む態度
❶音声の働きや仕組みについて、理解を深めている。(1)ア ❷比較や分類、関係付けなどの情報の整理の仕方ついて理解を深め、それらを使っている。(2)イ	❸「話すこと・聞くこと」において、相手の反応を踏まえながら、自分の考えが分かりやすく伝わるように表現を工夫している。A(1)ウ	❹相手の反応を踏まえながら、自分の考えが伝わるように粘り強く表現を工夫し、学習課題に沿って、1年間の学びについて報告しようとしている。

〈指導と評価の一体化を図る見取りのポイント〉

　本単元では、発表に必要な情報を集めて整理する段階と、表現し伝え合うために準備する段階の過程が大切になる。情報を集める段階では、これまでの学習を想起させたり、可視化した情報を整理させたりするよう促したい。表現し伝え合うために準備する段階では、分かりやすく伝えるためにはどのような表現の工夫をすれば良いかを粘り強く確認させ、発表では、分かりやすく伝わるための準備・工夫がどれくらい実現できたかを確認できるようにしたい。

一年間の学びを振り返ろう

主発問 1年間の学習成果の発表で何を語るか。

目標

本単元で発表する1年間の学びについて、発表の観点を決めることができる。

評価のポイント

❹相手の反応を踏まえながら、自分の考えが伝わるように粘り強く表現を工夫し、学習課題に沿って、1年間の学びについて報告しようとしている。

準備物

・付箋紙・発表に必要な資料

ワークシート・ICT等の活用や授業づくりのアイデア

○本単元では1年間の学習成果を発表の題材とするため、生徒が発表したい内容が見つかるように、これまで国語の学習で使ってきたノートやワークシート、データ（文字・写真）などを事前に準備させる。

＊実際の成果物等などが必要な場合は事前に準備させる。1人1台端末を使いながら話しをさせるのもよい。

---

1 導入（学習の見通しをもつ）

〈単元の学習に見通しをもつ〉

Ｔ：本単元では、1年間の学習成果を発表することを通して、相手の反応を踏まえながら、自分の考えが分かりやすく伝わるように表現を工夫することができるようになることが目標です。本単元で身に付けたい力を確認しましょう。

2 展開

Ｔ：本単元で身に付けたい力は3つあります。

①音声の働きや仕組みについて、理解を深めることができる。

②比較や分類、関係付けなどの情報の整理の仕方、引用の仕方や出典の仕方について理解を深め、それらを使うことができる。

③相手の反応を踏まえながら、自分の考えが分かりやすく伝わるように表現を工夫することができる。

Ｔ：これらの力を発表を通して身に付けていきます。では、今回の発表で使う教科書やノートなどの資料を用意しましょう。まずは、発表する際の観点を決めたいと思います。観点を決める前に、これまでの学習成果の資料などを見て、印象に残っていることや、興

3 終末（学習を振り返る）

〈本時の振り返りと次時の見通しの確認〉

Ｔ：今日は付けたい力の確認と、発表に向けて観点を決め、情報を集めてきました。次回は集めた情報を整理し、発表する内容と決めていこうと思います。

＊教科書p.231を示し、見通しを確認してもよい。

一年間の学びを振り返ろう

【学習目標】
相手の反応を踏まえながら、自分の考えが分かりやすく伝わるように表現を工夫する。

【今日のめあて】一年間の学習成果で発表する観点を決める。

○本単元で身に付けたい力
・音声の働きや仕組みについて、理解を深めることができる。
・比較や分類、関係付けなどの情報の整理の仕方、引用の仕方や出典の仕方について理解を深め、それらを使うことができる。
・相手の反応を踏まえながら、自分の考えが分かりやすく伝わるように表現を工夫することができる。

○これまでの学習プリントなどを見返し、一年間の学習を振り返る。

○一年間の学習を振り返る。

○付箋紙に情報を書き出す。

味があることなどについて振り返りましょう。

＊国語の学習で中学校に入学してからどのような成長があったかを考えるように促す。

＊小学校の時の自分と比較したり、自分の変容や成長を考えるように促す。

〈発表の観点を決める〉

Ｔ：それぞれ１年間の学習の中で印象に残っていることなどについて振り返ることができましたか。近くの人と共有してみましょう。

・表現の仕方を工夫して詩を創作した授業

・描写に着目した読むことの授業

・構成や展開を意識した読むこと・書くことの授業

・友人に読んでもらいたい本を紹介する話すことの授業　…など

Ｔ：共有はできましたか。この１年間で授業での様々な活動を通して力を付けてきたのが確認できましたね。

　それでは次に観点を決めていきますが、教科書 p.230を参考にしましょう。学習の窓や思考のレッスンなどの資料を参考にして、特定の単元や教材だけでなく、他の文章や学習に幅広く応用できるものを観点として選ぶとよいですね。

＊観点の例を参考にさせたり、隣の人と確認させたりしながら学習を進めるように促す。

Ｔ：観点は決まりましたか。小学校の頃の自分と比較したり、自分の成長を意味付けたりして発表している姿を期待しています。

〈付箋紙に情報を書き出す〉

Ｔ：最後に、観点に関する情報を付箋紙に書き出していきましょう。一見、関係なさそうな情報でも、まずはたくさん書き出すことを意識して取り組んで下さい。他の文章や学習と関連付けられないかなどを考えてみるのもよいですね。

＊観点に沿って情報を書き出すが、キーワードを多く出させるように支援する。

一年間の学びを振り返ろう

主発問 集めた情報をどのように分類するか。

目標

情報の整理の仕方について理解を深め、整理した情報を参考に発表内容を決めることができる。

評価のポイント

❷比較や分類、関係付けなどの情報の整理の仕方、引用の仕方や出典の仕方について理解を深め、それらを使っている。　　　　　　　　　(2)イ

準備物

・前時の付箋紙

ワークシート・ICT等の活用や授業づくりのアイデア

○本時は、前時までに書き出した情報を整理することが求められる。情報を整理する際は、スペースの広いワークシートを用意し、思考の広がりがでるように配慮したい。

＊付箋紙を貼ったりはがしたりして思考を整理させたい。それらをいくつかのグループに分け、ラベリングすることも考えられる。

1 導入（学習の見通しをもつ）

〈本時の学習に見通しをもつ〉

Ｔ：今日は前回の授業で付箋紙に書き出した材料を分類したり、比較したりして整理していきます。そして、整理した情報を基に、発表する内容を決めていきます。

＊教科書 p.32 の学習を想起できるように、学習で使ったノートやワークシートなどを活用する。

3 終末（学習を振り返る）

〈本時の学習の振り返りと次時の見通し〉

Ｔ：今日は発表に向けて集めた情報を整理し、発表内容を決めました。次回は発表に向けて構成を考えたり、発表で使うフリップを作ったりします。本時で整理した情報や、まとめるまでの過程が次時に大切な役割を果たしますので、資料を忘れないようにしましょう。

2 展開

〈材料を分類・比較し情報を整理する〉

Ｔ：それでは前回付箋紙に書き出した材料を分類していきましょう。分類するとは、種類・性質・系統に従って分けることを言います。例えば、語彙に関連する付箋紙を集めたり、心情を表す語句について集めたりすることなどが考えられます。手元の付箋紙を見て分類してみましょう。

分類が終わったら、さらに分類できないか確認しましょう。例えば、心情を表す語句について分類した中で、プラスの心情を表す語句とマイナスを表す語句にさらに分類していくといった具合です。

＊生徒が情報の分類を自力で行えるように声掛けをして支援する。

＊黒板等を使って分類の手本を示すとよ

効果的な板書例

一年間の学びを振り返ろう

【今日のめあて】情報の整理の仕方について理解を深め、整理した情報を参考に発表内容を決める。

○付箋紙の情報を分類・比較し整理する

・分類する
　↓
　種類・性質・系統に従って分けること
　（例）
　心情を表す語句に関するまとまり
　描写に関連する内容のまとまり　…など

・比較する
　↓
　ものごとを比べ、類似点・相違点などを考察する
　（例）
　情景描写に注目して作品を比較する
　小学校と中学校の文章で登場する語彙について比較する
　　　　　　　　　　　…など

○発表内容を決める
　↓発表に使う付箋紙を決める
　※次回は発表の構成を考える

い。

T：情報を分類し、付箋紙もいくつかのまとまりになってきたのではないでしょうか。他にも情報を比較することも大切です。例えば、これまで学習してきた文学作品の情景描写に着目して比較してみたり、小学校と中学校の教科書で登場する語彙に着目して比較してみたりすることもできます。1年間の学習を振り返るときにどのような観点で情報を整理していくかも大切な視点になりますね。

＊「考えるための技法」を参考に、他の観点で情報を整理することも考えられる。
・順序付ける　　・関連付ける
・理由付ける　　・構造化する
・具体化する　　・抽象化する　　…など

＊教科書 p.231を参考に、整理した付箋紙をグルーピングしたり、ラベリングしたりするなどして発表の準備を行う。

＊p.32「比較・分類」での学習を想起しながら

取り組むように促す。

＊ワークシートに整理した付箋紙（情報）は、1人1台などの端末で撮影するなどして記録させてもよい。

〈情報の整理の仕方を交流する〉

T：それでは、整理した情報を近くの人と交流しましょう。どのような観点で情報を分類しているのか。また、どのような観点で情報と情報を比較しているのかなど、整理仕方についてお互いの参考にしましょう。

　交流では、気になるところや分からないところなどについて互いに質問し合ったり、よいと感じたところや参考になると思ったことなどの感想などを伝え合ったりしましょう。

〈発表内容を決める〉

T：交流で、それぞれのよさなどを伝え合ったり、自分の整理した情報について確認したりすることはできましたか。最後に、発表の内容について決めていきましょう。

一年間の学びを振り返ろう

主発問 何を、どのような順番で伝えるか。

目標

何をどのような順番で伝えるか、発表に向けて構成を考えることができる。

評価のポイント

❶音声に働きや仕組みについて、理解を深めている。　　　　　　　　　　　　　　　(2)イ

準備物

・前時の付箋紙

ワークシート・ICT 等の活用や授業づくりのアイデア

○本時では発表で使うフリップを資料として作成する。フリップに載せられる情報量には限りがあるので、発表の言葉（口頭）で伝える情報と、フリップの文字の情報を分けて考えさせる。

＊フリップの代用として、1人1台端末などのプレゼンソフトを用いて資料を作成させてもよい。

---

1 導入（学習の見通しをもつ）

T：今日は前回までに集めた材料（付箋紙）を基に、発表の構成を考えていきます。発表の視覚的な資料としてフリップを使います。効果的なフリップの使い方を考え、フリップをどのような順番で提示するかなど、発表の構成を考えていきましょう。

2 展開

〈発表の構成を考える〉

T：前回の付箋紙を参考に話の構成を考えましょう。構成では、何を、どのような順序で話すかを考えていきます。前回の付箋紙をはがして、並び替えたり、新たに加筆して加えたり、いらないものは減らしたりしていきましょう。使う付箋紙が決まり、順番に並べたら発表のイメージをしてみましょう。

＊発表で伝えたいことの中心が明確になるように構成を考えるように促す。

＊構成がなかなか決められない人には、付箋紙に発表の大まかな流れを書き、それを使って構成を練るように助言する。

〈フリップを作成する〉

T：それでは、前の時間に集めた材料

3 終末（学習を振り返る）

〈本時の学習の振り返りと次時の見通し〉

T：今日の授業では、発表の構成を考え、発表の資料としてフリップを作ってきました。その後は練習を通して、自分の声が相手に届いているか、また、音声の強弱など効果的に使えているかなどを確認しました。次回はグループでの発表を行っていきます。

一年間の学びを振り返ろう

【今日のめあて】　何を、どのような順番で伝えるか。発表に向けて構成を考える。

○発表の構成を考える
・付箋紙を並び替える
・付箋紙を追加する
・付箋紙を減らす
　　　　　　など

○フリップを作成する
→一枚に情報を詰め込みすぎない

○フリップを使って発表の練習をする

⓪スピーチ

①過去の自分
　○○だった

②現在の自分
　○○ができる
　　ようになった

③成長の
　きっかけ

④これからの
　　取組

を基にフリップを作っていこうと思います。フリップの作成例については、教科書p.232〜233を参考にしましょう。フリップを作成するポイントは、「1枚に情報を詰め込みすぎない」ということです。話す内容の全てを書くのではなく、話の要点だけをフリップにまとめて書くようにしましょう。

　例えば、小学校のときの自分と比較して、「スピーチが上手にできるようになった」ということであれば、「スピーチ」のようにシンプルにフリップにまとめましょう。

　他には、「過去の自分」や「現在の自分」、「成長のきっかけ」や「これからの取組」など、発表の構成に合わせてフリップを作っていきましょう。

＊聴き手に見やすいように、紙に大きく文字を書くように促す。

＊発表の中で大事なことを短い言葉で表現するように促し、情報を詰め込みすぎないように意識させる。

〈発表の練習をする〉

Ｔ：フリップ完成したら発表の練習をしましょう。その際、小学校で学んできた「声の大きさや間の取り方、言葉の抑揚や強弱」に加え、発表の中で、どの部分を強調して発音するかなど、発表の中での音声の働きについても意識しながらペアで練習しましょう。

＊音声に関する小学校の指導事項についても力を発揮させ、確認しながら学習を進めるように支援していく。

＊フリップを使う際は、身体の向きなどに気を付け、声を届けたい相手を意識して発表するように促す。

＊1人1台端末などで、発表する自分の姿を撮影、客観的に自分の姿を確認させてもよい。

Ｔ：お互いのよいところや助言等を行い、発表がよりよくなるようにペアで確認しましょう。

一年間の学びを振り返ろう

主発問 相手の反応を踏まえながら、自分の考えが分かりやすく伝えられるか。

目標

相手の反応を踏まえながら、自分の考えが分かりやすく伝わるように表現を工夫することができる。

評価のポイント

❸「話すこと・聞くこと」において、相手の反応を踏まえながら、自分の考えが分かりやすく伝わるように表現を工夫している。

準備物

・フリップ・1人1台端末など

ワークシート・ICT 等の活用や授業づくりのアイデア

○本時の発表は本単元の学習の中心的な活動に当たる。相手の反応を踏まえながら発表することはできていても、それを客観的に自己評価することはなかなか難しいので、活動後の相互評価や発表を個人の端末で録画し、それを次時の振り返りに生かしていきたい。

1 導入（学習の見通しをもつ）

〈本時の見通しを確認する〉

T：今日はフリップを使って、1年間の学びについて発表をしていきます。今日のめあては、「相手の反応を踏まえながら、自分の考えが分かりやすく伝わるように表現を工夫することができる」です。単元の目標を達成できるように取り組みましょう。

3 終末（学習を振り返る）

〈本時の振り返ると次時の見通しの確認〉

T：今日は準備してきた成果を存分に発揮し、1年間の学びに発表できましたか。相互評価を通して、上手くいった部分や課題が見つかった人もいると思います。次回は発表を録画したものを見て自己評価し、本単元の学習の振り返りをしていきます。

2 展開

〈発表の準備をする〉

T：今から発表を行っていきますが、その前に最後の準備の時間を取りたいと思います。フリップを使って練習をしましょう。

＊フリップを使って練習を行ったり、1人1台端末などで撮影し、発表を確認したりするように促す。

〈発表の流れを確認する〉

T：それでは、発表の手順を確認したいと思います。発表は4～5人グループに分かれて行います。フリップを使うだけでなく、今日のめあてを意識して発表を行いましょう。発表後は、発表についての質疑応答を行います。聞き手は掘り下げて聞いてみたい内容を考えながら聞きましょう。

＊次の発表者が1人1台端末などを

一年間の学びを振り返ろう

【今日のめあて】相手の反応を踏まえながら、自分の考えが分かりやすく伝わるように表現を工夫する。

○発表の流れを確認する
・発表では、今日のめあてを意識する
・発表が終わったら、質疑応答をする　（各三分）

○発表について相互評価をする
・グループ（4〜5人）に分かれる
・フリップを使って発表をする
・発表を聞いての感想
・発表を聞いて考えたこと
・発表でよかったところ
・発表の中で、○○した方がよい
・相手の反応を見て話ができていたか…など

使って、発表を録画するなど、事前に決めておくとよい。

＊発表者は聞き手の反応を踏まえながら表現を工夫しようとするので、聞き手には発表中にメモなどをさせず、反応しながら聞くように促す。

＊スライド資料や板書等で、発表の流れをいつでも確認できるようにしておくとよい。

〈発表を行う〉

T：それでは、発表を行っていきましょう。時間を意識しながら各グループで進めていきましょう。

＊話し手は聞き手の反応を確認しながら発表するように

＊聞き手は、顔を上げて反応しながら聞いているか確認する。

〈質疑応答をする〉

T：発表が終わったら、聞き手は発表について質問などをしましょう。発表者はどのような質問を受けたかを記録しておきましょう。

＊聞き手の興味がどのようなところにあるかを確認させ、次の発表に生かせるように促す。

〈発表を相互評価する〉

T：全員が発表を終えましたか。質疑応答を通して、もう少し聞きたいことや確認したいことはありませんか。

それでは、発表を相互評価していきたいと思います。発表について気が付いたことや感じたこと、よいと思ったことやもう少しこうした方がよいことなどをお互いに伝え合いましょう。

・感想　　・発表でよかったところ
・発表で○○のように改善した方がよい
・相手の反応を見ているかどうか…など

＊相互評価では感想から改善案まで、様々なレベルで伝え合うように意識させる。

＊目標に対しての相互評価をするように促す。

一年間の学びを振り返ろう

主発問 この単元での資質・能力の高まりをどのように振り返るか

目標

本単元の学習について、客観的に資質・能力の高まりについて振り返ることができる。

評価のポイント

❹相手の反応を踏まえながら、自分の考えが伝わるように粘り強く表現を工夫し、学習課題に沿って、1年間の学びについて報告しようとしている。

準備物

・付箋紙・フリップ・ワークシート・1人1台端末など

ワークシート・ICT 等の活用や授業づくりのアイデア

○本時は単元の学習を振り返る時間に当たる。前時は発表を相互評価し、本時は動画で発表を確認し、自己評価をすることで、自らの資質・能力の高まりを振り返らせたい。そして今後の発表に生かせるように本単元の学習が生きるように見通しをもたせたい。

---

1 導入（学習の見通しをもつ）

〈本時の見通しをもつ〉

Ｔ：前回は1年間の学びについて発表をしました。今日は単元の学習の振り返りをしようと思います。目標にしていた力が身に付いたかどうかだけでなく、どのように試行錯誤しながら学習に取り組んできたかなど、過程にも注目して振り返りましょう。

2 展開

〈前時の活動を振り返る〉

Ｔ：前回の授業の最後に発表を振り返り、相互評価を行いました。どんな評価をそれぞれもらったのか、いくつか聞いてみたいと思います。

○問い掛けなどをして聞き手の反応を伺い、発表を工夫していた。

○難しい言葉の意味などを聞き手の反応を見て分かりやすい言葉に言い換えていた。

○身体の向きに気をつけ、フリップを聞き手に見えるように工夫していた。

○メモなどを使わずに、フリップを見ながら話ができるように工夫されていた。

△フリップの情報量が多く、それを読んで発表していたので相手の反応を見ていなかった。

〈質疑応答を振り返る〉

3 終末（学習を振り返る）

〈単元の全体を振り返る〉

Ｔ：本単元では相手の反応を踏まえながら表現を工夫することを目標に学習してきました。この学習で身に付けた力は日常生活の中で常に生きて働いていますので、これからも相手の反応を踏まえながら話したり、表現を工夫したりすることを心掛けていきましょう。

効果的な板書例

一年間の学びを振り返ろう

【学習目標】
相手の反応を踏まえながら、自分の考えが分かりやすく伝わるように表現を工夫する。

【今日のめあて】この単元での学びを振り返る

・前時の相互評価を振り返ろう

○問いかけなどをして相手の反応を見ている
○難しい言葉を分かりやすく言い換えている
○フリップを全員に見えるようにしている
○メモなどに頼らず、フリップを上手に使って発表ができていた
△フリップを読んで相手の反応を見ていない
△話すスピードが速い
△発表で使われる言葉や表現が難しい
　　　　　　　　　　　　…など

・本単元の振り返りをする

Ｔ：発表後には質疑応答を行いましたね。そこで、どのような質問が出たかをメモを見て振り返ってみましょう。発表の内容面や発表での言葉などについて振り返るヒントになると思います。

＊どのような質問があったかを確認させ、発表の内容面から振り返るように促す。

＊聞き手からの質問を確認し、次の発表の改善に生かせるポイントを見つけさせる。

〈発表動画を確認し、自己評価する〉

Ｔ：相互評価では、感想や評価を伝え合いました。それでは次に、前回の発表を撮影した動画を見ながら、自己評価をしましょう。

＊相互評価でもらった感想や助言等を参考にしながら、自己評価するように促す。

＊質問の内容のメモを参考にしながら、聞き手興味や関心、発表についての分かりにくいポイントはどこにあるかを確認するように促す。

〈自己評価で気付いたことを共有する〉

Ｔ：自分の発表について映像を通して客観的に見ることで多くの気付きが生まれたと思います。自己評価でどのような気付きがあったか共有しましょう。

○相手のうなずきなどの反応を確認しながら発表できていた。

○伝わっていないかなと感じたところでは、言葉を別の表現で言い換えたり、説明を補足したりできていた。

△話すスピードが速かったり、フリップやメモばかりを見て聞き手の反応を全然見られていなかったりしていた。

〈振り返りを書く〉

Ｔ：それでは最後に、これまでの学習の過程に触れながら振り返りを書きましょう。発表で使ったフリップやメモ、動画などを確認しながら書くとよいですね

さくらの　はなびら（1時間扱い／読むこと）

> 指導事項：〔知・技〕(1)オ　〔思判表〕C(1)オ
> 言語活動例：詩を読み、考えたことを記録したり伝え合ったりする活動

単元の目標

(1)比喩、反復、倒置、体言止めなどの表現の技法を理解し使うこと。　　　　　〔知識及び技能〕(1)オ
(2)詩を読んで理解したことに基づいて、自分の考えを確かなものにすること。

〔思考力、判断力、表現力等〕C(1)オ
(3)言葉がもつ価値に気付くとともに、進んで読書をし、我が国の言語文化を大切にして、思いや考えを伝え合おうとする。　　　　　　　　　　　　　「学びに向かう力、人間性等」

単元の構想

〈単元で育てたい資質・能力／働かせたい見方・考え方〉

　詩に用いられている比喩や反復、倒置などの表現の技法が、読者にとって「気になる表現」となることに気付かせ、詩を味わう際の着眼点として意識できるようにしたい。その際、既習の内容を想起したり、ノートや教科書で確かめたりしながら、知識を確かなものとして習得する学び方を身に付けさせたい。また、詩の言葉の解釈には、一人一人の感じ方の違いが反映されやすいことを踏まえ、妥当性を意識しつつ、互いの読みを重ねたり比べたりすることで、自分の考えを更新する読みの態度を育てたい。

〈教材・題材の特徴〉

　難しい言葉はなく、すべて平仮名で書かれているので、生徒たちはすぐに音読して詩の感触を確かめることができるだろう。しかし、この詩に正対して考えをもつには、詩人が語る「さくらのはなびらが散ることの意味」を解釈する必要がある。「気になる表現」を、体言止め、擬人法、対句、倒置、反復といった表現の技法の知識を手掛かりに検討することで、詩全体を貫く詩人のものの見方を捉えることができる。その上で、「かけがえがない」とはどういうことなのか、考えさせたい教材である。

〈主体的・対話的で深い学びの視点からの授業改善ポイント／言語活動の工夫〉

　妥当性のある解釈をした上で、自分の考えをもたせたい。そこで、学習課題を「詩人の思いに迫ろう、そして自分の思いを語ろう」と提案する。初読後と終末にこの詩に対する所感を言葉にする場を設けることで、自分の読みの深まりや明確化を実感することができるだろう。また、解釈の段階で、「気になる表現」が同じ、もしくは関係がある者同士のグループをその場で編成し、既習の知識を手掛かりに焦点化した話し合いができるようにしたい。

時	学習活動	学習内容	評価
1	1．学習を見通し、詩を音読する。	○学習課題「詩人の思いに迫ろう、そして自分の思いを語ろう」を確認する。 ○詩を音読し、詩人のどんな思いが感じられたか、ペアで交流する。 ○黙読し、「気になる表現」に線を引く。	
	2．グループを作り、詩人の思いについて話し合う。 ・「気になる表現」が含まれる連ごとの小グループ。	○各自の「気になる表現」を挙げ、用いられている表現の技法を確認する。 ○表現の技法による効果や用いた意図を考え、どのような「詩人の思い」が読み取れるか話し合う。 　・グループごとのワークシート（詩を印刷した大判用紙）に気付きや考えを書き込みながら話し合う。	❶ ❸
	3．全体で紙上交流し、考えを広げる。 4．学習課題について、自分の考えをまとめる。 5．考えを交流し、学習を振り返る。	○必要に応じて質問しながら、他のグループのワークシートから、参考になる考えを収集する。 ○自分が読み取った「詩人の思い」とそれに対する「自分の思い」をノートにまとめる。 ○ペア・全体で考えを交流し、交流を通して感じたことや考えたことを伝え合う。	❷

知識・技能	思考・判断・表現	主体的に学習に取り組む態度
❶比喩（擬人法）、反復、倒置、体言止め、対句などの表現の技法を理解し、詩の解釈に役立てている。 (1)オ	❷「読むこと」において、詩を読んで理解したことに基づいて、自分の考えを確かなものにしている。　　C(1)オ	❸既習の知識を手掛かりにしたり、仲間の考えを参考にしたりしながら詩を解釈し、より明確な自分の考えをつくろうとしている。

〈指導と評価の一体化を図る見取りのポイント〉

　表現に基づいて妥当性のある詩の解釈をするには、どの連のどの言葉に着眼したのかを明らかにさせ、文脈の中での言葉の意味や、他の言葉との関係などを協働的に検討する場を設定することが大切である。また、自分の考えを確かなものにしていくためには、初読後の考えを話したり書かせたりするなど、考えの変容や深まりが自覚できるような手立てが必要である。初読後の考えとして、「分からない」「言葉にできない」なども、ぜひ大切にしたい。

さくらの はなびら

主発問 「気になる表現」から、どのような詩人の思いが読み取れますか。

目標

表現に着目して詩を読み、作者の思いについて想像し、自分の考えをもつ。

評価のポイント

❶比喩、反復、倒置、体言止め、対句などの表現の技法を理解し、詩の解釈に役立てている。 (1)オ

❷❸「読むこと」において、既習の知識を手掛かりにしたり、仲間の考えを参考にしたりしながら詩を解釈し、自分の考えを確かなものにしている。

C(1)オ

準備物 詩を印刷したワークシート（グループ用：四つ切画用紙、個人用：B4）

ワークシート・ICT等の活用や授業づくりのアイデア

○詩を印刷したワークシートを用いることで、着眼点や気付きを直接書き込めるようにする。

＊グループ用のワークシートには詩だけを印刷し、自由に書き込みができるようにする。個人用は、詩の下に「読み取った詩人の思い」と「それに対する自分の考え」を書く欄を設ける。

1 導入（学習の見通しをもつ）

〈本時の目標と想起する知識を確かめる〉

T：今日はまど・みちおさんの詩「さくらのはなびら」を読みます。「さまざまな表現技法」の学習を生かして、まどさんの思いについて話し合いましょう。そして、自分の考えをまとめましょう。

＊学習のゴールと言語活動をイメージする。

3 終末（学習を振り返る）

〈捉えた「作者の思い」やこのような詩を書いた詩人に対する自分の考えを書く〉

T：読み取った「作者の思い」について自分が考えたことや、この詩を書いたまどさんについて考えたことを、ワークシートに書き留めておきましょう。

＊詩を読む意義を振り返らせることが、2学年での詩の学習につながる。

2 展開

〈詩を読み、気になる表現を見つける〉

T：題名から、何を思い浮かべますか。

T：各自で詩を音読しましょう。その後、感想をペアで交流しましょう。

＊題名から思い浮かべるのは、「春」「卒業・入学」「ひらひら」「桜吹雪」などが考えられる。自分が抱いたイメージを念頭において詩を音読することで、感想を言語化しやすくなる。例えば、次のような感想が予想される。

・予想と違って、桜が咲いている様子を描いた詩ではなかった。

・全部ひらがなで、不思議な感じがする。

T：黙読して、自分の感想とつながりそうな、「気になる表現」に線を引きましょう。

〈4人グループで「気になる表現」の効果や表現の意図について話し合う〉

効果的な板書例

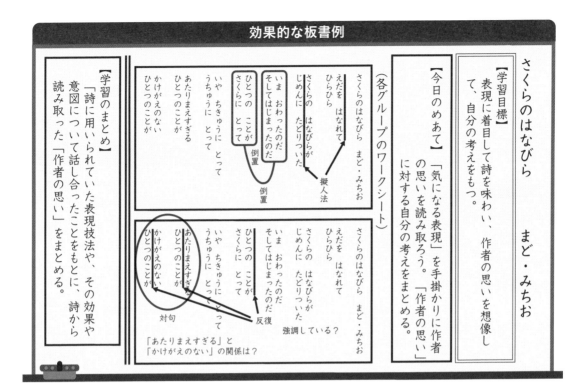

【学習目標】
表現に着目して詩を味わい、作者の思いを想像して、自分の考えをもつ。

さくらのはなびら　まど・みちお

【今日のめあて】
「気になる表現」を読み取ろう。「作者の思い」に対する自分の考えをまとめる。

〈各グループのワークシート〉

さくらのはなびら　まど・みちお

えだを　はなれて
ひらひら
さくらの
じめんに　たどりついた
はなびらが

擬人法

いま
おわったのだ
そして　はじまったのだ

倒置

ひとつの　ことが
さくらに　とって
いや　ちきゅうに　とって
うちゅうに　とって
あたりまえすぎる
ひとつのことが
かけがえのない
ひとつのことが

倒置

さくらのはなびら　まど・みちお

えだを　はなれて
ひらひら
さくらの
じめんに　たどりついた
はなびらが

いま
おわったのだ
そして　はじまったのだ

ひとつの　ことが
さくらに　とって
いや　ちきゅうに　とって
うちゅうに　とって
あたりまえすぎる
ひとつのことが
かけがえのない
ひとつのことが

反復

対句

強調している?

「あたりまえすぎる」と
「かけがえのない」の関係は?

【学習のまとめ】
「詩に用いられていた表現技法や、意図について話し合ったことをもとに、その効果や意図について話し合ったことをもとに、その効果や意図について話し合ったことをもとに、詩から読み取った「作者の思い」をまとめる。

T：「気になる表現」を手掛かりに、作者の思いについて話し合います。

①第一連から順に、「気になる表現」を挙げ、p.224〜「さまざまな表現技法」を参考に、用いられている表現の技法などを確認する。

②「気になる表現」の効果や表現の意図を話し合う。

③どのような「作者の思い」が読み取れるか話し合う。

＊詩を印刷した四つ切画用紙を各グループに配布し、気付きや考えを書き込みながら話し合うように指示する。

○「擬人法」「倒置」を含む表現に着眼したグループへの指導例

生徒a：私が気になった表現は、第一の「えだを　はなれて」と第二連の「じめんに　たどりついた」です。擬人法が使われています。人間のことを言っているのかもしれないと思いました。

生徒b：私は第４連の「ひとつのことが　さくらにとって」が気になりました。「ひとつのことが」は反復もされているので、強調していると思います。

T：「ひとつのことが」の述語はどこにあるのでしょう。

生徒c：第３連にあります。私も第４連が気になったのですが、第３連と倒置になっていることに気付きました。「さくらにとって　ひとつのことが　いま　おわったのだ　そして　はじまったのだ」が普通の言い方です。

T：aさんの考えも合わせてみると、どんなことが言えそうですか。

＊必要に応じて、グループで書き込んだワークシートを見合う時間をとる。

〈「作者の考え」をまとめ、交流する〉

T：グループでの話合いを踏まえて、自分が読み取った「作者の思い」をワークシートに書きましょう。…全体で交流しましょう。

■ 振り返り
学習を振り返ろう
（3時間扱い／話すこと・聞くこと❶、書くこと❶、読むこと❶）

> 指導事項：〔知技〕⑶ウ　〔思判表〕A⑴ウ、B⑴ウ、C⑴ア
> 言語活動例：1年間の学習を振り返り、学びの成果をまとめる。

単元の目標

⑴　共通語と方言の果たす役割について理解することができる。　　　　　　　〔知識及び技能〕⑶ウ

⑵　相手の反応を踏まえながら、自分の考えがわかりやすく伝わるように表現を工夫することができる。　　　　　　　　　　　　　　　　　　　　　　　　　　　〔思考力・判断力・表現力等〕A⑴ウ

根拠を明確にしながら、自分の考えが伝わる文章になるように工夫することができる。

〔思考力・判断力・表現力等〕B⑴ウ

文章の中心的な部分と付加的な部分、事実と意見との関係などについて叙述をもとに捉え、要旨を把握することができる。　　　　　　　　　　　　　　　〔思考力・判断力・表現力等〕C⑴ア

⑶言葉が持つ価値に気付くとともに、進んで読書をし、我が国の言語文化を大切にして、思いや考えを伝え合おうとする。　　　　　　　　　　　　　　　　　　　　　　「学びに向かう力、人間性等」

単元の構想

〈単元で育てたい資質・能力／働かせたい見方・考え方〉

　1年間の総まとめとなる本単元では、「読むこと」「話すこと・聞くこと」「書くこと」の各課題についてこれまでの学習を振り返りながら取り組み、国語の学習で何ができるようになったのかを自覚する機会としたい。これまで言葉とどのように向き合い、話したり、聞いたり、書いたり、読んだりしてきたのか、自身の成長を感じるととともに、言葉が持つ価値に気付かせ、次年度の学びの見通しをもてるようにしたい。

〈教材・題材の特徴〉

　生徒は、1年間の総まとめとして教科書に掲載された各課題に取り組むことで、これまでの学びを振り返り、その成果を実感していくだろう。生徒はこれまでの学習でさまざまな文章、言葉と出会い、多くの言語活動に取り組んできた。本単元はこれまで学習してきたノートやプリントなどの学習記録を活用し課題に取り組むことで、自身の成長点や改善点を見いだすことができるものである。

〈主体的・対話的で深い学びの視点からの授業改善ポイント／言語活動の工夫〉

　教師が各課題を丁寧に解説するのではなく、生徒が課題に取り組むことで自身のこれまでの学習を振り返り、その成果を感じさせることに重点をおく。そのため各課題の最後に教科書の「つなぐ」の記載内容をもとにし、これまでの学びの成果について考える活動を新たに設定した。「まとめの課題」と向き合いながらこれまでの学びの成果を言語化し、学習したことの意義や価値を実感させたい。

時	学習活動	学習内容	評価
1	1．教科書 p.260を読み、観測記録に記された事実について考える。 2．p.260傍線部の警告の内容について自分の考えを書く。 3．振り返りを書く	○網走地方気象台の観測記録から明らかになった事実を二つに分けて書く。 ○傍線部に対する警告の内容について「……という警告」で終わる形で書く。 ○「まとめの課題」に自分の考えを書く。	❹ ❺
2	1．p.261の表の内容をまとめる。 2．上村さんのアドバイスを基に、スピーチ原稿を修正する。 3．振り返りを書く。	○上村さんがまとめた表の「飲まさる」の部分について、「押ささる」と同じようにまとめる。 ○上村さんのアドバイスを基にスピーチ原稿に共通語との比較を入れて修正をする。 ○「まとめの課題」に自分の考えを書く。	❶ ❷ ❺
3	1．p.262の表の空欄の内容を考え、表を完成させる。 2．卒業式の歌について条件に従って自分の考えを書く。 3．振り返りを書く。	○p.262の新聞記事を基に、最近の卒業ソングの傾向についてまとめ、表を完成させる。 ○卒業式で歌ったり聞いたりしたい歌について、2つの条件に従って自分の考えを書く。 ○「まとめの課題」に自分の考えを書く。	❸ ❺

評価規準

知識・技能	思考・判断・表現	主体的に学習に取り組む態度
❶共通語と方言の果す役割について理解している。　⑶ウ	❷「話すこと・聞くこと」において、相手の反応を踏まえながら、自分の考えがわかりやすく伝わるように表現を工夫している。　　　　A⑴ウ ❸「書くこと」において、根拠を明確にしながら、自分の考えが伝わる文章になるように工夫している。B⑴ウ ❹「読むこと」において、文章の中心的な部分と付加的な部分、事実と意見との関係などについて叙述をもとに捉え、要旨を把握している。　　　C⑴ア	❺進んで学習課題に取り組み、これまでの学習成果を振り返り、「まとめの課題」に自分の考えを書こうとしている。

〈指導と評価の一体化を図る見取りのポイント〉

　各領域の課題は学習指導要領の言語活動例を基にしている。この課題に取り組むことで各領域の資質・能力の高まりを見取ることができる。また、授業の最後に「まとめの課題」を設定することで、これまでの各領域の学習を振り返りながら、自らの学習状況や、学びの成果を実感することができる。学びの成果を実感することはこれからの学びをどう進めるのかということを考えることにつながる。このような生徒の姿を見取ることで、1年間の学習を通して主体的に学習に取り組む態度がどれぐらい身についたのかを見取ることが重要である。

学習を振り返ろう

 説明や記録の文章を読むときには、なぜ事実と意見を読み分けることが大切なのか

目標

文章の中心的な部分と付加的な部分、事実と意見との関係などについて叙述をもとに捉え、要旨を把握することができる。

評価のポイント

❹説明的な文章を読む観点として、事実と意見を読み分けることの大切さを理解し、要旨を把握している。　　　　　　　　　　　　C(1)ア

❺進んで学習課題に取り組み、課題への取り組みを通して自分の考えを再考したり、これまでの自分の学習の成果をまとめようとしている。

準備物　・ワークシート⤓01

ワークシート・ICT 等の活用や授業づくりのアイデア

○デジタル教材等を活用し、事実と意見の読み分けについて、文末や接続語などポイントとなる部分にマーカーを引いて全体で共有するなど可視化する。

※解答例については、事前に用意しておき、フリップを活用するなどして生徒に示す。

1　導入（学習の見通しをもつ）

〈本時の授業展開とゴールの確認〉

Ｔ：今日から３時間で、１年間の学習を振り返ります。まずは、「読むこと」の課題について教科書の説明的な文章をもとに考えます。特に事実と意見を読み分けることについて考えます。また授業の後半では「まとめの課題」に取り組み１年間の学習を振り返ります。

3　終末（学習を振り返る）

〈再考した内容を踏まえて自分の学びの成果を振り返る〉

Ｔ：今日の授業では、説明的な文章を読むときに大切な事実と意見を読み分けることを課題を通して振り返りました。授業の最後に、本時で取り組んだ内容の成果についてA〜Cで自己評価してみましょう。

2　展開

〈事実と意見を読み分ける〉

Ｔ：事実とは、実験や観察の結果など本当にあったことや誰でも確かめられることをいいます。それに対して意見とは、結果に基づく考察や解釈などその人が考えたことをいいます。説明的な文章には、事実が書かれた部分と意見が書かれた部分があります。

○事実と意見の読み分けのひとつの方法として、文末表現に着目することを説明する。

〈教科書の課題に取り組む〉

Ｔ：教科書 p.260の課題①、②に取り組みましょう。文末や接続語に着目して事実が書かれている部分と意見が書かれている部分の読みわけを意識しながら本文を読みましょう。

①について（解答例）

効果的な板書例

学習を振り返ろう

【学習目標】
問題に取り組み、身に付けた力を確認する。

【今日のめあて】
説明的な文章を読むときの観点について理解を深める。

「事実と意見を読み分ける」
○事実・・・実験や観察の結果など誰でも確かめられること
○意見・・・結果に基づく考察・解釈
※文末表現に着目することは読み分けのひとつの方法
●事実・・・～だ。～である・～ている。～が明らかになった。
●意見・・・～と考えられる。～だろう。～と思う、考える。

学習活動1　教科書p.260の課題①、②に取り組む。
　(1)、(2)の解答例を示す)

学習活動2　「まとめの課題」に取り組む
「まとめの課題」
◎　説明や記録の文章を読むときには、なぜ事実と意見を読み分けることが大切なのか、これまでの学習を思い出しながら考えてみよう。

「交流について」
(1)「まとめの課題」について自分の考えを発表する。
(2)グループの他者の考えを聞いて記録する。
(3)自分の考えと他者の考えについて、共通点・相違点を探して整理する。

【学習のまとめ】
自分の考えと他者の考えを比較して、再考する。再考したことをノートに書こう。

---

(1)百年余りの間に、オホーツク海・北海道沿岸の気温が約1度上昇したこと。

(2)百年余りの間に、オホーツク海・北海道沿岸の流氷の面積が半分近くに減ったこと。

②について（解答例）

●このまま温暖化が進んでいくと、自然が破壊され、私たちの生活にも悪い影響が出る可能性があるという警告。

＊机間指導を通じて文末表現に着目するなど支援する。

＊解答例は、あらかじめ準備しておき、黒板もしくはICTを活用して生徒に示す。

〈「まとめの課題」に取り組む〉

T：次にまとめの課題に取り組みます。説明的な文章を読むときに、なぜ事実と意見を読み分けることが大切なのか、これまでの学習を振り返りながら考えましょう。この後、グループで発表します。

〈グループでお互いの考えを発表する〉

T：3人グループで、それぞれの考えを発表します。聞き手は自分の考えと発表者の考えの共通点と相違点についてノートに記録しながら、聞きましょう。

・事実と意見を読み分けることで筆者が主張したいことがよりはっきりと分かります。

・事実が書かれた部分と意見が書かれた部分を意識すると文章の構成が理解できます。

○机間指導しながら生徒の交流の様子を見取る。

〈グループで出た意見を参考に自分の意見を再考する〉

T：グループでの意見交流を踏まえて、もう1度自分の考えを見直してみましょう。考えが変わっても構いませんし、グループでの交流で同じ考えが出て、自分の考えがより確かなものになったと感じたらそのこと書いてください。

学習を振り返ろう

 紹介や報告をする際、分かりやすく相手に伝えるためには、どのような表現を加えるとよいだろうか。

目標

・共通語と方言の果たす役割について理解することができる。

・相手の反応を踏まえながら、自分の考えが分かりやすく伝わるように表現を工夫することができる。

評価のポイント

❶方言と共通語のそれぞれのよさを理解したうえで、課題に取り組んでいる。　　　　　　(3)ウ

❷紹介や報告をする際に、相手の反応を踏まえて語句を選択するなど自分の考えが分かりやすく伝わるよう表現を工夫している。　　　　A(1)ウ

❸進んで学習課題に取り組み、グループワークでの

ワークシート・ICT 等の活用や授業づくりのアイデア

○p.261の QR コードを読みとり、島田さんのスピーチについて音声教材を用いてその内容を紹介するとよい。

※課題①、②の課題内容や解答例について、事前に用意しておき、フリップ等を活用し生徒に示す。

交流を踏まえて、これまでの学習の成果をまとめようとしている。

準備物　聞き取りシート⤓02

---

1 導入（学習の見通しをもつ）

〈本時の授業展開とゴールの確認〉

T：今日はまず「話すこと・聞くこと」の課題について教科書の島田さんのスピーチをもとに考えます。次に聞き手の反応を踏まえながら、分かりやすく伝えるためにどんな工夫が必要か話し合います。そして、授業の後半では「まとめの課題」に取り組み1年間の学習を振り返ります。

3 終末（学習を振り返る）

〈交流で出た意見を踏まえて自分の学びの成果を A〜C で自己評価する。〉

T：学習のまとめをします。グループでの意見と自分の考えを比較して参考になるところをノートにまとめましょう。授業の最後に、本時で取り組んだ内容について A〜C で自己評価してみましょう。

2 展開

〈方言と共通語のそれぞれのよさについて振り返る〉

T：教科書 p.121を開けてください。方言とは何か、共通語とは何かまたそれぞれの特徴とよさについて学習してきました。P.121、122の内容について簡単に振り返ります。

○p.122頁の「方言と共通語のよさ」について簡潔に板書し、それぞれの特徴を振り返る。

〈教科書の課題に取り組む〉

T：p.261頁の課題①、②に取り組みます。教科書の島田さんのスピーチ文はまだ見ないでください。先生が島田さんになって（もしくは教科書の QR コードからデジタル教材を活用して）スピーチします。みなさんは、上村さんになって課題に取り組んでくださ

学習を振り返ろう

【学習目標】
問題に取り組み、身に付けた力を確認する。

【今日のめあて】　相手に分かりやすく伝わる表現の工夫について考えてみよう。

「方言と共通語、それぞれのよさ」（教科書p.122頁より）
（共通語）
・共通語の普及により、異なる地域の人々が円滑に交流できる。
（方言）
・地域に根を下ろし、その土地の文化や風土をこまやかに映し出すことができる。

学習活動1　教科書p.261の課題①、②に取り組む。
◎①・②の課題内容について示す。

学習活動2　「まとめの課題」
「まとめの課題」に取り組む
　紹介や報告をするときに分かりやすく伝わるためにどのような工夫をすることが大切か。これまで自分自身は、どのような工夫をしてきたか。特に工夫した点となぜそのような工夫をしたのか、その理由を書こう。

「交流について」
(1)「まとめの課題」について自分の考えを発表する。
(2)グループのメンバーの工夫点を聞いて記録する。
(3)自分の工夫点と他の人の工夫点について、共通点・相違点を探して整理する。

【学習のまとめ】
・他の人の工夫点と比較して、参考になったことをノートに書く。
・自身の一年間の学びを自己評価する。

い。課題内容は黒板に示します。
○あらかじめ課題①、②の内容について準備しておき黒板に提示することで、生徒が教科書の島田さんのスピーチの内容を「読む」ことなく、「聞く」ことができる学習環境を作る。
※スピーチを聞く際には、「聞き取りシート」を活用する。
①について（解答例）
●「……さる」がもつ二つの意味について、両方含む使い方を説明するために挙げた例。
②について（解答例）
●このように、方言には地域ごとの特色が現れ、地域独特の意味を持った言葉が多くあります。共通語と比較すると、正確に意味が伝わる地域は限定されるかもしれませんが、地域の風土や生活に根ざした方言はその土地の文化や風土を細やかに映し出し、その言葉でなければ言い表せない感覚やニュアンスがあります。方言と共通語、それぞれの特性を生かして使うことで、言葉が豊かになっていきます。
※②の課題については、生徒の解答をいくつか取り上げ全体で共有する。

〈「まとめの課題」に取り組む〉
Ｔ：次にまとめの課題に取り組みます。黒板に示した「まとめの課題」について自分の考えをノートに書きましょう。

〈グループでお互いの考えを発表する〉
Ｔ：3人グループで、それぞれの考えを発表します。聞き手は自分の考えと発表者の考えの共通点と相違点についてノートに記録しながら、聞きましょう。
・話す速さを特に心がけました。相手が聞き取りやすい速さでスピーチしました。
・相手の反応を意識して、相手に伝わっていないような表情のときには繰り返し話しました。
○机間指導しながら生徒の交流の様子を見取る。

学習を振り返ろう

主発問 文章を書く際に根拠を明確にするためにはどのようなことが必要だろうか。

目標

適切な資料を活用し、根拠を明確にして自分の考えを伝える文章を書くことができる。

評価のポイント

❸適切に歌詞の一部を引用し、自分の考えが伝わる
　文章を書くことができる。　　　　　　　B(1)ウ
❺進んで学習課題に取り組み、グループでの交流を
　踏まえて、これまでの学習の成果を振り返ろうと
　している。

準備物

・ワークシート⬇️03

ワークシート・ICT 等の活用や授業づくりのアイデア

○インターネットを活用し、歌詞以外に自分の考えの根拠となる資料を検索してもよい。

○授業の最後に、学習課題の内容をもとに「壁新聞」を作成し、学級内に掲示するなど、本時の学習を発展させる言語活動を設定することも考えられる。

---

1 導入（学習の見通しをもつ）

〈本時の授業展開とゴールの確認〉

Ｔ：今日は「書くこと」の課題をついて卒
　業ソングについての調査結果をもとに考
　えます。根拠を明確にして、自分の考え
　を分かりやすく伝えるためには、どのよ
　うな工夫が必要か、また根拠として示す
　資料はどのようなものが適切か、考えを
　深めましょう。

3 終末（学習を振り返る）

〈再考した内容を踏まえて自分の学びの成
果を A〜C で自己評価する。〉

Ｔ：今日は、根拠を明確にして自分の考え
　が伝わる文章になる工夫について振り返
　りました。授業の最後に、本時で取り組
　んだ内容について A〜C で自己評価して
　みましょう。

2 展開

〈自分の考えの説得力を高めることについ
て振り返る〉

Ｔ：教科書 p.138を開けてください。こ
　れまで、自分の考えを伝えるときに
　は、アンケート結果や本などの資料を
　引用したりして根拠を明確にすること
　で、説得力のある主張ができることを
　学習してきました。もう一度 p.140、
　141の内容を簡単に振り返ります。

○p.141の「根拠を明確にして自分の考
　えを伝えるには」について簡潔に板書
　し、その内容を振り返る。

〈教科書の課題に取り組む〉

Ｔ：p.262の課題①、②に取り組みま
　す。記事を読み、①の課題について表
　を完成させてください。①の課題がで
　きた人は、②の課題について条件
　1、2 に従って取り組んでください。

効果的な板書例

学習を振り返ろう

【学習目標】
問題に取り組み、身に付けた力を振り返る。

【今日のめあて】
自分の考えが伝わる、根拠を明確にした文章とはどのようなものか考える。

「根拠を明確にして自分の考えを伝えるには」
（教科書p．141より）

○自分の考えの説得力を高めるためには、確かな根拠に基づいていることが必要。
・さまざまな種類のデータを多角的に集める。
・根拠となる資料は信頼できるものかを確かめて活用する。
・出典（引用元や資料等の名称）を明記する。

学習活動1　教科書p．262の課題①、②に取り組む。
①、②の解答例を示す。

「まとめの課題」
◎学習活動1、課題②で書いた文章をもとにグループで交流する。

学習活動2　「まとめの課題」に取り組む
（交流の視点）
・引用内容は適切か（方法・分量）
・引用内容と考えや意見は、無理なく結びついているか。

【学習のまとめ】
・グループ交流で出た意見をノートに書く。
・自身の一年間の学びを自己評価する。

---

②について（解答例）

●私は、卒業式で友〜旅立ちの時〜を歌いたいです。3年間共に学んできた仲間に、卒業という別れを前に、「友。進むべき道の先にどんなことが待っていても　友。この歌を思い出して僕らを繋ぐこの歌を」の歌詞を贈りたいと思います。離れていても僕らは仲間であり続けるという歌詞が僕らを支え、これから先の私たちを励ます力になると考えるからです。卒業生全員で心をひとつにして、最高のハーモニーを力強く届けたいです。

※解答例については、あらかじめ準備しておき、黒板／ICT端末を活用して生徒に示す。

〈「まとめの課題」に取り組む〉

Ｔ：次にまとめの課題に取り組みます。黒板に示した「まとめの課題」についてグループで考えてみましょう。

〈お互いの文章を見ながら意見交流する〉

Ｔ：グループで、それぞれが書いた文章を読み合いながら、根拠が適切に引用できているか、意見や考えの内容と無理なく結びついているかなど交流します。そして、交流活動の最後に、もし根拠として引用した部分がなかったら、文章からどんな印象を受けるか意見を出し、根拠の必要性について再度考え、まとめてみましょう。

・歌詞の一節があることで、具体的に歌いたい理由について理解することができました。根拠があるかないかで説得力に違いがでると思いました。

・引用部分がなかったら、なぜそう思うのか聞き返してみたくなるね。

○机間指導しながら交流の様子を見取る。

監修者・編著者・執筆者紹介

[監修者]

髙木　まさき（たかぎ　まさき）　　横浜国立大学教授／学習指導要領等の改善に係る検討に必要な専門的作業等協力者／令和3年版光村図書出版中学国語教科書編集委員

[編著者]

三浦　登志一（みうら　としかず）　　山形大学教授／学習指導要領等の改善に係る検討に必要な専門的作業等協力者／令和3年版光村図書出版中学国語教科書編集委員

萩中　奈穂美（はぎなか　なおみ）　　福井大学准教授／令和3年版光村図書出版中学国語教科書編集委員

[執筆者] ＊執筆順、所属は令和4年2月現在。

		[執筆箇所]
髙木　まさき	（前出）	●まえがき　●「主体的・対話的で深い学び」を目指す授業づくりのポイント
三浦　登志一	（前出）	●第1学年の指導内容と身に付けたい国語力　●学習評価のポイント
萩中　奈穂美	（前出）	●第1学年の指導内容と身に付けたい国語力　●板書の工夫
児玉　忠	宮城教育大学教授／学習指導要領等の改善に係る検討に必要な専門的作業等協力者	●「言葉による見方・考え方」を働かせる授業づくりのポイント
品川　隆一	大阪府堺市教育委員会 教育センター指導主事	●朝のリレー　●野原はうたう　●声を届ける／書き留める／言葉を調べる／続けてみよう　●学習を振り返ろう
大山　宏樹	山形県村山市立楯岡中学校教諭	●シンシュン　●[聞く]情報を的確に聞き取る　●季節のしおり　春　●情報整理のレッスン　比較・分類　●情報を整理して書こう　●漢字1　漢字の組み立てと部首
三國　大輔	富山県氷見市立南部中学校教諭	●ダイコンは大きな根？　●ちょっと立ち止まって　●思考のレッスン1　意見と根拠　話の構成を工夫しよう　●漢字に親しもう2　●文法への扉1　言葉のまとまりを考えよう
上不　理恵	富山県富山市立藤ノ木中学校教諭	●情報を集めよう／情報を読み取ろう／情報を引用しよう　●詩の世界　詩を作ろう　●比喩で広がる言葉の世界　●言葉1　指示する語句と接続する語句　●言葉を集めよう
髙橋　希代子	山形大学附属中学校教諭	●読書を楽しむ　●読書案内　本の世界を広げよう　●大人になれなかった弟たちに……

加藤　咲子	山形県東根市立第二中学校教諭	●星の花が降るころに　●少年の日の思い出　●漢字に親しもう5　●文法への扉3　単語の性質を見つけよう　●随筆二編　●さくらのはなびら
手塚　佳緒里	山形県南陽市立沖郷中学校教諭	●聞き上手になろう　●「不便」の価値を見つめ直す　●助言を自分の文章に生かそう　●漢字に親しもう4　●文法への扉2　言葉の関係を考えよう
須賀　学	山形県山形市教育委員会指導主事	●項目を立てて書こう　●［推敲］読み手の立場に立つ　●「言葉」をもつ鳥、シジュウカラ　●思考のレッスン2　原因と結果　●根拠を示して説明しよう　●漢字に親しもう3
孝久　昭代	福井県福井市立至民中学校教諭	●［話し合い］話し合いの展開を捉える　●話題や展開を捉えて話し合おう　●音読を楽しもう　いろは歌　古典の世界　●蓬莱の玉の枝―「竹取物語」から　●今に生きる言葉
土持　知也	横浜国立大学教育学部附属横浜中学校教諭	●構成や描写を工夫して書こう　●言葉3　さまざまな表現技法　●漢字3　漢字の成り立ち　●一年間の学びを振り返ろう

『板書で見る全単元・全時間の授業のすべて　国語　中学校１年』付録資料について

本書の付録資料は、東洋館出版社ホームページ内にある「マイページ」からダウンロードすることができます。なお、本書のデータを入手する際には、会員登録および下記に記載しているユーザー名とパスワードが必要になります。入手の方法は以下の手順になります。

【東洋館出版社 HP】

URL https://www.toyokan.co.jp　　東洋館出版社　検索

❶「東洋館出版社」で検索して、「東洋館出版社オンライン」へアクセス

❷会員者はメールアドレスとパスワードを入力後「ログイン」。非会員者は必須項目を入力後「アカウント作成」をクリック

❸マイアカウントページにある「ダウンロードギャラリー」をクリック

❹対象の書籍をクリック。下記記載のユーザー名、パスワードを入力　クリック

ユーザー名：kokugo01
パスワード：ALacGhi4

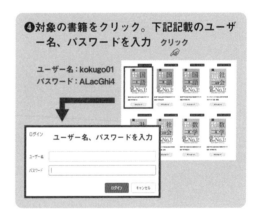

【使用上の注意点および著作権について】

・リンク先にはパソコンからアクセスしてください。スマートフォンではファイルが開けないおそれがあります。
・PDFファイルを開くためには、Adobe AcrobatまたはAdobe Readerがインストールされている必要があります。
・PDFファイルを拡大して使用すると、文字やイラスト等が不鮮明になったり、線にゆがみやギザギザが出たりする場合があります。あらかじめご了承ください。
・収録されているファイルは、著作権法によって守られています。
・著作権法での例外規定を除き、無断で複製することは法律で禁じられています。
・収録されているファイルは、営利目的であるか否かにかかわらず、第三者への譲渡、貸与、販売、頒布、インターネット上での公開等を禁じます。
・ただし、購入者が学校での授業において、必要枚数を生徒に配付する場合は、この限りではありません。ご使用の際、クレジットの表示や個別の使用許諾申請、使用料のお支払い等の必要はありません。

【免責事項・お問い合わせについて】

・ファイル使用で生じた損害、障害、被害、その他いかなる事態についても弊社は一切の責任を負いかねます。
・お問い合わせは、次のメールアドレスでのみ受け付けます。tyk@toyokan.co.jp
・パソコンやアプリケーションソフトの操作方法については、各製造元にお問い合わせください。

板書で見る全単元の授業のすべて

国語 中学校 1 年
～令和 3 年度全面実施学習指導要領対応～

2022（令和 4）年 3 月22日　初版第 1 刷発行

監 修 者：髙木　まさき
編 著 者：萩中　奈穂美・三浦　登志一
発 行 者：錦織　圭之介
発 行 所：株式会社東洋館出版社
　　　　　〒113-0021　東京都文京区本駒込 5 丁目16番 7 号
　　　　　営 業 部　電話 03-3823-9206　FAX 03-3823-9208
　　　　　編 集 部　電話 03-3823-9207　FAX 03-3823-9209
　　　　　振　替　00180-7-96823
　　　　　Ｕ　Ｒ　Ｌ　https://www.toyokan.co.jp

印刷・製本：藤原印刷株式会社

装丁デザイン：小口翔平＋後藤司（tobufune）
本文デザイン：藤原印刷株式会社

ISBN978-4-491-04775-1　　　　　　　　Printed in Japan